Ayodhya-Veda

gelebtes Wissen um die Naturgesetze, nicht nur Information über sie;

vollständige Weisheit, die nur der Umsetzung und keiner Interpretation oder Auslegung bedarf;

universelles Wissen, auf die Ebene jedes einzelnen geholt;

für jeden verständliches Wissen, unabhängig von Bildung und Stand;

nicht eine abstrakte Lehre, sondern ein konkreter Weg zum Ziel;

die Volksausgabe

der Verfassung des Universums

Ayodhya-Veda I

Dr. Thomas Herb
Dusan Damjanovic

Risse im Tempel der Seele

Eine Romanerzählung
über das verlorene Wissen um Ayodhya

VUMA-Verlag,
Dr. Thomas Herb, Krebenstr. 13, D–78662 Bösingen

Die Deutsche Bibliothek - CIP-Einheitsaufnahme

Herb, Thomas:
Ayodhya-Veda / Thomas Herb ; Dusan Damjanovic. - Bösingen
: VUMA-Verl.
NE: Damjanovic, Dusan:

1. Risse im Tempel der Seele : eine Romanerzählung über das
verlorene Wissen um Ayodhya. - 1. Aufl. - 1993
ISBN 3-929612-00-3

1. Auflage Juni 1993 20 000

Gesamtherstellung, technische Beratung: Klaus Stowasser
Computersatz: VUMA-Verlag
Textbelichtung: Computer Publishing, Neuhausen
Lithographien: Franken-Repro
Titelidee: Doko Damjanovic
Einbandentwurf: Mirjana Stojanovic
Seitenlayout: Goran Prskalo
Illustration der Geschichten und Kapitel: Margarete Sperl-Spitaler
Einbandgestaltung, sonstige Illustrationen: Karl-Richard Lang, Grafiker, Plattling
Lektorat: Franz Schwager, Petra Broghammer
Marketing, Vertrieb: Klaus Bickel, Ulla Binder

VUMA-Verlag, Dr. Thomas Herb, Krebenstr. 13, D – 78662 Bösingen
ISBN 3-929612-00-3

In dieser Romanerzählung wird aus literarischen Gründen der Name »Paul Fauster« verwendet. Sollte jemand diesen Namen wirklich tragen, so wäre das rein zufällig.

Inhaltsverzeichnis

Jedem Menschen auf dieser Erde
gewidmet und zugeeignet

Denn:

Das Wissen

– aber auch alles Wissen –

ist im Bewußtsein strukturiert

– in meinem Bewußtsein,
in Deinem Bewußtsein,
in seinem Bewußtsein,
in ihrem Bewußtsein,
in unser aller Bewußtsein,
…

Geleitwort

Es ist eine große Ehre, für ein Buch wie dieses ein Geleitwort schreiben zu dürfen. Denn mit diesem umfassenden Werk, dem ersten Buch des *Ayodhya-Veda*, bekommt jeder etwas Außergewöhnliches in die Hand, mit dem er seinen Durst nach Wahrheit und wahrem Wissen stillen kann.

Gerade dieser Durst hat das allgemeine Bewußtsein schon so weit voranschreiten lassen, daß die Menschen es immer weniger zulassen, verdummt zu werden. Leider hält aber die größte Mehrzahl der heute gedruckten Bücher immer noch direkt oder indirekt ein Bild der Welt aufrecht, das der eigentlichen Wirklichkeit in keiner Weise entspricht, geschweige denn eine Möglichkeit aufzeigt, zu dieser Wirklichkeit zu gelangen.

Das vorliegende Buch versucht nun nicht wie so viele andere, auf intellektuelle Weise irgendwelche Theorien oder Lehren zu vermitteln, sondern hier werden in uns, teilweise unmerklich, das Herz und die Seele angesprochen und nebenbei auch der Wissensdurst des Intellekts gestillt. In unterhaltsamer und spannender Weise ist alles Wissen um ein natürliches, gesundes und spirituelles Leben darin dargelegt.

Obwohl ich selber schon seit langer Zeit auf der Suche bin und mit einigen Aspekten dieses Wissens bereits anderweitig Berührung hatte, merkte ich doch, als ich das Manuskript zu diesem Buch las, wie sehr die darin enthaltenen Wahrheiten Ordnung in meinem Bewußtsein strukturierten, was sich auf allen Ebenen, vom Körper bis zu den Gefühlen, äußerte.

Ganz selbständig vollzog sich das, ohne Anstrengung – das verborgene, teilweise verschüttete Wissen bekam einen kleinen Impuls, gerade soviel, daß es selber wieder zu schwingen begann und sich befreite zu neuem Leben und Wirken.

Nur die Wahrheit vermag dies zu bewerkstelligen, die herzbezogene Lehre über die Naturgesetze und Naturprinzipien.

In *Risse im Tempel der Seele* ist das Wissen in eine Romanerzählung verwoben. So werden auf beispielhafte Weise die Lehren so unterhaltsam vermittelt, daß der Schüler nicht einmal bemerkt, daß er an einem Unterricht für sein Leben teilnimmt.

Der Überbringer dieses Wissens ist Duschane, ein Mann aus dem Volk, dem schon immer die einfachen Menschen am Herzen lagen. Er kämpft darum, das Wissen zum Wohle der Menschheit zu verbreiten, gegen den immer wachen Widerstand der negativen Kräfte. Seine Fähigkeit, sowohl die Zukunft als auch die Vergangenheit zu überschauen, ist ihm wesentliche Grundlage seines fundierten Wissens um Körper, Geist und Herz.

Sein Wissen ist so glasklar und widerspruchslos; was er sagt, ist so logisch und doch so einfach. Man fühlt immer im Innersten, daß man es eigentlich selber gewußt hat, weil es die Wahrheit ist, die in jedem von uns angelegt ist, und zu der jeder dort auch Zugang hat.

Wer seine zahlreichen Ratschläge nach und nach in die Tat umsetzt, wird dabei so sehr von seiner eigenen Natur unterstützt, daß es viel weniger schwer fällt, als man zunächst denkt. In kürzester Zeit spürt man so eine Bereicherung des Lebens.

Beim Umsetzen des Wissens aus diesem Buch bekam ich sogar das Gefühl, ich hätte jetzt erst begonnen zu leben. Für mich war der Tag, an dem ich damit in Berührung kam und der den Weg meiner Selbstverwirklichung mit Fülle und Freude bereicherte, ein besonderer Tag.

Ich wünsche diesem Meisterwerk, daß es um die ganze Erde kreisen möge. Jeder sollte es weitergeben und so mithelfen, Licht ins Dunkel zu bringen, Wissen in die Unwissenheit, den Quell der Wahrheit den Dürstenden.

Grafenwiesen, den 1. 2. 1993

Monika Sorg,
Diplom-Sozialpädagogin

Vorwort

Liebe Leser, wir befinden uns in einer bedauernswerten Situation. Da haben wir das komplexeste, höchstentwickelte, feinste, stärkste, flexibelste, vollkommenste und leistungsfähigste System zur Verfügung, das es im Universum gibt, und haben seine Gebrauchsanweisung verloren.

So kann uns natürlich gar nicht bewußt sein, welche Funktionsmechanismen dieses System überhaupt in sich trägt, wie sie normalerweise funktionieren sollten, geschweige denn, wie man sie richtig bedient. Durch Herumprobieren können wir eine ganze Reihe von Elementen benutzen, doch viel komplizierter und aufwendiger als nach der Gebrauchsanweisung vorgesehen. Daraus ergeben sich zwangsläufig auch grobe Bedienungsfehler, die das System sogar langsam aber sicher zugrunde richten.

Unter diesen Umständen ist es natürlich auch nicht verwunderlich, daß die Zusage des Schöpfers selbst nach so langer Zeit und so vielen Versuchen noch immer wie ein leeres Versprechen aussieht. Dieses System, den menschlichen Körper, hat Er für uns erschaffen, damit wir durch ihn auf einfache und direkte Weise in den Himmel und zur Einheit mit Ihm gelangen.

Der Verlust der Gebrauchsanweisung für unseren Körper und unseren Geist ist sogar noch viel tragischer, weil der Schöpfer sie nämlich selbst in uns mit hineinstrukturiert hat. Es handelt sich also nicht einmal um einen Verlust, sondern "nur" um ein Vergessen. Wir müssen heute Bücher kaufen über richtige Ernährung, richtigen Lebenswandel, richtigen Schlaf, richtige Entspannung u. ä. und sind damit viel schlimmer dran als alle Tiere, die diese Dinge spontan richtig machen.

Diese Situation wird noch schwieriger, da die meisten Menschen sich so sehr an die gegenwärtige unzureichende Funktionsweise ihres Körpers gewöhnt haben, daß sie meinen, alles habe seine Richtigkeit, und daß sie sich vor allem gar nicht bewußt sind, welches ungeheure Potential in ihm noch steckt. Deshalb erkennen sie leider nicht einmal die Notwendigkeit, sich um die Gebrauchsanweisung überhaupt zu kümmern.

Das vorliegende Buch ist nun die verlorengegangene Gebrauchsanweisung unseres Körpers und unseres Geistes und sollte daher auch als solche gehandhabt werden. Eine Gebrauchsanleitung führt man sich normalerweise nicht einfach so als Bettlektüre zu Gemüte, vielmehr sollte man jeden Ratschlag, jede Übung, jeden Vorschlag möglichst sofort umsetzen und ausprobieren, um zu sehen, welche grandiosen Funktionselemente sich dahinter verbergen und wie man sich ihrer richtig bedient.

Es gibt in diesem Buch wie in jeder Gebrauchsanweisung keinen einzigen Satz, den man glauben oder einfach so akzeptieren muß oder sollte. Nichts ist überflüssig, alles ist konkret den Bedingungen und Mechanismen angepaßt und somit der eigenen Erfahrung zugänglich. Sie ist auch die letztendliche und vollständige Kontrollinstanz für alles, was in diesem Buch beschrieben wird.

Entscheidend ist nicht, ob man nach der Lektüre des Buches an den Inhalt glaubt oder von ihm überzeugt ist, entscheidend ist einzig und allein, daß man die Notwendigkeit erkannt hat, sich mit ihm konkret auseinanderzusetzen und alles am eigenen Leibe zu testen. Nur so kann man sich selbst durch eigene Erfahrung beweisen, ob es stimmt oder nicht.

Wenn man diese Erfahrung gemacht hat, dann hat sich dieses Buch – wiederum wie eigentlich jede perfekte Gebrauchsanweisung – selbst überflüssig gemacht. Bedient man das System wieder perfekt und hat man vor allem seine Anleitung in sich selbst wieder gefunden und belebt, dann braucht man keine Hilfe von außen mehr.

Somit verfolgt das Buch ein zweifaches Ziel. Zum einen stellt es die Gebrauchsanweisung für unseren Geist und unseren Körper dar, zum anderen will es aber auch alle Menschen davon überzeugen, daß es nicht nur wichtig, sondern sogar unerläßlich und vor allem auch sehr lohnend ist, sich mit ihr konkret und praktisch zu befassen.

Daher weicht der Stil auch nicht unerheblich von dem einer normalen Gebrauchsanleitung ab, denn das Buch soll nicht nur Informationen weitergeben, sondern bei jedem einzelnen direkt alle Mechanismen und Funktionen in Schwung bringen, damit alle Aspekte des Lebens auf ursprüngliche Weise in den Fluß der Naturgesetze zurückkehren.

Wir haben uns ehrlich bemüht, Ihnen das Lesen in jeder Hinsicht so angenehm und leicht wie möglich zu machen. Sollte sich dennoch jemand daran stören, daß die eine oder andere Ausdrucksweise zu salopp oder zu formell, zu trocken oder zu flüssig, zu üblich oder zu unüblich ist, dann bitten wir, das einfach als unseren Stil zu betrachten und die Aufmerksamkeit lieber auf den Inhalt und die Aussagen zu richten. Denn dafür haben wir das Buch schließlich geschrieben.

In diesem Sinne: viel Freude!

Auerkiel, den 18. 2. 1993 Die Autoren

Danksagung

Am Zustandekommen dieses Buches waren viele Menschen direkt oder indirekt beteiligt. Ihnen und ihrer großen Mühe gebühren von Herzen der Dank und die Achtung all jener, denen es gefällt, und denen es hilft, die Risse im Tempel ihrer Seele wieder zu schließen. Besonders zu erwähnen ist dabei Frau Elke Plessl, ohne deren großzügige und selbstlose finanzielle Unterstützung das Buch so nicht zustande gekommen wäre.

Die Natur hat auf wunderbare Weise aus einer ungeheuren Dringlichkeit heraus alle notwendigen Menschen und Mittel für die Entstehung dieses Buches zur richtigen Zeit am richtigen Ort zusammengefügt und ist damit der Hauptinitiator und eigentliche Herausgeber.

Da sie immer im Verborgenen wirkt, benötigt sie auserwählte Menschen, in die sie ihre Impulse setzt, damit sie aufrechterhalten und umgesetzt werden.

In tiefster Demut verbeugen wir uns vor ihr und bedanken uns für das Glück und das Privileg, einen Gefährten zur Seite zu haben, eine Frau mit unerschöpflicher Geduld, grenzenlosem Vertrauen und unversiegbarer Liebe, in deren klarem Bewußtsein die Notwendigkeit und Dringlichkeit dieses Buches nie verloren ging,

Prolog: Die Nacht

Große Achtung gebührt der Nacht, die mit ihrem sanften Schleier wie eine schützende Mutter Stille über das Leben auf dieser Erde ausbreitet. Ihre Sanftmut bietet jedem Schutz, der sich ihr in Ergebenheit hingibt.

Doch haben wir acht vor der Dunkelheit, die sich des menschlichen Bewußtseins zu sehr bemächtigt hat und dort durch ihren lähmenden Schleier jede Fortentwicklung behindert und selbst der größten Verworrenheit die Möglichkeit bietet, sich auszutoben.

Mag aber die Dunkelheit noch so gewaltig sein, der winzigste Gedanke an das Licht wird sie durchdringen und wird die in der Dunkelheit verlorenen Menschen zur Geborgenheit und Einsicht lenken, so wie ein Leuchtfeuer die verlorenen Schiffe wieder in den sicheren Hafen führt.

War das ein Weinen, Stöhnen oder Wehklagen, übertönt und erstickt vom mächtigen Heulen des Sturmes und dem Peitschen der Schneekristalle?

“Oh Gott, das ist nicht möglich!” entfuhr es Thomas in seiner Verzweiflung. Der Erschöpfung nahe suchte er nach einer Zuflucht. War so das sagenhafte Ende, vor dem die meisten Menschen Angst haben, ein Ende in der Kälte und im Gestöber? War das der sagenhafte Film, den die Menschen kurz vor ihrem Tod im Geiste sehen?

Schnell schob er diesen Gedanken beiseite. “Das kann doch nicht sein! Ich habe doch erst begonnen zu leben!”

“Aber so viele junge Menschen mußten das schon erleiden!” schlich sich immer wieder bei ihm ein.

Ein unvorsichtiger Tritt, ein kurzes, aber endlos erscheinendes Rutschen. Dieser Schreck rüttelte ihn wach: “Ich muß eine Zuflucht finden.”

Doch wieder diese innere Stimme: “Was ist Zuflucht, wo gibt es Zuflucht? Bist Du wirklich sicher, wenn Du Zuflucht vor dem Sturm gefunden hast? Vielleicht wirst Du verhungern. Ist es da nicht schöner zu erfrieren?”

“Nein!” schrie er aus Leibeskräften. Aber es nützte nichts, denn er hatte sich in eine Region hineingewagt, in der die Elemente die alleinigen und absoluten Regenten sind, für ihn bis dahin unbekannte Gewalten, deren Zeuge und gleichzeitig Spielball er geworden war.

Er kletterte und kletterte. Ob es ihm um sein Leben ging oder ob er nur einem instinktiven Drang folgte nicht aufzugeben, wußte er nicht mehr. Irgendwo in seinem Innern vernahm er jedoch eine kaum wahrnehmbare Stimme: “Weiter!”

Das war eine völlig neue und fremde Erfahrung, verschiedene Stimmen wahrzunehmen inmitten solcher Gewalten. Doch irgendwie flößte ihm diese Erfahrung Zuversicht ein. Er sammelte seine letzten Kräfte und ging weiter. Mit jedem Schritt wurde die Stimme mächtiger und dringlicher, und er spürte, daß mit ihr Stärke kam und eine Kraft, die die Angst aus ihm vertrieb, “weiter!”

Er hielt kurz inne und versuchte, sich in dem unbeschreiblichen Schneegestöber und dem Inferno der Nacht zurechtzufinden. War das nicht ein Licht? Er rieb sich die Augen und schützte sie mit seinen Händen vor dem herumwirbelnden Schnee. Tatsächlich, ein Licht!

“Oh Gott, hoffentlich bin ich nicht wahnsinnig geworden!” Woher sollte hier ein Licht kommen? Sicherlich war es ein Trugbild, oder vielleicht doch ... ?

Er rannte mit all seinen Kräften in die Richtung, in der er das Licht ahnte, und fand sich vor einer Hütte wieder, einer Berghütte. Durch ein kleines Fenster schien bei all dem Toben der Gewalten eine ruhige Kerzenflamme. Eine Männergestalt saß mit geschlossenen Augen daneben, in sich versunken.

Zitternd vor Schwäche und Erregung tastete er sich zur Tür, öffnete sie mühsam und trat ein. Mit letzter Kraft, so schien es ihm, drückte er sie gegen die gewaltigen Windböen zu. Ein Schwarm von Flocken und Kristallen vollführte einen wilden Tanz und bedrohte die Kerzenflamme, doch sofort beruhigten zwei schützende Hände das aufgeregte Flackern.

“Gott sei Dank!” Er ließ sich zu Boden fallen.

Schnell war der Mann aus dem Inneren des Raumes zu ihm geeilt, nahm seine Hände und flößte ihnen Wärme ein.

Ein eigenartiges Gefühl durchzuckte Thomas. Bei der Berührung mußte er unweigerlich an die Hände seiner Mutter denken, und fast schien es ihm, als ob sie leibhaftig vor ihm stünde. Schnell öffnete er die Augen und blickte in ein Gesicht, das ihm in dieser Ausdrucksform noch nie begegnet war. Die Berührung einer Mutter und der Gesichtsausdruck eines ... Nein, es fehlte die Strenge. Oder doch? War das vielleicht der eigentliche Ausdruck eines Vaters?

Er suchte nach Worten, aber ein sanftes Lächeln des Mannes beendete seine Anstrengung.

"Du hast es geschafft," und ein fester Händedruck unterstrich diese Aussage.

"Gott sei Dank, daß Sie das Licht angemacht haben. Ich hätte die Hütte nie gefunden, obwohl ich nicht einmal 20 Meter von ihr entfernt war. Damit haben Sie mir das Leben gerettet."

"Es gibt nur sehr wenige Menschen, die sich von ihrer inneren Stimme leiten lassen."

Eine Ahnung ließ Thomas bei diesen Worten erschaudern. Hatte der Mann etwas mit jener Stimme zu tun, die ihm soviel Kraft eingeflößt und ihm seine Angst vor dem Tod genommen hatte?

Er schaute noch einmal in das Gesicht und war sich fast sicher, daß es so war. In diesem Augenblick hatte er zwar nicht den Mut, ihn direkt danach zu fragen, nahm sich aber doch vor, es irgendwann nachzuholen.

T: Ich heiße Thomas,

sagte er und drückte herzlich die Hände des Fremden.

D: Sag einfach »Duschane*« zu mir, so nennen mich meine Freunde. Es ist besser, daß die Menschen Freunde sind, als nur distanzierte Bekannte.

Thomas fühlte sich seltsam, einerseits etwas unsicher, andererseits aber völlig geborgen. Tausende Gedanken drängten sich als Fragen in sein Bewußtsein. Wie kam der Mann hierher, wer war er überhaupt? Diese erhabene Gelassenheit, die durch nichts zu erschüttern schien, ...

D: Du entschuldigst mich bitte,

unterbrach Duschanes Stimme seine Überlegungen. Er setzte sich wieder auf seinen vorigen Platz, schloß seine Augen, und eine unheimliche Entrücktheit begann, von ihm auszugehen.

Nach einer längeren Weile öffnete er die Augen und schaute zum Fenster hinaus, schloß sie dann aber sogleich wieder und verharrte unbeweglich in diesem Zustand.

Ein merkwürdiges Gefühl beschlich Thomas, in den gottverlassenen Alpen unter diesen ungewöhnlichen Bedingungen solch eine Begegnung gemacht

* »Duschane« sprich wie geschrieben, mit kurzem, betontem »u«.

zu haben. Eine seltsame Fügung des Lebens! Wer saß da, wer mochte das sein, der offenbar selbst in der höchsten Gefahr und dem größten Toben der Naturgewalten in sich selbst gegründet war? Welche Kraft war das gewesen, die ihn so sicher zu der rettenden Hütte gelenkt hatte?

Ähnliche Geschichten hatte er zwar schon von Meistern des fernen Ostens, Heiligen und Mystikern gelesen, aber letztlich doch immer als Märchen abgetan. Und nun war ihm, ausgerechnet ihm mit all seiner Skepsis und seinem Realitätssinn, genau so etwas widerfahren!

Plötzlich hörte er kaum wahrnehmbare Hilferufe aus dem Peitschen und Heulen des Sturmes, und gleichzeitig war da wieder jenes "weiter!". Jetzt war er sich aber nicht mehr sicher, ob das seine innere Stimme oder die Stimme von Duschane war.

Er stürzte zur Tür hinaus und begann, laut zu rufen, um dem Hilfesuchenden eine Richtung zu geben.

Nach einigen Minuten wankte dann völlig erschöpft die hagere Gestalt eines Mannes von Ende 60 zur Tür herein.

"Junger Mann, Danke!" sagte er und ergriff beide Hände von Thomas, "Danke."

Thomas kam diese Stimme sofort bekannt vor, es war ihm, als ob er sie jahrelang gehört hätte, höflich, distanziert und doch bestimmend und belehrend. Aber diese Gedanken schob er sogleich wieder von sich, denn trotz der Strapazen war er froh, hier in der Bergwelt gelandet zu sein und die Universität vorläufig hinter sich gelassen zu haben.

"Wie kommen Sie denn hierher?" fragte der Mann.

T: Auf dieselbe Weise wie Sie. Ich sah das Licht ...

Er war schon im Begriff, ihm sein ganzes Erlebnis von dem Kampf, seinen Gedanken an den Tod und von der inneren Stimme zu erzählen, als ihn irgendetwas ermahnte, es bei dem Licht zu belassen.

"Ja," polterte es ihm da auch schon entgegen, "kaum zu glauben, das Licht, die Hütte. Kaum zu glauben!"

Dabei schaute der Mann sich um und bemerkte, daß noch jemand im Raum war.

P: Verzeihen Sie bitte vielmals meine Unhöflichkeit. Ich möchte mich zunächst einmal vorstellen. Ich bin Prof. Dr. Dr. Fauster.

Also doch einer von der Uni! Thomas' erster Eindruck hatte nicht getrogen.

Als er sich nun seinerseits vorstellte, schien ihm der Professor jedoch kaum zuzuhören.

P: Schläft der Mann da? Und warum im Sitzen?

D: Guten Abend, Herr Professor!

kam es freundlich aus der Ecke.

D: Mein Name ist Duschane. Seien Sie willkommen!

P: Ah, Wärme! Wärme brauche ich.

Mit ein paar Schritten war er beim Kamin, rieb seine Hände und setzte sich auf einen Schemel.

P: Das hätte ins Auge gehen können! Oder wie man so schön sagt: Nochmal mit einem blauen Auge davongekommen. Die atmosphärischen Fluktuationen in der hochalpinen Region sind doch wirklich sehr interessant und nicht gerade ungefährlich.

Aber auf diese Aufregung muß ich erst einmal etwas essen, wenn Sie nichts dagegen haben.

Er griff gezielt in seinen Rucksack und begann, seinen Proviant auf dem Tisch auszubreiten.

Aufmerksam beobachtete Thomas die Szene. Hier in der Stille der Welt, umgeben von einem tosenden Inferno, das in wenigen Augenblicken sein ganzes Denken verändert hatte, lief ein Schauspiel wie in einem bayerischen Biergarten ab. Ein leichter Widerwillen machte sich in ihm bemerkbar. Tatsächlich stand auf der Dose, die der Professor zum Mund führte, sogar in goldener Schrift »Hofbrauerei«.

P: Kommen Sie, junger Mann! Essen Sie mit mir! Sie haben doch sicherlich auch etwas mitgebracht.

T: Danke, Herr Professor, auch wenn ich etwas hätte, würde ich nach diesem Erlebnis garantiert nichts herunterbekommen.

P: Das ist nicht schlimm, so etwas vergeht. Bei mir ist es genau umgekehrt. Nach solchen Situationen brauche ich eine kräftige Mahlzeit. Das beruhigt mich und entspannt.

In Ihrem Alter war ich bereits im Zweiten Weltkrieg. Was meinen Sie, wie es da zuging! Da war der Schrecken an der Tagesordnung, und dennoch hatten wir Hunger.

Sind Sie beide zusammen gekommen?

T: Nein, der Herr war vor mir da,

und er dankte innerlich Gott, daß er vor ihm dagewesen war, sonst hätten weder der Professor noch er das Licht seiner Kerze sehen können.

P: Aha! Aber schließlich ist das ja egal. Jetzt müssen wir miteinander auskommen, immerhin sitzen wir in einem Boot.

Plötzlich verfärbte sich sein Gesicht ins Gräuliche, er krümmte sich und stöhnte.

P: Oh Gott, ist mir plötzlich übel.

Schnell verschwand er nach draußen, und man hörte, wie er sich übergab. Nach einer Weile kam er wieder herein, er war leichenblaß.

P: Ich werde langsam alt. In letzter Zeit muß ich mich oft sogar nach den köstlichsten Spezialitäten übergeben. Mein Magen taugt einfach nichts mehr.

D: Oder die Nahrung, Herr Professor.

Ruhig stand Duschane auf, ging zum Tisch, hob das Papier mit der Wurst hoch und roch daran.

D: Ja, es ist die Nahrung. Seien Sie froh, daß Sie sie erbrochen haben, sonst hätten wir morgen vielleicht eine unangenehme Fleischvergiftung zu beklagen. Riechen Sie einmal selbst!

Ungehalten, so angesprochen zu werden, roch der Professor widerwillig an der Wurst und mußte feststellen, daß wirklich etwas anders war als sonst.

P: Sind Sie Mediziner?

D: Nein, Herr Professor.

P: Eigentlich ist das gute Nahrung, beste Landwurst. Aber vielleicht ist sie doch schon etwas alt und verdorben.

D: Kann eine Nahrung gut sein, die im verdorbenen Zustand töten kann?

Duschane holte eine Feldflasche und füllte eine Tasse aus ihr, die er dem Professor reichte.

D: Trinken Sie das bitte, es wird Ihnen gut tun.

P: Was ist das für ein Zeug?

D: Ich sagte Ihnen bereits, es wird Ihnen gut tun.

Mit Zögern nahm der Professor das Getränk zu sich, dessen Geschmack ihm undefinierbar vorkam. Doch kurz danach verspürte er ein angenehmes, warmes Gefühl, das seine Übelkeit vertrieb.

Aufmerksam musterte er sein Gegenüber, der einen eigenartigen Eindruck auf ihn machte. Die Augen, das Gesicht, alles war ein Ausdruck von Bestimmtheit, obwohl er nicht groß war, gut einen Kopf kleiner als er selbst.

P: Wenn meine Kollegen wüßten, in welches Abenteuer ich da hineingeraten bin!

rief er plötzlich aus, als ob er sich erst jetzt seines Zustands bewußt geworden wäre.

P: Aber das Zeug tut wirklich gut. Kann ich noch etwas davon haben?

D: Dann würde es Ihnen nicht mehr gut tun.

P: Hm. Haben Sie etwas mit Krankheiten oder mit Heilen zu tun?

entfuhr es dem Professor fast barsch, aber nur um seine eigene Unsicherheit dem Mann gegenüber zu verdecken, wie ihm im nächsten Augenblick auch bewußt wurde.

P: Ach verzeihen Sie, ich bin wohl etwas überstrapaziert. Ich wollte eigentlich nur erfahren, wer Sie sind. Immerhin haben Sie mir geholfen.

D: Wir sitzen im gleichen Boot, Herr Professor.

Thomas hatte unterdessen damit begonnen, es sich auf einem der freien Betten bequem zu machen. Er blickte mit vielsagender Miene zu den beiden hinüber. Nach einem solchen Beginn war von ihrem Beisammensein wohl noch einiges zu erwarten.

T: Wir werden sicherlich noch genügend Zeit haben, um miteinander zu reden. Deshalb würde ich vorschlagen, daß wir jetzt schlafen gehen.

P: Junger Mann, Sie haben recht.

Der Professor erhob sich und ging zu einem der übrigen Betten, während Duschane die schon fast ausgebrannte Kerze nahm, sie geschickt mit einer anderen aufstockte und auf einem Teller ans Fenster stellte.

Bald war in der kleinen Hütte neben dem Pfeifen und Rauschen des mächtigen Kampfes der Gewalten nurmehr das friedliche Atmen der drei Schlafenden zu hören.

1. Unser täglich Brot

Es ist uns ein tiefes Bedürfnis, uns vor unfaßbar großen Dingen zu verbeugen und in Staunen zu bewundern, wie alles im Gefüge des Lebens dem Menschen immer wieder die Grundlage bietet, damit er in vollkommener Harmonie und im Einklang mit der Schöpfung den Weg zu seinem eigenen Ursprung findet.

Öffnen wir daher die Augen und verbeugen uns zutiefst vor der Erde und ihrer Natur, die uns umgibt; denn sie ist unsere Mutter. Sie ist jenes Wunderwesen, das den Humus schafft, durch den wir Nahrung bekommen, und jene Herrlichkeit, die auf diesem Humus wunderbares Wachstum in Verschiedenartigkeit bewirkt, auf daß es uns zu unserer Entwicklung diene.

Verbeugen wir uns also in Demut.

Am nächsten Morgen hatte sich der Sturm gelegt und einer in der Sonne glänzenden Schneelandschaft Platz gemacht. Thomas und der Professor lagen ruhig und entspannt in ihren Betten, während Duschane bereits den Kamin angefeuert hatte und vor der ausgebrannten Kerze am Fenster stand.

T: Ich glaube, das werde ich zum Symbol meines Lebens erheben, das Licht in der Dunkelheit,

flüsterte Thomas kaum hörbar.

D: Ja, Licht ist die endgültige Wahrheit im Leben,

flüsterte Duschane zurück.

Der Professor reckte sich auf seiner Schlafstelle, wie um kund zu tun, daß auch er wach war.

P: Kaum zu glauben, nach solch einem Abenteuer so wunderbar geschlafen zu haben! Ich fühle mich wirklich hervorragend.

Ich bin Wissenschaftler, unter anderem Mediziner, und bitte Sie als solcher, mir zu verraten, was in dem Gebräu war, das ich gestern abend getrunken habe. Sie haben mir damit wirklich geholfen.

"Guten Morgen, Herr Professor," kam es fast gleichzeitig von Thomas und Duschane.

P: Ja, einen wunderschönen guten Morgen. Verzeihen Sie, der gestrige Abend läßt mich einfach nicht los.

D: Was das Gebräu anbelangt, wie Sie es so schön nennen, so war es nichts anderes als eine Stütze für Ihren Magen, die ihn nach dem Durcheinander wieder mit sich selbst in Einklang gebracht und somit von außen vorläufig zu einer Beruhigung geführt hat. Diese Beruhigung verhalf Ihrem Körper zu einem gesunden, regenerierenden Schlaf, und das ist der Grund, warum Sie sich jetzt so außerordentlich gut fühlen.

Man sollte nie in solch einem erregten Zustand Nahrung zu sich nehmen, schon gar nicht im Bestreben, dadurch Ruhe zu erlangen. Zuerst die Ruhe und dann die Aktivität.

P: Das ist aber eine merkwürdige Betrachtung!

T: Aber dennoch einleuchtend!

D: Es ist ungemein wichtig, die Dinge stets im rechten Licht zu sehen. Der Körper hilft sich selbst, und er kann sich immer selbst helfen, wenn wir ihm die Möglichkeit dazu geben.

P: Ich will nicht unhöflich sein, aber da stimme ich mit Ihnen in keinster Weise überein. Wenn der Körper durch Krankheit defekt ist, zum Beispiel durch Krebs, dann ist er doch funktionsuntüchtig, und dann gibt es höchstens noch Heilung von außen.

D: Zunächst stellt sich aber die noch grundlegendere Frage, wie es überhaupt zu Krebs oder ähnlichen Formen des Defektwerdens kommt.

P: Das ist genau das Problem, mit dem wir Wissenschaftler uns seit Jahrzehnten befassen. Gerade über Krebs wird weltweit mit den ausgeklügeltsten Forschungsmethoden und unter größtem Einsatz aller Mittel gearbeitet.

D: Wer es nötig hat zu suchen, der hat noch nicht gefunden, wer aber gefunden hat, der braucht nicht mehr zu suchen. Wieso besteht denn die Notwendigkeit, die kranken Menschen, die eigentlich – wie Sie gestern – Hilfe brauchen und Hilfe erwarten, in diese Suche mit einzubeziehen?

P: Es wird genug in Tierexperimenten getestet, um sicher zu sein, daß alles wirkt, bevor es an den Patienten ...

T: ... ausprobiert wird.

P: Verstehen Sie etwas davon, junger Mann?

Leicht nervös, mit solchen neuen und befremdenden Ansichten konfrontiert zu werden, stand der Professor auf, begab sich zum Kamin und legte geistesabwesend einen Scheit Holz in das bereits lodernde Feuer.

T: Als Versuchskaninchen, das ich war, genügend,

erwiderte Thomas ruhig und stand ebenfalls von seinem Bett auf. Er gesellte sich zu dem Professor am Kamin und fuhr fort:

T: Wissen Sie, die Schwester meiner Bekannten bekam ein Contergankind. Wieviele durch Medikamente zerstörte Kinder es wohl auf dieser Welt gibt! Ich wage gar nicht, daran zu denken.

Vielleicht sieht ein Außenstehender, der "nichts davon versteht", mehr als jemand, der meint, am Mikroskop und im Reagenzglas den Menschen zu sehen.

Seit Jahrzehnten werden Unsummen für medizinische Forschung ausgegeben, und trotzdem gibt es immer mehr kranke Menschen und sogar immer mehr Krankheiten. Die Forschung scheint sich in einer ganz schönen Sackgasse zu befinden.

P: Forschung in der Sackgasse?! Ich bitte Sie, junger Mann!

D: Lieber Herr Professor, das ist doch nicht das erste Mal, daß die Menschen in dem Irrtum leben, es sei richtig und wahr, was sie denken und wie sie handeln. Sie kennen Galileo Galilei und seine Geschichte. Hunderte von Jahren vor ihm behaupteten die Menschen, die Erde sei eine flache Scheibe.

T: Ja, und ähnlich wie damals haben die Wissenschaftler heute auf dem Gebiet der Gesundheit eine absolute Machtposition inne und bestimmen, was richtig und was falsch ist, obwohl sie selbst immer noch auf Hochtouren weitersuchen.

Warum kommen die Menschen denn gesundheitlich nicht weiter, wo es so viele Wissenschaftler, Forscher, Ärzte, Heilpraktiker, Geistheiler usw. gibt, und alljährlich neue hinzukommen? Manchmal habe ich den Eindruck, daß die Krankheiten sich umso mehr ausbreiten, je mehr Ärzte oder Heiler auftreten.

P: Die Forschung ist pausenlos damit beschäftigt, die Ursachen dafür zu ergründen, warum die Menschen krank sind und krank werden, und sie hat uns schon großartige Erfolge ermöglicht.

T: Aber was hat die Forschung denn bis jetzt gefunden? Und wer macht die Forschung? Hat sie sich nicht vielfach zu einem Deckmantel für wirtschaftliche Manipulationen entwickelt?

Der Mensch ist förmlich zu einem Versuchskaninchen geworden. Es muß doch auch einen anderen Weg geben!

P: Junger Mann, auf eine solche Geringschätzung und Mißachtung der Wissenschaft kann und möchte ich mich nicht einlassen.

Vielleicht bin ich zu alt, um Ihre Art des Denkens zu begreifen, oder Sie noch zu jung, um sich in meine Welt einfühlen zu können. Aber wenn zwei sich streiten, freut sich doch bekanntlich der Dritte ...

Er blickte herausfordernd, fast gereizt zu Duschane, der noch immer am Fenster stand und bei diesen Worten langsam auf den Professor zuging.

D: Das war und ist sicherlich so. Wir wollen dem Sprichwort aber von jetzt an eine bessere, zukunftsweisendere Note verleihen: *Wo zwei sich streiten, kann der Dritte vielleicht helfen*. Hilfe ist sicherlich besser als Freude darüber, daß die anderen sich streiten.

Es liegt doch auf der Hand, daß der Mensch sein Verhalten um seine eigene Natur auf der physischen und geistigen Ebene aus dem Gleichgewicht gebracht hat. Was aber aus dem Gleichgewicht gerät, funktioniert nicht richtig; und es ist klar, daß Leiden und Krankheiten entstehen und fortdauern müssen, solange der Mensch den Einklang nicht wiederhergestellt hat.

Das ist die richtige Antwort auf die Frage, warum der Mensch bei all den Annehmlichkeiten und dem Fortschritt, die ihn umgeben, krank ist.

P: Das kann ich nicht so sehen. Jeder ist doch bestrebt, ein harmonisches und glückliches Leben zu führen, und verhält sich so, daß es ihm so gut geht wie irgend möglich.

Das sollte eigentlich ausreichen, um ihm Gesundheit zuteil werden zu lassen.

D: Ja, wenn das Bestreben und das Verhalten im Einklang mit den Naturgesetzen stünden!

Leider gibt es aber eine direkte Ursache für das Leiden und den Mißerfolg der Menschen und dafür, daß sie noch dazu in ihrer Entwicklung nicht vorankommen, nämlich ihre lebensfeindlichen Angewohnheiten. Die Sicht um die Prinzipien des Lebens ist trübe geworden, und der Mensch hat begonnen, Falsches für richtig zu halten. Deswegen geht es ihm trotz aller Anstrengungen nicht gut.

P: Was meinen Sie mit »lebensfeindlichen Angewohnheiten«?

D: Zum Beispiel falsche und schädliche Nahrung zu sich zu nehmen, wie Sie gestern abend.

Der Mensch ist von Geburt aus Vegetarier, Früchteesser. Jede Mutter kann bestätigen, daß der Stuhl eines Kindes angenehm säuerlich riecht, solange es gestillt wird. Sobald es aber den ersten Happen überwürzter, die Geschmacksorgane abtötender Fleischnahrung bekommt, beginnt es, einfach entsetzlich zu stinken, so daß es sogar die eigene Mutter anekelt, ihr Kind versorgen zu müssen. Alle Mütter, die die Ernährung umgestellt haben, konnten ihr Kind jedoch wieder problemlos ohne Widerwillen pflegen.

Eine Nahrung, nach der man so stinkt, kann vom Schöpfer unmöglich als Nahrung für den Menschen gedacht worden sein.

P: Nun, mit dieser Aussage wäre ich vorsichtig, denn es ist eindeutig nachgewiesen, daß der Urmensch Jäger und Fleischverwerter war.

D: Wir können vielleicht sagen, daß es eindeutig *dargestellt* worden ist, *nachgewiesen* streite ich jedoch ab. Wenn wir uns nämlich nach der Darwinschen Evolutionstheorie und ähnlichen Theorien richten, auf die Sie wahrscheinlich anspielen, und durch die man meint, nachgewiesen zu haben, daß der Urmensch Jäger und Fleischverwerter gewesen sei, dann sehen wir, daß ein wichtiger Aspekt übersehen wurde: die heutigen Primaten, die Menschenaffen.

Wie so oft wurde die eigene persönliche Meinung als angebliche wissenschaftliche Stütze mit herangezogen, indem man den Urmenschen wegen seiner Gebißform mit stärker ausgebildeten Reißzähnen zum Fleischverwerter abstempelte. Wenn das stimmt, dann müßten Gorillas, Schimpansen und Orang-Utans, die ihm viel ähnlicher als der heutige Mensch sind, auch Fleischverwerter sein. Doch bekanntlich sind sie reine Vegetarier. Darwin und alle Anhänger dieser Theorie haben sich schlicht und einfach geirrt.

P: Viele prähistorische Höhlenmalereien stellen aber eindeutig Urmenschen dar, die mit Speeren hinter wilden Tieren herjagen.

D: Dies alles, Herr Professor, ist eine Sache der Sichtweise. Es ist viel wahrscheinlicher, daß der Mensch wilde Tiere damit verjagt hat, die in sein Revier eingedrungen sind und eine Bedrohung für ihn waren.

Sicherlich gab es damals auch Stämme, die Wilderer waren, und die sich entgegen natürlicher Prinzipien ernährten. Aber wo ist der Beweis, daß gerade das unsere Vorfahren waren? Zudem ist es viel schwieriger, heute noch spektakuläre Überreste von Vegetariern zu finden, als von ihren fleischessenden Zeitgenossen. Doch das heißt noch lange nicht, daß deren unnatürliches Verhalten allgemein üblich war. Es war einfach ein unnatürliches und absonderliches Verhalten wie das Verhalten der Menschenfresser, das heute auch niemand als Beispiel für die gesunde Urernährungsweise heranziehen würde.

Wie oft gab es in der Menschheitsgeschichte Fälle, wo jemand aus unklarer Sicht eine Behauptung aufgestellt und mit irgendwelchen Argumenten "bewiesen" hat! Der Rest der Menschheit glaubte ihm und folgte ihm blind in den Abgrund.

Es gibt da eine kleine Geschichte, die das sehr schön veranschaulicht:

Die falsche Sicht

Auf einem belebten Marktplatz, inmitten all der vielfältigen Marktstände mit ihrem reichen und farbenprächtigen Angebot, stand ein Mann und schaute angestrengt und konzentriert in die Luft.

Nach einiger Zeit gesellte sich ein zweiter Mann zu ihm und folgte ihm mit seinen Blicken, um festzustellen, was es denn da oben

Interessantes zu sehen gäbe. Kurze Zeit später kam ein dritter und dann ein vierter, und so ergab es sich, daß bald alle Leute auf dem Marktplatz, Händler wie Käufer, angestrengt zum Himmel starrten. Jeder, der neu hinzukam, wunderte sich, was es da wohl zu sehen gäbe, und fing ebenfalls an, in den Himmel zu schauen. Keiner sah etwas, aber keiner traute sich, zu fragen, was die anderen denn sähen, da er Angst hatte, als dumm oder blind ausgelacht zu werden.

Einige Zeit später kam die kleine Tochter des Mannes herbeigelaufen, der als erster in die Luft geschaut hatte, und fragte laut: "Papa, geht es Deinem Hals immer noch nicht besser?"

Da merkten alle Leute plötzlich, daß es tatsächlich gar nichts zu sehen gab, daß der Mann vielmehr nur seinen Hals verstaucht hatte und den Kopf nicht mehr drehen konnte. Wie dumm waren sie alle gewesen, daß sie, eifrig bestrebt, als sehend und klug zu gelten, den anderen einfach blind gefolgt waren und ihren eigenen Augen und ihrer eigenen Erfahrung nicht vertraut hatten!

All das Chaos, all die Kriege und auch die Inquisition entstanden, weil man blind folgte oder meinte, folgen zu müssen. Dabei stellen die Massen die eigentliche Macht auf dieser Erde dar und nicht die Befehlshaber und die Obrigkeit. Stellen Sie sich einfach vor, Herr Professor, daß die Politiker untereinander Krieg ausrufen und das Volk es ignoriert!

Wenn Sie die Geschichte kennen, dann werden Sie wissen, daß die Bevölkerung niemals Krieg wollte. Immer war es die wahnwitzige Obrigkeit. Doch die Massen folgten blind und gehorsam.

Einen Augenblick lang herrschte in dem kleinen Raum ein betretenes Schweigen, als die drei plötzlich – geradezu als eine zusätzliche Unterstreichung des Gesagten – von Sonnenstrahlen, die ihren Weg durch die Bäume gefunden hatten, in eine goldene Flut getaucht wurden.

D: Zu allen Zeiten haben die Menschen sich in ihrer bemitleidenswerten Unwissenheit das Recht genommen, Fehler gegenüber der Ernährung zu machen. Und wenn sie damals schon diesbezüglich derart grobe Fehler begangen haben, dann ist offensichtlich, welch schwere erbbiologische Belastungen uns plagen.

Meine Frage an Sie, Herr Professor: Falls der Urmensch wirklich mit diesen Fehlern an sich begonnen hat – was in keinster Weise offensichtlich ist – wo liegt dann die Berechtigung, daß der Mensch heute mit diesen Fehlern fortfahren sollte?

P: Wenn es ein Fehler ist! Wo ist denn der Beweis, daß es ein Fehler ist, Fleisch zu essen?

D: Im Menschen selber ist der Beweis. Denn wenn ein Fleischverwerter strukturell krank wird, sich dann aber von dieser Nahrung abwendet und sich richtig, vollwertig, vegetarisch ernährt, so wird er wieder gesund.

Aber was mir vorschwebt, der Menschheit zu vermitteln, ist ein Aspekt von noch größerer Tragweite: Buddha, Christus, Franz von Assisi, Leonardo da Vinci, Newton, Tolstoi, Einstein und alle Männer und Frauen, die geistig namenlose Beispiele und zweifellos unbeirrbare Führer der Menschheit waren, sie alle ernährten sich vegetarisch.

Buddhas Worte waren: "Wir sind eins mit der Schöpfung." Also ist es unsere heilige Pflicht, für die Schöpfung wie für uns selbst zu sorgen.

Christus kam für alle, die leiden in dieser Welt. Die menschliche selbstherrliche Arroganz hat es jedoch gewagt, auszulegen, Er habe damit nur die Menschen gemeint. Das ist ein großer Irrtum, denn wie kann Christus der Erlöser der Welt sein, wenn Er die Mehrzahl ihrer Bewohner ausklammert? Und die wirklich Geknechteten sind ja wohl die bedauernswerten Kreaturen, deren einzige Bestimmung es angeblich sein soll, in unseren Kochtöpfen zu landen.

Betrachten wir Franz von Assisi: Wenn die Menschen nicht zu seinen Predigten kamen, dann predigte er den Vögeln im Himmel und den Tieren im Walde vom Reich Gottes. An seiner Seite sahen die Menschen oft einen wilden Wolf und ein Lamm, Symbole seiner Sehnsucht, alles in Liebe zu vereinen.

Leonardo da Vinci sagte: "Es wird ein Tag kommen, an dem der Mord an einem Tier dem Mord an einem Menschen gleichgesetzt wird."

Newton äußerte oft: "Wir sind Menschen und Ebenbilder Gottes und haben es nicht notwendig, in puncto Nahrung mit wilden Tieren in einen Topf geworfen zu werden."

Tolstoi schrieb: "Solange es Schlachthöfe gibt, wird es Schlachtfelder geben".

Einstein vertrat die Ansicht: "Höheres geistiges Potential ist nur dann zu entwickeln, wenn der Mensch sich von reiner vegetarischer Nahrung ernährt und aufhört, das Leben zu töten."

Und zu guter Letzt: "Du sollst nicht töten!", das fünfte Gebot des allmächtigen Gottes.

T: Verzeih bitte, wenn ich Dich unterbreche, aber ich habe kürzlich an einem Gesprächskreis über ethische Fragen teilgenommen, bei dem auch einige erfahrene Theologen anwesend waren. In dieser Diskussion wurde gerade dargestellt, daß mit diesem Gebot die Menschen gemeint sind und nicht die Tiere.

D: Das ist es! Man hat sich von Anfang an das Recht genommen, Gott nicht zu folgen, sondern Ihn auszulegen, Ihn zu korrigieren, zum Vorteil der eigenen Anschauung.

Deshalb möchte ich die Frage stellen: Soll man die Gebote des Herrgotts erfüllen oder Ihn für unmündig erklären und Ihn so hinstellen, als sei Er unfähig gewesen, exakter zu gebieten: "Du sollst nicht Menschen töten, Tiere aber seien Dir zum Fraß."? Oder war Er wegen Platzmangels gar unfähig, eine größere Tafel zu erschaffen?

Vergib mir die Ironie, aber daraus ersehen wir, daß jegliche Auslegung die graue Unwissenheit ausdrückt und jegliche konkrete Befolgung Seiner Gebote uns Ihm näher bringt.

Selbst wenn der Urmensch Fleischverwerter gewesen wäre, wäre es dann für den gegenwärtigen Menschen nicht trotzdem angebrachter, sich an den Edlen und Klugen dieser Welt zu orientieren, anstatt an den urprimitiven, bejammernswerten Wesen, die in ihrem Dasein der Grausamkeit verfallen waren und ihre Ernährung womöglich durch Tötung von Leben bestritten?

T: Ja, das leuchtet mir wirklich ein. Mein Gott, wenn ich mir bloß vorstelle, an welcher Grausamkeit ich bis jetzt beteiligt war!

P: Ich kann das momentan noch nicht nachvollziehen.

Aber selbst wenn es so wäre, warum steht es dann nicht in den heiligen Büchern der Religionen, allen voran in der Bibel?

D: Das ist eine der berechtigtsten Fragen, die unbedingt einer Beantwortung bedarf. Nach dem, was ich eben gesagt habe, steht wohl außer Frage, daß Christus Seinen Jüngern das fünfte Gebot in diesem Sinne gelehrt hat. Sonst wäre Er kein Christus! Denn wenn Dir, Thomas, in diesen Minuten die Klarheit kam, daß mein bescheidener Kommentar widerspruchslos ist, was für wunderbare Kommentare muß Christus dann Seinen Jüngern gegeben haben!

T: Demnach hat uns wohl nur die Information, daß Christus gelebt hat, korrekt erreicht, Seine Lehre wurde aber quasi wie beim Flüstertelefon total zerstückelt und verunstaltet?

D: Ja, Thomas. Wollen wir Christus daher nicht lieber zutrauen, daß Er die höchste Wahrheit zur Erlösung aller Lebewesen auf dieser Erde gelehrt hat, bevor wir uns in der Sinnlosigkeit verschiedenartiger Auslegungen verzetteln?

Unvermittelt wandte er sich an den Professor.

D: Haben Sie Hunger, Herr Professor?

P: Ja, wenn Sie so fragen, dann hätte ich mittlerweile schon einen ganz schönen Kohldampf.

D: Das ist gut! Können Sie sich vorstellen, jetzt ein Messer zu nehmen und mit Ihren eigenen Händen ein Lamm oder ein Reh zu schlachten, das zutraulich in Ihrem Schoß liegt?

P: Nein, um Gottes willen, nie! Was trauen Sie mir eigentlich zu?

D: Was muten Sie den anderen eigentlich zu, von denen Sie erwarten, daß sie es für Sie tun!

Wenn wir gewöhnliche Menschen schon zu der Barmherzigkeit gelangen, das Leben der Tiere zu schützen, wie groß, wie unendlich groß muß dann die Barmherzigkeit des Erlösers gewesen sein! Es wäre ungeheuer, Ihm zu unterstellen, Er sei unbarmherziger als wir gewesen.

Kleinkinder sind ein unumstößlicher Beweis dafür, daß das Töten von Tieren ein unmenschliches Verbrechen ist. Denn es gibt kein Kleinkind, das nicht in panischem Entsetzen weint, wenn es solch einer Tat beiwohnen muß. Leider stumpft es aber mit der Zeit unter den Zwängen ab oder trägt für sein ganzes Leben einen schweren seelischen Schaden davon.

Barmherzigkeit ist ein Zustand des liebenden Herzens, aus dem die Güte wie eine Welle alle Lebewesen Gottes überflutet und in Schutz und Geborgenheit hüllt. Diejenigen, die Tiere töten und verzehren und gar an ihnen aus Habgier ihre schrecklichen Geschäfte machen, stellen sich damit selber eine Bescheinigung der Unbarmherzigkeit und Lieblosigkeit bar jeglicher Güte aus. Mögen sie noch so schauspielern, an ihren Taten erkennt man sie.

P: Sie ersparen mir aber auch gar nichts!

entfuhr es dem Professor, und ein tiefer Schnaufer verriet seine Betroffenheit.

D: Es ist nur an der Zeit, daß wir lernen, folgerichtig zu denken und zu handeln. Denn sicherlich gäbe es fast keine Fleischesser auf dieser Erde, wenn jeder Mensch, der Fleisch verwertet, die Tiere auch selber schlachten müßte.

T: Ja, bestimmt!

pflichtete Thomas überzeugt bei.

D: Ich möchte es noch einmal betonen: Wir haben nicht das geringste Recht, Christus zu erniedrigen. Denn Er ist wegen allem, was auf dieser Erde kreucht und fleucht, gekommen. Es ist eine Lüge gegen den Erlöser, Ihm zu unterstellen, Er sei gekommen, um die Welt zu erlösen, und habe dabei die überwältigende Mehrzahl ihrer Bewohner im Tierreich ausgeklammert, die tatsächlich der Erlösung von der Knechterei durch die Menschen bedürfen.

Nein! Das ist eine infame Verleumdung.

Alle schwiegen, und nur das Knistern des Feuers im Kamin war zu hören. Die letzten Worte von Duschane hingen noch wie eine Anklage drohend im Raum. Der Professor vergrub das Gesicht in seinen Händen und verriet dadurch von neuem seine Ratlosigkeit, die er eigentlich hatte verbergen wollen.

P: Das ist doch nicht möglich! Trotz all meiner Studien der Philosophie und Theologie muß ich Ihren Aussagen gegenüber passen, denn diese Logik überrollt mich einfach.

Umso mehr bitte ich Sie, mir jetzt die direkte Frage zu erlauben, woher Sie das alles wissen und wo Sie das gelesen haben.

Duschane schmunzelte.

D: Herr Professor, wir sollten das Wissen über Schwingungen und Wellen ernster nehmen als bisher.

Christus sprach über ewige, unbeirrbar funktionierende Naturgesetze. Also sandte Er aus Seinem vollkommenen Bewußtsein vor 2000 Jahren ein unverfälschtes Wissen in das Universum hinaus, das durch alle Zeiten schwingt und schwingen wird und daher auf seiner Ebene unveränderlich und unauslöschbar ist. Wir brauchen demnach nichts anderes zu tun, als unser Bewußtsein auf diese Ebene anzuheben, um die unveränderliche Wahrheit des Erlösers unverfälscht aufzunehmen.

Wer sich das Wissen nicht aus dieser Ebene holt, berichtet Falsches und fördert die Unwissenheit.

P: Na, das ist ja ungeheuerlich! Damit stellen Sie doch in Frage, daß die Bibel der Menschheit nach Christus die korrekte Wahrheit vermittelt hat!

D: Zu allen Zeiten gab es leider skrupellose Personen, denen das Wissen der heiligen Menschen nicht heilig war, und die es aus ihrem eigenen Gehabe und Machthunger heraus veränderten. Außerdem gab es immer solche, die zwar mit bestem Gewissen und den besten Absichten handelten, aus Unwissenheit aber das kostbare Wissen trotzdem falsch weitergaben. Knapp 2 000 Jahre Menschheitsgeschichte belegen ja das traurige Schicksal der wunderbaren Weisheit von Christus.

Ungeduldig wandte sich Thomas an den Professor.

T: Bitte, Herr Professor, damit wir uns nicht zu sehr in theologische und religiöse Fragen verlieren, möchte ich daran erinnern, daß wir eigentlich bei der Ernährung des Menschen waren, die mich im Moment viel brennender interessiert.

Und zu Duschane gewandt fuhr er fort:

T: Können wir jetzt – oder besser: ich für mich – wirkliche Gewißheit haben, daß der Mensch kein Fleischesser ist?

D: Stützen wir uns auch da einfach auf Erfahrungswerte und nehmen uns ein Beispiel an den heiligen und natürlich intelligenten Menschen dieser Erde, die allesamt Vegetarier waren. Oder wollen wir ihrem Beispiel nicht folgen und uns weiter mit den Grausamkeiten an unschuldigen Wesen identifizieren? Bedürfen sie nicht auch einer Erlösung?

Ein bißchen verärgert, von seinem Thema abgebracht worden zu sein, unterbrach der Professor.

P: Junger Mann, auch wenn es Ihnen gegen den Strich geht, für mich ist das eine theologische Angelegenheit und eine Frage meines religiösen Weltbildes.

Die Menschheit leidet und hat immer gelitten, und dieses eigene Leid läßt einfach nicht zu, sich auch noch um die Tiere und deren Leid zu kümmern. Außerdem gehört Leiden doch zum Leben, auch bei den Tieren.

T: Wenn Leiden tatsächlich zum Leben gehört, warum kam dann Jesus Christus?

kam es von Thomas ungehalten zurück.

P: Selbstverständlich um uns vom Leiden zu erlösen.

T: Sie verdenken mir wohl nicht, wenn ich doch darum bitte, wieder zu unserem Thema Ernährung zurückzukehren; denn in Ihrer Aussage ist ein fundamentaler Widerspruch offensichtlich: Leiden gehört zum Leben, Christus kam und hat uns vom Leid erlöst, und die Menschheit leidet weiter, weil es doch angeblich zum Leben gehört.

Mit einer sanften Handbewegung beschwichtigte Duschane die beiden.

D: Wirklich wunderbar! Es besteht also keine Notwendigkeit, mit dem Leiden fortzufahren, wenn der Erlöser es uns bereits weggenommen hat.

P: Gut, ich muß passen, aber ich denke, daß Sie mir eine ausführliche Diskussion über den theologischen Aspekt schuldig bleiben, denn aus meinem Leben ist er nun einmal nicht wegzudenken.

D: Sicherlich wird es sehr notwendig sein, auf die Bedürfnisse der Theologie einzugehen, denn sie hat eine mehr als 2000-jährige Geschichte, die zweifelsohne historisch großer Beachtung bedarf.

Um dem Leben aber korrekt gerecht zu werden, müssen wir uns dem Leben selbst widmen und nicht den theologischen Betrachtungen über das Leben.

Wir sollten endlich einen ersten Schritt in diese Richtung tun und damit beginnen, dem Menschen zu lehren, seine Nahrung entsprechend der Naturgesetzmäßigkeiten zu wählen. Das wird jeden befähigen, sich auf die wirkliche Ebene der Wahrheit Christi zu erheben und nicht ewig auf die krückenhaften Auslegungen anderer angewiesen zu bleiben.

P: Ich glaube, es ist jetzt wirklich an der Zeit, uns um das Frühstück zu kümmern. Ich habe schlicht und einfach Hunger, und dank Ihres Gebräus fühlt sich mein Magen auch wieder sehr gut an.

Der Professor fixierte Duschane genau. Ein merkwürdiges Gefühl, eine Mischung aus Hilflosigkeit und Achtung, hatte sich seiner bemächtigt. Ihm war klar, daß dieser Mann ein Geheimnis war, das er unbedingt lüften mußte.

Duschane breitete unterdessen einen bescheidenen Imbiß auf dem Tisch aus. Alle aßen davon und waren nach der kleinen, köstlichen Mahlzeit vollständig gesättigt und zufrieden.

Der Professor begab sich zum Fenster und schaute dem Treiben der Kristalle zu, die im hellen Licht der Sonne ein unvergleichliches Schauspiel darboten. Trotz der hitzigen Diskussion empfand er ein sonderbar glückliches Gefühl. Er fühlte sich einfach wohl und war fast dankbar, mit den zweien die Hütte teilen zu dürfen.

Thomas betrachtete ihn von hinten und verspürte ein Mitleid der hageren Gestalt gegenüber. Er kannte seine Welt, doch rechtfertigte das gesellschaftliche Ansehen seinen jetzigen menschlichen Zustand? Nein, das Leben mußte doch ein anderes Ziel haben.

Dann drehte er sich fast ruckartig zu Duschane und kam damit wieder zu ihrem vorigen Gesprächsthema zurück.

T: Ich möchte noch eine Frage stellen. Ich war lange Anhänger der Makrobiotik. Ist das die richtige Ernährungsart?

D: Wenn wir verschiedenartige Ansichten über Ernährung genau beleuchten, dann sehen wir, daß hinter jeder Richtung ein unnatürlicher Zwang vorhanden ist. Einer sagt »makrobiotisch«, der andere »vegan«, wieder ein anderer »Basen-Säuren-ausgleichend«, ein bunter Eintopf, der dem Menschen als Ernährungsrichtlinie vorgesetzt wird.

Deshalb müssen wir der Bevölkerung das Wissen um die ursprüngliche Natürlichkeit vermitteln. Gleichzeitig muß jeder die vollständige Information darüber erhalten, wie er seine Urinstinkte wiederbeleben kann, die alleine ihm die Fähigkeit zurückgeben können, seine Nahrung richtig auszuwählen.

Denn so wie ich es sehe – und da sind wir wieder an dem vorhin angesprochenen Punkt –, sind die falschen Angewohnheiten des Menschen seine gefährlichste Krankheit.

P: Sie haben uns immer noch nicht gesagt, was Sie unter falschen Angewohnheiten konkret verstehen.

D: Zunächst ganz einfach alles, was dem menschlichen Körper und Geist und ihrer Entwicklung schadet. Die größte Beachtung müssen wir dabei dem widmen, was wir unserem Körper durch den Mund zuführen. Denn das macht uns gesund oder krank.

Die gesamte medizinische Forschung scheint an diesem zentralen Aspekt blind vorüberzugehen und den sehr wichtigen Punkt der Verträglichkeit oder Unverträglichkeit der Nahrungsmittel untereinander sogar völlig zu ignorieren; von der Unverträglichkeit der Nahrung mit all den vielen Medikamenten ganz zu schweigen. Dabei hat jedes Nahrungsmittel und jedes Medikament seine eigene Biochemie. Sollte uns das nicht ernsthaft zu denken geben?

Ist es nicht erschreckend, daß in letzter Zeit immer mehr Allergien aller Art die Menschheit geißeln? Das Aufkommen von Immunschwächekrankheiten, nicht nur von AIDS, sondern auch von vielem anderen, das noch nicht entdeckt oder untersucht worden ist, zumindest nicht im Zusammenhang mit der Immunschwäche, ist zum größten Teil auf Unverträglichkeiten der verschiedenartigen chemischen Substanzen zurückzuführen, die man aus Unwissenheit anstatt im Mülleimer im Magen entsorgt, und das seit bald zwei Generationen.

Darüberhinaus hat der Raubbau in der Landwirtschaft die Nahrungsmittel so degeneriert, daß sie dem Körper für seine Immunität kaum mehr etwas zu bieten haben und im Gegenteil durch ihre erhöhte Schadstoffbelastung sogar eine Immunschwäche begünstigen. Wenn man bedenkt, welche Folgen das für die Gesundheit hat, dann ist es zwingend notwendig, daß alle Menschen umdenken.

Der Mensch hat seine Natur so sehr verunstaltet und aus dem Gleichgewicht geworfen, daß harmloses Ungeziefer durch seine Giftspritzmittel nicht vernichtet, sondern geradezu in tödliche Feinde verwandelt wird. Stechmücken oder Schnaken zum Beispiel haben mittlerweile aus ihrem evolutionären Überlebensdrang heraus mutiert und dadurch Immunität gegen die Gifte erlangt. Deswegen benützt man zu ihrer Vernichtung immer stärkere Spritzmittel, die dem Menschen wiederum immer gefährlicher werden und ihm seine natürliche Widerstandskraft rauben. Vor zwanzig Jahren war ein Stich dieser Insekten harmlos, mittlerweile aber erzeugt er durch die Mutation oft einen bis zu fünfmarkstücksgroßen Entzündungsfleck. Deshalb können heute schon zwanzig Stiche oder noch weniger für ein neugeborenes Kind lebensgefährlich werden.

Als weiteres Beispiel hat man vor zwanzig Jahren eine oder höchstens drei Spritzungen von Obstbäumen durchgeführt, um makelloses Tafelobst zu bekommen. Heute aber werden dieselben Bäume aus demselben Grund bis zu fünfzigmal mit Giftstoffen gespritzt. Man züchtet dauernd neue Sorten und Arten, die irgendwelchen Größen- und Schönheitsidealen entsprechen, die aber immer ärmer an Inhalts- und Geschmacksstoffen werden und nur noch entfernt etwas mit ihrem ursprünglichen Zustand zu tun haben. Dabei werden die Bäume immer schwächer, so daß sie viele künstliche Dünge- und Spritzmittel brauchen, um überhaupt einen Ertrag zu liefern.

Ist es nicht ein Wahnsinn, daß die Verantwortlichen so blind an derartigen Erfahrungen vorbeigehen und dies in ihrem Stumpfsinn sogar als normal empfinden und darstellen? Dem Landwirt vertraute der Herrgott das Land zur Pflege an. Was ist aber aus diesem Vertrauen und Geschenk geworden? Ein chaotischer, in den Abgrund führender Raubbau. Um mehr und mehr Profit zu erwirtschaften, vertraut man nicht mehr auf Gottes Natur, sondern nur noch auf die Produkte der chemischen Industrie und stellt so auf unnatürliche Art und Weise gedopte Nahrungsmittel her, die man anderswo sogar wieder vernichtet, damit die Preise stimmen.

Die Natur, die eigentlich der Gesundheit der Menschen dienen sollte, wird hierbei total außer acht gelassen. Und so schaukeln sich die Menschen wie in einem Narrenspiel gegenseitig in ihrer sinnlosen Habgier hoch. Das Schlimmste ist dabei, daß fast die ganze Menschheit an diesem sinnlosen Spiel beteiligt ist, einem Spiel, das in den Abgrund des degenerierten Lebens führt.

Sehen Sie, lieber Herr Professor, das meine ich zum Beispiel mit falschen Angewohnheiten, die die wirksamsten Massenvernichtungswaffen sind, die die Menschheit je entwickelt hat. Denn die Tragweite dieser Waffen ist unvorstellbar. Wenn wir nicht umdenken, dann vernichten wir heute bereits die Zukunft an dem Punkt, wo über die Erbbiologie Schwäche statt Stärke an die nächste Generation weitergereicht wird. Das ist die traurige Wahrheit um den so hoch angepriesenen Fortschritt der Menschheit.

P: Wollen Sie damit etwa den sogenannten biologischen Landbau propagieren? Bei so viel Umweltverschmutzung ist es doch überhaupt nicht mehr möglich, eine Schadstoffbelastung zu vermeiden.

D: Trotzdem macht es einen großen Unterschied, ob zu der schon bestehenden Belastung noch gezielt und mutwillig weitere Schadstoffe hinzugefügt werden.

Außerdem erzeugt ein Verzicht auf Kunstdünger und Spritzmittel einen Reinigungsprozeß der Erde; denn wenn diese Mittel nicht mehr gekauft und benützt werden, werden Tausende und Abertausende von chemischen Fabriken keinen Dreck mehr in die Atmosphäre schleudern. So wird die Sehnsucht nach reinen Nahrungsmitteln die Natur vor weiterer Verschmutzung retten.

Sie werden lachen, Herr Professor, aber es gibt heutzutage kaum mehr einen Bauern, der in seinem privaten Garten Spritzmittel oder Kunstdünger benützt. Warum wohl? Aus einem ganz einfachen Grund. Die Bauern waren nämlich die ersten, die erkannt haben, daß künstlich gezogene Nahrung ein geschmackloses und ungesundes Zeug ist. Hier muß daher die inständige Bitte geäußert werden, die Bauern zu unterstützen, die den Mut haben, zuzugeben, daß sie Fehler gemacht haben, und die begonnen haben, gegen den Strom zu schwimmen. Denn diese wunderbaren Menschen sind wach geworden und haben erkannt, was sie der Mutter Erde bis dahin angetan haben. Deshalb brauchen sie dringend unsere Hilfe. Unterstützen wir sie, indem wir ihre Produkte kaufen, denn nur dadurch helfen wir uns selber, daß die Erde bald frei von schamloser Ausbeutung und Zerstörung wird.

T: Dann scheint es, als ob nur der Verbraucher in diesem Fall helfen kann.

D: Ja, Thomas, nur die Einsicht, ein erweitertes Bewußtsein und die Sehnsucht des Verbrauchers nach einem gesunden, gottgefälligen Leben in einer herrlichen, unverschmutzten Natur kann die Menschheit vor dem Abgrund retten.

Denke nur an den einen scheinbar unwichtigen Aspekt, daß das, was wir essen, durch unseren Stuhlgang wieder der Erde übergeben wird. Hast Du Dir jemals überlegt, welche biochemische Unordnung wir der Erde mit unserem Stuhl zumuten, wenn wir falsche Nahrung zu uns nehmen, und vor allem, welche Veränderung mit der Nahrung in einem kranken Verdauungssystem geschieht? Warum wundern wir uns da noch über die Vielzahl von Krankheiten, die über die Menschheit hereinbricht?

Eine Kuh in natürlichen Verhältnissen nimmt Gras zu sich, und ihr Dung ist vollkommen rein, sogar antiseptisch. Der Dung einer Kuh aber, die unnatürlich in Stallungen mit gedoptem Futter und Medikamenten gefüttert wird, ist genauso wie der des Menschen eine furchtbare biochemische Seuche, voll von neuartigen Gestänken, die von Natur aus nie auf der Erde vorhanden waren. Soweit haben wir alles verändert und verdorben.

Dabei könnten wir mit natürlicher Nahrung und einem gesunden Verdauungssystem durch unseren Stuhlgang der Erde und den Pflanzen eine veredelnde Impfung und nicht eine stinkende Unordnung darbieten. Nachgewiesenermaßen ist der Stuhl eines gesunden Vegetariers nämlich das beste Nährmittel für das Wachstum und die Widerstandskraft der Pflanzen gegen alle sogenannten Ungeziefer, die zweifelsohne im Gefüge des biologischen Gleichgewichtes vom Schöpfer auch eine wichtige Aufgabe bekommen haben.

T: Entschuldige bitte, hier muß ich doch endlich einmal nachhaken.

Schon zum soundsovielten Mal sprichst Du vom »Herrgott«, vom »Schöpfer«, als ob Er genauso eine Selbstverständlichkeit wäre und existieren würde wie wir hier oder wie diese Hütte.

Ist das nur eine allübliche Floskel, oder meinst Du das wirklich im Ernst? Mit so etwas kann ich überhaupt nichts anfangen.

D: Ach so, dann bleibt mir ja wohl nichts anderes übrig, als das zu klären. Oder wollen Sie, Herr Professor, diese Aufgabe übernehmen?

P: Oh ja gerne, das ist sowieso eins meiner Spezialgebiete.

Der Gott des Alten Testamentes, Jahwe, ist der Schöpfer. Er führte Sein Volk Israel in das verheißene Land.

Im Neuen Testament finden wir einen abgewandelten Begriff von Gott. Hier besteht Er aus drei Teilen, dem Vater, dem Sohn und dem Heiligen Geist. Der Vater ist die Allmacht, die jenseits aller Dinge verweilt, der Heilige Geist ist die Verbindung zwischen Vater und Sohn, und der Sohn ist die Kraft der Erlösung von allem Bösen. Weil die Menschheit abgrundtief gesunken war, schickte der Vater Seinen Sohn Jesus Christus auf diese Erde, um sie vom Leid zu befreien, die Gerechten zu erretten und die Sünder …

T: Schon gut, Herr Professor, alles weitere kenne ich vom Religionsunterricht schon in- und auswendig. Doch sagen tut mir das überhaupt nichts. Außerdem, wenn Gott wirklich alles erschaffen hat, wer hat dann Ihn erschaffen?

So gibt es noch unendlich viele unbeantwortete Fragen über Gott, den man wortreich oder plump in irgendeinen undurchsichtigen Schleier von Ansichten einhüllt und uns seit Menschengedenken einfach weiterreicht. Keiner wagt es, diesen Schleier einmal zu lüften, um zu sehen, ob überhaupt etwas dahinter steckt.

Verägert, so schroff unterbrochen worden zu sein, konterte der Professor sehr zynisch.

P: Und Sie haben vor, diesen Schleier zu lüften, junger Mann?

T: Nein, Herr Professor,

kam es ruhig zurück,

T: ich erlaube mir nur, Fragen darüber zu stellen. Vielleicht kann ich dadurch den Schleier für mich etwas durchsichtiger machen. Duschane spricht von diesem Bereich so selbstverständlich, daß ich einfach gerne seine Ansicht darüber erfahren möchte.

Schöpfer, Schöpfer, Gott, Gott, alle sprechen darüber, und keiner kann mir sagen, was das eigentlich sein soll. Auch wenn ich Sie so reden höre, Herr Professor, dann komme ich unweigerlich zu dem Eindruck, daß Sie auch nur den inhaltslosen Schleier weiterreichen und sogar Ihren eigenen noch darüber werfen.

D: Langsam, langsam, Thomas! Die Einstellung des Herrn Professor ist aus seinem Leben erwachsen, und Deine Ereiferung darüber ist aus der Ungeduld Deiner Suche zu verstehen. Ich werde mich bemühen, Dir vielleicht eine Idee zu vermitteln, die Dir hilft, den Schöpfer in Deinem eigenen Wesen erkennen zu können.

Daß es den Schöpfer gibt, steht außer Frage, denn so wie dieser Tisch, diese Stühle, diese Hütte ihren Schöpfer haben, so steht überall, wo etwas Erschaffenes vorhanden ist, ein Schöpfer dahinter.

Wir Menschen erschaffen kleine Dinge, weil unsere Intelligenz klein ist. Doch die ganzen Sterne, das Universum, all die unendliche Ordnung im All kann nur existieren, wenn irgendjemand oder irgendetwas, das noch größer und intelligenter ist als das alles, diese Ordnung aufrechterhält. Es ist nur eine Frage der Relation, ob wir die Dinge aus der Sicht der kleinen Intelligenz oder aus der der höchsten Intelligenz betrachten. Die kleine Intelligenz erschuf zum Beispiel die Computertechnologie, und das ist schon faszinierend. Die höchste Intelligenz jedoch erschuf die Sterne, das Universum und all das Unendliche, das für uns Menschen noch unbegreiflich und sogar unvorstellbar ist.

Deine Frage, wer den Schöpfer erschaffen hat, ist zwar sehr berechtigt, doch das menschliche Bewußtsein kann die unendliche Lösung dieses Rätsels nicht begreifen. So können wir die Frage weder in menschlicher Sprache noch in irgendwelcher Begriffsform beantworten, denn die großen Dinge sind nur einem großen Bewußtsein zugänglich. Verfangen in den Gassen einer Stadt ist es uns nun einmal nicht möglich, die Stadt so zu überblicken, wie wenn wir auf den höchsten Turm der Stadt steigen.

T: Aber auf dem Turm erkennen wir, daß die Stadt doch nur aus denselben Gassen besteht, die wir auch unten schon gesehen und erkundet haben. Es kommt kein neues Element dazu.

Genauso erkunden die Naturwissenschaften die Naturgesetze im Universum, deren Funktionieren alles hervorbringt. Wozu brauchen wir da noch die Vorstellung eines Schöpfers?

D: Nicht die Vorstellung eines Schöpfers, sondern Ihn und Seine unendliche Intelligenz. Mit der Intelligenz, mit der die Wissenschaftler in die Naturgesetze eindringen, können sie nur Teilaspekte isolieren, die für sie zusammenhanglos bleiben, was unweigerlich zu den heute sichtbaren chaotischen Zuständen in der Welt geführt hat.

Ein von Dir übersehenes Element auf der Turmspitze, das wichtigste Element überhaupt, ist jedoch die Übersicht, die vollständige Übersicht. Sie ist und steht immer außerhalb der zu betrachtenden Dinge, weil nur so die Übersicht überhaupt möglich ist. Andererseits ist sie aber unersetzlich, um die Naturgesetze und ihre Funktion korrekt im Einklang miteinander zu erkennen, und vor allem, um sie funktionieren zu lassen. Denn sie werden alle von dieser höchsten Intelligenz gelenkt und in Harmonie gehalten.

Indem Du alles im Universum den Naturgesetzen und ihrer Funktion zuschreibst, glaubst Du doch selbst an ihre großartige Intelligenz und die Unfehlbarkeit ihres Funktionierens.

Also brauchen wir keine im Dunkeln tappende Forschung, sondern die Entfaltung unseres Bewußtseins, das alleine die Verbindung zu dieser wunderbaren Intelligenz konkret herstellen und uns damit aus der Dunkelheit herausführen kann.

Mag sein, Thomas, daß die bisherigen Vorstellungen von Gott nicht nur Dir das Bewußtsein verschleiert haben, sondern unendlich vielen, und vor allem denjenigen, die meinen, uns Gott vermitteln zu können.

Der Professor war sehr schweigsam geworden, denn ihm selber war diese Darstellung vollkommen fremd. Doch er konnte sich des Gefühls nicht erwehren, daß das alte Bildnis in ihm zu bröckeln begann.

Wer war dieser Fremde?

D: Ich denke, lieber Thomas, daß Dein Fragen große Berechtigung hat, denn wie soll man sonst den Schleier lüften! Die Menschen haben sich an all das Vorgegebene schon gewöhnt, an die Art der Ansichten, an die Art der Handlungen, an die Art des Lebens. Wir sehen aber, daß es etwas anderes, etwas Größeres, etwas Schöneres gibt.

Da die Menschen jedoch selber bestimmen, mit welchen Ansichten über Gott sie sich seit Tausenden von Jahren plagen und wie sehr sie damit in der Unwissenheit über das Leben verweilen, so ist es nun einmal notwendig, daß jeder einzelne in der Gesellschaft diesen Schleier los wird. Wir dürfen nicht warten, bis "die da oben" etwas tun, die selbst im undurchsichtigsten Schleier eingehüllt sind, sondern wir müssen bei uns selber in kleinen, stetigen Schritten mit der Veränderung beginnen. Letztlich hängt nämlich wirklich alles alleine von uns ab.

Das beginnt bereits bei den Sachen, die es zu kaufen gibt oder nicht. Alles, was auf den Markt kommt, bringt zwar der Verkäufer, der Käufer aber bestimmt den Absatz und damit die allgemeine Entwicklung des Marktes. Daher trägt der Verbraucher zu 90% die Verantwortung daran, was verkauft wird; denn wenn er es nicht kauft, wird es nicht mehr angeboten, und dann auch nicht mehr produziert. Deshalb besteht die größte Notwendigkeit darin, dem Verbraucher die natürliche Idee um seine Gesundheit zu vermitteln. Dann wird er den Markt schon umstimmen, indem er nach Naturnahrung und gesunden Produkten verlangt. Solange die Massen darüber unwissend sind, wird die Erde weiter geknechtet.

Als allererstes sollte sich jeder darüber klar werden, daß abgesehen von Zucker, Alkohol, Zigarettenrauch und den meisten Industrieprodukten vier Nahrungsmittelsorten im Körper nichts verloren haben, nämlich Fleisch, Fisch, Eier und Pilze.

T: Warum denn Fisch, der doch so viel kostbares Jod enthält?

bekundete Thomas seine Überraschung.

D: Die Geschichte mit dem Jod aus Fisch ist ein Märchen für sich, aber ein undurchsichtiges. Fisch enthält zwar Jod, aber fischeigenes Jod, das er aus seinen Nahrungsmitteln für sich produziert hat.

Wenn ein Mensch jedoch einen Kropf bekommt, so liegt das an seinem persönlichen Stoffwechsel und seinem persönlichen Fehlverhalten der Nahrung gegenüber. Solche Leute folgen leider falschen Ratschlägen, nehmen tonnenweise Jodpräparate zu sich, futtern tonnenweise arme unschuldige Fische, werden dadurch eher noch kränker und behalten ihren Kropf doch bis zum traurigen Ende – wenn sie ihn nämlich herausoperiert bekommen. Ihr defekter Stoffwechsel hat einfach die Fähigkeit verloren, die für die eigene Biochemie nötigen Substanzen aus der Nahrung angemessen umzusetzen. Solange er nicht in Ordnung ist, ist ihre Zufuhr daher völlig sinnlos.

Wenn unser Körper aber gesund ist, dann hat er natürlicherweise die Fähigkeit in sich, aus den Rohstoffen in ausgewogener Vollwertnahrung alle Vitamine, alle Fermente, alle Substanzen, nicht nur Jod, sondern alles, was der Stoffwechsel benötigt, selber für sich in einer ihm angepaßten Kombination verfügbar zu machen. Was der Körper herstellt, ist für ihn absolut richtig, nicht was ihm von außen künstlich zugeführt und zugemutet wird, in der irren Meinung, es sei der körpereigenen Substanz gleich.

T: Und was ist an Eiern falsch? Dafür braucht doch kein Huhn zu sterben. Und dann auch noch Pilze, die wirklich rein vegetarisch sind! Das verstehe ich überhaupt nicht.

Der Professor nickte zustimmend. Schon die ganze Zeit hatte man beobachten können, daß Thomas ihm in seinem regen Eifer aus der Seele sprach. Seine Schlagfertigkeit gefiel ihm sehr.

D: Es ist sehr einfach zu verstehen, warum wir diese vier Nahrungsarten meiden. Typisch für alle vier ist nämlich die Erfahrung, daß sie im verdorbenen Zustand Giftstoffe bilden, die tödlich sind: Fleischvergiftung, Fischvergiftung, Eiervergiftung, Pilzvergiftung.

Eine Nahrung, die irgendwelche Nebenwirkungen mit sich bringt, ist aber keine Nahrung für uns. Das gilt erst recht, wenn die Nebenwirkungen lebensgefährlich sein können wie bei diesen Nahrungssorten, die alle von Fäulnisbakterien befallen werden, deren Produkte immer schwere Giftstoffe sind, welche beim menschlichen Organismus sogar zum Tode führen. Der schon erwähnte Gestank beim Stuhlgang ist ein ständiges Zeichen dafür, daß wir uns langsam aber sicher vergiften.

Alle vier sind also dadurch charakterisiert, daß ihr Eiweiß von Fäulnisbakterien befallen wird. Im Gegensatz dazu bietet typisches pflanzliches Eiweiß nur für Gärungsbakterien einen Nährboden.

P: Erlauben Sie mir bitte eine Zwischenfrage. Essen Sie Milchprodukte?

D: Ja, vornehmlich in gegorenem Zustand.

P: Dann essen Sie aber doch tierisches Eiweiß!

Duschane lachte herzhaft. Genau dieses Argument hatte er erwartet.

P: Warum lachen Sie denn?

D: Weil es ein Irrtum ist, Herr Professor, ein weit, weit verbreiteter Irrtum, den aber jeder durch eigene Beobachtung mit Leichtigkeit widerlegen kann. Lassen wir nämlich rohe Milch ungekühlt stehen, so wird sie durch Gärungsbakterien und nicht durch Fäulnisbakterien zu Sauermilch verändert. Also ist es pflanzliches Eiweiß, was die Kuh in Form von Milch produziert. Ein Wunder des Schöpfers, nur Ihm ist die Erschaffung einer solchen Transformation möglich: Ein tierischer Körper produziert pflanzliches Eiweiß, für uns als wunderbare Nahrung.

P: Das ist ja starker Tobak! Da muß ich fast 70 Jahre alt werden und vier Fakultäten hinter mir lassen, um zu erfahren, daß Milcheiweiß eigentlich pflanzliches Eiweiß ist! Wirklich verrückt!

D: Wir sehen an diesem Beispiel, wo die eigentliche Ursache der falschen Angewohnheiten und des Krankwerdens des Menschen liegt: in der falschen Betrachtung der Dinge.

T: Ja, genau das ist es! In diesem Zusammenhang fällt mir die Geschichte vom Spinat ein, die vielleicht das drastischste Beispiel dafür ist.

Vor Jahrzehnten hat ein Forscher die Aussage gemacht, daß Spinat das meiste Eisen enthält. Vor einigen Jahren aber fand ein Student, der seine Doktorarbeit über Spinat schrieb, heraus, daß er fast am wenigsten Eisen von allen Blattgemüsen beinhaltet. Der Professor hatte sich um eine Kommastelle vertan, doch bis dahin hatten alle Mütter ihre Kinder gegen deren Willen mit Spinat vollgestopft, nur weil ein Wissenschaftler etwas gesagt hatte!

D: Ja, weil ein Professor, weil Alexander der Große, weil die Cäsaren, weil alle Eroberer und Politiker sich irrten und irren, haben wir den jetzigen gesellschaftlichen und gesundheitlichen Zustand der Welt. Immer haben sich die Aggressoren und Unwissenden angemaßt, die Menschheit nach ihrem Gutdünken zu manipulieren. Die Idee, daß es Weisere und damit Kompetentere gab als sie, ließen sie mutwillig außer acht, bis auf den heutigen Tag.

Thomas schüttelte im vollen Bewußtsein der gegenwärtigen Misere der Welt den Kopf.

T: Es ist ungeheuerlich, aber tatsächlich wahr. Alle müssen sich geirrt haben, sonst hätten wir eine andere Welt. Kann man da überhaupt noch Abhilfe schaffen?

D: Oh ja, ich denke, daß die Zeit sehr, sehr günstig ist, um allen Menschen die Wahrheit zu vermitteln und vor allem, um ihnen zu helfen, mit der Wahrheit umzugehen. Daraus wird sich sicherlich in jedem die Einsicht ergeben, einfach seine eigenen falschen Lebensgewohnheiten zu ändern.

Es ist wichtig, daß jeder Mensch erfährt, daß ihn die Nahrung, die er bis jetzt zu sich genommen hat, und die Angewohnheiten, die er bis jetzt gepflegt hat, zu dem gemacht haben, was er jetzt ist; mit anderen Worten: daß er Produkt davon ist, wie er sich ernährt und verhalten hat.

P: Warum ist Ihnen ausgerechnet die Nahrung so wichtig? Es gibt doch beileibe bedeutendere Dinge im Leben!

D: Die Nahrung, Herr Professor, ist aber Grundlage der körperlichen und geistigen Gesundheit und damit Voraussetzung für alle "bedeutenderen Dinge" im Leben. Daher ist es wirklich unumgänglich, den Menschen begreiflich zu machen, daß uns alles, was durch den Mund in den Körper gelangt, gesund oder krank macht. Wenn wir falsche Nahrung zu uns nehmen, dann nähren wir das Kranksein. Umgekehrt nährt richtige Nahrung die Gesundheit in uns, Stabilität, Immunität und Glück, womit die Grundlage geschaffen wird, daß die Gesellschaft aus gesunden, glücklichen Individuen besteht.

P: Ach so, nach dem Motto: gesundes, glückliches Individuum — gesunde, glückliche Gesellschaft.

Hm, nicht übel.

D: Ja, genau. Aber analysieren wir den Vorgang unserer Nahrungsaufnahme noch ein bißchen weiter.

Ich erwähnte bereits, daß man nach Fleischnahrung stinkt wie ein Hund, wie eine Katze oder ähnliche Tiere, die dieselbe Nahrung zu sich nehmen. Das hat natürlich einen Grund: Wenn Fleisch nämlich in den Dickdarm gelangt, so wird es dort von Milliarden von Fäulnisbakterien befallen, die nur auf Nahrungsnachschub gewartet haben. Das Produkt dieser Fäulnisbakterien ist aber Leichengift und Leichengestank.

Das ist die Erklärung, warum ein Fleischesser beim Stuhlgang wie ein Hund stinkt. Er benützt einfach die gleiche Nahrung wie der Hund. Wenn zwei Leute Knoblauch gegessen haben, dann stinken auch beide nach Knoblauch. Diese Aussage drückt nur die Gesetzmäßigkeit aus und hat mit der Person, die Fleisch verwertet, nichts zu tun. Sobald solch eine Person aber drei Monate lang auf die vier Nahrungsmittel Fleisch, Fisch, Eier und Pilze verzichtet, beginnt ihr Stuhlgang, natürlicherweise angenehm säuerlich zu riechen.

T: Warum vergiften sich denn ein Hund oder eine Katze nicht am Leichengift?

D: Das ist sehr einfach zu beantworten. Der Verdauungstrakt von fleischverwertenden Tieren ist nämlich ganz anders angelegt. Ihre Darmlänge ist viel zu gering, als daß Giftstoffe Zeit hätten, sich in nennenswertem Umfang zu bilden. Außerdem ist das, was für uns als Gift gilt, für die Tiere ein Verdauungshelfer. Das beste Beispiel in diesem Zusammenhang sind die typischen Aasfresser, die Geier. Die "Giftstoffe" aus dem Aas liefern ihnen eine Energie, die mit unseren Begriffen kaum zu fassen ist. Drei Monate können sie ohne Nahrung auskommen.

Für uns sind diese Stoffe vielleicht Giftstoffe, bei der unendlichen Vielfalt der Physik und der Chemie haben sie jedoch alle einen wichtigen Platz in der Ordnung der Schöpfung.

P: Aus dieser Perspektive habe ich den Prozeß der Nahrungsaufnahme in der Tat noch nicht betrachtet. Trotzdem ist das, was Sie da sagen, äußerst einleuchtend.

Unter uns gesagt, habe ich auch schon oft die Erfahrung gemacht, daß ich mich nach einem Toilettengang in der Öffentlichkeit bodenlos schämte, weil ich jemandem anderen meinen Gestank zumuten mußte.

D: Sehen Sie, deshalb kann man nicht genügend betonen, daß irgendetwas, durch das man so stinkt, nicht als Nahrung für den Menschen gedacht ist. Denn der Mensch ist als Ebenbild des Herrn erschaffen, und meine bescheidene Erfahrung lehrte mich, daß Jesus und vollendete Heilige Rosenduft um sich ausströmten.

Hören wir also auf, Zerrbilder des Schöpfers zu sein, und werden wir endlich so, wie Er sich uns in Seiner Herrlichkeit gedacht hat.

T: Wenn man es sich genau überlegt, dann ist es sogar noch viel schlimmer; denn der Mensch ißt ja nicht einmal frisches Fleisch. Damit teilt er seinen Futternapf nicht mit Raubtieren, sondern mit Aasfressern, mit Hyänen, Geiern und Schakalen. Und das soll die Krone der Schöpfung sein!

D: Ja, ich glaube, die wenigen Punkte, die wir hier erwähnt haben, müßten eigentlich ausreichen, um jedem normalen Menschen die Augen zu öffnen, daß er von nun an kein Fleisch und keine Wurst mehr zu sich nimmt und damit nicht mehr vom Töten lebt. Uns muß einfach bewußt werden, daß wir uns bisher von toter Nahrung ernährt haben, daß dem Menschen aber wahrlich eine andere Bestimmung verheißen worden ist.

Wie einfach und tiefgreifend diese Erkenntnis ist, möchte ich Ihnen anhand einer Begebenheit erzählen, an der ich selbst beteiligt war.

Die mißachteten Mütter

Vor Jahren verweilte ich meinem Schicksal entsprechend auf einem Bauernhof. Ich durfte dort Stallarbeit verrichten, durfte mich um den Kuhbestand kümmern und hatte große Freude daran,

etwas für diese geplagtesten Geschöpfe der Erde zu tun. In wirklicher Demut sorgte ich für diese herrlichen Tiere, die 13, 14 Jahre lang Milch geben und ebensoviele Kälber zur Welt bringen, wenn sie gesund bleiben.

Wie üblich nahm sich der Bauer jedoch jedes Jahr das Recht, zwanzig Kühen ihre Kinder zu entreißen, ohne auch nur einen Gedanken daran zu verschwenden, wie sie fühlen und wie ihre Kälber weinen. Aber sie weinen. Wenn eine Kuh ihr Kind verloren hat, kann sie vor Gram und Leid kaum essen und schreit verzweifelt nach ihm, das jedoch schon längst tot ist, zerfetzt und in alle Richtungen verteilt. Doch niemand hört es, und niemandem ist es wichtig, denn es ist ja bloß ein Vieh.

Eines Tages sagte ich damals zu dem Bauern: "Was würdest Du tun, wenn diese Kuh Deine Schwester wäre? Wärest Du fähig, ihr diesen Schmerz zuzufügen, ihr das Kind so brutal und unbarmherzig zu entreißen, nur um Deine Gier nach Geld zu stillen?"

Unsicher und verlegen stand er da, unfähig, auf meine Frage zu antworten. Seine Unsicherheit versuchte er vielmehr durch eine scheinbare Härte zu verdecken.

"Oh mein Bruder," sagte ich, "höre, was ich Dir zu berichten habe. Diese Kühe sind zu Dir gekommen, um Dich vor einem elenden Schicksal zu bewahren. Sie sind alle verstorbene Verwandte von Dir, die darauf bedacht sind, Dir den Weg zum wahren Leben zu zeigen. Damit bringen sie ein unvorstellbares Opfer, um Dir zu helfen, und nicht nur Dir, sondern allen und überall, wo diese wunderbaren Wesen unter den grausamsten Verhältnissen gehalten werden. Meinst Du, es ist richtig, was Du tust?"

Ein lähmendes Schweigen erfüllte den Stall, und es schien, als ob alle Tiere aufhorchten, um Zeugen dieses außergewöhnlichen Geschehnisses zu sein.

Dem Bauern dämmerte etwas. Er stammelte zusammenhanglos: "Was redest Du da? Wer bist Du überhaupt?" und dann fast hilfesuchend:

"Es ist schrecklich, aber ich muß Dir etwas erzählen. Ich merke, daß Du die Dinge anders siehst. Schau Dir diese Kuh in der Ecke an!

Immer wenn ich ihr Kalb nehme, träume ich nächtelang von meiner jüngeren Schwester, die vor 12 Jahren bei einem Unfall im Wald gestorben ist. Ich sehe sie im Traum immer bitterlich weinen, und ich wußte bis auf den heutigen Tag nicht, warum. Kann es sein, daß dieses Weinen mit der Kuh zusammenhängt?"

"Guter, guter Mann, schaue in diese Augen, die Du so oft gebrochen hast, und Du wirst sehen, daß Dein Stall voll von wunderbaren Wesen ist, die nichts anderes im Sinn haben, als durch ihr Opfer der Welt zu helfen."

Er wankte zu der genannten Kuh, kniete vor ihr nieder und umarmte ihren großen Kopf. "Oh meine Schwester, oh meine Schwester, wie konnte ich so blind sein!"

Wer dies gesehen hätte, hätte dasselbe bemerkt wie ich, daß nämlich aus den dunklen, bis dahin gebrochenen Augen ein seltsames Licht der Hoffnung aufleuchtete. Sanft löste die Kuh ihren Kopf aus der Umarmung des vor ihr knieenden Bauern, und ihre große Zunge leckte den Erwachten.

Von nun an war der Stall zur Verwunderung aller Nachbarn und Verwandten immer peinlich sauber, und jede Kuh glänzte in Reinlichkeit. Großer Friede kehrte in das Herz des Bauern und in sein Haus ein. Er wurde eins mit seinen Wesen, die gekommen waren, um ihm und der Welt zu helfen. Von nun an bestattete er alle seine Kühe, die eines natürlichen Todes die Welt verließen, wie Menschen.

Es störte ihn in keiner Weise, daß er als verrückt galt. Das war es ihm wert, nie mehr zu träumen, daß seine kleine Schwester weinte. Vielmehr kamen ihm mit der Einsicht darüber in der Einfachheit seines Lebens große Erkenntnisse. Er wurde einer der Stillen im Lande, die wie die Heiligen das Unheil der Welt durch ihre Liebe zu allen Wesen abwenden.

Diese Geschichte löste im Professor ein sichtliches Unbehagen aus. Die Welt der Gefühle und die Welt der Vernunft rivalisierten in ihm. Als denkender Mensch gab er jedoch seiner Vernunft wie immer den Vorrang.

P: Das ist ja alles schön und gut. Der Mensch braucht aber doch nun einmal tierisches Eiweiß, um den Mangelerscheinungen einer Fehlernährung aus dem Weg zu gehen.

D: Ja, ja, wieder die Geschichte vom Spinat. Man brauchte Spinat wegen des Eisens, und Fleisch ist notwendig wegen des Eiweißes.

Ohne vorher fundamentale Untersuchungen durchgeführt zu haben, stellt irgendein Unwissender einfach solche Behauptungen auf und läßt dazuhin die Nebenwirkungen der Fleischnahrung völlig außer acht. Wir haben ja bereits das Leichengift erwähnt, das durch Fäulnisbakterien im Körper produziert wird und eine der Hauptursachen für eine Fehlsteuerung des Stoffwechsels darstellt. Außerdem vergiftet ein Tier beim Sterben – egal auf welche Weise es getötet wird – in Bruchteilen von Sekunden durch biochemische Reaktionen seinen gesamten Körper mit Angsthormonen. Diese biochemischen Substanzen setzen in denen, die sie konsumieren, ihre natürliche Wirkung fort, sie erzeugen also weiterhin Angst.

Während des Zweiten Weltkrieges hatten die Menschen eine berechtigte Angst als Reaktion auf die Bedrohung ihres Lebens. Woher kommt es aber, daß die Menschen nach dem Kriege und vor allem jetzt, wo ihnen nichts fehlt, ihre Existenz gesichert ist und Reichtum und Wohlstand im Überfluß vorhanden sind, unter Angst, Depressionen, Hoffnungslosigkeit, Schwermut etc. leiden? Die Antwort darauf dürfte Ihrem scharfen Verstand, Herr Professor, sicherlich nicht schwerfallen.

P: Ja, gegen diese Darstellung ist wirklich nichts einzuwenden. Ich erinnere mich selbst an einige Patienten, die wegen akuter Gichtanfälle auf Fleisch verzichten mußten und die dadurch auch noch ihre schweren endogenen Depressionen verloren haben.

Fleischgenuß birgt ja rein physisch solch große Gefahren für die Gesundheit in sich, daß ich selbst manchmal denke, man müßte diesen übergroßen Fleischkonsum reduzieren. Dadurch könnte man viele Risikofaktoren verringern, z. B. für Gicht, für Harnsäureablagerungen, die zweifelsohne eine große Ursache rheumatischer Veränderungen sind, für träges Blut, bzw. körperfremdes Cholesterin, das mit eine Ursache für Herzinfarkt und für Gallensteine ist, um nur einige wenige zu nennen.

Aber deshalb braucht man doch nicht gleich so radikal vorzugehen und jeglichen Fleischgenuß zu verbieten. Hühnerfleisch oder magerer Schinken sind in dieser Beziehung völlig unbedenklich und durchaus als

Nahrung geeignet. Sie werden von den heute verbreitetsten Ernährungstheorien empfohlen, und selbst von altüberlieferten wie dem Ayurveda.

D: Aber nur aus Unwissenheit! Was wir brauchen, ist eine menschenwürdige und eine reine Nahrung ohne Nebenwirkungen.

Betrachten wir in diesem Sinne einmal die von Ihnen angesprochenen angeblich unbedenklichen Fleischarten. Die meisten Menschen meinen, daß Hühnerfutter nur aus Korn besteht; freilaufende Hühner fressen aber noch ganz andere Dinge: Hundekot, Mist, Würmer, Schnecken, selbst vor toten Artgenossen und verwesenden Tieren machen sie nicht Halt. Bei Zuchthühnern ist es ja mittlerweile sogar bereits in das Bewußtsein der Öffentlichkeit gedrungen, mit welch verheerender, ungesunder Nahrung und mit wievielen Medikamenten die armen Tiere in krankmachender Haltung gefüttert werden. Wenn man nur daran denkt, müßte es einem schon den Magen umdrehen.

Was Schinken angeht, so habe ich vor vielen Jahren eine interessante Entdeckung gemacht. Ich hatte eine schwere Schürfwunde an der Hand und stellte überrascht fest, daß die Kruste und der Eiter darin nach Schinken rochen. Diese Beobachtung ließ mir keine Ruhe. Ich besorgte mir sofort einen trockenen Schinken, und es war tatsächlich derselbe Geruch. Danach machte ich zwei Abstriche und verglich sie unter dem Mikroskop. Es stellte sich heraus, daß es sich auch bei dem Schinkenabstrich um eingetrockneten Eiter handelte. Um sicher zu gehen, wiederholte ich diese Untersuchung einige Male, auch mit einem Abstrich von abgehangenen Lendchen. Als unumstößliches Ergebnis ergab sich immer eine enorme Ansammlung von Eiter, was von jedem Fachmann jederzeit belegt werden kann.

Sehen Sie, was alles aus Unwissenheit konsumiert und sogar als Spezialität gehandelt wird!

P: Das ist ja ekelhaft! Damit haben Sie mir in der Tat gründlich den Appetit auf Fleisch und Wurst verdorben.

D: Also, Herr Professor, brauchen wir solch eine Nahrung, die außerdem noch verheerende Nebenwirkungen mit sich bringt?

P: Ich ab heute garantiert nicht mehr, aber für die Ernährung der Weltbevölkerung ist sie wohl unersetzlich. Können Sie sich die ungeheure Hungersnot vorstellen, die ausbrechen würde, wenn niemand mehr Fleisch oder Wurst essen dürfte?

D: Können Sie sich, Herr Professor, vorstellen, daß man, um ein Pfund Fleisch zu gewinnen, an das Tier mehr als die siebenfache Menge, das heißt: mehr als 7 Pfund pflanzlicher Kraftnahrung verfüttern muß? Wenn kein Fleisch mehr gezüchtet wird, dann steht diese immense Menge pflanzlicher Nahrung für den Menschen zur Verfügung, und man könnte sogar die bestehenden Hungersnöte in der Welt mit Leichtigkeit beheben.

Wenn wir von Hungersnot reden, dann sollte an allererster Stelle die Wirtschaftspolitik geändert werden, die alljährlich unzählige Tonnen Getreide und Obst vernichtet, um die Marktpreise nicht verfallen zu lassen. Darum ist es dringend notwendig, daß dem Menschen ein anderes Bewußtsein kultiviert wird.

T: Das ist wirklich verheerend!

Warum lehrt man das alles nicht in den Schulen und Hochschulen, warum dringt dieses Wissen nicht in die Öffentlichkeit vor, und warum ist es höchstens ansatz- und bruchstückweise in den einzelnen Menschen vorhanden?

D: Das ist sehr leicht zu beantworten. Die Verantwortlichen haben es nicht erkannt, sehen es nicht ein und plagen sich selber mit all den Krankheiten und den unendlich vielen Nebenwirkungen herum, die aus dem Konsum von Fleisch und Wurst herrühren. Wahrscheinlich müssen sie erst einmal selbst schwer krank werden und dadurch gezwungen sein, auf Fleisch und Wurst zu verzichten, damit ihnen die Einsicht überhaupt möglich wird.

Und damit sind wir bei der größten Gefährdung und schlimmsten Nebenwirkung des Fleischgenusses, die für den Menschen zur Geißel geworden ist. Die bisher entdeckten Substanzen zeigen uns bereits auf, wie gefährlich Fleisch und Wurst sind. Was ist aber mit jenen Substanzen, die man noch gar nicht entdeckt hat? Welche verheerenden Auswirkungen bringen sie mit sich? Außerdem haben wir schon erwähnt, daß Fleischgenuß das Blut schwer macht und Verkalkungen und Verengungen der Gefäße nach sich zieht. Das gilt natürlich erst recht für die Gefäße in unserem Gehirn. Ein schlecht durchblutetes Gehirn voller Ablagerungen ist aber einfach nicht so funktionstüchtig wie ein ablagerungsfreies und gesund durchblutetes. Weil es dabei jedoch um unsere Zentrale geht, folgt daraus eine allgemeine Beeinträchtigung nicht nur unserer körperlichen, sondern auch unserer geistigen Gesundheit.

Das ist eigentlich die schlimmste Nebenwirkung überhaupt. Denn der Mensch ist Produkt seiner Denkweise, und alles, was er ißt, beeinflußt unmittelbar sein Denken.

T: Worauf willst Du hinaus?

D: Auf die einfachste Schlußfolgerung, die jeder Fleischesser nach der Umstellung auf vegetarische Kost unmittelbar erfahren hat: Das Denken wird freier. Jeder bekommt ein leichtes Gefühl im Körper, als ob eine Last von ihm abgefallen wäre. Alle, die ich darauf angesprochen habe, sagten: "Mein Gott, war ich früher dumm! Wie konnte ich vom Töten leben!" oder etwas ähnliches.

Worauf ich eigentlich hinaus will, ist, daß der Fleischkonsum den Menschen in den tiefsten Zustand der Unwissenheit geschleudert hat, und daß das letzten Endes die Ursache des Untergangs aller Hochkulturen war. Schon den Pharaonen wurden ihr Überdruß und Überfluß zum Verhängnis. Die Griechen hatten eine Hochkultur, und vor allem die Spartaner stellten ein Vorbild in bescheidener Lebensweise dar, das noch heute in dem Ausdruck »spartanisch« weiterlebt, der an Stärke und Ausdauer erinnert. Doch auch ihr Bewußtsein wurde schließlich durch Fleischgenuß vernebelt.

Die Römer waren ebenfalls zunächst ein beeindruckendes Beispiel der Genügsamkeit. Immerhin schafften es die Römischen Soldaten, nur mit Korn ein Riesenreich zu erobern. Als sie dann aber dem Genuß von Fleisch und Wurst zum Opfer fielen, zerbrach ihr Reich zur Bedeutungslosigkeit. Ähnlich scheint es den Inkas, den Mayas, den chinesischen Dynastien und vielen anderen ergangen zu sein.

P: Demnach sehen Sie im Fleischgenuß die Ursache für die abfallende Entwicklung der Menschheit?

D: Alles, was der Mensch in den Mund nimmt, macht ihn biochemisch klar oder unklar, das müßte Ihnen als Wissenschaftler einleuchten. Immerhin nehmen wir dreimal täglich, sieben Tage pro Woche, 52 Wochen im Jahr Nahrung zu uns, die das Wohl- oder Unwohlsein des Körpers bestimmt. Es muß selbst erbbiologisch eine verheerende Wirkung mit sich bringen, wenn wir tagaus, tagein, jahraus, jahrein eine falsche und schädliche Nahrung vertilgen, und das bereits seit Generationen. Ganz abgesehen von den zusätzlichen Fehlern, die wir bei der Nahrungsmenge und beim Umgang mit der Nahrung begehen.

T: Fleisch, Fisch, Eier und Pilze möchtest Du also von unserem Speiseplan streichen. Aber kann man den Menschen zumuten, nur von Körnern zu leben?

D: Nein, wir muten den Menschen nichts zu, was ihnen nicht förderlich ist oder was gar unangenehme Folgen für sie haben könnte. Wir müssen nur endlich einsehen, daß wir in Bezug auf die eben genannten Nahrungsmittel einer irreführenden Vorstellung verfallen sind. Sie sind nämlich hochkonzentrierte tierische Eiweißbomben, die noch dazu eigentlich einen sehr unangenehmen Eigengeschmack haben. Würde man diese Nahrungsmittel nicht würzen, so würden 99% der Menschen nach ihrem Genuß im Rohzustand erbrechen. Was an dieser Nahrung also schmeckt, sind einzig und allein die Gewürze.

Egal in welcher Form man Fleisch, Fisch, Eier oder Pilze auch zubereitet, es handelt sich, abgesehen von den Gewürzen und den wenigen Beilagen, immer um dieselben Grundstoffe. Also haben wir hier obendrein auch noch eine einseitige Nahrung vor uns. Die vegetarische Ernährung besteht dagegen aus einer unendlichen Vielzahl von Produkten der Natur: Früchten, Gemüse, Nüssen, Wurzeln, Milchprodukten, vielen Sorten von Getreide, die in ihrem Rohzustand jedes für sich schon einen angenehmen Geschmack mitbringen und somit selbst zur Würzung der Speisen beitragen. Angesichts dieser Vielseitigkeit können wir erst mit Berechtigung von der Fülle sprechen, die der Schöpfer uns als tägliche Nahrung bestimmt hat und zur Verfügung stellt. Entgegen weitverbreiteter Vorurteile ist richtig zubereitete vegetarische Nahrung auch eine kulinarische Köstlichkeit.

Da Fleisch, Fisch, Eier und Pilze den Menschen außerdem erbbiologisch vernebeln, verursachen sie eine Fehlernährung und haben so zu der enormen Verschlechterung des heutigen allgemeinen Gesundheitszustandes geführt.

Zum guten Schluß ist es des Menschen einfach unwürdig, mit wilden Tieren verglichen zu werden, denn an den Beispielen aus der Natur stellen wir fest, daß Vegetarier friedfertige Wesen und Fleischfresser Aggressoren und Vernichter des Lebens sind. Solange wir uns aber so ernähren, werden wir uns dem Leben gegenüber ewig als Raubtiere verhalten. Die Menschheitsgeschichte beweist es zur Genüge, die Gegenwart erst recht.

P: Mir sind aber schon so viele Vegetarier begegnet, die alles andere als gesund waren.

D: Oh ja, mir auch. Es wird leider allerhand unter »vegetarisch« verstanden, zum Beispiel sind Industriepflanzenprodukte, Weißmehl, raffinierter Zucker usw. auch vegetarisch, aber nicht für einen gesundheitsbewußten

Menschen. All die vielen Richtungen des Vegetarismus haben nur teilweise etwas mit Gesundheit zu tun, wenn überhaupt.

T: Warum lehnst Du Zucker ab?

D: Weil er nirgends auf den Bäumen wächst.

T: Und was ist mit Zuckerrohr und Zuckerrübe?

D: Ja, die wachsen in der Natur, und genauso sollte man sie verwenden, nicht in verändertem Zustand.

Das Leben auf dieser Erde untersteht einem geordneten Prinzip, dem harmonischen Funktionieren der Naturgesetze. Die heutige Unordnung kann nämlich unmöglich als Grundlage der Existenz gedacht worden sein. Leider hat sie aber das zugrundeliegende Prinzip überschattet und in Vergessenheit geraten lassen. Da das Leben ohne dieses Prinzip jedoch kein Gleichgewicht finden kann, und da ohne dieses Gleichgewicht eine evolutionäre Fortentwicklung nicht möglich ist, ist es unerlässlich, die zugrundeliegenden Prinzipien in unserem Bewußtsein wiederzuerwecken und zur Anwendung zu bringen.

Dieses Naturprinzip ist die Grundordnung der gesamten Natur und muß daher überall und zu allen Zeiten als Richtlinie auffindbar sein, also auch – und das ist für uns der wichtigste Bereich – in unserer Physiologie und unserem Verdauungssystem.

Ursprünglich ist unser Stoffwechsel in seiner Funktion, das Gleichgewicht des Körpers aufrechtzuerhalten, vollkommen angelegt worden, durch Fehlbeeinflussung ist er jedoch leider zu einer notdürftigen Funktion degeneriert, mit der er mühsam versucht, den Körper wenigstens weiterbestehen zu lassen.

Auf die Gesetzmäßigkeiten der Nahrungsaufnahme bezogen, sieht das erwähnte Naturprinzip sowohl die rechte Nahrung als auch den rechten Umgang mit ihr vor. Von diesen Gesichtspunkten hängt somit das natürliche Fortdauern und die Entwicklung des Lebens in unserem Körper ab. Leider haben wir auch hier die natürlich ablaufenden Strukturen entweder ignoriert, übersehen oder nicht ernst genommen. Und das gilt auch für die meisten der sogenannten Vegetarier.

Duschane nahm einen Bleistift und ein Stück Papier und machte schnell eine kleine Skizze.

D: Wir sehen, welche unsinnige Menge der Mensch täglich in seinen Magen hineinstopft, der nur so groß ist wie seine Faust. Damit enthüllt uns diese kleine Zeichnung eindeutig unser Fehlverhalten bei der Nahrungsaufnahme, und das bezieht sich auf alle Ernährungssysteme und -theorien. Dieses Fehlverhalten ist die Ursache jener Schwächen im Stoffwechsel, die, anstatt Immunität aufzubauen, die Grundlage für alle Krankheiten bereiten.

Die Nahrung ist heutzutage nicht mehr ein notwendiges Mittel, um das Leben fortdauern zu lassen, sondern nur noch ein Genuß- und Ersatzmittel. In Wirklichkeit ist die Nahrung aber jene Kostbarkeit, durch die wir, wenn wir sie richtig benützen, die Chance haben, vollkommene Gesundheit zu erlangen und aufrechtzuerhalten.

Veranschaulichen wir uns das seit Generationen weitverbreitete Fehlverhalten spaßeshalber noch ein bißchen deutlicher.

Der bestehenden Zeichnung fügte er mit wenigen Strichen noch eine groteske Karikatur hinzu.

Thomas konnte sich das Lachen nicht verkneifen.

D: Leider ist das nicht zum Lachen, denn wir sehen, welche Katastrophen sich da anbahnen. So viel Masse führt unweigerlich zur Überdehnung des Magens, was die Verdauung wiederum in jedem Fall total verstimmt.

Was wird hier aber hauptsächlich verstimmt? Die zart empfindende Psyche wird durch die Massen erdrückt, alles wird träge bis hin zu depressivem Verhalten.

Die richtige Art des Umgangs mit der Nahrung sieht demgegenüber so aus.

Er strich alle überflüssigen Nebenmahlzeiten durch und zeichnete darunter die richtigen Mengen und die richtige Reihenfolge der Nahrungsaufnahme.

D: Nahrung sollte der Mensch grundsätzlich nur dann zu sich nehmen, wenn er Hunger hat, denn dafür ist der Instinkt »Hunger« von Natur aus im körperlichen Gefüge angelegt. Gleiches gilt für die Instinkte »Durst« und »Müdigkeit«. Der Mensch sollte trinken, wenn er Durst hat, und schlafen, wenn er müde ist.

Verletzt man die Gesetzmäßigkeiten der Nahrungsaufnahme, indem man zuviel in den Magen hineinstopft, so dehnt er sich aus, und die Folge ist, daß die Funktion der Verdauung total aus dem Gleichgewicht gerät und alles entsetzlich träge wird.

Schauen wir uns einmal genau an, was bei der Nahrungsaufnahme im Magen vor sich geht.

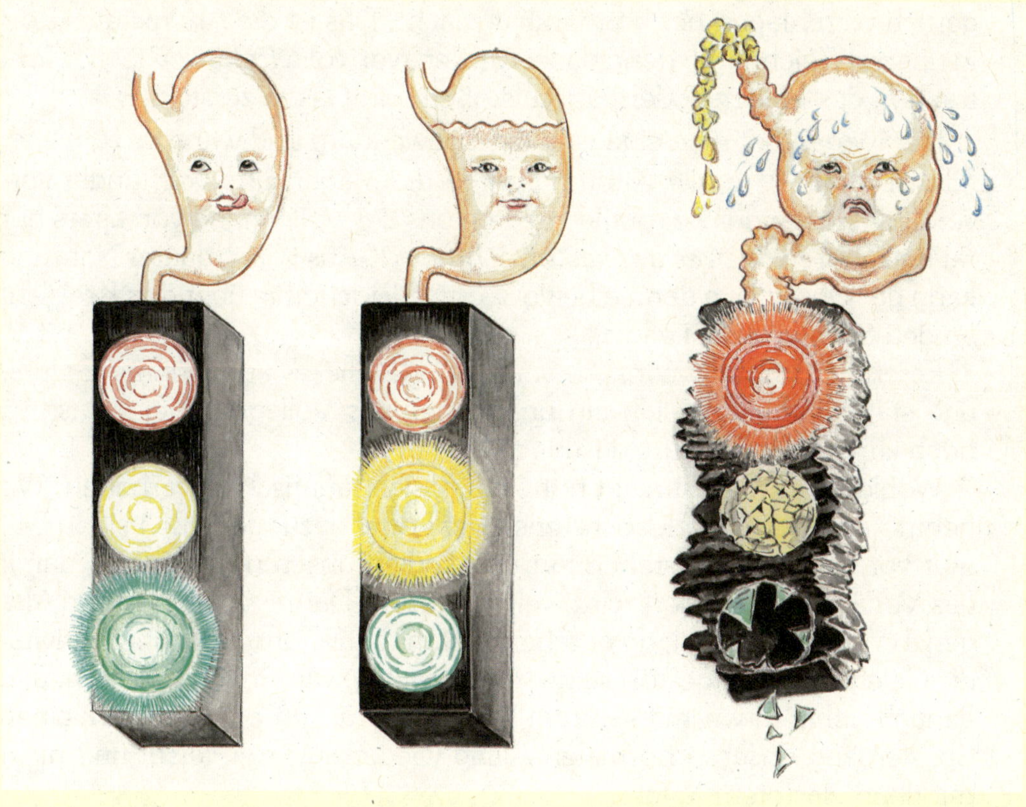

D: Hunger, nicht Appetit, bedeutet grünes Licht für die Nahrungsaufnahme, und Sattsein, d. h. gelbes Licht, meldet sich bei zu $3/4$ gefülltem Magen als ein sehr, sehr angenehmes Gefühl der Leichtigkeit und Entspannung, bei dem man förmlich die gewonnene Energie spürt, die man jederzeit in Aktivität umsetzen kann.

T: Warum ausgerechnet $3/4$?

D: Weil der Verdauungsvorgang Platz braucht.

Kochen wir zum Beispiel in einem bis zum Rand gefüllten Topf, so können wir nicht rühren, ohne daß der Inhalt überläuft. Genauso verhält es sich beim Magen. Füllen wir ihn völlig oder überfüllen wir ihn sogar, so versucht er, künstlich Platz zu schaffen. Dies erreicht er zum einen durch eine unnatürliche Dehnung, zum anderen durch den Versuch, unverdaute Nahrung in den Dünndarm abzuschieben, was auf jeden Fall Keime für viele Krankheiten legt. Als letzte Möglichkeit mit den schlimmsten Auswirkungen drückt er Nahrung in die Speiseröhre und schwächt so mit der Zeit die natürliche Sperre zu ihr, was sich durch entsetzlichen Mundgeruch vom Magen her bermerkbar macht. Das ist die Alarmstufe »Rot« in unserer Zeichnung; denn dabei werden wertvolle Reflexe wie die Kontraktion des Magens oder das Aufstoßen von Gasen zerstört.

Der Magen hat eine eigenständige Bewegung, und wenn er zu 3/4 gefüllt ist, dann wird alle Nahrung durch die Magensäfte vollständig vorverdaut. Das ist der Zeitpunkt, zu dem uns der Volksmund von alters her rät aufzuhören, weil *es am besten schmeckt*. Aus vorverdauter Nahrung kann der Dünndarm dann eine vollwertige Biochemie über den Kreislauf an den Stoffwechsel liefern.

Essen wir jedoch weiter, so verschwindet dieses angenehme Gefühl, und stattdessen stellt sich ein unangenehmes Völlegefühl ein, das uns noch zusätzlich träge und lustlos macht.

Wohlgemerkt, es ist nicht notwendig, sich fanatisch zu verhalten. Wir nehmen noch ein oder höchstens zwei Löffel dazu, genießen sie in Demut vor dem Leben, stehen auf und spülen unseren Mund aus, damit das Verlangen gemildert wird weiterzuessen. Dann geben wir dem Magen 10 – 15 Minuten lang durch eine Ruhepause ohne jegliche Aktivität die Gelegenheit, ungestört seine Vorverdauung stattfinden zu lassen, und danach nehmen wir mit sanftem Recken, Strecken oder einem kleinen Spaziergang unseren normalen Alltag wieder auf, frei, leicht und nicht mit überbelastetem Magen.

Ein überbelasteter und überdehnter Magen ist bereits ein krankhafter Zustand, da er die Fähigkeit einbüßt, sich zusammenzuziehen. Kann sich der Magen aber nicht mehr bis zu dem Punkt zusammenziehen, an dem Hunger registriert wird, dann bleibt er ausgedehnt, und wir plagen uns unser Lebtag nur mit Appetit.

Der Appetit jedoch ist jener Hauptfeind, durch den wir ständig Fehler bei unserer Ernährung machen. Essen wir nämlich mit Appetit, aber ohne Hunger, das heißt, wenn der Magen noch nicht wieder entleert ist, dann gehen die natürlichen Reflexe verloren, wir essen zuviel, überdehnen also den Magen unaufhörlich und gewöhnen uns so eine abnormale Nahrungsaufnahme an.

Dieser Teufelskreis beginnt bereits im Säuglingsalter. Mit 6 oder 7 Monaten bekommen die Kinder nämlich die erste feste Mahlzeit und verweigern meist nach wenigen Löffeln die Nahrung. Wir haben da jedoch gründliche Fehler von unseren Müttern erlernt, die wir präzise an unsere Kinder weitergeben: "Einen Löffel für Mama, einen Löffel für Papa usw." So wird das Kind zwangsläufig genudelt und überfüttert. Anstatt bei der ersten Verweigerung aufzuhören, füttern wir weiter und zerstören so einen natürlichen Ur-Reflex, der bei 99% der Menschen bereits nicht mehr funktioniert, den sogenannten Würgereflex, welcher uns sagt, daß der Magen bereits übervoll ist. Er schützt uns auch davor, Opfer einseitiger Ernährung zu werden, zum Beispiel zuviele Süßigkeiten zu uns zu nehmen.

Bei Neugeborenen ist noch alles intakt. Doch leider werden die Kinder in der wichtigsten Phase ihrer Entwicklung bei der Nahrungsaufnahme verdorben und bekommen dadurch die Grundlage für unzählige Krankheiten und Mängel gelegt.

Aus diesen Gründen füllen wir den Magen also grundsätzlich nur zu ¾, denn nur so wird sich das Verdauungssystem regenerieren und seine vollständige Funktion wiedererlangen.

P: Was soll man denn aber machen, wenn die Kinder nicht aufhören zu schreien? Verlangen sie dann nicht nach Süßem?

D: Ein weiterer Kardinalfehler, den wir in unserer Kindheit über uns ergehen lassen mußten und den wir unseren Kindern immer noch weitervermitteln, ist das Ruhigstellen durch Süßigkeiten oder süße Fläschchen. Diese Zugabe verabreichen wir immer dann, wenn wir meinen, für die Kinder keine Zeit zu haben, oder wenn wir der Ansicht sind, sie müßten ruhig sein. Es wäre weitaus angebrachter, daß wir uns mit innerer Ruhe und Ausgeglichenheit dem Kind und seinem Unwohlsein widmen; denn die Kinder sind durch das Wachstum einem ständigen Dehnungsprozeß unterworfen, durch den sie sich in den verschiedenartigsten Situationen nicht immer wohlfühlen.

T: Ist es denn falsch, sich zufrieden satt zu essen, bis das eigene Gefühl sagt: "Ich bin satt"?

D: Grundsätzlich nein, doch das Gefühl muß intakt sein. Leider neigen die meisten von uns aber dazu, sich auf verschiedene Art und Weise selbst zu beschummeln.

Ich sagte bereits, daß wir den Magen nur zu ¾ füllen dürfen, und das ist in der Regel nicht mehr als ein voller Suppenteller. Selbstverständlich hängt das von der individuellen Konstitution und Situation sowie von der Art der Nahrung ab. Deshalb müssen wir dennoch auf unser Gefühl und unsere Reflexe achten, allerdings nicht nur auf das Gefühl beim Essen, sondern gerade auch auf das Gefühl nach dem Essen bis hin zur nächsten Mahlzeit. Nur so werden wir es wieder zur richtigen Funktionsweise kultivieren.

Bis das erreicht ist, ist es unumgänglich, sich einen geregelten Tagesrhythmus anzueignen, was bedeutet, jeden Tag etwa zur gleichen Zeit aufzustehen, zur gleichen Zeit die drei Mahlzeiten zu sich zu nehmen, gleichmäßig und geregelt den Aktivitäten nachzugehen und zur gleichen Zeit zu Bett zu gehen. Wenn man am Anfang etwa alle 5 Stunden Nahrung zu sich nimmt, dann stellt sich die Natur der Verdauung am schnellsten auf die Selbstregulation ein. Denn ein zu ¾ gefüllter Magen ist nach dieser Zeit wieder zur Nahrungsaufnahme bereit.

Grundsätzlich sollten wir eine halbe Stunde vor dem Essen Hunger bekommen. Verspüren wir früher Hunger, dann haben wir bei der letzten Mahlzeit einfach zu wenig gegessen; haben wir dagegen eine Viertelstunde vor dem Essen immer noch keinen Hunger, dann war es bei der vorigen Mahlzeit zuviel. Dementsprechend verändern wir die Menge der aufgenommenen Nahrung bei den nächsten Mahlzeiten.

Wenn man sich an diese Richtlinien hält, dann kann niemand Fehler bei der Nahrungsaufnahme begehen, und bereits nach einigen Wochen pendelt sich die Urnatürlichkeit wieder ein. So wird man dann auch auf wunderbare und einfache Weise ohne Zwang in dem natürlichen Rhythmus bleiben.

Etwas schwieriger ist die Situation von Magersüchtigen, die ihren Magen infolge ihres ständigen mutwilligen Erbrechens zu einer Überkontraktion vergewaltigt haben. Sie sollten ein halbes Jahr lang immer bis zu einem leichten Völlegefühl essen, sich dann aber mindestens 15 Minuten lang überhaupt nicht bewegen. Am besten legen sie sich gleich nach dem Essen eine halbe Stunde lang im Bett flach und lassen alles geschehen, was da kommt. Dieser Vorgang wird ihren Magen wieder in seinen Normalzustand versetzen. In dem Augenblick, wo dem eigenen Gefühl nach das normale Gewicht wieder erlangt ist, sollte dann jeder auf das schon besprochene Eßverhalten übergehen.

Eine viel häufigere Störung ist die chronische Überdehnung des Magens, die dazu verleitet, mehr zu essen, weil einem das trügerische Gefühl sagt: "Ich bin noch nicht zufrieden". Das bedeutet einfach, mutwillig einem falschen Impuls zu folgen, der die Störung aufrechterhält und sogar noch verschlimmert. In diesem Fall sollten wir daher klug genug sein und der Vernunft des Geistes den Vorrang geben. Wir bleiben einfach 3 oder 4 Wochen lang bei einem Teller, bis die Intelligenz des Verdauungstraktes sich von ihrer bisherigen Fehlorientierung auf die neue Ordnung umgestellt hat. In dieser Zeit hat auch der Magen seine volle Kontraktionsfähigkeit wiedererlangt, und so werden wir keine Probleme mehr haben, immer nur mit Hunger zu essen und den Magen ¼ leer zu lassen.

T: Ich fühle mich aber meistens nicht gut, wenn ich nicht genug gegessen habe.

D: Mag sein, aber Du fühlst Dich sicherlich auch nicht gut, wenn Du Dich überfüllt hast. Aus diesem Zwiespalt kann uns nur die Vernunft des Geistes zur Harmonie des richtigen Verhaltens der Nahrung gegenüber herausführen.

T: In letzter Zeit habe ich öfters die Erfahrung gemacht, daß ich Hunger hatte, aber keine Zeit zum Essen fand. Nach einer Stunde hatte ich dann keinen Hunger mehr.

Soll man in solch einem Fall trotzdem etwas essen?

P: Nein, Thomas, wir essen grundsätzlich nur, wenn wir Hunger haben. Betrachten wir aber einmal, wie es überhaupt zu solchem übergangenem Hunger kommen kann.

Die Physiologie des menschlichen Körpers kennt vier Phasen von Hunger, die erste, wenn der Magen sich entleert, die zweite, wenn der Dünndarm sich entleert, die dritte, wenn der Dickdarm sich entleert, und die vierte, den Gewebshunger.

Die ersten beiden Phasen sind noch kein Grund zur Aufregung und können ohne Sorge übergangen werden. Bei ihnen hört das Hungergefühl auch bereits nach relativ kurzer Zeit von selbst wieder auf. Diese Periode zwischen dem ersten und dritten Hunger ist für die Gesundheit und den Stoffwechsel jedoch von ungeheurer Bedeutung und sollte deshalb geradezu genossen werden, da in ihr wichtige Ausschleimungs- und Reinigungsprozesse des Verdauungssystems stattfinden.

In der dritten Phase fließen dann die Impulse aus den ersten beiden zusammen, weshalb in ihr das Hungergefühl bei ausbleibender Nahrungszufuhr auch vier Tage andauert, so daß man diesen Hunger kaum übergehen kann.

Nimmt man weiterhin keine Nahrung zu sich, so beginnt der Magen notwendigerweise umzuschalten, so daß der Stoffwechsel sich aus den vorhandenen abgelagerten Reserven im Körper versorgen kann. Das bedeutet einen wunderbaren Reinigungsprozeß, das sagenhafte Heilfasten.

Danach meldet sich das Hungergefühl erst nach Wochen wieder, was aber jeweils individuell verschieden ist. Das ist dann der letzte Hunger, der Gewebshunger, den keiner überschreiten darf. Erst an diesem Punkt setzt das Verhungern ein, bis dahin ist jegliche Angst völlig unberechtigt.

Wir brauchen uns also über übergangenen Hunger überhaupt keine Sorgen zu machen. Wichtig ist einzig und allein, grundsätzlich nur dann zu essen, wenn wir einen Hungerimpuls verspüren, egal zu welcher Phase er auch gehört.

Wenn der übergangene Hunger später am Abend auftritt, und falls der Hunger vor dem Zubettgehen doch noch kommt, dann verzichten wir auf jeden Fall darauf, uns mit einer schweren Mahlzeit zu belasten. Wir trinken beispielsweise besinnlich eine Tasse sanft gewürzter Gemüsebrühe und gehen zu Bett. Auf diese Weise kultivieren wir eine dem Körper und den Umständen angemessene Aufnahme der Nahrung in einem Drei-Mahlzeiten-Rhythmus.

Falls es morgens passiert, verzichten wir diesem Rhythmus zuliebe auf das Frühstück, auch wenn wir schon lange vor dem Mittagessen Hunger verspüren. Niemand sollte dabei Angst haben zu verhungern, denn das Warten auf die nächste Nahrung ist eine willkommene Gelegenheit zur Selbstreinigung des Verdauungstraktes.

Falls wir die Mittagsmahlzeit aus Mangel an Hunger oder übergangenem Hunger verschieben müssen, warten wir auf den nächsten Hungerreflex und essen dann eine volle Mahlzeit. Dabei müssen wir aber strengstens darauf achten, daß wir die Nahrung wirklich nur mit Hunger zu uns nehmen. Appetit oder der Zwang, ohne Hunger nach der Uhr zu essen, sind nämlich die größten Verbrechen an der natürlichen Beziehung zur Nahrung.

T: Wie kann ich denn allgemein unterscheiden, ob ich wirklich hungrig bin oder nur Appetit habe?

D: Die Natur hat da wunderbare Mechanismen und Fähigkeiten in die Verdauung eingebaut. Sie können von jedem am Wochenende durch eine einfache Übung leicht wiederbelebt werden. Wir frühstücken in der Früh, oder wenn wir keinen großen Hunger verspüren, verzichten wir sogar auf das Frühstück, gehen dann 2½ bis 3 Stunden irgendwohin spazieren, aber nicht in eine Richtung, in der die Möglichkeit besteht einzukehren, und gehen dann zurück. Danach wird garantiert jeder ein angenehmes oder bei den Übergewichtigen auch ein leicht unangenehmes Rumoren im Magen verspüren. Das ist Hunger.

Der Hungerreflex, der uns dieses angenehme Gefühl verschafft, geht leider oft im Lauf der Zeit verloren, aber nur dann, wenn wir nicht auf ihn achten und den Fehler machen, vorzeitiger zu essen, als es notwendig wäre. Am nächsten Wochenende jedoch, oder wann immer wir Zeit haben, frischen wir die Erfahrung einfach wieder auf, um unserem Nervensystem erneut die Erinnerung zu vermitteln, was Hunger eigentlich ist.

Hunger ist ein ungemein wichtiger Aspekt. Das Hungergefühl im Magen erzeugt nämlich eine Reaktion im Dünndarm, Dickdarm und Mastdarm, die man durch die Worte ausdrücken kann: "Ich habe Hunger; Dünndarm, Dickdarm, Mastdarm, entleert Euch!" Interessanterweise findet in diesem Augenblick durch den Hungerreflex im gesamten Verdauungstrakt eine erhöhte Produktion von Schleimflüssigkeit statt, die dazu führt, daß auf leichte Weise die noch in ihm befindliche verdaute Nahrung ausgeschieden wird.

Haben wir den Hunger wieder kennengelernt, so ist es wichtig, ihn bewußt zu genießen, um den Vorgang der Ausschleimung und Reinigung des Verdauungstraktes zu unterstützen und bewußt wahrzunehmen. Denn im Genuß des Hungers liegt das vielzitierte Loslassen, in diesem Fall das Fallenlassen der Schlackstoffe. Damit kann die Verdauung frei von psychischer Beeinflussung gemäß ihrer eigenen Intelligenz am optimalsten funktionieren.

Nicht der volle, sondern der leere Magen ist nämlich als Normalzustand zu betrachten, aus dem heraus der gesamte Körper sein natürliches und normales Verhalten energievoll gestalten kann. Denken wir nur an Wölfe, Tiger, Löwen und fast alle Tiere in der Wildnis. Sie gehen überhaupt erst auf Nahrungssuche, wenn sie Hunger verspüren. Welch ein unglaublicher Prozeß der Reinigung und Energieproduktion muß dabei stattfinden! Denn es kann Stunden oder gar Tage dauern, bis sie irgendwelche Nahrung, noch dazu artgerechte, erbeutet oder gefunden haben.

Dieser ungemein wichtige Ablauf der Selbstentgiftung des Körpers während des Hungers sollte wirklich durch nichts, nicht einmal durch einen Schluck Wasser, geschweige denn durch einen "kleinen Appetitmacher" oder sogenannte Appetithäppchen unterbrochen werden. Hunger bedarf keiner Anreger, er allein ist die höchste Anregung des Verdauungssystems für die Nahrungsaufnahme. Die großartigsten Erfahrungen sind denjenigen zuteil geworden, die in diesem Zustand des Hungers und nicht mit vollem Magen einen Spaziergang oder sogar einen Dauerlauf gemacht haben. Die Bewegung baut nämlich die durch den Hungerreiz im Körper losgelösten Giftstoffe noch besser ab. Verfolgt man diesen Ablauf bewußt und wartet man mit der Nahrungsaufnahme, so wird jeder anfangs bei der Entleerung des Enddarms ein erhöhtes Übelriechen des Stuhlgangs wahrnehmen, ein deutliches Zeichen der aus dem Körper ausgeschiedenen Giftstoffe.

Bleibt diese Ausschleimung und Aussonderung der verdauten Nahrung jedoch aus, so beginnt ein Stau. Deshalb muß der Mensch grundsätzlich so oft am Tag Stuhlgang haben, wie er Nahrung zu sich nimmt, d. h. essen wir dreimal täglich, dann sollten wir uns auch dreimal täglich, pünktlich nach jeder Mahlzeit, entleeren.

T: Die gängige Meinung der Ärzte ist aber, daß es ausreicht, einmal am Tag Stuhlgang zu haben.

D: Das ist auf keinen Fall richtig und entspräche der Natur der Verdauungsorgane nicht im geringsten. Denn was hat verdaute Nahrung noch im System verloren, wenn alle Signale melden, daß frische nachkommt? Das gleicht einem fünfstöckigen Haus, in dem unten im Erdgeschoß das Abflußrohr verstopft ist. Was ist die Folge davon? Zuerst beginnt es im Erdgeschoß zu stinken und überzulaufen, dann im 1. Stock, wenn man das Problem nicht rechtzeitig behebt, dann im 2., 3., 4., und schließlich ist die Katastrophe vollständig. Soweit läßt es ein normaler Mensch aber gar nicht kommen. Bei den ersten Anzeichen ruft er einen Installateur, um die Verstopfung zu beseitigen.

Was tut der Mensch jedoch mit seinem Körper, wenn er verstopft ist? Er geht gedankenlos zur nächsten Mahlzeit über. An dem Beispiel eben haben wir aber gesehen, daß jeglicher Stau von Nahrung Alarmstufe »Rot« bedeutet. Alarmstufe »Rot« deshalb, weil es im Blut zu stinken und überzulaufen beginnt, in den Zellen des Körpers, bei der Haut, die verzweifelt versucht, dem abzuhelfen, und schließlich stinkt es und läuft es in unserem Gehirn über. Die Folge sind Müdigkeit und ein totales Blutbefundchaos, weil die Giftstoffe viele Krankheiten, von Anämie bis hin zu verschiedenen Arten von Krebs, erzeugen können.

Daher ist es auch total verwerflich, den Stuhldrang aus irgendeinem Grund zurückzuhalten, denn das zieht auf jeden Fall katastrophale Auswirkungen für die Gesundheit nach sich. Dieser Drang ist ein Reflex und darf in keiner Weise in seiner Funktion gehemmt werden, genausowenig wie das Auslassen von Gasen aus dem Darm oder aus dem Magen. Unterdrückt man zum Beispiel den Rülpsreflex, so muß die Luft mühsam durch den ganzen Verdauungstrakt wandern, und wenn sie am Ausgang auch noch angehalten wird, dann entstehen Koliken und Beschwerden, die wiederum dementsprechende Auswirkungen mit sich bringen.

So wichtig ist es, den körperlichen Reflexen unbeschränkt Folge zu leisten, nur mit Hunger zu essen, aufzuhören, wenn es am besten schmeckt, der Verdauung die Chance zu geben, aus sich selber auf natürliche Weise zu funktionieren, und sich nach der Nahrungsaufnahme zu entleeren. Alle Medikamente zur Funktionssteigerung der Verdauung nehmen ihr geradezu jegliche Chance, jemals aus eigener Kraft funktionieren zu können. Ein in Harmonie versetzter Darm produziert weder dünnen noch harten, sondern weichen Stuhl, der jeweils die Farbe der zuletzt aufgenommenen Nahrung trägt. Spinat ergibt grünen, rote Rüben roten, Reis, Milch, Grieß und andere helle Nahrungsmittel ergeben hellen Stuhlgang. Verstopfung macht jeden Stuhlgang dunkel und ist damit gleichzeitig ein Zeichen dafür, daß der Verdauungstrakt nicht richtig funktioniert.

Tausende, die diese Ratschläge befolgt haben, haben ihre Verdauungsorgane vollständig von allen Krankheiten geheilt. Sie brachten ihren Körper in Gang und gaben damit ihrer körperlichen und geistigen Gesundheit die optimalen Voraussetzungen.

T: Wenn wir schon bei dem Thema sind, wie steht es mit dem Urin?

D: Die Urinausscheidung hängt von der Menge der getrunkenen Flüssigkeit ab, doch drei- oder viermal pro Tag sollte sie auf jeden Fall stattfinden. Weniger könnte ein Zeichen für eine Erkrankung der Nieren, der

Blase oder der Prostata sein, so daß es in solch einem Fall angeraten ist, einen Spezialisten aufzusuchen.

Die Farbe des Urins ist ebenfalls von der Farbe der aufgenommenen Flüssigkeit oder Nahrung abhängig, wofür Rote Beete wieder das beste Beispiel ist. Nehmen wir aber farbneutrale Nahrung und Flüssigkeit zu uns, so sollte er eine schwach strohgelbe Farbe haben, jedoch nie ins Orange übergehen. Das wäre wieder ein Zeichen für eine Funktionsstörung oder Erkrankung des Ausscheidungssystems oder sogar weiterer innerer Organe.

P: Warum soll man eigentlich nur dreimal täglich essen? Die meisten Ärzte und sogar viele Ernährungsberater empfehlen doch, lieber fünf oder mehr kleinere Mahlzeiten über den Tag verteilt zu sich zu nehmen.

D: Das Leben lehrt uns einen bestimmten Rhythmus. Wenn er durcheinander kommt, dann geraten alle Funktionen aus dem Gleis.

Betrachten wir den Vorgang der Nahrungsaufnahme und der Verdauung genau, so kommen wir zwangsläufig zu dem Schluß, daß der Ratschlag, fünf Mahlzeiten zu uns zu nehmen, schlicht und einfach ein Unsinn ist. Denn der Magen, der eine Mahlzeit bekommen hat, braucht eine gewisse Zeit für die Verdauung, und dann benötigt er Ruhe. Wenn ein Mensch den ganzen Tag fleißig gearbeitet hat, braucht er schließlich auch Erholung. Deshalb sollten wir uns nicht über die Regelmäßigkeit des guten Essens den Kopf zerbrechen, sondern darüber, wie regelmäßig wir unseren Verdauungsorganen wirkliche Erholung einräumen. Denn vollkommene Gesundheit erreichen wir nicht durch regelmäßiges Essen, sondern durch regelmäßigen Hunger vor dem Essen.

Die Erfahrung zeigt uns, wie schon erwähnt, daß drei normale Mahlzeiten bis zum Sättigungsgefühl völlig ausreichen, um dem Körper und dem Stoffwechsel einen optimalen Rhythmus zu vermitteln und dann bei der nächsten Mahlzeit die Nahrung wieder mit Hunger zu sich zu nehmen. Man kann doch nicht den ganzen Tag nur essen und an Essen denken! Außerdem hatten wir ja schon ausführlich erklärt, daß der leere Magen der Normalzustand ist und nicht der volle. Allein von dieser Seite ist es daher unlogisch, mehr als drei Mahlzeiten zu sich zu nehmen.

Rechnen wir dazuhin noch zusammen, wieviel wir außerhalb der Hauptmahlzeiten noch nebenbei vertilgen, beim Kaffeeklatsch und ähnlichen Anlässen, so sehen wir, daß wir aus unserem Körper konsequent einen Mülleimer machen. Dabei begleitet uns seit Menschengedenken die wunderbare Vorstellung, daß unser Körper der Tempel Gottes ist. Nur durch die Reinigung und Reinhaltung dieses Tempels können wir eins mit Gott werden. Es besteht überhaupt keine Notwendigkeit, diesen Fehler, mehr als drei Mahlzeiten zu sich zu nehmen, von verantwortlicher Seite her auch noch zu legalisieren.

Verlassen wir uns also trotz allem immer nur auf das eine, auf unsere eigene Erfahrung. Dabei müssen wir uns zutiefst bewußt sein, daß dieser grobe Kreislauf des Verdauungssystems einwandfrei wie beschrieben funktionieren muß, wenn wir wollen, daß auch die anderen Kreisläufe, der feinere Blut-, Flüssigkeits- und Lymphkreislauf und der noch feinere Atemkreislauf so funktionieren, wie der Schöpfer es ihnen zugedacht hat. Alle sind so wunderbar ineinander verwoben, daß sie für einen optimalen Stoffwechsel sorgen, der allein uns in den Kreislauf des Lebens einfließen lassen kann und so dem Geist die Möglichkeit gibt, das Ziel zu finden. Unter solchen Voraussetzungen ist es dem Geist eine Leichtigkeit, seinerseits alle Funktionen des Körpers und der Psyche aufrechtzuerhalten, so daß wir dem Spruch der Griechen Ehre erweisen: *In einem gesunden Körper wohnt ein gesunder Geist.*

P: Demzufolge müßte man alles problemlos essen können, wenn man mit der Nahrung so umgeht, wie Sie es eben dargestellt haben. Verstehe ich Sie da richtig?

D: Mit einer kleinen Einschränkung: Die Nahrungsmittel müssen in ihrer Urnatürlichkeit belassen werden, wie der Herrgott sie erschaffen hat, bar jeglichen Eingriffes durch menschliche Methoden und Verfahren.

Der Herr erschuf allerlei Samen, und die Samen werden durch Humus zu ihrem Wachstum gebracht. Der Humus ist aber wiederum durch den Kreislauf des Vergehens der Pflanzen entstanden. Weder den Samen noch den Humus darf der Mensch in ihrer Natürlichkeit verändern. Ziehen wir beispielsweise in unberührtem Boden eine Karotte oder eine Erdbeere und vergleichen sie in ihrem Geschmack mit unnatürlich gezogenen Früchten oder Gemüsen, dann werden wir sofort erkennen, was naturbelassen ist und was durch »Doping« mittels Kunstdünger etc. zum Wachstum gezwungen worden ist. Übrigens ist Doping an Menschen strafbar und höchst verwerflich. Welch eine Inkonsequenz und welch ein Widerspruch ist es dann, gedopte Nahrung zu sich zu nehmen!

Um es noch einmal zu betonen, wir belassen alle Früchte dieser Erde so, wie der Herrgott sie gedacht hat, züchten sie auf natürliche Weise, und damit werden wir unserer Gesundheit am besten dienen.

T: Meinst Du damit, daß man die Nahrung auch nicht kochen sollte?

D: Auch hier verfahre jeder nach seiner individuellen Erfahrung. Als Regel sollten wir uns jedoch dahin kultivieren, daß wir immer mehr Rohkost in unsere Ernährung einbauen, auch wenn wir vielleicht mit wenig beginnen. Denn für einen korrekten Stoffwechsel braucht der Körper Rohstoffe.

Wennein Chemiker einen Kunststoff herstellen will, dann muß er so und so viel von diesem und jenem Stoff benutzen. Hat er einen Stoff aber nicht, dann bekommt er den gewünschten Kunststoff auch nicht heraus. Genauso ist es mit unserem Körper. Bekommt der Körper seine Rohstoffe nicht, so muß er Ersatzstoffe herstellen und benutzen. Ersatzstoffe sind aber immer ein minderwertiger Ersatz, der früher oder später zu verheerenden Fehlfunktionen führen muß. Damit ist richtige Nahrung entscheidend für den richtigen Stoffwechsel, von dessen Reinheit sogar die Entfaltung unseres Bewußtseins abhängt.

Es wäre allerdings falsch zu vertreten, der Mensch bedürfe nur der Rohkost, wo verschiedene Nahrungsmittel durch Kochen erst aufgeschlossen werden müssen, was von vorneherein allerdings vom individuellen Verdauungssystem und seinen Angewohnheiten abhängig ist. Deshalb beginnen wir unserem Entwicklungsstand gemäß ganz sanft, der üblichen, schonend zubereiteten Nahrung Rohkost beizufügen, und beobachten dabei ganz genau, wie wir uns fühlen. Fühlen wir uns gut, leicht und energievoll, dann war es eine gute Erfahrung. Fühlen wir uns dagegen schlecht, mit Blähungen, Schwäche, Schwindel und sonstigen Symptomen belastet, dann reduzieren wir die Rohkost, beginnen jedoch 14 Tage oder 3 Wochen später erneut da, wo wir aufgehört haben. Denn der Körper braucht Zeit, um die Mechanismen wieder wachzurufen, die die Rohkost unmittelbar in Energie verwandeln können.

P: Wie verhält es sich aber mit den Eskimos? Dort, wo sie leben, gibt es praktisch gar keine vegetarische Kost, geschweige denn Rohkost.

D: Die Eskimos sind ein deutlicher Beweis dafür, daß immenser Fleisch- und Fischkonsum kurzlebig macht. Sie haben nämlich die kürzeste Lebenserwartung.

P: Was sollen sie denn dann essen in der Polarregion?

D: Auf dieser großen Erde ist es nicht notwendig, unter den widrigsten Bedingungen zu leben. Sicherlich fehlt es ihnen einfach am nötigen Bewußtsein, um ihre Angewohnheiten zu ändern und bessere Lebensbedingungen zu suchen.

P: Hm, das sagen Sie.
Es gibt aber doch so unüberschaubar viele Theorien und Ernährungs- und Diätsysteme, die etwas anderes behaupten und die genauso den Anspruch erheben, das Ei des Kolumbus für Ernährung und Gesundheit zu sein. Was unterscheidet Ihre Theorie denn von denen? Sie glauben doch auch, ein für alle Menschen geeignetes und glücklichmachendes System gefunden zu haben.

D: Nein, Herr Professor, das ist kein System; denn ein System, das vollständig im Einklang mit den Naturgesetzmäßigkeiten steht, nennt man »Naturgesetz«, und von einem Naturgesetz kann man bekanntlich weder etwas wegnehmen noch ihm etwas hinzufügen. Es ist nichts anderes als eine korrekte Beschreibung eines Prinzips, das der Schöpfer von Anfang an in uns angelegt hat.
Zum Beispiel habe ich gesagt, daß man essen soll, wenn man Hunger hat. Wozu aber ist dieser Reflex sonst geschaffen worden? Wenn wir Durst haben, trinken wir, wenn wir müde sind, gehen wir schlafen. Halten wir diese Prinzipien nicht ein, so verletzen wir die Naturgesetze und schaffen die Grundlage für unsägliches Leiden. Das hat mit Theorien oder Systemen nicht das geringste zu tun.

P: So gesehen haben Sie eigentlich recht. Hunger ist einfach ein körperlicher Reflex.
Was halten Sie denn von Gewichtsreduktion durch Hungern, was ja immer größere Verbreitung findet?

D: Wenn man Hunger hat, so sagte ich bereits, ißt man und hungert man nicht weiter. Denn weiterzuhungern versetzt alle Systeme des Körpers in einen Notzustand. Wenn dieser Notzustand dann wieder aufgehoben ist, arbeiten dieselben Systeme unermüdlich daran, den alten Zustand wiederherzustellen. Das ist übrigens der Grund, warum die Leute, die ihr Gewicht durch Hungern reduziert haben, so schnell ihr altes Gewicht und sogar noch mehr wieder zulegen.
Wir sollten sehr vorsichtig sein, mit diesen Dingen zu experimentieren, denn die Erfahrung zeigt, daß solche Experimente zu noch größerer Disharmonie und sogar zu irreparablen Schäden führen können. Wenn der Körper zu schnell an Gewicht verliert, so kommt zum Beispiel die Haut des Betreffenden nicht mit und hängt schlaff um den Körper herum. Achtet man dagegen darauf, stets nur mit Hunger zu essen und aufzuhören, wenn es am besten schmeckt, dann hat die Haut viel Zeit, sich dem

Gewichtsverlust anzupassen, und man wird innerhalb von einem oder anderthalb Jahren keine Spuren der enormen Gewichtsreduktion mehr an ihr finden. So und nur so wird das Gewichtsproblem kaum merklich für immer gelöst. Denn nicht nur die Haut, sondern alle Systeme des Körpers und vor allem unser Geist brauchen genügend Zeit, um sich auf das dem Körper angemessene Gewicht umzustrukturieren.

Wir sollten uns schlicht und einfach wieder klar darüber werden, daß der Körper vollkommen ist. Wenn wir an ihm Experimente machen, dann beweisen wir damit nur, daß wir nichts von ihm verstehen und überhaupt nicht begriffen haben, wie grandios und wunderbar er ist. Die Menschen sollten alles andere sein, lieber Herr Professor, als Versuchskaninchen, denn das ist das Unwürdigste, mit dem man die Schöpfung und den Schöpfer in Seiner Vollkommenheit schamlos verleugnet. All die Lehrsysteme über den Körper und all die Untersuchungen haben doch nur so weit geführt, daß man weiter suchen muß. Das gleicht einem Fisch im Wasser, der sich aufgemacht hat, Wasser zu suchen.

Das Hungern ist darüber hinaus nur ein magerer Abklatsch des Heilfastens, das man von den Religionsstiftern abgeleitet hat, die es für notwendig hielten, sich zum Beispiel 40 Tage und 40 Nächte lang ungestört und sogar bar jeglicher Nahrung ihrem Schöpfer hinzugeben.

Ihre vorzügliche Gesundheit deutete darauf hin, daß alle ihre körperlichen Mechanismen in ihrer Funktion vollständig intakt waren. Wenn wir von körperlichen Mechanismen sprechen, dann müssen wir in diesem Zusammenhang besonders diejenigen erwähnen, die die absolute Reinigung des Körpers durchführen und ihn dadurch in den biochemischen Zustand versetzen, der dem Gehirn seine optimale Funktion erst ermöglicht. Das ist die Biochemie, die der Geist braucht, um Harmonie zu verwirklichen und mit dem Schöpfer eins zu werden. Ohne diese Qualitäten ist zwar hin und wieder die Erfahrung einer Verbindung mit dem Schöpfer möglich, doch Erfahrung ist kein Zustand, wie ihn Buddha und Christus gelebt haben. Wir brauchen aber diesen Zustand, um endlich den Schöpfer und das Leben durch richtiges mündiges Verhalten auf dieser Erde zu würdigen und nicht wie bisher ein Leben lang wie verhaltensgestörte unmündige Kinder unser Dasein zu fristen und ein heilloses Chaos um uns zu verbreiten.

P: Zerstören Sie damit nicht jegliche Hoffnung der Menschen? Denn wer kann hoffen, jemals den biochemischen Zustand zu erreichen, von dem Sie sprechen?

D: Haben **Sie** mich verstanden, Herr Professor?

P: Oh ja, mir leuchtet das durchaus ein, zumal da ich aus Erfahrung weiß, daß beispielsweise Menschen, die Alkohol konsumieren, ihre Wahrnehmungswerte verändern. Genauso kann man noch durch einige andere Substanzen die Funktionsfähigkeit des Nervensystems beeinflussen. Deswegen ist gegen Ihre Darlegung absolut nichts einzuwenden.

D: Es freut mich sehr, daß Sie mich verstanden haben und sogar noch bestätigen. In Ihrer Ergänzung liegt aber bereits die Antwort auf Ihre Frage, denn es gibt keinen Menschen auf dieser Erde, der nicht ähnliche Erfahrungen und Beobachtungen gemacht hätte. Gerade darin sehe ich die Chance, daß auch die einfachsten Menschen meine Aussage aus ihrer eigenen Erfahrung heraus nachvollziehen können. Also wird es auch für jeden möglich sein, den biochemischen Zustand zu erreichen, von dem wir gesprochen haben.

Es ist an der Zeit, daß die Menschen nicht mehr mit Versprechungen und falschen Hoffnungen, sondern endlich mit richtiger Information und richtigem Wissen gefüttert werden. Sie sehen an unserer Diskussion hier, daß dieses richtige Wissen – im Unterschied zu all dem hochkomplizierten theoretischen Sammelsurium, mit dem man die Menschen bisher geplagt hat – äußerst einfach und noch leichter nachvollziehbar ist. Das wird allen die Wahrheit und somit letzten Endes die wirkliche Hoffnung für das Leben vermitteln.

T: Großartig!

Für mich, Herr Professor, hat diese Aussage ein unbeschreibliches Gefühl der Hoffnung erweckt. **Ich**, Thomas, kann für **mich** durch **mein** Verhalten **meine** Biochemie so kultivieren, daß daraus die höchste Verbindung entsteht! Stellen Sie sich nur vor, die Verbindung zu Gott!

Das ist doch geradezu unglaublich! So eine konkrete Hoffnung gab es noch nie! Und das sollte jeden, der diese fantastische Information erhält, in das Bewußtsein versetzen, endlich frei zu sein, frei von falschen Einflüssen, falscher Hoffnungsmacherei und vor allem von falschen Prinzipien.

P: Das ist aber wohl doch gar zu einfach, junger Mann! Ein bißchen mehr gehört schon dazu, um die Verbindung mit Gott herzustellen.

T: Was denn bitte?

P: Zum Beispiel eine hohe spirituelle Gesinnung und philosophisch-theologisches Wissen.

T: Okay, aber selbst wenn man das nicht hat, wird doch das Denken nach allem, was ich bisher verstanden habe, von der Funktionsweise des Nervensystems beeinflußt, die wiederum von der Biochemie abhängt.

Ist die Biochemie also intakt, dann bin ich automatisch Philosoph, dann fließt aus mir spontan eine geistige, spirituelle Gesinnung. Ist sie aber nicht intakt, dann kann ich mich noch so sehr bemühen, oder?

D: Das ist es! Wie gut unser Körper funktioniert, so gut funktioniert auch unser Geist. Auf niedriger Ebene gehört es fast schon zur allgemeinen Erfahrung, daß Geist und Körper sich unaufhörlich beeinflussen, positiv oder negativ. Im Bereich der Weisheit und der Philosophie wurde aber bisher immer aus Unwissenheit behauptet, der Körper sei etwas Nebensächliches, nicht so Wichtiges. Das müssen wir entsprechend der Natur des Körpers endlich ins rechte Licht rücken.

Auf der feinsten biochemischen Ebene ist er nämlich die Intelligenz, die Weisheit schlechthin. Er muß es auch sein, denn von seiner Funktion hängt die geistige Beziehung zum Ursprung aller Dinge ab. Dem Geist muß klar werden, daß er ohne einen gesunden Körper nicht einmal Ausflüge zu Gott machen kann, und daß es deswegen unumgänglich ist, den Körper zu vollkommener Gesundheit zu führen. Er muß ihn dazu veranlassen, gesünder und gesünder zu werden sowie falsches Verhalten auszuschließen.

Wer eine andere Meinung hat, der hat eine andere Meinung, aber ohne Erfahrungsgrundlage. Nur vollständige Harmonie in der Biochemie gibt dem Geist die energetische Voraussetzung, die ihn zu Gotteserfahrungen und sogar zum Gotteszustand befähigen, wie bei Buddha und Christus. Sie haben uns das nicht vorgelebt, um uns damit zu ärgern oder um sich wichtig vor uns zu machen, sondern damit wir ihnen folgen. Also folgen wir ihnen, geben wir dem Körper seine Urgesundheit zurück, entledigen wir uns durch das Heilfasten der Restgiftstoffe, die wir hier Restunwissenheit nennen können, und gehen wir so in das vollkommene Wissen des Schöpfers ein!

P: Das kann so aber nicht stimmen; denn Buddha hat gehungert und gehungert, bis er schließlich einsah, daß Hungern kein Weg zu Gott ist. Dann hat er ganz normal gegessen, hat sich unter einen Baum gesetzt, meditiert und wurde erleuchtet.

D: Es gibt so viele Geschichten und Kommentare, und jeder schrieb seine Geschichte aus seinem Bewußtsein. Erlauben Sie mir deshalb bitte, daß ich Ihnen meine Geschichte über Buddha erzähle.

Die wirkliche Natur der Dinge

Der junge Gautama Siddharta, ein herrlicher Prinz und großer Hoffnungsträger im Reich seiner Eltern, erkannte früh, daß all der Prunk und all das Gehabe am Hof nichts und nichtig gegenüber seiner Sehnsucht waren, die Wirklichkeit des Lebens kennenzulernen.

Eines Tages gelangte er außerhalb des Palastes und lernte dort Dinge kennen, die man ihm bisher aus irgendeinem Grund sorgfältig vorenthalten hatte. Er war entrüstet, als er zum ersten Mal alte Leute sah, und noch mehr traf sein sensibles Herz die Kunde, daß der Mensch sterben muß, und daß es Krankheiten und Verderben auf dieser Erde gab, auf der auch er lebte. Nach einigem Hin und Her verließ er den Palast seiner Eltern, um die Ursache für dies alles zu finden. Denn ohne die Wahrheit darüber zu erfahren, schien ihm das Leben sinnlos.

Bald erkannte er, wie verweichlicht und verwöhnt er gelebt hatte, im Vergleich zu den Menschen, die ihn jetzt umgaben. Er arbeitete mit den Bauern auf dem Felde, mit Holzsammlern im Wald und teilte den Tag mit Fuhrleuten, die ewig unterwegs waren. Dabei stellte er fest, daß sein Körper und sein Geist mit all seiner Sehnsucht sich immer mehr veränderten. Seine natürlichen Instinkte wurden wach, sein Geist, der allein auf die Erlangung der Wahrheit ausgerichtet war, führte ihn zur Bescheidenheit. Er ernährte sich nur von frischer, reiner Nahrung, denn an all den anderen, die in Üppigkeit lebten, bemerkte er nichts als Verderben und Krankheit.

Eines Tages kam ihm zu Ohren, daß es weise Yogis gibt. Also machte er sich auf und gesellte sich zu manchen dieser sogenannten Weisen, bei denen er allerdings nie lange blieb. Denn sein klarer Geist stellte bald fest, daß auf ihre Weise seine Sehnsucht, die mittlerweile wie ein loderndes Feuer brannte, nicht zu stillen war. Bei ihnen zu bleiben, so dachte er bei sich, wäre dasselbe, als ob man versucht, mit einer Tasse ein brennendes Haus zu löschen.

Doch es dauerte nicht lange, und er begegnete in einem kleinen, weit abgelegenen Hain einem Mann, der bis auf das Skelett abgemagert war. Voller Mitleid beeilte er sich, für ihn allerlei gute Nahrung zu sammeln, und seine Verwunderung war groß, als dieser Mann nichts davon anrührte.

"Willst Du mir etwas Gutes tun, junger Mann, so hilf mir zum Fluß, auf daß ich meine heilige Waschung vornehmen kann. Denn die Zeit, Nahrung zu mir zu nehmen, wird erst in einigen Tagen kommen."

Der junge Gautama nahm den Mann in seine starken Arme und erschrak fast, wie federleicht er war. Dann trug er ihn zum Fluß und half ihm dort liebevoll, das heilige Bad zu nehmen. Danach brachte er ihn wieder zu seiner Höhle auf den Lagerplatz aus Gras, und das wiederholte sich an all den folgenden Tagen.

Währenddessen erzählte ihm der Mann vom Heilfasten, und daß zu viele Gifte und verirrte Stoffe, die wir durch die Nahrung in den Körper eingeschleust haben, ihn verschmutzen und so verhindern, daß er ein guter und reiner Tempel für unsere Seele sein kann. Das sei wie eine unüberwindliche Mauer, die uns von unserem Schöpfer trenne.

"Wie lange machst Du das schon, wieviele Tage?" fragte Siddharta.

"Morgen wird der vierzigste Tag sein, und ich spüre, daß mein Entschluß zu fasten mir jene Früchte bringt, die in heiligen Büchern nur als Erinnerung niedergeschrieben sind."

Gautama fühlte durch alle Worte und alle Gesten dieses Mannes, daß seine Wünsche und seine Sehnsucht durch ihn bald ihre Erfüllung finden könnten. So bat er ihn inständig, ihn zu führen, damit er die Hürden des Fastens durchstehe. Der alte Mann versprach es ihm, zog sich zurück und saß den Rest des Tages unbeweglich in seiner Höhle.

Als er die Augen wieder aufmachte, stand er auf, als ob er nie gefastet hätte, ging zu Gautama hin, verbeugte sich in tiefster Demut vor ihm und bat um Vergebung mit den Worten:

"Oh Herr, wie blind ich war, daß ich Dich nicht erkannt habe."

Den jungen Gautama verwunderte diese Geste des Mannes, doch er merkte, daß er heller als die Sonne strahlte, daß sein Antlitz leuchtete, und daß seine Augen zwei tiefen klaren Seen glichen, in denen sich die Wahrheit widerspiegelt.

"Oh Buddha, daß es mir vergönnt ist, Dir zu begegnen!" fuhr der Alte fort. "Gedankt sei Vishnu und allen Götter, deren Geheimnisse für die Sterblichen oft unergründlich sind."

Ergriffen verbeugte sich Siddharta und dankte ihm, daß er bei ihm bleiben durfte. So fastete er, liebevoll betreut, für 40 Tage und 40 Nächte, und sein Körper erfuhr jene wunderbare Reinigung, die ihm gefehlt hatte, um die vollständige Wahrheit zu ergründen.

Nach dem Fasten setzte er sich demütig und voller Dankbarkeit unter einem Baum, meditierte und erfuhr in sich, daß alle Dinge ihren Ursprung im Ozean des Lebens haben, und daß die Einheit mit dem Schöpfer der Zustand des vollkommen reinen Körpers und des zur Erleuchtung erwachten Geistes ist.

Fortan lehrte er, was er verwirklicht hatte, vollkommene Freiheit durch Erleuchtung. Das Eingebundensein in die Nichtigkeiten des Lebens hatte sich verflüchtigt wie Nebel, den die ersten Sonnenstrahlen mit ihrer Wärme durchfluten. Er war die Wirklichkeit geworden und gleichzeitig für uns ein wunderbares Vorbild für unser eigenes Leben, Gautama Buddha.

Auf dieser Welt hat es nie an vollkommenen Weisen und wunderbaren Lehrern gemangelt, die dem Menschen den Weg zum Ursprung des Lebens zeigen. Doch leider hat es dem Menschen auch nie an der Dummheit gemangelt, ihre Lehren und Weisheiten bis zur Unkenntlichkeit zu verstümmeln.

T: Warum steht es denn nicht in der Bibel oder in anderen heiligen Büchern, wie man sich der Nahrung gegenüber richtig verhalten soll? Nachdem dieser Aspekt von so zentraler Bedeutung ist, erschüttert es mich geradezu, daß sogar Menschen mit angeblich geistig-spiritueller Gottesverbindung das Wichtigste unbeachtet gelassen haben.

Der Professor nickte zustimmend.

P: Thomas – ich darf Sie doch so nennen? – es wird Ihnen nicht entgangen sein, daß mir selber die Wichtigkeit und Tragweite dieses Aspektes nicht bewußt war. Damit stehe ich vor demselben Rätsel wie Sie.

D: Wir müssen auf jeden Fall davon ausgehen, daß der Herrgott jedem Lebewesen auf dieser Erde peinlichst genau seinen Futternapf zugeordnet hat. Der Eukalyptusaffe kann nur von Eukalyptusblättern leben, die Giraffe, passend zu ihrem langen Hals, vornehmlich von grünen Blättern, jungen Zweigen und den Knospen der Bäume. Genauso muß auch dem Menschen ein seiner Natur entsprechender Futternapf zugeordnet worden sein.

Die Erfahrung zeigt, daß dieser Futternapf mit den Früchten dieser Erde gefüllt sein sollte und nicht mit zerstörtem Leben. Die Menschen haben diese kostbare Grundordnung aber leider aus Unwissenheit verlassen, und sicherlich aus demselben Grund hielten sie es nicht einmal für nötig, sie in den heiligen Büchern niederzulegen oder gar zu unterstreichen. Vielmehr haben sie sie der Nachwelt mutwillig oder fahrlässig vorenthalten, obwohl sie in der Lehre aller Religionsstifter enthalten war.

Für diesen Frevel wurde der Nachwelt eine schreckliche Quittung zuteil: Krankheit, Leiden und Chaos. Diese böse Erfahrung sollte eigentlich Grund genug sein, um zu der Grundordnung der göttlichen Gesetze zurückzukehren.

P: Ihre ethische Einstellung, nicht vom Töten zu leben, scheinen Sie aber nicht auf Pflanzen anzuwenden. Sind das etwa keine Lebewesen?

D: Sicherlich sind das Lebewesen, sogar wunderbare Lebewesen, voller unvorstellbar intelligenter Demut. Nehmen wir etwa Getreide als Beispiel. Es reift zur Ähre und bringt so ein wahrhaftes Opfer dar; denn bevor der Samen abgenommen wird, ist die Pflanze bereits eingegangen.

Wie wohlweislich der Schöpfer unser gedenkt! Essen wir nämlich die Frucht eines Baumes, so stirbt der Baum deshalb nicht, und gerade die Früchte auf dieser Erde hat Er für uns als Nahrung gedacht.

P: Wie verhält es sich aber mit Salat? Den Salat töten wir doch beim Ernten.

D: Herr Professor, wenn wir einem Hasen zu Leibe rücken, so spürt er den Tod und quietscht und schreit entsetzlich. Er wehrt sich sogar bis zur Ohnmacht. Dieses Wehren und Quietschen spüren und hören wir, doch es berührt uns nicht.

Hören wir erst einmal auf die unsäglich vielen lauten Stimmen der Lebewesen Gottes, die uns anklagen, daß wir ihnen das Leben rauben, dann haben wir schon einen großen, großen Schritt in unserer Entwicklung getan. Ich bin sicher, daß diejenigen Vegetarier, die Salat essen, von dem Augenblick an darauf verzichten werden, in dem sie die Wahrnehmung entwickeln, von ihm zu hören: “Bitte, ich möchte leben”.

Meine Vorstellung ist es, den Menschen nahezubringen, wie wichtig ihre Entwicklung ist, und wie unentbehrlich es ist, eigene Erfahrungen zu machen. Denn es heißt nicht umsonst: *Eigene Erfahrung ist die beste Lehrmeisterin.*

P: Wenn wir schon bei der Erfahrung sind, dann muß ich leider Gottes schon wieder unterbrechen, denn ich habe jetzt tatsächlich den sagenhaften Hunger bekommen, den Sie uns so schmackhaft gemacht haben.

T: Ja, mir geht es genauso. Ich versuche bereits seit einer knappen halben Stunde, meinen Hunger zu genießen, und ich bin überrascht, wie angenehm das ist.

D: Mögen alle Menschen es so leicht haben wie Ihr beide, mit dem wirklichen Leben zu beginnen; denn das ist die wahrhafte Chance, tatsächliches Lebensbewußtsein zu erlangen.

Die Mittagsmahlzeit verlief in stillem Einvernehmen und der innigen Freude, einen solchen Anfang gemacht zu haben.

Nach einer kurzen Mittagspause schippten die drei dann eine Schneise durch die Schneewehen, die die kleine Hütte fast zum Verschwinden gebracht hatten. Der Professor wunderte sich dabei selbst über seine bis dahin noch selten erfahrene Ausdauer.

Als sie danach wieder gemütlich am Kamin saßen, verharrte er eine Weile in Schweigen. Es war eigenartig, aber er freute sich wie ein kleiner Junge, frei über alles reden zu können. Diese unbeschwerte Freiheit hatte er seit seiner Jugend nicht mehr erfahren. Fast vom Beginn seines Studiums an hatte er sich immer anders darstellen müssen, als er im Grunde genommen selbst war. Alle Fragen mußten intelligent sein und passen; "dumme" Fragen konnte man sich einfach nicht leisten. Dabei sind solche Fragen meistens am interessantesten und führen zu den aufschlußreichsten Diskussionen.

Langsam dämmerte es ihm, wie weit ihn seine akademische Laufbahn vom wirklichen Leben abgeschnitten hatte. Wehmütig schaute er in die Flammen im Kamin. Eigentlich hatte er sich schon immer jemanden gewünscht, bei dem er seine vielen Fragen ohne Wenn und Aber loswerden konnte.

P: Wissen Sie was? Ich habe bisher alle Vegetarier, vor allem meine Frau und meine Kinder, immer als Gras- und Körnerfresser verlacht und bemitleidet, und jetzt habe ich selber so viel Kraft und Energie, und das nach dieser kleinen vegetarischen Mahlzeit. Es ist kaum zu glauben. Sonst habe ich mich nach dem Essen immer körperlich und geistig geradezu bleiern gefühlt, und heute — ein herrliches Gefühl der Leichtigkeit und sogar Unbeschwertheit!

Nach dieser Erfahrung kann ich mir wunderbar vorstellen, daß man so fast keine andere Chance hat, als vollkommene Gesundheit zu erlangen. Damit kann ich jetzt schon sagen, daß Ihre Empfehlung, den Hunger zu genießen, nur mit Hunger zu essen, den Magen nur zu ¾ zu füllen und die Nahrung naturbelassen zu sich zu nehmen, eigentlich eine vollkommene Diät ist.

Da frage ich mich, wie es kommt, daß es so viele verschiedenartige Abmagerungs- und Fastenkuren gibt, die den Menschen zur Erlangung ihres Idealgewichts überall empfohlen werden. Im Grunde genommen sind sie doch alle überflüssig.

D: Die beste und vollständigste Methode, das Gewicht in Harmonie zu bringen, ist, den von Natur aus im Körper vorhandenen Reflexen zu folgen, den Hunger zu genießen, nur mit Hunger zu essen und aufzuhören, wenn es am besten schmeckt. Damit ist das die wunderbarste und gesündeste Abmagerungskur für Übergewichtige, die wunderbarste und gesündeste Gewichtsaufbaukur für Untergewichtige und die wunderbarste und gesündeste Art des täglichen Umgangs mit der Nahrung zur Aufrechterhaltung des Normalgewichts und zur Verbannung sämtlicher Krankheiten aus dem Körper.

P: Ich habe einmal eine Kur mit weißen Brötchen und Milch gemacht, die mir nicht schlecht bekommen ist. Eigentlich fühlte ich mich recht gut danach.

D: Für wie lange?

P: Nun ja, es hat eine ganze Weile angehalten.

D: Aus dieser Antwort können wir bereits alles ersehen. Denn wenn diese Kur richtig gewesen wäre, dann hätten ihre Auswirkungen das ganze Leben anhalten müssen.

Doch bleiben wir ruhig einen Augenblick bei der Betrachtung solcher Manipulationen und ihrer Folgen für den Körper. Unser Körper ist etwas Vollständiges, Ganzes, und als Vollständiges, Ganzes darf er niemals einseitig beeinflußt werden, sondern immer nur ganzheitlich.

Beeinflussen wir ihn einseitig, so erzeugen wir in der gesamten Biochemie eine Irritation, die der Körper in seiner Gesamtheit abfangen muß, indem er durch die Aktivierung seiner Synthesefähigkeiten und durch den Rückgriff auf seine Reserven einen Ausgleich erzeugt. Dies empfindet man oft eine Zeitlang als angenehmes Gefühl der Entlastung.

Außerdem haben Sie in Ihrer Kur ja nur Milch und Brötchen zu sich genommen, haben also vegetarisch, wenn auch ungesund, gelebt. Damit wurde in dieser Zeit Ihrem Körper all der übrige Schrott erspart, was auch der Grund war, warum Sie sich noch eine Weile besser gefühlt haben als davor.

Doch eine Lösung für unser Leben ist das bei Gott nicht, denn eine kurze Kur, die noch dazu einseitig und ungesund ist, nützt dem Körper so gut wie gar nichts, wenn man danach das altgewohnte Fehlverhalten von zuvor wiederaufnimmt. Nach Beendigung eines einseitigen Einflusses kippt der Körper meist sogar in das andere Extrem um, und so stellen sich oft noch schlimmere Folgen ein als zuvor.

Solche Kuren stellen nichts anderes dar als ein Klammern an eine schöne Illusion mit schrecklichen Folgen. Das erträumte Idealgewicht oder gar die Gesundheit erreicht man so nämlich niemals, abgesehen davon, daß kein Arzt, kein Buch, keine Tabelle das individuell beste und den Umständen angemessene Körpergewicht wissen kann. Nur der gesunde Körper selbst weiß es, wenn er im Gleichgewicht ist.

Jeder hat schon unzählige Male erfahren, daß solche Kuren vielleicht etwas bringen, aber nicht annähernd alles. Doch wir brauchen alles! Wie sollen wir sonst zerstückelt das Ziel des Lebens erreichen? So viele Generationen sind untergegangen, dahinvegetierend in der Unwissenheit des Halb- und Viertelwissens. Ich denke, es ist an der Zeit, daß wir unsere Biochemie zu harmonischer Ganzheit beeinflußen, auf daß sie frei von destruktiven Einflüssen funktionieren kann, die man Krankheiten nennt, und für die man bei der Vielseitigkeit der Disharmonie kaum noch Namen findet.

Die Angewohnheiten bei der Nahrungsauswahl plagen die Menschheit bereits seit Tausenden von Jahren. Auch biogenetisch und erbbiologisch blieb das nicht ohne verheerende Auswirkungen. Anstatt stärker wurde der Mensch nämlich erbbiologisch immer schwächer, und zu seinem noch größeren Unglück sägt er sich buchstäblich den Ast ab, auf dem er sitzt; er verschmutzt die Natur, in der er lebt und leben muß.

T: Was meinst Du eigentlich konkret mit Erbbiologie?

D: Wenn ein Vater und eine Mutter ein Kind zeugen, dann erhält das Kind gleichzeitig alle ihre positiven und negativen Eigenschaften. Hat die Mutter zum Beispiel Krampfadern, so bekommt das Kind diese Schwäche mit. Arbeitet man nun rechtzeitig daran, die Schwäche in Stärke umzuwandeln, so werden bei dem Kind im späteren Alter keine Krampfadern auftreten. Tut man jedoch nichts dagegen, dann bilden sie sich mit Sicherheit. Das ist ein physisches Beispiel, das gegenüber anderen, vor allem geistig-psychischen Belastungen noch sehr harmlos ist.

Wenn wir schon von vorneherein solche Lasten zu tragen haben, weil unsere Vorfahren sich nicht anders zu verhalten wußten, so ist es mehr als notwendig, die Menschheit darüber aufzuklären, daß uns nur noch das eigene korrekte, im Einklang mit den Naturgesetzmäßigkeiten befindliche Verhalten retten kann.

Es ist nahezu verbrecherisch, den Menschen mit sogenannten angeborenen Belastungen einen Freischein für gleichgültiges Verhalten auszustellen, nach dem Motto: “Daran ist sowieso nichts zu ändern, damit mußt Du leben.” Das ist schlicht und einfach nicht wahr. Es gibt keinen Menschen auf dieser Erde, der sich nicht durch besseres Verhalten verbessern könnte, auch physiologisch und psychisch.

Darüberhinaus muß es uns vollständig klar sein, daß unser eigenes Verhalten wiederum erbbiologische Grundlagen – positive oder negative – für die Gesundheit unserer Kinder erzeugt. Wenn wir für unsere Nachkommen eine bessere Welt wollen, dann müssen wir auch aus diesem Grund bei uns selbst beginnen, und zwar am besten sofort.

P: Ich kann mir immer noch nicht vorstellen, daß alles von der Ernährung kommen soll.

D: Ob Sie es sich vorstellen können oder nicht, seien Sie sicher, daß es so ist; denn eineVorstellung ohne Erfahrung ist trügerisch. Denken Sie nur 50 Jahre zurück! Damals hat man erzählt, daß der Mensch zum Mond fliegen würde, eine Behauptung, die weder in Ihre, Herr Professor, noch in meine Vorstellung gepaßt hat.

Somit sehen wir, daß unsere Vorstellung leider an unseren momentanen Bewußtseinszustand gebunden ist. Daher wäre es wünschenswert, den Vorstellungen keine übermäßige Bedeutung zu verleihen und unsere Entwicklung nicht von ihnen abhängig zu machen. Denn sie sind nicht nur trügerisch, sondern sogar sehr gefährlich, da sie es sind, die sehr oft Erfahrungen und damit neue Einsichten und Veränderungen nicht zulassen.

Wir sehen ja, daß alle bisherigen Methoden und Systeme die Menschheit nicht weitergebracht haben. In meiner langjährigen Beobachtung stelle ich noch immer fest, daß der einzelne sich seiner Fehler kaum bewußt ist und somit das Falsche für richtig hält. Daher besteht die dringende Notwendigkeit, der Bevölkerung das notwendige Wissen um das eigene Fehlverhalten zu vermitteln, damit sie aus dem Kreislauf der Wirrniss in den Kreislauf des Lebens und der Entwicklung findet. Die Erfahrungen, die sich daraus ergeben werden, werden alle bisherigen Vorstellungen einfach über den Haufen werfen.

Im Grunde genommen stehen Ihrer gegenwärtigen Vorstellung ja auch die Erfahrungen von vielen Tausenden Menschen gegenüber. Lassen Sie bei sich einfach neue Erfahrungen unschuldig zu, dann wird Ihre heutige

Vorstellung vielleicht schon morgen keine Gültigkeit mehr haben. Es gibt nun einmal grundsätzlich kein Mittel gegen Fehler an der eigenen Gesundheit außer der eigenen Einsicht, diese Fehler wegzulassen. Leider wird dem Menschen aber weisgemacht, daß es bequeme Medikamente für alle Krankheiten gibt, was natürlich zu noch größerem Unheil führen muß.

T: Es gibt heutzutage so viele gut klingende und zum Teil exotische Theorien über Ernährung auf dem Markt. Aus Japan kommt zum Beispiel die Makrobiotik, aus Indien der Ayurveda und aus Amerika Diäten aller Art, teilweise sogar gewürzt mit Psychotherapie. Was kann man denn von all dem halten?

D: »Makrobiotik« — schon der Name drückt Einseitigkeit aus, denn die Ernährung besteht nicht aus Makrobiotik oder Mikrobiotik, sondern aus allen Prinzipien, die zwischen dem Menschen und seiner Entwicklung zu Gott liegen. Wenn sich jemand makrobiotisch ernähren will und damit gute Erfahrungen macht, so hat niemand auf der Welt etwas dagegen einzuwenden. Gute Erfahrungen zu machen, ist immer etwas Positives, doch darf man bei ihnen nicht stehen bleiben. Deshalb ist es mehr als fragwürdig, eine solche Theorie sogleich zu einem universellen Prinzip zu erheben, zumal da die Makrobiotiker Fische und Algen als Nahrungsmittel benutzen und somit deren Nebenwirkungen offenbar gar nicht erkannt haben. Denn Algen reagieren in unserem Verdauungssystem genauso wie Pilze, und das Töten von Gottes Geschöpfen wird dem Menschen nie Heil bringen; darin sind wir uns ja schon einig, oder?

All die Diäten aus Amerika, aus Europa und aus anderen Teilen der Welt sind meist äußerst unnatürliche und hochspezialisierte Dopingarten, die angeblich für Astronauten konstruiert worden sind. Wir sind aber genauso wenig Astronauten wie Fische. Es ist abwegig, zu glauben, daß man durch neu angenommenes falsches Verhalten das eigene falsche Verhalten beheben kann. Durch Unnatürliches kann man nie das Natürliche erreichen.

Daß in all den verschiedenen Systemen das eine oder andere Körnchen Gutes zu finden ist, mag ja durchaus sein. Ich denke aber, wir sollten uns überlegen, warum Gott selbst diese Diäten nicht erfunden hat. Gehen wir lieber zurück zu Ihm, wo der Ursprung aller Dinge zu finden ist, und nicht zu menschlichen Ideen, die die Natur und das Leben bisher ohnehin nur zerstört haben.

Zu all dem kommt jetzt auch noch hinzu, daß man im Namen des ehrbar hohen Prinzips des Ayurveda den Unaufgeklärten die abenteuerlichsten Dinge vorgaukelt, und zwar so dialektisch, daß der Eindruck entsteht, wir hätten endlich eine Weisheit, die uns aus dem Sumpf der Krankheiten herausziehen wird. Somit wird tüchtig nach Rezepten des vermeintlichen Ayurveda gekocht, noch tüchtiger in Weißmehl, weißem Zucker und weißem Reis geschwelgt, viel Ghee und heißes Wasser getrunken, und – was für meine Begriffe das Schlimmste ist – es wird mit geradezu verkrampfter Genauigkeit nach der Uhr anstatt nach den Bedürfnissen des Körpers und des Verdauungssystems gelebt. Und all das in der frommen Hoffnung, bald die Erleuchtung zu erlangen, ohne dabei aber zu beachten, daß man gesundheitlich zum Teil ganz miese Erfahrungen macht. Die Vertreiber dieser Lehre haben jedoch auch dafür für ihre Anhänger eine Erklärung parat: Das sei eine besondere Art der Reinigung. So könnte man eigentlich jede Krankheit bis hin zum Tod eine »besondere Reinigung« nennen.

P: Diese Ungereimtheiten sind mir auch schon aufgefallen und müßten eigentlich bei jedem logisch denkenden Menschen mit gesundem Verstand Zweifel erwecken. Ihrer Darlegung nach gibt es aber wohl noch einen anderen Ayurveda, der von dem bisher praktizierten abweicht?

D: Betrachten wir ein wenig das Prinzip des Ayurveda in seinem wirklichen Ursprung, dann wird uns schnell klar werden, daß sich kaum einer heute bewußt ist, was Ayurveda eigentlich ist. »Ayurveda« heißt wörtlich übersetzt »Wissen vom Leben« und ist die kostbare und ewige Weisheit aller Prinzipien, die im Zusammenhang mit körperlichen Funktionen stehen. Es ist das präziseste Wissen, das den Körper wieder in seinen vollkommenen Zustand bringt, falls er jemals davon abfallen sollte. In ihm sind Praktiken, Verhaltensweisen, die Handhabung der Nahrung und Zusatzheilmittel verankert, die dazu dienen, den Ursprungszustand wiederherzustellen.

Die Krone des Ayurveda oder sogar sein Grundprinzip ist aber die Methode, zuallererst dem Geist seinen Ursprung zu vermitteln. Ohne den geistigen Ayurveda kann der Körper nie seine Prinzipien der vollkommenen Gesundheit verwirklichen, denn der Schlüssel zu allen Funktionen, oder besser gesagt: der Herrscher über alle Funktionen im Nervensystem ist der Geist. Von ihm aus muß dem Körper die Idee des Ursprungs vermittelt werden.

Vor etwa 5 000 Jahren, auf dem Felde des Dharma, lehrte der Erhabene Krishna seinem Schüler Arjuna die Technik des Transzendierens, eine Technik für den Geist, die Dinge nicht von der Oberfläche aus zu betrachten, sondern seinen Ursprung im Sein, die Transzendenz, zu erfahren. In der Transzendenz haben alle Dinge ihre unveränderte, unverfälschte Urspünglichkeit. Im Relativen dagegen, so lehrte Krishna, ist die Sicht von verschiedenartigen Eindrücken vernebelt und deshalb nicht ursprünglich. Mit dieser Erfahrung wird sich der Geist nie mehr durch die Oberfläche beirren lassen, denn seine Bewußtheit ist ein grenzenloser Ozean, der die auf seiner Oberfläche spielenden Wellen überblickt, dabei aber nie das Bewußtsein verliert, der Ozean zu sein.

Dieser Zustand und diese Bewußtheit haben der Menschheit als Erfahrungswert gänzlich gefehlt. Heute haben wir jedoch das unendliche Glück, einen Meister des Wissens zu haben, der uns diese Kostbarkeit aus dem Gewühl der Kommentare zur Bhagavad-Gita herausgesehen und sie zu der ursprünglichen Technik für das Transzendieren des Geistes geformt hat, Maharishi Mahesh Yogi. »Maha« bedeutet »groß« und »rishi« »Seher«, und tatsächlich bedurfte es eines so großen Sehers, um das bis zur Unkenntlichkeit verfälschte Wissen in der Bhagavad-Gita wieder zu entwirren und es uns sogar auf dieselbe wunderbare Weise verfügbar zu machen, auf die Krishna es ursprünglich dem Arjuna für die gesamte Menschheit gegeben hatte, als eine geistige Technik zu transzendieren, in den Ursprung des Lebens einzutauchen, bei der man nicht einen Deut irgendwelcher Fähigkeiten braucht. Sie ist bekannt unter dem Namen »Transzendentale Meditation«, oder kurz »TM«.

Unser Körper hat seine Reflexe, die von Natur aus auf einfachste, unschuldigste und müheloseste Art und Weise funktionieren. Hat man zum Beispiel Durst, so trinkt man, und der Durst wird gestillt; hat man Hunger, so ißt man, und der Hunger wird gestillt; ist man müde, so schläft man und findet Erquickung. Dasselbe Prinzip der Einfachheit liegt auch unserem Geist zugrunde, nur daß wir seine Reflexe und seine Sehnsucht bis jetzt unbeachtet gelassen haben.

Unser Geist hat sogar vergessen, wie er sich seiner ureigenen Natur und sich selbst gegenüber richtig verhalten sollte. Ihm haben immer Befriedigung und Erfüllung gefehlt; doch wie Nahrung den Hunger stillt, Wasser den Durst, und wie Schlaf Erquickung bringt, so wird das Meditieren nach TM endlich die Sehnsucht des Geistes stillen und sogar den Einklang zwischen ihm und dem Körper herstellen, was letzten Endes die wichtigste

Voraussetzung ist, um alle Fehlverhaltensweisen auszukorrigieren und evolutionäres Wachstum in Gang zu bringen. In einem gesunden Körper muß ein gesunder Geist wohnen. Deswegen ist die Verbindung zwischen Geist und Körper, die die Transzendentale Meditation in kürzester Zeit herstellt, unersetzlich. Das ist die korrekteste Umsetzung des Selbsterhaltungstriebs des Geistes, denn um seine ursprüngliche Natur zu verwirklichen, bedarf er der Gesundheit des Körpers und eines intakten Nervensystems. Sonst blüht ihm, solange er an den Körper gebunden ist, nur ein Traum und eine Illusion, er bleibt getrennt von der Wirklichkeit und fern jeglicher Möglichkeit, eins mit Gott zu werden.

Der Professor war sehr schweigsam geworden. Man konnte ihm deutlich eine leichte Betroffenheit anmerken.

T: Kannst Du nicht noch etwas konkreter sagen, was Ayurveda eigentlich ist?

D: Thomas, das war die Krone des Ayurveda. Die wunderbare Ausstrahlung dieser Krone beleuchtet und belebt alle Aspekte des Lebens wie die Strahlen eines Diamanten. Das ist das sagenhafte Wissen der großen Weisen seit Anbeginn der Menschheit.

Ein weiterer Aspekt des Ayurveda widmet sich der Wiederherstellung des ursprünglichen Zustandes durch die Auswahl vollkommener Nahrung, um es dem Verdauungstrakt zu ermöglichen, den Stoffwechsel in optimale Funktion zu bringen.

Da der Schöpfer in die Nahrung alles für die vollkommene Funktion des Körpers hineingegeben hat, können wir uns getrost Seiner Natur anvertrauen, die Er übrigens nur für uns erschaffen hat. Hier müssen wir dem Theophrastus Bombastus Paracelsus von Hohenheim, der als Vater der deutschen Medizin gilt, Achtung und Dank aussprechen. Denn er gab der medizinischen Nachwelt den wunderbaren Lehrsatz: *Eure Nahrungsmittel sollen Eure Heilmittel sein.* Wie ernst dieser Lehrsatz jedoch von seinen Nachfolgern genommen wird, sehen wir daran, daß bis jetzt, 500 Jahre nach ihm, noch immer nirgends in den medizinischen Fakultäten die richtige Ernährung gelehrt wird. Arme, betrogene Nachwelt!

Im Gegensatz dazu steht dieser Aspekt im Ayurveda an ganz zentraler Stelle. Unsere naturbelassenen Nahrungsmittel enthalten nämlich alle Stoffe, die nötig sind, damit wir nie aus dem Gleichgewicht der Funktion des Körpers herausgeworfen werden. Dieses Gleichgewicht hängt auch davon ab, wie genau wir der Grundordnung der Natur Folge leisten. So muß man zum Beispiel, wie schon erwähnt, so oft am Tag auf die Toilette, wie oft man Nahrung zu sich nimmt. Diese Regel basiert auf dem Grundprinzip des Verdauungskreislaufes, das besagt, daß da, wo immer wieder frische Nahrung nachkommt, die verdaute Nahrung rechtzeitig ausgeschieden werden muß. Wo ein Stau stattfindet, stauen sich nämlich Abfälle. Der Körper ist jedoch kein Container für Abfallbeseitigung, sondern ein ständiger Umwandler frischer Nahrung.

Machen wir Fehler bei der Nahrungsaufnahme, so können wir so viele Mittel, ayurvedische oder sonstige, zu uns nehmen, wie wir wollen, sie werden nicht wirken. Denn durch unser Fehlverhalten der Nahrung gegenüber halten wir unseren biochemischen Haushalt in einem ähnlichen Zustand, in dem sich unsere großen Flüsse momentan befinden, und gleichen Narren, die meinen, durch verschiedene Zugaben von Aktivkohle oder Filter- und Bindesystemen oder gar durch zusätzliches Einleiten von klarem Wasser den so verschmutzten Fluß sauber machen zu können. Was wir aber ständig verschmutzen, und zwar jahrzehntelang, das ist nur zu reinigen, indem wir die Verschmutzung stoppen.

Verschmutzen wir den Fluß nicht mehr, so wird ihn seine eigene biologische Kraft innerhalb kurzer Zeit zu einer wunderbaren Klarheit reinigen. Verliert er dann irgendwann durch Regenfälle oder ähnliches seine Klarheit nochmals für eine Weile, so läßt ihn die Kraft seines biologischen Gleichgewichtes jedoch innerhalb kürzester Zeit wieder rein werden.

Solche Kräfte sind in unserem Körper noch tausendfach gewaltiger vorhanden. Welch eine wunderbare Chance, bar all des Schmutzes, den wir uns ständig zugemutet haben, bald gesund zu werden und durch die so gewonnene perfekte Widerstandskraft gegen jegliche unvorhergesehene Attacke gewappnet zu sein.

P: Wie ich den Ayurveda bis jetzt verstanden habe, handelt es sich dabei vornehmlich um Kuren und Anwendungen.

D: Ja, der Ayurveda sieht auch Hilfsmittel aus der Natur vor, die dem Körper biochemische Hilfestellung geben, um wieder normal zu funktionieren, falls er Opfer einer Krankheit oder Fehlfunktion geworden ist. Da der Körper vom Bewußtsein gesteuert wird, ist es notwendig, die richtigen Naturmittel zur Anwendung zu bringen, die die Grundlage dafür schaffen, daß im Bewußtsein korrekte Erinnerungen belebt werden. Diese Erinnerungen erzeugen dann Korrekturimpulse und bringen die

Nahrungsaufnahme in Ordnung. Damit stellen sie über das Verdauungssystem und den Stoffwechsel die Harmonie im Körper wieder her.

P: Wer ist aber kompetent und autorisiert, die richtigen Naturmittel oder Anwendungen zu verabreichen?

D: Hier kommt im ursprünglichen Ayurveda einer der wichtigsten Aspekte zum Tragen: Nicht diejenigen, die durch Diplome, Abschlüsse oder Titel das Absolvieren von Kursen nachweisen, sondern nur die, die die Ayurveda-Prinzipien im Bewußtsein verwirklicht und erfaßt haben und die diese Prinzipien vor allem selbst leben, besitzen die Fähigkeit, andere zum Einklang mit dem Leben zu führen.

Ob man aber eine solche Person zur Verfügung hat oder nicht, der eben beschriebene Ayurveda ist immer ein wunderbares Selbsthilfesystem, das den einzelnen selbständig und nicht abhängig macht. Es ist nur wichtig, nach dem eigentlichen Ayurveda zu handeln und die Nahrung zu wählen, wie der Herrgott sie erschaffen hat. Denn Er hat sie so wunderbar zusammengesetzt, daß sie nebenbei sogar unsere Intelligenz nährt und uns hilft, uns wieder zu erinnern, um zurück zu der ursprünglichen Natur und ihren Wundergaben zu finden und damit die Weisheit des Ayurveda konkret und spontan zu leben.

T: Wenn unser Verdauungssystem aber, wie bei den meisten Menschen heute, krank und geschädigt ist, ist es dann mit schwerer Vollwertnahrung nicht überlastet?

D: Was der Herrgott erschaffen hat, ist alles vollkommen und daher richtig. Wir müssen nur wieder lernen, mit Seiner Schöpfung und Seinen Gaben im Einklang mit Ihm umzugehen. Nur dann werden wir unsere verlorene Gesundheit zurückgewinnen.

Wenn die Verdauungsorgane es sogar schaffen, jahrzehntelang mit grober Fleischnahrung, Alkohol und sonstigem schwerverdaulichen Unrat fertig zu werden, dann kommen sie mit der von der Natur für sie vorgesehenen Vollwertnahrung, die dazuhin noch zehnfach leichter ist, spielend zurecht.

Der Fehler, den die meisten bei der Vollwerternährung machen, besteht darin, die körpereigene Flüssigkeit nicht in Zirkulation zu halten, womit wir beim Kauen der Nahrung wären. Speichel ist nämlich solch eine körpereigene Flüssigkeit und ist mit jener grandiosen Intelligenz ausgestattet, die die Vorverdauung, die Verdauung und die Ausscheidung des Verdauten bewirkt. Wenn er jedoch zu wenig in Umlauf kommt, dann ist es kein Wunder, daß sich Irritationen, Störungen oder gar grobe Beschwerden wie Koliken und Unverträglichkeiten einstellen.

Es gibt eine alte Regel: *Dein Trinken sollst Du kauen, und Dein Essen trinken.* Das bedeutet, daß wir unsere Getränke nie einfach hinunterstürzen, sondern sie schluckweise im Mund vorwärmen und vorverdauen. Insbesondere gilt das für Flüssigkeiten wie Milch oder Fruchtsäfte, die eigentlich gar keine Getränke, sondern hochkonzentrierte flüssige Nahrung sind.

Die Nahrungsmittel andererseits muß man grundsätzlich bis zum flüssigen Zustand kauen und einspeicheln und dann erst der Verdauung übergeben. Das ist das korrekte Verhalten der Nahrung gegenüber, die uns die Natur gibt. Gerade wenn man am Anfang das Gefühl hat, einen zu trockenen Mund zu haben, ist es von äußerster Wichtigkeit, die Nahrung so lange im Mund zu behalten, bis die Drüsen ihre Flüssigkeit für die Vorverdauung freigeben. Ein trockener Mund ist nämlich nicht etwa ein Zeichen für Durst, sondern dafür, daß die Drüsen infolge von zu geringer Beanspruchung verkümmert sind. Dennoch sind sie noch intakt und bedürfen nur ausdauernder, regelmäßiger Übung.

Körperfremde Flüssigkeit nehmen wir grundsätzlich nur dann auf, wenn wir Durst haben, denn dann signalisiert der Körper durch diesen Reflex ein Bedürfnis und stellt sich auf die Aufnahme körperfremder Flüssigkeit ein. Wenn wir Hunger haben, essen wir und trinken nicht. Nur dadurch regen wir die vollständige Verdauung an. Die Zufuhr von Flüssigkeit, ohne vom Körper durch Durst dazu aufgefordert worden zu sein, ist auch deshalb verwerflich, weil die Magensäfte in ihrer Konsistenz dadurch verdünnt werden und somit die Verdauung nicht korrekt ablaufen kann. Wir sollten von solchem falschen Verhalten schnellstens Abstand nehmen.

P: Da muß ich Ihnen aber entschieden widersprechen. Es ist doch eine uralte Erfahrung, daß ein Glas Wein, ein Schnäpschen oder allgemein Alkohol in mäßiger Menge die Verdauung anregen.

D: Ich würde Ihnen ja sehr gerne recht geben, wenn es angebracht wäre. Doch leider ist es nicht angebracht. Denn grundsätzlich sollte die Verdauung aus sich selbst heraus funktionieren und unter keinen Umständen durch sogenannte verdauungsfördernde Mittel gestört werden. Das zu begreifen ist für alle, die Interesse an vollkommener Gesundheit haben, äußerst wichtig.

Gerade Alkohol hat auf die feinsten Impulse der Nerven einen betäubenden und damit die Abläufe hemmenden Einfluß. Das bedeutet, daß alles gehemmt funktioniert, solange Alkohol auch nur in kleinsten Mengen in unseren Körper gelangt und damit Einfluß auf unser Nervensystem ausübt. Die Reaktionen unseres Gehirns sind davon am meisten betroffen; und die Zentrale, lieber Herr Professor, negativ zu beeinflussen ist doch sicherlich das Verwerflichste. Nichts ist schlimmer, als unserem Geist durch Selbstvernebelung durch Alkohol die Chance zu rauben, Verbindung zu Gott aufzunehmen.

P: Das ist doch wohl zu viel! Wenn Alkohol wirklich so schädlich wäre, wie Sie es hier so drastisch darstellen, wie kommt es dann, daß der Erlöser persönlich bei der Hochzeit von Kana Wasser in Wein verwandelte, und zwar gleich fässerweise?

T: Schon wieder Theologie, na das kann ja heiter werden!

D: Herr Professor, daß heute jahraus, jahrein unzählige Millionen Liter Alkohol produziert werden, daß die Menschen dieselbe Menge jahraus, jahrein konsumieren, und daß erschreckende Statistiken aufzeigen, daß fast jede dritte Hausfrau heimliche Alkoholikerin ist, dürfte eigentlich schon Grund genug sein, um den Alkoholgenuß im Keime zu ersticken. Dazu kommt noch das verheerende Chaos, das der Alkohol in den Familien und in der Bevölkerung allgemein verursacht, sowie die enorme Zahl von Toten und Verunglückten im Straßenverkehr, die nach "feuchtfröhlichen" Festen zu beklagen sind.

Vor vielen Jahren hatte ich des öfteren Streitgespräche mit einem Dekan und geriet selber wegen der Hochzeit von Kana in einen tiefen Zwiespalt. Ich konnte mit meinem gesunden Menschenverstand einfach nicht begreifen, daß ein Erlöser solch eine Handlung vollführt haben sollte, eine Handlung, die heute eigentlich in jeder Wirtschaft strengstens gesetzlich verboten ist. Denn die Hochzeitsgäste müssen bereits viel, viel Wein getrunken haben, daß ihnen sogar ihr sicherlich großer Vorrat ausgegangen war. Wenn heute in einer Wirtschaft aber ein Gast betrunken ist, so verbietet das Gesetz grundsätzlich weiteren Alkoholausschank. Sogar das Gewissen des Wirtes müßte ihm eigentlich jeglichen weiteren Ausschank verbieten. Meinem Herrn, meinem Erlöser aber unterstellt man, Er hätte in einer ähnlichen Situation, in der alle Gäste betrunken waren, sogar noch Wasser in Wein verwandelt.

Das hat mich fast erdrückt.

An einem Sonntag lag ich in meiner Kammer und vermochte nicht einmal, meine Verabredung mit dem Dekan einzuhalten, so sehr beschäftigte mich diese Geschichte. Da geschah plötzlich etwas Sonderbares: Inmitten meiner Verzweiflung begann ein Film vor meinen Augen abzulaufen. Ich konnte es kaum fassen, aber ich sah mich selber in die Szene der Hochzeit von Kana verwoben. Wenn Sie mir ein bißchen Geduld schenken, dann schildere ich Ihnen meine damalige Erfahrung gerne.

Das eigentliche Wunder

Das bunte Treiben des Hochzeitsfestes in Kana schien nach drei Tagen des Feierns in einen hemmungslosen Taumel übergegangen zu sein, der allerdings von einem leichten Unmut der Gäste überschattet wurde, da der Wein ausgegangen war.

Der Gastgeber versuchte, die Gäste in Freundschaft zu beschwichtigen, als sich eine kleine Gruppe von Menschen der Hochzeitsstätte näherte. Ihnen voran schritt eine Gestalt mit einer unbeschreiblichen Ausstrahlung. Es konnte nur Christus gewesen sein.

Bald erkannten Ihn die Hochzeiter und riefen unter dem starken Einfluß des Alkohols unkontrolliert im Chor:

"Oh, der Erlöser kommt, der Messias kommt, der Rabbi kommt!" und schon bedrängten sie Ihn von allen Seiten. "Uns ist der Wein ausgegangen."

"Du kannst doch Wunder wirken!" kam es sogar herausfordernd.

Er hielt an, und Seine großen, dunklen Augen blickten sanft und voll von Liebe in die Runde.

"Wo sind Eure Fässer?"

"Herr, wir sagten es schon, sie sind leer. Wir haben nur noch Fässer mit Wasser," lallten sie als Antwort.

Der Alkohol hatte ihnen die Sinne vernebelt, und ein unendliches Mitleid huschte über das Gesicht von Jesus.

"Wie kann man Menschen erlösen, die ihre Sinne so weit von Gott abgewendet haben?" glaubte ich zu vernehmen.

Er schritt zu den Wasserfässern, wobei ein wunderbares Leuchten unaufhörlich von Ihm ausflutete. Bei den Fässern machte Er halt, schloß kurz die Augen, drehte sich dann um und sagte nur:

"Trinkt!"

Alle stürzten zu den Fässern und tranken wie Besessene daraus, aufgeputscht durch den Alkohol, der noch in ihren Körpern wallte.

Was ich in diesem Augenblick wahrnehmen durfte, Herr Professor, war für mich ein Wunder, das Jesus wirklich würdig war. Denn die Gesichter von denen, die schon getrunken hatten, verklärten sich auf wunderbare Weise, sie warfen sich dem Herrn voller Ehrfurcht zu Füßen und verharrten demütig in dieser Stellung.

"Was ist geschehen, was ist los?" fragten die einen voller Aufregung.

"Es ist kein Wein, es ist ein Wunder!" flüsterten die anderen kaum hörbar zurück.

Ein einziger Schluck dieses Wunders genügte, um das vom Alkohol vernebelte Bewußtsein zu befreien, wie wenn Wolken vom Wind hinweggefegt werden. Sich des Wunderbaren bewußt, versammelten sich alle Hochzeitsgäste und tranken vom Lebenselixier des Erlösers. Jetzt, mit klarem Geist erfaßten sie Seine Herrlichkeit.

Befreit vom bösen Einfluß des Alkohols knieten sie vor Ihm nieder und baten Gott, den Vater, um Vergebung, sich selbst so etwas angetan zu haben.

Ich glaube, daß sie, genährt von diesem Wunder und von Seiner Herrlichkeit, sicherlich noch lange im Gebet mit Ihm verbunden blieben.

Von da an gab es für mich keinen Zweifel mehr, daß der Erlöser mit der herkömmlichen Version der Hochzeit zu Kana nichts zu tun hatte.

Weitere kostbare Erfahrungen führten mich zu der Erkenntnis, daß Seine Weisheit auf der Ebene Seines Bewußtseins ewig unverfälscht bleiben wird, und es wurde mir zur heiligen Pflicht, die Menschen zu dieser einzig richtigen, einzig menschenwürdigen Bewußtseinsebene zu führen.

Unter dem starken Einfluß des Erzählten schwiegen sie alle, und es kam Thomas und dem Professor fast so vor, als ob die Geschichte sich vergegenwärtigt hatte. Ein wunderbares Gefühl der Ehrfurcht wohnte beiden inne, das ihnen gleichzeitig die Bestätigung für die Wahrheit der Geschichte lieferte. Denn was sonst als die Wahrheit hatte die Kraft, ein solch glückliches Gefühl zu erzeugen?

P: Sie haben mich da in eine ganz schöne Verwirrung gebracht. Ich weiß gar nicht mehr, was ich sagen soll. Denn was Sie eben erzählt haben, kann eigentlich nur richtig sein und entspricht vollständig der unendlichen Größe Christi.

Wie verhält es sich dann aber mit dem Abendmahl, wo Jesus Wein sogar als »Sein Blut« bezeichnete?

D: Herr Professor, wäre es nicht viel naheliegender, daß Er das Elixier des Lebens, das Elixier des Universums, das Elixier Seines Vaters als Sein wunderbares Blut bezeichnete, das Er bereit war, mit den Verlorenen zu teilen, um ihnen den Weg zum Vater zu ermöglichen?

Eine so schreckliche Droge wie den Alkohol mit Seinem Blut zu vergleichen, das ist doch geradezu geschmacklos!

Hier kann nichts anderes als eine mutwillige Verfälschung Seiner heiligen Lehre durch diejenigen stattgefunden haben, die auf den Genuß von Alkohol nicht einmal Ihm zuliebe verzichten wollten.

P: Mein Gott, wie sehr Sie eigentlich recht haben!

Doch trotzdem sehe ich da allgemein sehr große Schwierigkeiten. Bedenken Sie nur die gesellschaftlichen Beziehungen! Wenn man irgendwo eingeladen wird oder selbst Leute einlädt, wie steht man denn dann da, wenn man keinen Alkohol anbietet oder selbst Alkohol ablehnt? Da ist man doch in den Augen der anderen sofort ein Außenseiter und verliert womöglich alle Freunde und Bekannte!

Das ist schlicht und einfach unmöglich, genauso wie konsequent auf Fleisch, Fisch, Eier und Pilze zu verzichten.

D: Guter Herr Professor, Sie bestätigen meine Behauptung, daß die eigentliche Krankheit, die erbbiologische Degeneration, tatsächlich noch viel schlimmere Ausmaße angenommen hat als befürchtet.

Obwohl jeder weiß, daß Alkohol und Zigaretten schädlich sind, gibt man sich diesen falschen Genüssen weiter hin. Und gerade das ist die Schwäche, die schon zu einer bedrohlichen Krankheit geworden ist. Kaum einer unserer angeblichen Freunde und Bekannte, deren zuliebe wir uns jetzt langsam aber sicher zerstören, wird noch nach uns krähen, wenn wir diese Erde vorzeitig verlassen müssen. Und doch ziehen wir es vor, Marionetten dieses hohlen gesellschaftlichen Gehabes zu sein. Nur um nicht "dumm dazustehen", trinken wir Alkohol, rauchen wir und ernähren wir uns von den erwähnten Nahrungsmitteln mit kolossalen Nebenwirkungen.

Warum werden wir uns der Schäden und des Fehlverhaltens nicht endlich bewußt und gehen unserer Gesundheit zuliebe jeglicher Belastung aus dem Weg? Wenn Sie, Herr Professor, einem Ihrer Patienten wegen Hepatitis den Alkohol verbieten, dann befolgt er das, und es wird von seinen Freunden und Bekannten auch kommentarlos akzeptiert. Warum muß er aber erst einen Leberschaden bekommen, um sich gesund verhalten zu dürfen?

Gerade an dieser Stelle ist es angebracht – und da müssen Sie mir beipflichten –, daß jeder sich aufrafft, mutig seiner Gesundheit zu dienen und nicht ihrer Zerstörung. Es ist mir ein dringendes Anliegen, daß jeder immer wieder beginnt, aus diesem gesellschaftlichen Teufelskreis zu flüchten. Denn nur dadurch wird man etwas Besseres, und es ist gut, daß die Gesellschaft endlich beginnt, sich zum Besseren zu verändern. Das kann sie jedoch nur, wenn jeder einzelne diese wunderbare Mutprobe für sich besteht und dadurch besser wird.

Am Ende wird es sogar so sein, daß sich diejenigen schämen werden, die Alkohol oder ähnliches konsumieren. Spätestens dann werden auch

Sie, Herr Professor, sehen, wie gut und erhebend es ist, ein Pionier einer neuen, besseren und glücklichmachenderen Gesellschaftsordnung zu sein.

P: Sie lassen aber wirklich nicht locker!

D: Nein, denn ich will die Zukunft retten, und das kann nur geschehen, wenn die Menschen ihr Verhalten und ihre falschen Angewohnheiten ablegen. Je mehr Menschen bald damit beginnen, desto schneller wird eine neue, bessere Gesellschaft entstehen.

Haben Sie übrigens jemals probiert, Ihre Bekannten und Freunde damit zu konfrontieren?

P: Das brauche ich gar nicht zu versuchen, denn ich weiß, wie sie darüber denken.

D: Herr Professor, erinnern Sie sich an die kleine Geschichte vom Guck-in-die-Luft auf dem Marktplatz! Da meinten auch alle Leute, sie wüßten, was die anderen dachten.

Daher ist es umso dringlicher, daß Sie Ihre Freunde und Bekannten gleich einer Prüfung unterziehen, um zu sehen, was sie wirklich denken, und inwieweit sie echte, ehrliche Freunde sind, die wenigstens ein bißchen Interesse an Ihrer Gesundheit und Ihrem Wohlergehen haben.

Der Professor war betroffen. Im Grunde genommen wußte er, daß Duschane recht hatte, und letztlich waren auch sämtliche Fragen, die er ihm gestellt hatte, durch seine Ausführungen vollständig beantwortet und geradezu aufgelöst worden. Doch irgendwo tief in seinem Innern bäumte sich etwas auf. Es war eine unterschwellige Abwehr, die er sich vom Verstand her selbst nicht erklären konnte. Sein ganzes bisheriges Denken und Handeln war an eine Grenze gestoßen.

Wer war dieser Mann, gegen dessen widerspruchslose Antworten er einfach machtlos war? Mehr denn je spürte er in sich die Neugierde, Näheres über ihn zu erfahren.

P: Jetzt muß ich doch endlich einmal fragen, wer Sie eigentlich sind, mit wem ich hier spreche, der mir so viele neue Gesichtspunkte in Bereichen präsentiert, in denen ich eigentlich glaubte, Fachmann zu sein, und der sich noch dazu solch eine große Aufgabe gestellt hat.

D: Der Erwachte, Herr Professor.

P: Was ist das denn für eine Antwort! Das klingt ja fast so, als ob sie Jesus persönlich wären!

D: Nein. Wenn, dann bin ich nur Sein kleiner Bruder, wie Sie, wie Thomas, wie alle Menschen. Denn es heißt: *Ihr seid meine Brüder, und wir sind eins im Vater.*

»Der Erwachte« deswegen, weil ich in der dunkelsten Tiefe der Unwissenheit ohnmächtig geschlafen habe und dann wach geworden bin. Uns ist eigentlich Wunderbares verheißen worden, also folgen wir dem Wunderbaren und geben wir dem Leben und der Einsicht Vorrang. Wollen wir die Bewußtseinsebene von Christus erreichen, so müssen wir uns dementsprechend verhalten. Dazu muß jeder einzelne erst einmal wach werden, und zwar so schnell wie möglich. Es ist doch eigentlich das grundlegendste Gesetz des Lebens, daß wir uns vor Gott rechtfertigen müssen und nicht vor einer in den Abgrund rasenden Gesellschaft.

Ein Sturm von Gedanken erhob sich im Bewußtsein des Professors. Gott war sein Zeuge, daß er in allen Büchern, derer er habhaft werden konnte, gesucht hatte und daß er keine Gelegenheit ausgelassen hatte, mit Fachleuten über Jesus zu diskutieren. Und doch mußte er jetzt zugeben, daß es zwei Arten gab, über Jesus zu sprechen, eine fachliche, die nur oberflächlich ist, und eine wirkliche, die tief aus dem Gefüge des Herzens kommt.

Er spürte deutlich, daß ein einzigartiges Gefühl in seinem Herzen erwacht war, das er bis jetzt noch nie erlebt hatte. Dabei wurde er sich bewußt, wieviele anerzogene Sperren er dem Natürlichen gegenüber noch mit sich schleppte.

Er schaute Thomas an, auf den die Geschichte offensichtlich auch einen tiefen Eindruck gemacht hatte.

P: Mein Gott, was wir da alles versäumt haben! Der Körper ist Tempel Gottes ...

T: Ja, es ist wirklich wahr, wo ihn Gott selbst erschaffen hat! Umso dringender ist es, ihn viel mehr in den Vordergrund des Lebens zu stellen, ihn zu reinigen und wirklich zu achten.

D: Ja, Thomas, diese Achtung beginnt allerdings bei den einfachsten und alltäglichsten Dingen des Lebens, nicht bei irgendwelchem hochgespielten Brimborium oder geistig-intellektuellem Firlefanz. Sie drückt sich schlicht und einfach darin aus, wie wir mit unserem Körper umgehen und wie ernst wir seine natürlichen Bedürfnisse und Reflexe nehmen.

Auch hierfür ist der wichtigste Bereich wieder die Nahrungsaufnahme, die eigentliche Grundlage unserer Gesundheit. Das Kauen unserer Nahrung sollte deshalb – ungeachtet aller Theorien, die uns bis jetzt darüber vermittelt wurden – einfach ein Ausdruck von tiefer Dankbarkeit, Selbstgenügsamkeit, Besinnlichkeit und Demut sein. Mit dieser Einstellung werden wir uns ganz natürlich auch genug Zeit nehmen, um die Nahrung angemessen zu zerkleinern und den Speichelfluß anzuregen. Dann wird jede Nahrungsaufnahme zu einem lebendigen Vorgang der Fortentwicklung und der wachsenden Gesundheit des Körpers.

Deshalb lassen wir uns auf keine Manipulationen mehr ein, die dem Natürlichen nicht den Vorrang geben. Es wird so viel geschrieben, doch mit dem Wachstum unserer Gesundheit werden wir bald schon selbst das Natürliche vom Unnatürlichen unterscheiden können. Damit wird es uns ein Leichtes sein, alle Dinge, die den Tempel, den Körper, auch nur in der winzigsten Weise beschmutzen und ihn in seiner natürlichen Funktion stören, von ihm fernzuhalten.

T: Kochen ist zwar vielleicht nicht natürlich, doch wird die Nahrung dadurch leichter verdaulich, und so erspart man dem Verdauungssystem viel Arbeit. Ist das nicht von Vorteil?

D: Ja und nein. Es gibt nämlich Nahrungsmittel – wie zum Beispiel einige Hülsenfrüchte –, deren wertvolle Stoffe nur durch Kochen aufgeschlossen und dadurch überhaupt erst verdaulich werden. Bei ihnen ist das Kochen daher unerläßlich, wenngleich sensible Begleitstoffe, die nicht minder wertvoll sind, dabei zerstört werden.

Des weiteren gibt es Nahrungsmittel, die man – wie zum Beispiel Getreide – auch roh essen könnte, die aber durch schonendes Erwärmen oder Backen in ihrem Geschmack und ihrer Verdaulichkeit angehoben werden.

Schließlich gibt es empfindliche Nahrungsmittel – wie zum Beispiel Obst –, die durch jegliches Erhitzen über 40° C vollständig wertlos werden. Denn alle Vitamine, Spurenelemente, Fermente und sogar Eiweiß gehen ab dieser Temperatur kaputt. Sie bilden jedoch die Rohstoffe, die die Biochemie des Körpers lebensnotwendig braucht, und sollten daher nur in roher Form zugeführt werden.

Was die wenigsten wissen, ist, daß Honig und hochungesättigte Fettsäuren bereits ab ca. 38° C ihre chemische Struktur total verändern und sich dabei in nicht ungefährliche Giftstoffe verwandeln können. Hochungesättigte Fettsäuren bringen aber in ihrem naturbelassenen Zustand als einzige die Stoffe mit sich, die Ablagerungen aus gesättigten Fettsäuren, z. B. Gallensteine oder Cholesterinablagerungen, auflösen können.

Die Hauptlehre ist also, grundsätzlich die Nahrung so schonend wie irgend möglich zu garen und Überhitzung strikt zu vermeiden; denn es ist nicht richtig, das Kochen als Vorverdauung zu betrachten. Es bewirkt allenfalls ein Aufschließen gewisser Stoffe. Die vollkommenste Vorverdauung aller Nahrungsmittel findet dagegen im gesamten Mundraum mit Gaumen, Geschmackszellen und all den vielen wunderbaren Mechanismen statt, die der Schöpfer zu diesem Zweck in ihm angelegt hat. Dort wird auf unnachahmliche Weise die körpereigene Speichelflüssigkeit produziert, die bei richtigem Kauen der Nahrung die korrekte, dem Körper angemessene Verdauung stattfinden läßt.

Die Aussage, Rohkost sei schwer verdaulich, kann wie ähnliche Vorurteile über Vollwertkost nur Individuen entspringen, die sich nie korrekt damit auseinandergesetzt haben und die somit überhaupt keine richtigen Erfahrungen machen konnten. Was wirklich schwere Nahrung ist, hat dagegen jeder von uns am eigenen Leibe erfahren, nämlich jegliche Nahrung, die noch nach 2½ Stunden oder mehr mit ihrem Geschmack aufstößt. Das ist schwer verdauliche Nahrung und sollte daher unter allen Umständen gemieden werden.

Der Reflex des Aufstoßens ist von unschätzbarem Wert; nur ist bei den Menschen leider ein notwendiger Zusatzmechanismus total verkümmert, der bei unverdorbenen Kleinkindern und bei Tieren wunderbar funktioniert: das Erbrechen der Nahrung. Katzen und Hunde fressen sogar noch mutwillig Gras, um die falsch aufgenommene Nahrung im Magen zu binden. Mit diesem Trick unterstützen sie das Erbrechen, denn so kommt auch wirklich alles heraus. Die meisten Menschen quälen sich jedoch mit der vergifteten Nahrung herum, bis ihr Körper schließlich selbst irgendwie damit fertig wird, aber mit welchen Nebenwirkungen!

Wenn wir die Nahrung, die wir gegessen haben, nach ein paar Stunden noch aufstoßen, so ist es angebracht, sie schleunigst zu erbrechen. Denn nur auf diese Weise retten wir uns vor einer schleichenden Vergiftung. Und dann sollten wir natürlich diese Art der Nahrung nie mehr zu uns nehmen. Es ist eigenartig, daß es uns nicht möglich sein sollte, besser zu handeln als Tiere, denn ein Tier ißt nur einmal eine falsche Nahrung und dann nie mehr.

Um es also noch einmal zu betonen: gut gekochte Nahrung mit sämtlicher Würzerei ist eine abgetötete Nahrung und damit nicht nur schwer verdaulich, sondern sogar völlig wertlos, bar sämtlicher Nährstoffe, die der Körper braucht. Da wir allerdings erbbiologische Vorbelastungen mit uns herumschleppen, wird es uns nicht möglich sein, sofort auf gekochte Nahrung zu verzichten. Daher sollten wir den Ratschlägen der Vorläufer der gesunden Ernährung Bircher-Benner, Kollath, Hahn und einigen anderen folgen und unsere Nahrung schonend garen und nie, niemals überwürzen. Damit retten wir neben dem Geschmack, auf den wir nicht verzichten wollen, wenigstens einige wertvolle Stoffe, die unerläßlich sind, um uns dahin zu bringen, daß wir nach und nach sogar auf die gegarte Nahrung verzichten.

Nur naturbelassene Vollwertnahrung gibt uns in ihrer Vielfalt alle Voraussetzungen für wachsende Gesundheit. Die Naturnahrung, die vom Geschmack und von der Beschaffenheit her für den Menschen bestimmt ist, ist wunderbar leicht verdaulich, wenn wir sie wie beschrieben handhaben.

T: Mit welcher Temperatur soll man Speisen und Getränke eigentlich zu sich nehmen? Soll man auf kalte Sachen wirklich verzichten, wie so oft empfohlen wird?

D: Dem alten Streit, ob man kalte oder warme Nahrung zu sich nehmen soll, wollen wir hier auch endlich ein Ende bereiten. Dieser Streit wird nämlich ganz natürlich durch die Tatsache aufgehoben, daß jegliche Nahrung, ob zu kalt oder zu warm, sowieso mundwarm heruntergeschluckt werden muß, was sich durch gründliches Kauen wiederum völlig automatisch ergibt.

Haben wir zu heiße Nahrung in den Mund genommen, so spucken wir sie sofort wieder aus, ebenso wenn sie zu sauer, zu geschmacklos oder zu kalt ist. Wir haben dann einen natürlichen Widerwillen, der die Richtigkeit meiner Aussage noch unterstreicht.

Der richtige Umgang mit der richtigen Nahrung macht jeglichen theoretischen Streit überflüssig und stellt über die eigene Erfahrung schnell die Grundlage für eine wunderbare Gesundheit wieder her.

P: Verzeihen Sie bitte, wenn wir schon von Verdauung reden, mir liegt da noch etwas im Magen.

Ich möchte noch einmal darauf zurückkommen, was Sie vorhin über Maharishi gesagt haben. Es ist geradezu das Gegenteil dessen, was man allgemein in der Öffentlichkeit hört.

Die von ihm erkannte Grundlage des Ayurveda, die Sie vorhin geschildert haben, scheint mir sehr überzeugend zu sein, weicht aber deutlich von einigem ab, was sonst in Büchern darüber geschrieben wird.

D: Worauf auch immer Sie anspielen mögen, es ist ein Beweis dafür, daß alle Menschen die Dinge aus ihrem Bewußtsein heraus sehen. Was die Öffentlichkeit über Maharishi weiß, stammt aus dem benebelten Bewußtsein der Berichterstatter und nicht von Maharishi. Wenn man Maharishis Bewußtsein befragen würde, so würde man zweifelsohne einen unendlichen Ozean der Reinheit vorfinden, in dem sich alle Dinge, alle Prinzipien, alle Naturgesetze unverfälscht widerspiegeln.

Also sollten wir seiner Weisheit folgen und nicht dem, was andere über ihn schreiben. Wenn Maharishi einen Aspekt im Ayurveda oder einen Aspekt des Wissens kommentiert, dann erhalten wir absolut unverfälschte Information über das Funktionieren aller Naturgesetze. Das ist wie der erhabene Gesang einer vollständigen Symphonie, in dem nicht der winzigste Ton fehlt.

P: Nun gut, mich würde jetzt aber noch Ihre Meinung über diejenigen interessieren, die im Namen von Maharishi Ayurveda auftreten. Dr. Deepak Chopra hat zum Beispiel mittlerweile vier Bücher über dieses Thema geschrieben. Meiner Meinung nach sind seine Darlegungen jedoch nichts anderes als ein geschickt zusammengemischter Eintopf aus westlichen und östlichen Ideen, vielleicht gewürzt mit etwas Wissen von Maharishi, und gekocht im Topf seiner eigenen Ansichten.

Hat das etwas mit dem wirklichen Ayurveda zu tun?

T: Ich selbst habe alle Bücher von Dr. Chopra gelesen. Er bringt einige sehr interessante und faszinierende Ansatzpunkte und Perspektiven, wie etwa den Begriff des *quantenmechanischen Körpers*, und insgesamt eine neue Betrachtungsweise von Krankheit und Gesundheit.

An der Umsetzung dieser Ideen in praktisch handhabbare Methoden, die vor allem auch für jedermann verständlich sind, hapert es jedoch gewaltig. So wird der Bereich Ernährung zum Beispiel durch einige Regeln und eine Unzahl von Tabellen von Nahrungsmitteln abgedeckt. Den Regeln fehlt dabei meist jegliche Erklärung, und die Tabellen stellen ähnlich böhmische Dörfer dar wie die klassischen Vitamin- und Kalorientabellen. Ein großer Fortschritt im Sinne des Ayurveda war da für mich nicht erkennbar.

Dazu kommen sogar noch einige Widersprüche. So wird auf der einen Seite frische Nahrung aus der eigenen Region empfohlen, an anderer Stelle werden jedoch gut gekochte Speisen und Nahrungsmittel wie Reis, Datteln, Orangen und Kokosnuß, die ja nur in tropischen Klimazonen wachsen, als einzig richtig hingestellt. Zu all dem behandelt er auch noch verschiedene Fleischsorten als Nahrung.

Diese Punkte erweckten in mir nicht gerade das Gefühl, bei Dr. Chopra das letztendlich gültige und universelle Wissen um die Naturgesetze gefunden zu haben, das der Ayurveda darstellen will, und ich suchte weiter.

D: Dieser Kommentar von Dir ist eine wunderbare Ergänzung dessen, worüber wir bereits gesprochen haben.

Natürlich ist es richtig, daß dem Ayurveda nicht mehr das klassische, sondern das neue ganzheitliche Weltbild zugrundeliegt, das nicht zuletzt von der modernen Physik entwickelt wurde. Aber auch wenn diese Theorie brandneu und überwältigend für einige ist, was nützt sie, wenn diese Erkenntnis nur denjenigen ermöglicht wird, die Quantenfeldtheorie studiert haben, und wenn fast niemand sie praktisch umsetzen kann? Dann ist es wieder nur eine Theorie für eine Elite oder für die Einfachen, die das überkluge Buch verständnislos, aber beeindruckt beiseite legen und ihm in keiner Weise gewachsen sind. Es muß uns jedoch endlich klar werden, daß der Körper der Tempel unserer Seele ist, und daß wir nur über ihn zu Gott gelangen können.

Grundsätzlich ist noch einmal zu betonen, daß jemand, der sich widerspricht, nicht ernst genommen werden darf, denn Widersprüche sind für sich bereits deutliche Zeichen von Unwissenheit um die Dinge, die man den anderen vermitteln möchte. Und sich nach dem ohnehin verdorbenen Gaumen der heutigen Bevölkerung zu richten, anstatt korrektes Wissen über die Ernährung bedingungslos als solches zu verbreiten, zeugt zumindest von mangelnder eigener Erfahrung und schlechter eigener Umsetzung des Wissens.

T: Oh ja, diesen Punkt habe ich noch vergessen zu erwähnen.

Er befürwortet zwar wie Du, daß man nur mit Hunger essen soll, ohne jedoch zu erklären, warum. Auch verliert er kein Wort über die Bedeutung des Hungers, und daß man ihn genießen soll. Vielleicht liegt es daran, daß ihm die Einsicht darüber selber fehlt. Immerhin macht er einen recht übergewichtigen Eindruck.

D: Ich denke, wir beenden dieses Thema mit dem alten Spruch: *Papier ist geduldig.* Es scheint unsinnig viel ertragen zu müssen.

Hast Du noch andere Fragen, die Dich beschäftigen, und über die es sich eher lohnt zu reden?

T: Jaaa ... Was denkst Du beispielsweise über Nachtschattengewächse? Verschiedene Ernährungstheorien lehnen sie ja grundsätzlich ab.

D: Auch hier gehen wir nach unserer eigenen Erfahrung, nach dem, was uns gut tut, und nach dem Ausspruch: *Allzuviel ist ungesund*.

Es gibt Nachtschattengewächse, wie z. B. Kartoffeln, Paprika und Tomaten, die wir als Nahrungsmittel verwenden können, und andere, wie z. B. Belladonna, die nur zu medikamentösen Zwecken dienen. Alle liefern uns jedoch einige Stoffe, die wir zur idealen Genesung nützen können. Ich kenne zwar einige Fälle von Belladonna-Vergiftung, aber keinen einzigen, der sich an Kartoffeln, Paprika oder Tomaten vergiftet hätte. Das ist nur eine hineingedichtete Philosophie.

Grundsätzlich sind wir nirgends fanatisch, meiden jedoch strikt alle Nahrungsmittel, die in unserem Körper die Produktion von Giftstoffen anregen.

T: Welche zum Beispiel?

D: Fleisch, Fisch, Eier und Pilze. Man kann sie nicht genügend erwähnen. Des weiteren alle Industrieprodukte und einseitigen Genußmittel, überhaupt Genußmittel. Denn wir sollten uns wieder dahin kultivieren, daß uns die natürliche Nahrung den höchsten Genuß bedeutet.

Es ist tatsächlich so, daß unsere Geschmacksorgane frei von groben Einflüssen einen traumhaften Geschmack und eine Freude an Empfindungen entwickeln, die wir garantiert bis dahin noch nicht erlebt haben. Ein Gaumen, der an scharfe und intensive Gewürze gewöhnt ist, kann nämlich dem Geschmack einer Erdbeere zum Beispiel nicht viel abgewinnen. Ein befreiter Gaumen aber genießt den Erdbeer-Geschmack im wahrsten Sinne des Wortes, denn in ihm beginnen die feinsten Nuancen des Schmeckens überhaupt erst zu funktionieren. Sie können auch nur der Naturnahrung entlockt werden, die uns tatsächlich in den Zustand der vollständigen Gesundheit bringt. Somit ist nur ein vollständig gesunder Mensch eigentlicher Genießer des Lebens.

T: Mich beschäftigt auch das Ernährungssystem der Veganer schon seit einiger Zeit, die sämtliche vom Tier stammenden Produkte, sogar Milchprodukte, strikt ablehnen.

D: Für den, der als Veganer wunderbare Gesundheit erlangt, ist das zweifelsohne richtig. Wer als Veganer jedoch schwach und kränklich dahinvegetiert, der sollte sich besinnen, daß er seinem Körper von der ersten

Stufe des Vegetarismus aus übergangslos die zwanzigste zugemutet hat. So etwas geht auf jeden Fall in die Hose.

P: Wie wollen Sie in Ihren Ernährungsvorstellungen denn gewährleisten, daß jeder stets die erforderliche Menge von Kalorien, Mineralstoffen, essentiellen Aminosäuren, Basen, ungesättigten Fettsäuren, Vitaminen und Spurenelementen zu sich nimmt?

D: Gerade in diesem Punkt, lieber Herr Professor, werden die Menschen am meisten von denjenigen hinters Licht geführt und verunsichert, die meinen und behaupten, sich auszukennen, obwohl gerade in diesem Punkt auch jeder die Erfahrung gemacht hat, daß die "Wahrheit" von heute schon morgen ungültig ist. Deshalb erleben wir hier einen endlosen und noch dazu verwirrenden Streit der angeblichen Spezialisten über die notwendige Menge und die Notwendigkeit überhaupt.

Ihnen als Mediziner muß aber doch bekannt sein, daß einem Körper, der nicht die Fähigkeit besitzt, einen Stoff umzuwandeln und auszuwerten, auch die tonnenweise Zufuhr dieses Stoffes nichts nützt. Wenn er die Umwandlungsfähigkeit verloren hat, dann müssen wir sie zunächst wiederbeleben, und dann reicht für den Körper die tägliche Nahrung vollkommen aus, um dem Stoffwechsel gerecht zu werden.

Aus diesem Grund handhaben wir es ganz einfach: Wir genießen den Hunger eine Weile, verbunden mit körperlicher Bewegung, wie Gymnastik oder Waldlauf, essen dann in Demut und hören auf, wenn es am besten schmeckt. Dabei ernähren wir uns in sinnvoller Abwechslung kreuz und quer durch den Obstgarten, den Gemüsegarten, den Korngarten des Lebens.

Damit bringen wir einen wunderbar intelligenten Vorgang in Fluß. Durch das Genießen des Hungers und die Bewegung erwecken wir nämlich die Mechanismen im Körper, die selbständig sein Gewicht regulieren, und zwar gemäß den Anforderungen der vier Jahreszeiten. Dieses Phänomen ist eigentlich ein natürlicher Vorgang, der durch übergeordnete Steuermechanismen von unserem Bewußtsein her in Gang gesetzt wird.

Wenn der Frühling kommt, widmen wir uns wie alle Vegetarier auf dieser Erde einer spärlich aufkommenden Nahrung. Dadurch findet ein wunderbarer Nachreinigungsprozeß statt, weil die Kraft des Frühlings immer einen neuen Beginn einleitet. Die Aktivität, der wir dann bis zum Winter nachgehen, läßt unser Gewicht je nach Belastung ein oder zwei

Kilo nach oben oder unten schwanken. Im Winter werden wir schließlich sehr besinnlich und selbstgenügsam sein, und das ist der richtige Ablauf, der uns durch den Einklang mit den Jahreszeiten in Einklang mit allen Naturgesetzen bringt.

Das ist das eigentliche Leben. Denn jedem Nahrungsmittel wohnt die Intelligenz inne, die uns die Erinnerung an die vollkommene Gesundheit wiederbringt. Und dann werden wir selber, wiederum an eigener Erfahrung bereichert, wissend um all die Prinzipien sein.

Soviel Intelligenz muß man unseren Verdauungsorganen einfach zugestehen, daß sie sich, wenn sie normal funktionieren – und das tun sie sogar nach jedem Hunger – aus der Nahrung jene kostbaren Stoffe herausholen, die sie für den Stoffwechsel brauchen, und den Überfluß mit allen Schlacken wieder herauslassen. Was sie jetzt in der speziellen Situation genau brauchen und wieviel, das kann sowieso kein Buch, keine Tabelle und kein anderer Mensch wissen, nur die Intelligenz des Körpers selbst.

P: Salat, Obst und Gemüse sind heute aber doch viel stärker mit Schadstoffen belastet als Fleisch, Fisch, Eier und Pilze. Ist vegetarische Nahrung dadurch nicht schädlicher?

D: Vielen Dank für diese Ergänzung. Sie hilft uns, einen weiteren Irrtum aufzudecken.

Ißt ein Mensch nämlich einen Salat pro Tag, dann sind die darin enthaltenen Schadstoffe ein kleines Übel gegenüber Fleisch, in dem eine Kuh die Schadstoffe aus Tonnen von Gras konzentriert hat. Abgesehen davon bekommen die Tiere soviele Medikamente, Impfstoffe, Hormone etc. verabreicht, daß sich dadurch bereits jetzt eine Gesundheitskatastrophe anbahnt. So ist jedem Arzt bekannt, daß sich bei den meisten Menschen durch den Verzehr solchen Fleisches eine Antibiotikaresistenz entwickelt hat, so daß sie bei einer Erkrankung eine fast lebensgefährliche Dosis brauchen, damit überhaupt eine Wirkung erzielt wird.

Was die übrigen drei Nahrungsmittel betrifft, so leben Fische heute in total verschmutzten Gewässern, Hühner picken Dreck und Gift in sich hinein und werden zum größten Teil auf die unnatürlichste Weise gehalten und mit der widerwärtigsten Nahrung wie Fischmehl und ähnlichem gefüttert. Somit müßte der Verzehr ihrer Eier eigentlich Ekel erregen, abgesehen von den immer weiter um sich greifenden Salmonelleninfektionen, die schon so manchen das Leben gekostet haben. Zu guter Letzt warnen bereits die Behörden öffentlich davor, Pilze zu essen, da sie die meiste Radioaktivität in sich anreichern.

Ich denke, damit ist Ihre Frage beantwortet. Doch abgesehen davon bekommt unser Körper auch eine optimale Widerstandskraft gegen die heute kaum mehr zu umgehende Umweltbelastung, wenn wir uns so ernähren und die Nahrung so handhaben, wie wir es besprochen haben. Dann wird er mit jeglichen Schadstoffen leicht fertig werden können.

T: Ein weiteres großes Problem haben viele mit der notwendigen Flüssigkeitsmenge pro Tag.

D: Es gibt da gar kein Problem. Wenn ein Mensch beginnt, natürlich zu leben, dann werden alle Reflexe und Instinkte in ihm wach. Er wird essen, wenn er Hunger hat, trinken, wenn er Durst hat, und schlafen, wenn er müde ist. So beenden wir sämtliche diesbezüglichen Streitigkeiten.

In naturbelassener vegetarischer Vollwertkost ist außerdem so viel Flüssigkeit mit der Intelligenz der Pflanzen und des reinen Wassers enthalten, daß es vollständig genügen wird, um den Bedarf des Körpers zu decken.

Gerade hier muß ich noch einmal betonen, daß die vollkommene Regulation der Flüssigkeit nur durch die Anregung der körpereigenen Flüssigkeit erfolgt, wofür unsere Geschmacksorgane die Steuerungseinrichtungen sind. Jeder wird die Erfahrung gemacht haben, daß der Speichel bereits fließt, wenn man Hunger hat und bloß an Nahrung denkt, ohne sie auch nur gesehen zu haben. Umso mehr fließt er natürlich, wenn man beginnt, die Nahrung zu sich zu nehmen. Das ist ein wunderbarer Anfang.

T: Was ist aber mit alten Leuten, denen die Ärzte zwei oder drei Liter Flüssigkeit pro Tag verschreiben, mit der Begründung, sie würden sonst austrocknen, oder ihre Leber und Niere würden sonst krank?

D: Das sind Regeln, die die Ärzte aus Unwissenheit um das richtige Verhalten der Gesundheit gegenüber aufgestellt haben. Lehren sie ihren Patienten aber den richtigen Umgang mit der Nahrung, so werden diese Regeln nicht im geringsten mehr notwendig sein.

Hoffen wir deshalb, daß das, was wir den Menschen vermitteln wollen, bald jeden einzelnen in der Bevölkerung erreichen wird.

T: Wie verhält es sich mit dem Ratschlag, immer wieder über den Tag verteilt kleine Schlucke warmen Wassers zu trinken, um den Körper zu entgiften und die Verdauung positiv zu beeinflussen?

D: Es gab, es gibt und es wird immer unsinnig viele Ratschläge geben. Vom Herrn bekamen wir jedoch einen kostbaren Reflex, den Durst.

Wir trinken grundsätzlich, wenn wir Durst haben. Nach gestilltem Durst erfolgt dann eine wunderbare Befriedigung, die den gesamten Körper erfaßt. Ihr geben wir uns hin und genießen sie. Denn diese Befriedigung setzt Impulse für den Körper, seinen Flüssigkeitshaushalt regelmäßig durch das Signal »Durst« zu regulieren. Ob wir Durst nach kühlem oder nach warmem Wasser haben, tut nichts zur Sache. Wir trinken, wenn wir Durst haben, und fertig.

T: Sind all die Säfte und Saftgetränke, die uns auf dem Markt angeboten werden, gut, um unseren Durst zu löschen?

D: Naturbelassene Obstsäfte sind, wie schon erwähnt, hochkonzentrierte flüssige Nahrung und eigentlich keine Mittel, um den Durst zu stillen. Leider gibt es aber nur noch selten Säfte, die naturbelassen sind. Meist handelt es sich um naturähnliche Konzentrate, die sich zu belastend, zu einseitig und zu negativ auf den Stoffwechsel auswirken.

Wenn ein Tier Durst hat, dann wird es übrigens kaum auf die Idee kommen, in einer Orangenplantage ein paar Orangen zu sammeln und sie mit den Hufen zu zerquetschen, um ein Getränk daraus zu gewinnen und seinen Durst damit zu stillen. Doch Spaß beiseite, der Schöpfer hat da in Seiner unendlichen Intelligenz etwas äußerst Kostbares erschaffen, eine Erfindung, der der Mensch leider, obwohl er ohne sie nur sechs oder sieben Tage überleben kann, nicht die geringste Achtung entgegenbringt: Wasser. Aus seiner Geringschätzung dieses kostbaren Lebensgutes heraus hat er die Flüsse, die Seen und sogar die Ozeane verschmutzt. Alles hat er aus dem Gleichgewicht gebracht.

Deshalb sollten wir endlich wieder dem Schöpfer und den von Ihm für uns erschaffenen Naturgesetzen folgen. Nur Wasser, das aus unverschmutzten Quellen kommt, kann unseren Durst wirklich stillen, nicht nur den körperlichen. Wenn die Massen in den Großstädten wüßten, daß sie ihr Trinkwasser aus dem Rhein, dem Main und ähnlich verdreckten Flüssen bekommen, in dem gemeinen Trugschluß, es sei durch Aufbereitung wieder ursprünglich geworden, dann würden sie nicht einen einzigen Tropfen aus dem Wasserhahn in ihren Körper einschleusen oder gar ihre tägliche Nahrung damit bereiten.

Reines Wasser ist nur das, was aus den Adern der Mutter Erde, unbeeinflußt durch Industrie, Abfälle und sauren Regen, emporquillt. So hat es der Schöpfer auch im Ursprung gedacht, und als solches sollten wir es benützen: frisch aus der Quelle.

T: Reines Wasser aus reinen Quellen! Du bist vielleicht gut! Wo gibt es das denn noch?

Überall, wo man Wasser kauft, sind doch irgendwelche Stoffe darin, die dem Körper letzten Endes schaden. Außerdem ist Wasser aus Flaschen ja wohl nicht mehr frisch aus der Quelle. Und was heute als gesundes Mineralwasser verkauft wird, kommt meist nicht einmal mehr aus einer Quelle, sondern wird aus der Tiefe der Erde gefördert; im Grunde genommen ist es also Leitungswasser.

D: Nur Wasser, das der Herrgott als normales Süßwasser durch von Ihm bestimmte Adern die Oberfläche erreichen läßt, hat Er für uns als Trinkwasser gedacht. Denn nur so wird es unterwegs zur Oberfläche mit allen notwendigen Stoffen versehen, die dem Körper dienlich sind und dem Durstreflex gerecht werden.

Aus einem Bach oder einem See mit kohlensäurehaltigem Wasser könnte ein Tier zum Beispiel nie trinken, da die Oberfläche zu sehr mit Gasen angereichert ist, die die Atmung in Bruchteilen von Sekunden sperren. Auch wir Menschen würden von der Oberfläche eines solchen Gewässers kaum einen Schluck in den Mund bekommen. Mit Trinkgefäßen übertölpeln wir diesen natürlichen Schutzreflex jedoch unaufhörlich.

Auch die übrigen Zusatzstoffe, mit denen Wasser angereichert ist, aus gesundheitlichen oder hygienischen Gründen oder einfach als Folge der Überdüngung und chemischen Behandlung unserer Felder, pfuschen – so winzig oder unmeßbar ihr Anteil auch sein mag – der natürlichen Intelligenz unseres Körpers gehörig ins Handwerk und richten an unserer Gesundheit vor allem langfristig enormen Schaden an.

In dieser Beziehung wird mit der Bevölkerung gegenwärtig ein gewaltiges Verdummungsschindluder getrieben. Denn die Düngung mit Kunstdünger ist zweifelsohne schon ein verantwortungsloser Raubbau, doch die in der Öffentlichkeit als so harmlos dargestellte Güllewirtschaft verursacht wahre Katastrophen für das Grundwasser und alle Gewässer. Sie ist der heimtückischste Großverschmutzer unseres Trinkwassers und verantwortlich für die hohen Nitrat- und Nitritwerte und allerhand andere schädliche Faktoren, die man überhaupt noch nicht entdeckt hat.

So hat sich der Herrgott die Pflege der Erde garantiert nicht vorgestellt!

P: Was kann man da aber tun, wenn es nun einmal so ist?

D: Es ist nicht »nun einmal« so. Der Mensch ließ sich verführen, zu einem komplizierten und schwer ertragbaren, krank machenden Leben. Es wird sicherlich ein Leichtes sein, all die augenscheinlichen Probleme zu lösen, wenn wir unser Volk zurück zu einem leichten, glücklich machenden Verhalten verführen. Es ist wie ein Junge, der im Zickzack rennend viel Mühe und Anstrengung für einen komplizierten Lauf aufbringt. Wir brauchen dem Jungen nur das leichte gerade Laufen zu lehren, und damit ist das Problem gelöst.

Was unser Wasser betrifft, so wird das Volk sich schon rühren müssen, um zu überleben; und dann wird die Erde bald wieder zum Paradies, gereinigt von allen bisherigen Plagen.

P: Mir fällt bei unserem bisherigen Gespräch auf, daß es bei Ihnen immer nur ein geradezu fanatisches Entweder-Oder gibt. Ist das wirklich Ihr Ernst?

D: Nein, lieber Herr Professor, nicht mein Ernst, sondern der Ernst der Naturgesetze. Ihnen müßte doch bewußt sein, daß es beispielsweise zwischen Wasser und Eis keine Übergangsformen gibt. Wenn H_2O flüssiges Wasser ist, dann ist es flüssiges Wasser; wenn es aber Eis ist, dann ist es Eis. Ist es dagegen Dampf, dann ist es weder Wasser noch Eis. Betrachten wir die Formel der Elemente, so stellen wir fest, daß es immer nur ein Entweder-Oder gibt. Sicherlich gibt es in der Natur auch Zwischenstufen, doch dann haben auch sie ihre eigene Formel und damit ihr eigenes Entweder-Oder.

Der angebliche Fanatismus besteht also lediglich in der Wahl, im Einklang mit der Natur zu leben oder nicht. Ein Zwischending gibt es dabei nicht. Wenn wir uns dazu entschließen, uns auf die Natur zu verlagern, dann werden wir von allen Naturgesetzen noch unterstützt. Andernfalls werden sie zu unseren Feinden.

So bekämpft man beispielsweise Bakterien, Viren und andere Mikroorganismen in der irren Meinung, sie seien dem Körper gefährlich. Zu diesem Zweck mutet man ihm aus wirklichem Fanatismus sogar die schädlichsten chemischen Medikamente zu. Dabei kann nichts gefährlich sein, was von Gott seine Existenz erhalten hat. Es gibt nur eine einzige Gefahr, nämlich unser eigenes Fehlverhalten Seiner Schöpfung gegenüber, durch das wir das Gleichgewicht in allen Bereichen unserer Existenz zerstört haben, vom Mikrokosmos bis zum Makrokosmos. Daher werden uns jetzt sogar jene wunderbaren Mikroorganismen zu tödlichen Feinden, die in der Symbiose in unserem Körper eine lebenswichtige Funktion haben. Hier ist es wirklich angesagt, daß der Mensch endlich einen Sprung aus dem Elend seines bisherigen Denkens heraus macht.

P: Wenn man es aus diesem Blickwinkel betrachtet, dann muß ich Ihnen durchaus beipflichten. Es ist nur zu wünschen, daß es noch nicht zu spät ist.

D: Es ist niemals zu spät, denn der Knabe wird sich sehr wundern, wenn er sein Ziel im geraden Lauf plötzlich viel schneller und leichter erreicht. Genauso wird der Mensch von allen Naturgesetzen unterstützt, wenn er ihnen durch sein besseres Verhalten gerecht wird. Lebt er im Einklang mit der Natur, so wird er von ihr wie von einer liebenden Mutter mit allen erdenklichen Gaben beschenkt werden.

Die drei schwiegen eine Weile, erfreut über die Erkenntnis, daß das Leben dem Menschen immer wieder einen Ausgang aufzeigt.

Dann stand der Professor auf, reckte sich und gähnte sogar herzhaft und freimütig.

P: Herr je, wenn es keinen Hunger gäbe, mein lieber Herr Duschane, dann würden wir sicherlich die Zeitlosigkeit kennenlernen.

Alle lachten herzlich und wurden sich bewußt, wie präzise eigentlich die besprochenen Naturgesetze funktionieren.

Beschwingt von einem leichten Gefühl verbrachten die drei noch einen unbeschwerten Abend.

Hier endet das erste Kapitel des ersten Buches des Ayodhya*-Veda, eines Gesangs der Einfachheit, der die Grundlage der Gesundheit als gelebtes und erfahrenes Wissen jedem einzelnen zugänglich macht.

---

* »Ayodhya« sprich: »Ajodja« mit kurzem, betontem »o«.

Wie selten ist es uns vergönnt, die Dinge des Lebens in ihrer wahren Gestalt zu erschauen! Jetzt aber wollen wir uns aus vollem Herzen bedanken, daß es die Mutter Erde gibt.

Wie oft treten wir sie mit Füßen, anstatt uns von ihrer Herrlichkeit tragen zu lassen!

Wie unendlich gütig muß sie sein, daß sie uns trotz unseres Ungehorsams unaufhörlich trägt und uns immer wieder von neuem mit der Fülle ihrer Gaben beschenkt!

Letzten Endes sind es jene kostbaren Gaben, die uns die Allmacht über ihre Naturgesetze zuflüstern, die eigentliche Ordnung, um uns einzugliedern in die Harmonie, die wir Tausende von Jahren leichtlebig außer acht gelassen haben.

Doch die Sehnsucht nach dem Ursprung wird uns der Leitfaden sein, um unbeirrt das Ziel zu erreichen.

Also gehen wir und bedanken wir uns bei der Mutter!

2. Träger des Lebens

Seit undenklichen Zeiten beschäftigt sich der Mensch mit dem Bauen von Palästen, Türmen, Tempeln, Moscheen, Kathedralen, Domen, unter dem merkwürdigen Vorwand, es sei im Namen Gottes, für Gott.

Heute errichtet man die kompliziertesten Bauten, konstruiert Computer, Maschinen, aber nicht einmal mehr unter dem Vorwand, es sei in Seinem Namen, geschweige denn für Ihn.

Die Sicht für das Eigentliche ist verzerrt, sogar bei der Schöpfung aller Schöpfungen, dem menschlichen Körper. Anstatt das Würdige zu würdigen, das Erschaffene zu verehren, das Vorhandene zu pflegen, wagt man sogar, an ihm herumzubasteln, und manche seiner Teile als unnötig zu betrachten, als ob der Schöpfer sich bei seiner Schöpfung geirrt hätte.

Doch wie alle Lebewesen auf dieser Erde sind auch wir als vollkommen erschaffen worden. Pflege Deinen Körper und Du wirst es erfahren. Versäume keine Sekunde, diesen Zustand wiederherzustellen, den Gott als Normalzustand gedacht hat, sonst hast Du Dein Leben für nichts weggeworfen.

Denn nur in einem vollkommen gesunden Körper liegt die Fähigkeit, eins mit Gott zu werden.

Am nächsten Morgen fühlte sich der Professor elend. Sein Kreuz tat ihm weh, seine Beine waren steif, er bewegte sich gekrümmt zum Frühstückstisch und klagte über einen Hexenschuß.

P: Herrgott, bin ich gerädert! Ausgerechnet jetzt, wo ich mich so gut fühlte, muß diese elende Plage kommen!

Ich habe die halbe Nacht kein Auge zugetan und mich hin und her gewälzt. Jetzt brauche ich unbedingt einen Kaffee.

T: Haben wir überhaupt Kaffee?

D: Nein. Als ich hier ankam, habe ich nicht mehr vorgefunden, als was dort auf dem Tisch steht.

P: Kein Problem, meine Herren, ich habe an alles gedacht!

Der Professor zog seinen Rucksack unter dem Bett hervor und holte tatsächlich ein Glas löslichen Kaffee heraus. Schnell machte Thomas heißes Wasser.

D: An Ihrer Stelle, Herr Professor, würde ich das nicht trinken.

Gereizt von seinen Schmerzen erlaubte sich der Professor eine patzige Antwort.

P: Sie können mir doch nicht alles verbieten!

D: Ich verbiete Ihnen gar nichts. Doch der eigenen Gesundheit zuliebe sollte man sich selber alles verbieten, was dem Körper schädlich ist.

P: Kaffee ist doch nicht schädlich!

D: Alkohol ist nicht schädlich, Drogen sind nicht schädlich, Rauchen ist nicht schädlich. So spricht jeder, der darin verwickelt ist, und plagt sich weiter.

Dessen ungeachtet nahm der Professor das schon heiße Wasser und goß damit eine größere Menge Kaffee auf.

T: Mmm, das duftet!

P: Na sehen Sie! Darf ich Ihnen auch eine Tasse anbieten?

T: Nein, Herr Professor, vielen Dank. Ich mag nur den Duft. Wenn ich Kaffee trinke, fühle ich mich danach immer miserabel.

P: Naja, dann eben nicht.

Genüßlich trank er seinen Kaffee. Doch es dauerte nicht lange, und er faßte sich wieder an den Magen. Wie in der Sturmnacht rannte er schnell nach draußen, und man hörte, wie er sich übergab.

Als er zurückkam, setzte er sich wortlos auf sein Bett. Duschane holte wieder seine Feldflasche, füllte erneut eine Tasse aus ihr und bot sie dem Professor freundlich an.

P: Lassen Sie es gut sein, ich bin schon in Ordnung.

D: Bitte, Herr Professor, denken Sie doch an vorgestern abend! Ihre Magenschleimhäute werden noch für einige Zeit sehr empfindlich sein.

Aus einem ähnlichen Grund kann Thomas dieses schwarze Zeug wahrscheinlich überhaupt nicht vertragen.

Trinken Sie nur, es wird Ihnen dann gleich besser gehen.

Widerwillig nahm der Professor die Tasse und trank sie aus. Es war ihm sehr unangenehm, sich so bloßgestellt zu haben. Denn als Mediziner hätte er eigentlich wissen müssen, daß er sich nach der massiven Attacke jener Nacht selber absolute Schonung hätte verordnen müssen.

Trotz allem zeigte das Gebräu, das ihm schon einmal geholfen hatte, erneut seine wohltuende Wirkung.

D: Herr Professor, Kaffee ist nun einmal eine Droge, und von einer Droge nimmt man bekanntlich nur gezielte medikamentöse Dosierungen. Man benützt sie nicht als Nahrungsmittel.

Kaffee ist ein wunderbares Kreislaufmittel, vom Schöpfer jedoch als ein Medikament gedacht. Leider mißbrauchen ihn die meisten, stürzen ihren Kreislauf dadurch in eine Abhängigkeit und zerstören so vor allem seine natürliche Funktion.

Wenn man müde ist, dann sollte man schlafen und sich nicht durch Kaffee aufputschen. Falls man als Autofahrer oder in einer verantwortungsvollen, lebensgefährlichen Tätigkeit Müdigkeit verspürt und die Situation keinen Schlaf zuläßt, dann kann man dieses kostbare Medikament ausnahmsweise benützen. Man darf es aber nie zur Gewohnheit werden lassen, sondern sollte dem Körper immer das geben, wonach er verlangt, in diesem Fall Schlaf, kostbaren, heilenden Schlaf.

P: Das ist schon richtig, was Sie da sagen. Aber ich kann doch nicht gleich nach dem Aufstehen wieder ins Bett gehen.

D: Früher einmal haben Sie morgens keinen Kaffee gebraucht, doch irgendwann haben Sie damit begonnen, und jetzt ist die Gewohnheit da.

P: Naja, irgendein Laster muß der Mensch doch haben! Sonst ist das Leben ja langweilig.

D: Die Laster sind Lasten; und unnötige Lasten zu tragen, verschleißt. Wäre es nicht besser, Freude zu erleben, als so eine Attacke wie eben?

P: Sie haben gut reden! Stecken Sie mal in meiner Situation. Unausgeschlafen und mit Ischias, da vergeht einem jegliche Freude!

D: Wie lange plagen Sie sich schon mit solchen Beschwerden?

P: Schon eine halbe Ewigkeit,

kam es mißmutig zurück.

D: Dann haben Sie zu Hause auch eine falsche Schlafunterlage.

P: Herrgott nochmal, es kann doch nicht alles falsch daran sein, wie ich bis jetzt gelebt habe!

D: Was Ihre Wirbelsäule und Ihren Ischias betrifft, war es garantiert falsch.

Erregt über so viel Selbstsicherheit nahm sich der Professor vor zu schweigen.

Duschane zog die Schuhe aus und kniete sich hinter ihm aufs Bett.

P: Was haben Sie mit mir vor?

D: Ich möchte Ihnen helfen.

Mit einer unvergleichlichen Ruhe berührte er sanft einige Punkte am Rücken und an der Hüfte des Professors. Eine Weile widmete er diesen Stellen seine Aufmerksamkeit, indem er sie mit den Händen leicht massierte. Danach drehte er den Oberkörper des Professors geschickt hin und her, so daß er kurz darauf auch schon wieder ganz normal aufstehen und sich bewegen konnte.

P: Das ist ja unglaublich! Meine Schmerzen sind weg. Ich habe schon manches in dieser Richtung erlebt, aber das grenzt geradezu an Hexerei!

D: Sie hatten ja auch einen Hexenschuß! Also mußte ich die Hexe austreiben. Oder hätten Sie sie lieber als mich?

Alle drei lachten schallend. Die entspannte Atmosphäre des vorigen Abends war zurückgekehrt, in der sich auch der Professor seinen Gefühlen gegenüber geöffnet hatte.

P: Oh Gott, und ich habe mich für den Rest meines Aufenthalts schon als einen gebrochenen Hund gesehen, wie so oft nach solchen Attacken.

Vergeben Sie mir bitte meine Ungehaltenheit von eben. Ich glaube, ich habe einfach zu lange gelernt, Mißtrauen zu hegen. Obwohl Sie mir gleich am ersten Abend geholfen haben, muß ich mich jetzt fragen, woher es kommt, daß der Mensch trotz eines solchen Beweises doch das Vertrauen nicht aufrechterhalten kann.

D: Wir waren hier eben Zeuge eines typischen Beispiels. Mag der Geist noch so willig sein; wenn der Körper nicht in Harmonie mit sich selbst ist, dann nützt das gar nichts. Der Schmerz hat einfach die Fähigkeit, alles zu überschatten.

Und da wage noch jemand zu sagen, daß das Leiden zum Leben gehört oder gar der Weg zu Gott ist!

Verzeihen Sie bitte die Anspielung auf Ihre Theologie.

P: Nein, nein, ich habe Sie schon verstanden. Solange der Mensch Schmerzen hat, kann er kein Glück empfinden. Das wollten Sie doch sagen?

D: Das war Ihre eigene Erfahrung. Ich denke, daß die Erfahrung wirklich eine gute Lehrmeisterin ist.

Thomas schmunzelte. Diese Art von Gesprächen, die immer wieder die Ebene der widerspruchslosen Wahrheit berührten, waren Labung für seinen Geist. Das war die Quelle, die seinen Durst und seine Sehnsucht stillen konnte.

P: Aber Erfahrung kann auch abstumpfen. Wissen Sie, als junger Student der Medizin kam ich nicht aus der Verwunderung heraus, welche gewaltigen und hochkomplizierten Mechanismen im menschlichen Körper angelegt sind.

T: Und was ist daraus geworden?

P: Gewohnheit, die irgendwann einmal bis zur Unkenntlichkeit ausgeblichen ist,

anwortete der Professor, und in seiner Stimme war deutlich seine Resignation zu hören.

D: Und das nur deswegen, weil man die Dinge des Lebens aus dem falschen Winkel sieht. Aus dem richtigen Winkel gesehen, beginnen sie jedoch, sich in Unendlichkeit auszudehnen und zu wachsen.

Dieser Körper, der Sie so fasziniert hat, ist tatsächlich die Faszination selbst und wird nie aufhören, sie zu sein. Jetzt heißt es nur, ihm dazu zu verhelfen, sich mit seinen Gaben im Einklang mit der Natur zu bewegen. Dadurch werden alle inwendigen Mechanismen die größtmögliche Unterstützung erhalten, um jegliche Disharmonie zu überwinden.

P: Zu Hause hätte ich mir in einer Situation wie eben einige Spritzen gegeben oder geben lassen, wäre vielleicht zum Massieren gegangen und hätte sogar notgedrungen in einer anderen Stadt einen Knocheneinrichter aufgesucht, wie es viele meiner Kollegen auch heimlich tun. Doch das betreibe ich nun schon jahrelang, und trotzdem werde ich meinen Hexenschuß nicht los.

D: Doch!

P: Wie bitte? Wollen Sie mich verulken?

D: Nein. Denn ab heute werden Sie sich bei Ihrer nächtlichen Unterlage keinen Fehler mehr erlauben.

Während er dies sagte, zerrte Duschane die Schaumstoffmatratze aus dem Bett des Professors.

D: Das war die Ursache für Ihre Attacke. Sie hatten unglücklicherweise eine schlechte Matratze erwischt.

Er stellte zwei kleine Kugeln auf die Matratze und drückte mit dem Finger zwischen ihnen eine Mulde ein, in die sie sogleich hineinrollten.

D: Sehen Sie, Herr Professor, genau das geschieht mit Ihren Wirbeln die ganze Nacht, sie stauchen ineinander. Also ist diese Unterlage ungeeignet, sie ruiniert die Wirbelsäulen von Millionen, die jede Nacht darauf schlafen.

P: Ich habe zu Hause aber eine ausgezeichnete Bandscheibenmatratze, die mir persönlich von einem sehr namhaften Orthopäden empfohlen wurde.

T: Und Ihre Beschwerden?

P: Naja, die habe ich leider nach wie vor. Sie haben es ja selber erlebt.

D: Ja, Herr Professor. Name hin, Name her, vor vielen Jahren sah ich im Fernsehen eine Reklamesendung, in der eine große Straßenwalze über drei Federkernmatratzen fuhr und eine begeisterte Stimme anpreisend sprach: "30 Jahre Garantie. Schlafen Sie wie im Schlaraffenland auf unserer Schlaraffia-Matratze." Wie immer stürzte sich alles, was Rang und Namen hatte, auf solch eine neue Errungenschaft, und so begann das Leiden unserer wunderbaren Wirbelsäule und unseres Körpers.

Federkern, d. h. Stahl, in der Nähe des menschlichen Körpers – ein unverständlicher Fehler; dazu noch eine dreiteilige Unterlage auf Sprungfedern – das konnte nur schief gehen. Und jetzt haben dieselben Leute die Matratze, von der Sie eben sprachen, entwickelt, ohne die leiseste Ahnung von der Natürlichkeit zu haben und davon, wie eine Schlafunterlage für den Körper eigentlich sein sollte. Selbst nach 30 Jahren haben sie noch immer nicht begriffen, daß Eisen im Bett nichts verloren hat, von anderen noch wichtigeren Aspekten ganz zu schweigen.

T: Das verstehe ich nicht. Wieso stört denn ein bißchen Eisen im Bett?

D: Ein noch so winziges Stäubchen ist für das Auge wie ein Dorn. Genauso verhält es sich mit Federkern im Bett. Es mag zwar nur als wenig erscheinen, da aber Eisen, Stahl und Metalle schlechthin elektromagnetische Leiter sind, wird dem Körper in ihrer Nähe Energie entzogen.

Wie man sich bettet, so schläft man, heißt es. Also müssen wir uns so betten, daß wir am nächsten Morgen erholt, gesund und voller Freude den Tagesablauf beginnen können. Was soll aus dem Tag denn werden, wenn man schon morgens mit dem linken Fuß aufsteht? Der Schlaf ist ein Regenerationsvorgang, der von allen Giftstoffen reinigt. Aus diesem Grund muß optimale Erholung stattfinden, solange der Körper im Schlaf ist. Das gibt uns Energie, die für den ganzen Tag reicht.

Außerdem ist eine federnde Unterlage für die Statik der Wirbelsäule eine ernsthafte Gefahr, da sie dadurch aus ihrer natürlichen Lage abgeknickt wird. Diese Säule des Lebens ist aber der Energiespeicher, -umwandler und -versorger für das Gehirn. Ist sie die ganze Nacht abgeknickt oder sogar gestaucht, so leidet die Umwandlung der Energie darunter. Und was noch schlimmer ist, dadurch verbrauchen sich auch die Bandscheiben acht Stunden lang, anstatt durch die Dehnung der Wirbelsäule Platz zu bekommen, um sich zu regenerieren.

P: Jetzt frage ich mich ehrlich, wozu ich eigentlich Medizin studiert habe.

T: Wie sagte Goethes Fauster, äh Entschuldigung, Faust: *Hier steh' ich nun, ich armer Tor, und bin so klug als wie zuvor.*

P: Ja, hier am Ende der Welt bekomme ich das richtige Wissen um das Leben, das ich eigentlich während des Studiums hätte bekommen müssen. Und von wem? Von einem Niemand!

T: Oder von einem, der wirklich Bescheid weiß.

P: Sie haben recht. Was ist dann aber die richtige Unterlage für die Nacht?

D: Diese hier.

Duschane zeigte auf die zwei anderen Betten, die mit Matratzen aus Schafschurwolle versehen waren.

D: Das sind Matratzen, die alle Voraussetzungen erfüllen, die der Körper braucht, um die nötige Erholung zu bekommen.

Sehen Sie, die Matratzen sind angenehm weich. Das ist wunderbar für die Muskulatur; denn wenn die Matratze hart ist, dann erzeugt sie an der Auflagestelle eine Durchblutungsstörung, so wie hier.

Er legte seinen Zeigefinger leicht auf den Rücken seiner anderen Hand und nahm ihn gleich darauf wieder weg. An der Auflagestelle konnte man deutlich einen hellen Fingerabdruck sehen.

D: Das ist nichts anderes als eine lokal erzeugte Durchblutungsstörung. Und dabei war das eben ja fast gar kein Gewicht, verglichen mit dem Körper, der die ganze Nacht auf dem Beckenbereich lastet. Aus diesem Grund holen sich diejenigen, die auf einer harten Unterlage auf der Seite schlafen, infolge von Durchblutungsstörungen langsam aber sicher ein Hüftleiden.

P: Das leuchtet durchaus ein.

Da haben wir einen Apparat von Ärzten, Fachleuten und orthopädischen Kliniken, und keinem fällt ein, wo die eigentliche Ursache für die immer häufiger werdenden Hüftleiden liegt.

D: Ja, Herr Professor, nur will leider kein Mensch diese Misere wahrhaben.

Aus diesem Grund ist es notwendig, daß jeder einzelne seiner Muskulatur eine weiche Unterlage für die Nacht bietet.

Jetzt kommt aber das Wichtigste: diese weiche Unterlage muß der Wirbelsäule zuliebe von einer knochenharten Unterlage getragen werden, also einem Bretterrost, so daß sich die Wirbelsäule bei jeder unbewußten Bewegung in der Nacht dehnen kann und nicht durchhängt. Denn durchzuhängen bedeutet für sie, einseitig gestaucht zu sein.

Somit ist gewährleistet – egal auf welcher Seite wir auch schlafen – daß die Muskulatur weich gelagert ist, und daß die Wirbel gleichzeitig die Möglichkeit haben, sich auseinanderzudehnen. Dadurch können sich die Bandscheiben frei und leicht regenerieren, und den Bandscheibenleiden ist jegliche Grundlage entzogen.

P: Fantastisch. Das sollte man in der Volksschule als fundamentale Vorbeugung gegen solch ein Volksleiden lehren.

T: Sind die gängigen Lattenroste als Unterlage hart genug?

D: Das hängt davon ab. Für Leute über 80 kg sind sie nicht mehr zu vertreten; denn ein solches Gewicht drückt sie einfach durch. In diesem Fall greift man am besten zur Selbsthilfe und zimmert sich einen stabilen Rost aus starken Brettern, die mit jeweils etwa 3 cm Abstand voneinander angeordnet werden, damit für ausreichende Luftzirkulation gesorgt ist.

P: Was ist denn nun aber an meinem Bett hier falsch? Die Schaumstoffmatratze, auf der ich geschlafen habe, ist doch weich, und darunter sind auch solche Bretter.

D: Matratzen aus Schaumstoff und ähnlichen Stoffen sind unnatürlich. Sie lassen keinerlei Ausdünstung zu und erzeugen somit eine Überwärmung des Körpers, die sogar die Körpertemperatur übersteigen kann und die eine häufige Ursache für Schlafstörungen ist.

P: Wärme ist aber doch unersetzlich und sehr wohltuend bei Rückenproblemen. Ich benutze sogar öfters extra ein Heizkissen.

D: Herr Professor, Wärme, die der Körper selber erzeugt, fördert den Kreislauf und den Stoffwechsel in höchstem Maße. Passive Wärme durch Heizkissen und Überwärmung jeder Art birgt aber die Gefahr der Erschlaffung und Übermüdung der Systeme in sich. Solche Wärme führt auf jeden Fall zu schädlichen Auswirkungen für den Körper und den Schlaf.

Zusätzlich erzeugen die Metallspiralen in Ihrem Heizkissen elektromagnetische Felder, die diese negativen Auswirkungen noch verstärken.

Um aber auf die Schaumstoffmatratze zurückzukommen, so übt sie außerdem auf die Muskulatur einen permanenten Gegendruck aus und führt so zu massiven Durchblutungsstörungen an der Auflagestelle. Weiterhin staucht sie, wie schon erwähnt, die Wirbelsäule und schließlich dampfen aus ihr auch noch unaufhörlich die Rückstände der bei ihrer Herstellung verwendeten chemischen Lösungsmittel aus. Genügend Gründe also, um nicht auf so einer Matratze zu schlafen.

Morgen früh werden wir den Beweis meiner Ausführungen bekommen, denn ich möchte Sie bitten, die kommende Nacht auf meiner Unterlage zu verbringen.

P: Da bin ich aber gespannt.

Doch wenn wir schon einmal dabei sind, dann hätte ich gerne gewußt, welche Materialien überhaupt für Matratzen in Frage kommen.

D: Glücklicherweise gibt es auf dem Markt schon allerhand aus natürlichen Materialien hergestellte Matratzen, denn die Nachfrage danach steigt unaufhörlich.

Das Beste vom Besten ist reine Schafschurwolle. Weiterhin kann man Baumwolle empfehlen, die unter dem Namen Futon, Kapok bekannt ist, reine Kokosfaser oder die schon lange aus der Mode gekommenen Seegrasmatratzen, oder aber alle diese Materialien untereinander kombiniert.

Zu warnen ist vor sämtlichen Materialien, die irgendeine Fabrikprozedur durchmachen mußten. Kunstfasern sollten wir auf jeden Fall meiden.

P: Ich spiele seit einiger Zeit mit dem Gedanken, meine Rheuma-Bandscheiben-Matratze durch ein Wasserbett zu ersetzen.

D: Herr Professor, eine Matratze muß einige unabdingbare Voraussetzungen erfüllen, damit der Körper die beste Grundlage für seine Regeneration erhält. Eine der wichtigsten ist, daß sie von unten und oben luftdurchlässig ist und somit die Ausdünstung gewährleistet. Kann das ein Wasserbett, das zwangsläufig aus Gummi bestehen muß? Nein.

Die Ausdünstung ist einer der wichtigsten Aspekte für die Regeneration des Körpers, denn wenn ein Körper sich ermüdet zu Bett begibt, ist er übersättigt von Stoffen, die das Fließen der Lebensenergie blockieren. In der Nacht bekommt er durch die ruhende Stellung die Möglichkeit, sich ihrer über die Haut zu entledigen, sie auszudünsten. Wird das aber durch das Unterbett und Oberbett blockiert, so braten wir förmlich die ganze Nacht in der eigenen Giftsoße. Dadurch wird die Funktion der Haut völlig irritiert, und sie hat keine andere Wahl, als die Giftstoffe wieder in den Körper aufzunehmen. Also eine schleichende Selbstvergiftung.

Aus demselben Grund darf die Bettdecke auch in keinster Weise aus Daunen oder irgendeiner synthetischen Faser bestehen.

T: Was, keine Daunen? Das mit den synthetischen Fasern leuchtet mir ja ein, aber was ist falsch an Daunen?

D: Was meinst Du, warum eine Ente oder eine Gans tagelang im Wasser bleiben kann? Weil ihre Daunen mit einem Fett aus ihrem Körper getränkt werden, das absolut wasserabweisend und trotzdem so fein ist, daß der Mensch es kaum wahrnehmen kann. Sich mit diesen Daunen zuzudecken erlaubt daher nicht die geringste Ausdünstung.

Das nächtliche Schwitzen, das in solch einem Brutkasten auf jeden Fall stattfindet, birgt sogar noch weitere Gefahren in sich. Der Mensch braucht während des Schlafes nämlich immens viel Sauerstoff, weshalb es natürlich ist, bei geöffnetem Fenster zu schlafen. Was geschieht aber, wenn wir uns unbewußt verschwitzt aufdecken? Wir bekommen eine krampfauslösende Unterkühlung, eine der Ursachen für Hexenschuß.

Daher sollten sowohl die Matratze als auch die Bettdecke aus wärmenden, aber luftdurchlässigen Naturmaterialien bestehen, wie Lamahaar, Baumwolle, Schafschurwolle und ähnlichem. Ist dies erfüllt, so wird der Schlaf erholsam und heilsam sein.

Durch solchen natürlichen Schlaf werden unserem Körper und unserem Geist alle Frische und Energie vermittelt, die sie brauchen. Dadurch kommen wir von vorneherein überhaupt nicht in eine Situation wie heute morgen, als Sie, Herr Professor, meinten, durch Kaffee, Schwarztee oder andere Aufputschmittel diese Frische künstlich herbeizwingen zu müssen. Das Resultat ist sowieso nicht Frische und Energie, sondern Aufgedrehtheit und gestörte Harmonie des Körpers und des Geistes.

P: Was haben Sie da vorhin eigentlich mit mir gemacht?

D: Nun ja, ich habe mit einigen Griffen Ihre Verkrampfungen gelöst. Angenehmerweise haben Sie darauf sofort äußerst positiv reagiert, so daß sogar der Schmerz verschwand. Der Heilprozeß ist damit allerdings noch nicht abgeschlossen, er wird erst im Laufe einiger Wochen durch regelmäßigen gesunden Schlaf stattfinden.

T: Wieso Heilprozeß? War das nicht einfach eine Verschiebung, die jetzt wieder auskorrigiert ist?

D: Fragen wir uns doch zunächst einmal, wie solch eine Verschiebung überhaupt stattfinden kann. Da sie nämlich nicht normal ist, müssen irgendwelche Mechanismen in ihrer ursprünglichen Funktion gestört sein. An erster Stelle ist das die Vitalität der Muskulatur und der Bänder, die die Wirbel in ihrer richtigen Stellung halten. Dazu kommt noch, daß sich zwischen den Wirbeln und den Bandscheiben an den inneren Rändern, die das Rückenmark einschließen, durch Fehlernährung Ablagerungen angesammelt haben, vornehmlich Harnsäurekristalle.

Daher geht solch eine Verschiebung übrigens keineswegs immer glimpflich ab; aufgrund dieser scharfen kristallinen Ablagerungen oder wegen grobem Verschleiß der Bandscheiben kann sie sogar bis zur Querschnittslähmung führen. Solche Beispiele müßten Ihnen, Herr Professor, ja zur Genüge bekannt sein.

Hier kann deshalb nur das natürliche Verhalten helfen, wenn man wirklich gesund werden und bleiben will.

P: Diese Art der Betrachtung ist wirklich höchst faszinierend.

Für die Medizin besteht die Behandlung darin, daß man einige Spritzen und Medikamente gibt und hin und wieder Massagen mit Wärmeanwendungen verschreibt.

T: Das ist doch wieder nur das übliche Kurieren an Symptomen, ohne sich überhaupt mit der eigentlichen Ursache zu befassen.

D: Ich hätte nichts gegen die sofort helfende Wirkung von Spritzen einzuwenden, wenn sie nicht so kolossale Nebenwirkungen hätten, ganz abgesehen von den Abszessen und Abkapselungen des Spritzgutes, die oft durch die mangelhafte Fähigkeit verursacht werden, Spritzen korrekt zu verabreichen.

Deswegen sollte eine Spritze nur im höchsten Notfall gegeben werden, um das Leben zu retten und zu schützen, zum Beispiel bei einer lebensgefährlichen Lungenentzündung, Embolie oder ähnlichem.

P: Jetzt habe ich Sie doch im Verdacht, daß Sie Medizin studiert haben. Die Medizin ist einfach eine nicht wegzudenkende Kunst, um das Leben und die Gesundheit der Menschen auf ihrem höchsten Stand zu halten.

Was wären die Menschen ohne Medizin!

D: Gesünder!

P: Was?! Da bleibt mir fast die Sprache weg! Das kann doch nicht Ihr Ernst sein!

Wenn ich allein bedenke, wieviele Seuchen die Medizin ausradiert hat und wieviele Epidemien!

D: Welche denn? Welche Krankheiten? Vielleicht das Kindbettfieber?

P: Zum Beispiel! Und Pocken, Cholera, Pest etc.

D: Das hätte der medizinische Apparat gerne, um weiter vor der Bevölkerung auftrumpfen zu können. Das Kindbettfieber hat der österreichische Arzt Semmelweis aber mit bloßer Hygiene bei den Geburten wegbekommen. Auch all die Epidemien, die heute noch im fernen Osten oder sonst irgendwo herrschen, sind nur bekämpfbar, indem man die Hygiene erhöht, die Hygiene des Wassers, der Nahrung und vor allem die geistige Hygiene, die die Medizin vor lauter Symptomen total außer acht gelassen hat.

Alle großen Ärzte des Altertums, Hippokrates, Galenus etc. sprachen sich bei einem krank gewordenen Menschen für 80, 90% Pflege aus und als Rest für die "Kunst". Heute jedoch machen die medikamentöse und apparative Behandlung leider 80% aus, und der klägliche Rest ist sogenannte Pflege mit einem absurd unnatürlichen Ernährungsprinzip, das die Menschen garantiert noch kränker macht.

T: Es war also quasi nur die verbesserte Hygiene, nicht die Medizin, die die Seuchen in den Griff bekommen hat?

D: Leider Gottes ja.

T: Das haut mich ja fast um.

D: Und es kommt noch schlimmer. Denn die natürlichen Heilmechanismen des Menschen sind durch die Benützung der vielen Medikamente fast verkümmert. Das ist wie bei einem Feld, das jahrelang künstlich gedüngt worden ist und daher die Fähigkeit verloren hat, die Pflanzen ohne Kunstdünger zu ernähren. Dieses Feld braucht mindestens 5 – 7 Jahre, um die mikrobiologische Ordnung und Symbiose wiederherzustellen und damit der Vielfalt der Pflanzen wieder korrekte Nahrung bieten zu können. Also hat die chemische Industrie das Feld abhängig gemacht.

Genauso hat auch die Medizin die Bevölkerung abhängig gemacht. Ist es nicht so, Herr Professor? Sie als Wissenschaftler müßten doch eigentlich wissen, daß Medikamente dem Körper in der Hoffnung zugeführt werden, daß er damit irgendwelche Heilprozesse aktiviert.

P: Das steht außer Frage.

D: Also heilt das Medikament nicht, sondern ist nur ein Hilfsmittel für den Körper, um sich selbst zu heilen.

Wieviele Medikamente müssen aber an einem Patienten erprobt werden, bis endlich eins wirkt? Wenn wir uns das vor Augen halten und uns gleichzeitig klarmachen, daß all die erprobten Medikamente eine Nebenwirkung haben, und das, das wirkt, auch, dann ist es kein Wunder, daß die allgemeine Gesundheit so miserabel ist.

Vor 50, 70 Jahren gab es ein Aspirin für Kopfschmerzen, für Bauchschmerzen, für Zahnschmerzen etc. Da die Menschen aber durch Bewegung und ähnliches noch ein gesünderes Tagesverhalten und damit eine bessere Konstitution hatten, steckten sie die schon damals vorhandenen Nebenwirkungen einfach weg. Heute jedoch gibt es eine Unzahl von Medikamenten, die mit ihren Nebenwirkungen eine ganze Litanei von Krankheiten erzeugen, die wiederum mit anderen Medikamenten behandelt werden, die selbst Nebenwirkungen haben, ...

Wenn die Bevölkerung nicht bald aufgeklärt wird, aus diesem Teufelskreis auszusteigen, dann brauchen wir uns um Kriege und Naturkatastrophen keine Sorgen mehr zu machen, weder um Pest noch um Cholera.

P: Es ist Ihnen aber wohl nicht unbekannt, daß die Medizin die Lebenserwartung erhöht hat.

D: Oh je, ich sehe, daß ich alles ins rechte Licht rücken muß.

Natürlich ist es nicht zu leugnen, daß die Medizin heute mittels Apparaten, physiologischer Salzlösungen, Blutkonserven und einiger Bombenmedikamente das Leben eine ganze Weile künstlich aufrechterhalten kann. Das wird in den Medien ja auch zur Genüge publik gemacht.

Doch der eigentliche Zweck dieser Techniken besteht darin, Leben zu retten und nicht mit Gewalt das Leben derer zu verlängern, deren Zeit gekommen ist. Sie haben doch selber oft im Krankenhaus erlebt, daß einem reichen Mann, der zu Hause friedlich und auf natürliche Weise gestorben wäre, noch mit einigen Blutkonserven und Infusionen das Leben für ein paar Wochen verlängert worden ist. Welch eine unsinnige Heldentat! Blutspende ist für Unfälle gedacht und nicht für so etwas Verwerfliches.

Dabei wünschen die alten Leute in solchen Situationen ja selber meistens, daß man sie in Ruhe lassen solle. Daß die Alten, 90-, 95-jährigen sterben, ist einfach natürlich. Warum verlängert die Medizin denn nicht den 30-jährigen, die sterben, den 50-jährigen, die sterben, 1-jährigen, die sterben, das Leben?

Die Alten, die heute 85, 90 Jahre alt sind, haben in ihrer Jugend- und Aufbauphase nicht in einer so verschmutzten Welt gelebt und haben durch ihr zwangsläufig bescheideneres und selbstgenügsameres Verhalten weitaus bessere Voraussetzungen für ihr Leben bekommen als die heutige Überfluß- und Überdrußgesellschaft. Wenn wir nicht endlich umkehren, dann wird es bald keine 80-, 90-jährigen mehr geben. Von all den Sterbenden sind heute bereits über drei Viertel unter 50, 60 Jahren.

P: Aber die Statistiken ... ?

D: Auch hier ist Papier geduldig. Gehen Sie mal von Einwohner- zu Einwohnermeldeamt und holen Sie sich die Sterbelisten. Dann werden

Sie sehen, daß die meisten Gestorbenen unter 60 sind. Da sollte die Medizin ihre Kunst anwenden.

Die Statistiken gehen einfach von falschen Positionen aus. Ist es zum Beispiel nicht schamlos, Herr Professor, die heute 70- bis 90-jährigen in diese Art der Betrachtung der Lebenserwartung einzubeziehen, wo die meisten von ihnen erst im hohen Alter begonnen haben, Medikamente zu verwenden, wenn überhaupt? Wo sehen Sie bei denen bitte eine Rechtfertigung für Ihre Aussage, daß der heutige medizinische Apparat die Lebenserwartung erhöht hätte?

Dazu kommt, daß allein die gesteigerte Hygiene die Überlebenschancen bei Krankheiten wie Tuberkulose oder ähnlichen erhöht hat. Besonders positiv hat sie sich auf die Kindersterblichkeit ausgewirkt, woraus sich als irreführender Durchschnitt diese angebliche Steigerung der Lebenserwartung auf 70 Jahre ergab. Davor waren einfach viel mehr Kinder kurz nach der Geburt gestorben, so daß der Durchschnitt gedrückt worden war. Diesen abstrakten mathematischen Wert und nicht das konkrete erreichte hohe Alter hat man als angebliche Lebenserwartung genommen. Damit sind diese Zahlen irreführend, ein klarer Mißbrauch der Mathematik.

Die Gegenwart beweist uns das auch zur Genüge. Blickt man nämlich in Universitätskinderkliniken, so sieht man, wieviele Fälle von Kinderkrankheiten und Abnormitäten bis hin zu schlimmsten Verunstaltungen vorliegen. Bei vielen Frauen, die solch ein verunstaltetes Kind zur Welt gebracht haben, hätten gesunde Naturmechanismen es unter Umständen als nicht lebensfähig abgehen lassen. Da muß ich Sie fragen, lieber Herr Professor, ob es gut ist, in diese Prozesse einzugreifen, die Natur in ihrer Selbstregulierung zu stören und der Frau, egal aus welchem Grund, zu solch einer unnatürlichen Geburt zu verhelfen.

P: Sie werden doch den Kaiserschnitt nicht etwa ablehnen! Er stellt zwar einen unnatürlichen, aber recht harmlosen und vor allem lebensrettenden Eingriff dar.

D: Hier haben wir schon wieder eine Bestätigung, Herr Professor, daß die Menschen endlich ihr falsches Verhalten gegen das richtige austauschen sollten. Denn daß es überhaupt zu einem Kaiserschnitt kommt – so lebensrettend und angebracht er in der Situation auch sein mag – liegt einzig und allein an der Unfähigkeit des Körpers, natürlich zu funktionieren. Wenn ein Kind im Mutterleib zum Beispiel eine falsche Lage hat, dann ist das ein klares Zeichen dafür, daß die gesamte Schwangerschaft nicht die richtigen Voraussetzungen erfüllt hat, und daß alles durcheinander ist, wie es eben die Lage des Kindes zum Ausdruck bringt.

Wäre es hier nicht angebrachter, den Eheleuten ein gesundes, naturgesetzgemäßes Verhalten auf allen Ebenen abzuverlangen, anstatt das Risiko einzugehen, ein gestörtes oder gar verunstaltetes Kind zur Welt zu bringen? Ein solches Kind stellt nämlich gegenüber einem gesunden Kind vor allem für die Mutter eine kaum zu beschreibende Bürde dar, die sie mitschleppen muß und mit der sie vielleicht bis an ihr Lebensende nicht fertig wird.

T: Ist diese Aussage von Dir nicht hart, sogar unmenschlich? Haben diese Kinder nicht auch ein Recht auf Leben?

D: Ja, durchaus, aber in einem gesunden Körper.

Ein kranker Körper ist für die Seele eine Qual, denn wir kommen auf diese Erde, um uns bewußt zu entwickeln. Also haben wir ein Anrecht auf einen gesunden Körper.

T: Kann es nicht karmatisch bedingt sein, daß jemand krank geboren werden muß?

P: »Karmatisch«? Was heißt das denn?

D: Um Deine Frage zu beantworten, Thomas, müssen wir zunächst einmal auf die Frage des Herrn Professor eingehen.

Über Karma wird hinter- und vordergründig, je nach dem Verständnis und dem Bewußtsein, viel kommentiert. Üblicherweise wird »Karma« aus Unwissenheit als »Schicksal« übersetzt, was nicht richtig ist, denn »Karma« bedeutet auf Sanskrit »Handlung«. Handlung ist aber im Grunde genommen ein Vorgang, der alles herausfordern und verursachen kann. Schneide ich mich, so verursache ich Schmerz; rufe ich in den Wald, so kommt das Gerufene zurück; tue ich jemandem etwas Gutes oder Böses an, so fordere ich durch diese Handlung das Gesetz des Schicksals – »Bhagya« auf Sanskrit – heraus, und das bedeutet Ursache und Wirkung, Handlung und Gegenhandlung.

Wollen wir tiefer in diesen Komplex eindringen, dann geht das nicht, ohne uns näher mit dem Wissen um die Seele und ihre Entwicklung zu befassen, allem voran mit der Reinkarnation oder Seelenwanderung, die für einen Inder, für einen Anhänger der Anthroposophie oder einen Esoteriker eine Selbstverständlichkeit ist. Doch für die breite Masse im Westen ist sie bis heute leider nicht mehr als eine schleierhafte Behauptung von denjenigen, die man schlicht und einfach als Sekten und als verrückt abtut. Und das nur, weil die institutionalisierten Kirchen bis hin zum Islam diese erhabene Wahrheit früher bis zur Todesstrafe verfolgt haben und noch heute vor der Bevölkerung einen Psychoterror ohne gleichen über dieses herrliche und einzig richtige Naturgesetz des Schöpfers veranstalten. Dabei wird es in allen Kulturen in den Märchen und Sagen als etwas Selbstverständliches überliefert und gelesen, leider jedoch achtlos als Märchen abgetan.

P: Sind Sie etwa Anhänger davon? An so etwas zu glauben, hätte ich Ihnen wirklich nicht zugetraut.

D: Wenn Sie Ihre Schlußfolgerungen bitte ein bißchen weniger voreilig ziehen, dann werde ich wie bisher Zeit haben, mich zu erklären.

Ich glaube so sehr an die Reinkarnation wie Sie, Herr Professor, an das Einmaleins. An das, was man weiß, braucht man nämlich nicht zu glauben. Und wenn man sich bewußt ist, wie die Naturgesetze funktionieren, dann ist man doch kein Anhänger von ihnen.

Bis zum Fünften Ökumenischen Konzil im 6. Jahrhundert waren übrigens alle Christen Anhänger der Reinkarnation. Diese Grundform ihrer Lebenseinstellung wurde ihnen zweifelsohne von Christus vermittelt. Zumindest gibt es keine Schriften und keine Berichte, daß Er die Reinkarnation verneint hätte. Da jedoch alle großen Religionsstifter dieser Welt dieses Naturgesetz lehrten, ist es klar, daß auch Er es weitergegeben haben muß.

Bringen wir ein bißchen Licht in die dunkle Auslegung und Vorstellung über diese wunderbare Einrichtung des allmächtigen Gottes. Für mich ist es selbstverständlich – und für Sie wohl auch – , daß es einen Himmel gibt, und daß der Himmel etwas unendlich Reines ist. Nun fordern alle legendären Weisen, Rama, Krishna, Buddha, Christus und die Heiligen den Menschen auf, so wie der Schöpfer zu werden. Warum denn? Weil wir nur in einem schöpfergleichen Zustand der Reinheit Einlaß in den Himmel bekommen.

Jetzt möchte ich Sie auf Treu und Glauben fragen, ob Sie sich in Ihrem jetzigen Zustand vorstellen können, Einlaß in den Himmel zu erhalten.

P: Aber selbstverständlich, durch die Gnade Jesu Christi.

D: Mit dieser Behauptung sagen Sie gleichzeitig, daß die Aufforderung von Jesus, wir sollten so vollkommen werden wie der Vater im Himmel, total unlogisch und nicht mehr als ein dahingeredeter Unsinn ist.

Ich versichere Ihnen aber, daß es garantiert nicht so ist, und das wissen auch Sie, Herr Professor, ganz genau. Der Mensch hat das Leben nämlich nur zu dem Zweck bekommen, Vollkommenheit zu erlangen und mit dem Ursprung eins zu werden. Verfehlen wir das, so haben wir das Leben und das Ziel verfehlt. Um so etwas auszuschließen, erschuf der Herr einen wunderbaren Selbstregulationsmechanismus. Denn mit seinem unendlichen Überblick wußte er von vorneherein, daß der Mensch, wenn er den freien Willen erhält, damit auch den Weg der Verunstaltung und Verfehlung des Ziels beschreiten würde. So kam es zu dem absoluten und universell gültigen Gesetz: *Wie man in den Wald hineinruft, so schallt es zurück*.

Damit, lieber Thomas, wären wir bei der Beantwortung Deiner Frage. Wie ich mich in diesem Leben verhalte, bestimmt, wo ich im nächsten Leben beginnen werde, nämlich da, wo ich aufgehört habe. Das bezieht sich auf alles Denken und alle Handlungen, auf das gesamte Verhalten, das ganze Leben lang. Die höchste Gnade des Herrn liegt wohl darin, daß wir, falls wir es in diesem Leben nicht geschafft haben, die Reinheit für den Einlaß in den Himmel zu erlangen, noch weitere Leben als Chance bekommen, bis wir das Ziel erreichen.

Wenn ein Kind in einen gestörten Körper kommen müßte, dann wäre das eine Verdrehung des Naturgesetzes der evolutionären Fortentwicklung. Denn in einem gestörten Körper ist die Entwicklung des Geistes und damit die Entwicklung der Seele zu Gott von vorneherein kaum möglich.

Daß eine Seele, die aus der Sehnsucht sich zu entwickeln, auf die Welt kommt, in einen kranken Körper hineingerät, ist vielmehr ein Zeichen des Versagens der Eltern und der Umwelt, die ihr durch ihr falsches Verhalten keine besseren Voraussetzungen geboten haben. Denn die Seele wollte aus einer schicksalhaften Verbindung heraus zu diesen Eltern, sie wollte garantiert nicht einen kranken Körper.

Ein Irrtum aus der Anthroposophie will uns weismachen, daß die Krüppel deswegen auf die Erde kommen, um uns und unsere Liebe zu entwickeln. Das kann man schlichtweg als Mißverständnis abtun, denn sie entwickeln in uns nicht die Liebe, sondern höchstens das Mitleid. Mitzuleiden ist aber sowieso sinnlos, denn es erzeugt nur Leid. Die Entwicklung der Liebe beginnt demgegenüber bei einem vollständigen, gesunden Körper und nicht von außen. Von außen werden uns nämlich nur Reaktionen entlockt. Wenn der Körper aber nicht gesund und das Herz nicht entwickelt ist, dann reagieren wir irritiert, also alles andere als mit Liebe.

Ab jetzt lassen wir uns nicht mehr irreführen, sondern folgen dem Ruf des Lebens und verhalten uns so, daß wir schnellstens so vollkommen werden wie der Vater im Himmel.

P: Wir sollen so vollkommen werden wie der Schöpfer aller Dinge? Wie soll das denn möglich sein?

D: Es ist nicht nur möglich, sondern sogar unersetzlich. Denn nicht umsonst sagte Jesus: *"Ihr seid meine Brüder, und wir sind eins im Vater. Werdet also vollkommen, so wie unser Vater im Himmel vollkommen ist."* Das ist eine klare Aufforderung an jeden einzelnen von uns. Wie sonst können wir mit Gott eins werden, außer im Zustand der vollkommenen Reinheit, die Ihm absolut gleich sein muß? Jeder Mensch hat den Anspruch, in diesem Leben den höchsten Stand seiner eigenen Entwicklung zu erreichen. Das geht aber nicht, wenn er unwissend und getrennt von seiner eigenen Natur bleibt.

Um es also noch einmal zusammenzufassen, nicht die Seele in ihrer Sehnsucht nach Gott ist schuld, wenn sie einen kranken Körper erhält, sondern diejenigen, die es versäumt haben, so zu leben, daß diesem Körper die bestmöglichen Voraussetzungen für die Seele gegeben werden. Egal, welche Belastungen die Seele aus ihrem bisherigen Dasein mitbringt, sie muß ein Leben lang in diesem Körper wohnen, und sie braucht einen gesunden Körper, um Gott zu erreichen. Daher ist es die erste und die heiligste Pflicht der Eltern, vor der Zeugung von Kindern so rein zu werden, daß sie ihnen dadurch die reelle Chance geben, in diesem Leben die Kette der Belastungen abzubrechen und mit reiner Seele vor den Schöpfer treten zu dürfen.

Die Menschen, die durch falsches Verhalten, wie Alkoholgenuß, Drogen- und Medikamentenkonsum, Rauchen, falsche Ernährung usw. einer Seele einen schlechten Körper vermitteln, versäumen diese Pflicht und schaffen daher auch für ihre eigene Zukunft kein gutes Schicksal. Deshalb ist es unumgänglich, daß sie gerade in solch einem Fall der Seele mit all ihrer Liebe dienen, um wiedergutzumachen, was sie ihr durch den schlechten Körper angetan haben.

Helfen wir also den Müttern und Vätern, die ein solches Schicksal tragen müssen. Es ist höchste Zeit, daß wir beginnen zu lieben, damit solche Geburten nie mehr auf der Erde stattfinden. Jede Seele hat nun einmal Anspruch auf einen gesunden Körper.

T: Heute ist die medizinische Technik bereits so weit fortgeschritten, daß man voraussehen kann, ob ein Kind eine Mißbildung haben wird. Wäre es in solch einem Fall nicht angebracht, abzutreiben und so der Seele eine neue Chance zu geben?

D: *Du sollst nicht töten*. Und *Du sollst nicht falschen Göttern dienen*. Wenn Gott irgendwelche Geräte für die Selbstregulation der Natur für notwendig gehalten hätte, dann hätte Er sie selber erschaffen.

P: Wollen Sie damit sagen, daß menschliche Forschung widergöttlich ist?

D: Wenn die Forschung nicht die Natürlichkeit im Zusammenhang mit dem menschlichen Leben unterstützt, dann ist sie widermenschlich, widernatürlich und erst recht widergöttlich. Alles, was dem Ursprung des Lebens entgegenläuft und nicht mit ihm in Einklang ist, ist verwerflich.

Aus diesem Grund sollten wir Gott und Seiner Natur Vertrauen schenken und nicht der Technik und denen, die uns in Abhängigkeit von ihr gestürzt haben. Der Mensch sollte schleunigst all sein Denken und Handeln in Einklang mit der Natur bringen, und dann wird alles andere, was ihn so abhängig gemacht hat, überflüssig werden. Es ist unendlich traurig, daß die Menschen unter dem Joch der Angstmacher kaum noch wagen, alleine zu atmen.

Die bessere Entscheidung

Vor einiger Zeit nahm eine junge Frau all ihren Mut zusammen und entschloß sich in Absprache mit ihrem Mann, der sie tief verehrte und liebte, das Kind, das sie unter ihrem Herzen trug, im Vertrauen auf Gott zuhause zu entbinden.

Daraufhin wandte ihr bisheriger Arzt alle angstmachenden Künste bis hin zu ernsthaften Drohungen an, die bei ihr sogar Wahnvorstellungen hervorriefen. Das sanfte, zarte Geschöpf wurde geradezu erdrückt von dieser so massiven Angstmacherei.

"Sind Sie wirklich so naiv? Können Sie sich vorstellen, was da alles passieren kann? Sind Sie sich überhaupt bewußt, was Sie tun? Wie kann man nur so verantwortungslos sein! Denken Sie nur, wenn etwas passiert, und Sie oder Ihr Kind ums Leben kommen ..."

Wenn die junge Frau nicht vor Angst aus der Praxis geflüchtet wäre, hätte sie sich noch einiges gefallen lassen müssen. So begab sie sich aber, so schnell sie konnte, Schutz suchend zu ihrem Mann und Gefährten.

Mögen die Ärzte noch so voreingenommen und noch so gebildet sein, eines aber wird ihnen, solange sie sich so verhalten, ein tiefes Geheimnis bleiben, nämlich die Kraft der Liebe, die diese beiden

Menschen zueinander empfanden, und die Kraft des Vertrauens, das sie in Gott und seine Natur setzten.

Der Mann umarmte sein sanftes Reh, wie er sie zu nennen pflegte, und sagte:

"Liebling, und wenn wir morgen samt unserer Kinder diese Welt verlassen müssen, wir vertrauen auf Gott. Meine Mutter hat mich alleine irgendwo auf dem Feld geboren, und ich weiß, daß sie trotzdem nicht alleine war."

Einige Tage später erblickte trotz aller Drohungen und der Angstmacherei ein wunderbares Kind das Licht der Welt, und es gibt jetzt immer mehr Frauen, die sich entschließen, auf Gott ihr Vertrauen zu setzen, und damit der Welt zur Ursprünglichkeit zu verhelfen.

P: Da hat sie aber wahrlich Glück gehabt!

D: Liebe und Vertrauen auf Gott ist ja das, was man als Glück bezeichnet. Ist es nicht besser, das wahre Glück mit Gott zu haben, als sich fernab von Seiner Natur irgendwelchen Zufällen zu überlassen, auch wenn sie angeblich noch so berechenbar sind?

Tausende und Abertausende von Jahren gebaren die Mütter auf natürliche Weise ihre Kinder ohne klinischen Firlefanz, nur auf die Natur und auf Gott vertrauend. Wenn es solche Mütter und solche Geburten nicht gegeben hätte, wären Sie, Herr Professor, und auch ich garantiert nicht hier.

P: Die Risiken für Mutter und Kind sind aber doch größer, wenn sie sich auf solch ein Unterfangen einlassen.

D: Mangelndes Vertrauen auf Gott bringt immer Risiken mit sich, zu Hause wie in der Klinik. Risiken sind Risiken, doch wirkliches Vertrauen auf Gott und auf Seine Natur löst sie auf. Das kann jede werdende Mutter erfahren, wenn sie sich entscheidet, auf Gott und Seine Natur zu vertrauen und ein natürliches Leben zu führen, frei von falschen, lebensfeindlichen Angewohnheiten.

Wie viele Kinder und Mütter sind dagegen zu körperlichem Schaden gekommen, obwohl oder gar weil sie eine klinische Superbetreuung genossen haben! Ganz zu schweigen von den seelischen Auswirkungen, die so etwas Steriles und Unnatürliches bei der ersten Begegnung mit dieser Welt nach sich ziehen muß.

T: Wie recht Du hast! Mir sind persönlich einige solche Fälle bekannt und Ihnen als Mediziner, Herr Professor, sicherlich noch mehr.

Wieso gibt es aber heute überhaupt so viele kranke Kinder oder Kinder mit angeborenen Krankheiten?

D: Ein krank geborenes Kind ist ein deutliches Zeichen dafür, daß die Vorbedingungen nicht gestimmt haben. Alle Schäden haben nun einmal eine Ursache. Dabei kann man grundsätzlich unterscheiden zwischen äußeren Einwirkungen und Schädigungen, die aus dem Bereich der Erbbiologie herrühren und damit auf das Fehlverhalten der Eltern und ihren ungesunden Lebenswandel bis hin zur Inzucht zurückzuführen sind. Bei der Inzucht sind die Zusammenhänge allgemein anerkannt, und daher ist sie auch gesetzlich verboten. Alle anderen Verhaltensweisen sind jedoch nach wie vor zulässig, auch wenn sie genauso verheerende Auswirkungen mit sich bringen. Da ist das Gesetz leider blind, und die Ärzte erst recht.

Äußere Einwirkungen, die zu Schädigungen führen, sind beispielsweise Unfälle während der Schwangerschaft oder bei der Geburt. Dazu kommen noch die vielen Medikamente, wie Contergan, deren bekannte Nebenwirkungen bereits verheerend für den menschlichen Organismus sind. Doch wieviele Medikamente stuft man nach Tierversuchen als harmlos für den Menschen ein!

Hier sollten sich die Menschen entschieden dagegen wehren, mit Tieren verglichen zu werden. Denn es ist unmöglich, eine Ratte oder ein Kaninchen mit der menschlichen Physiologie zu vergleichen. Wer dies tut, der hat weder vom Tier noch vom Menschen etwas verstanden. Und gar den denkenden menschlichen Geist und die Auswirkungen auf ihn außer acht zu lassen, ist eine Verneinung und Selbstverneinung höchsten Grades.

Aber selbst wenn unsere Kinder keine großen körperlichen Schäden mitbekommen, welche Zukunft bereiten wir ihnen denn? Sicherlich eine viel schlimmere als die Gegenwart bereits ist: eine rücksichtslos verdreckte und vergiftete Umwelt, erbbiologische Schwächen, die sich erst nach Jahren verheerend auswirken, ein Schul- und Ausbildungssystem der Leistungsgesellschaft, Druck auf Druck inmitten des Chaos. Dazu kommt noch, daß es aufgrund des Druckes kaum mehr harmonische Ehen gibt, nicht etwa weil die Ehepartner nicht wollen, sondern weil sie infolge des Systems gar nicht können.

Ist es da noch verwunderlich, daß die heutige Jugend ohne Ideale, ziellos, oberflächlich, randalierend, fast gegen alles opponierend die schönsten Jahre ihres Lebens fristet, auf der Suche nach dem Leben, auf der Suche nach der verlorenen Liebe, die sie nie bekommen konnte, weil das System sie bei den Eltern durch Druck und Zeitmangel erstickt hat? Warum beginnen denn Zwölfjährige zu rauchen? Weil ihnen Liebe und Geborgenheit fehlen. Der Glimmstengel und ähnliches ist nur ein schäbiger Ersatz in ihrer Vereinsamung. Warum rennen sie in vom Rauch vermiefte Diskotheken? Weil ihnen das Zuhause fehlt, jenes Zuhause, das sie in Liebe so fesselt, daß sie gar nicht auf die Idee kommen, anderswo nach Ersatz zu suchen.

Und was tun wir, was haben wir getan? Politische Versprechungen, angeblicher wirtschaftlicher Fortschritt, großartige Forschung bis hin zu Nobelpreisen, die für Lächerlichkeiten vergeben worden sind, unbedeutend gegenüber der innerlich nach einer besseren Gegenwart und einem Schimmer von Hoffnung für die Zukunft weinenden Jugend. Uns muß klar werden, daß unser falsches Verhalten die Ursache der Gegenwart ist, und daß wir damit eine schwere Schuld an unserer wunderbaren Jugend und ihrer Zukunft auf uns geladen haben.

Schauen Sie hin, dann werden Sie sehen, daß sie in ihrer inneren Angst schon jetzt keine Zukunft mehr für sich sieht. So lebt sie, und da müssen wir helfen, da müssen wir Erwachsene alles Erdenkliche tun, um ihr wenigstens eine Zukunft in Aussicht zu stellen. Die Bevölkerung der Welt muß umdenken, weg von der Hörigkeit gegenüber der Obrigkeit, den Göttern im weißen Kittel, den Politikern, die das Blaue vom Himmel versprechen, und all den bisherigen Systemen, die versagt haben.

Wir stehen an einer Kreuzung, und wir müssen weder nach links noch nach rechts, weder zurück noch vorwärts, sondern weiter, vorbei an dem bisherigen Unsinn, der uns vom Leben und der Natur trennt und getrennt hat.

T: Wer kann denn da überhaupt noch helfen?

D: Die Zukunft, Thomas, und das sind unsere Kinder. Niemand kann uns besser helfen als die Jugend, denn ich weiß, daß sie sucht, trotz ihres jetzigen Verhaltens. Sie sucht im Hasch, sie sucht im Alkohol, sie sucht überall, in der Hoffnung, ein besseres Leben zu finden. Verzweifelt versucht sie, durch Demonstrationen die Bevölkerung darauf aufmerksam zu machen, daß die herrschenden Systeme die Gegenwart zerstören und zukunftsfeindlich sind. Deshalb stellen sie die Machthaber geschickt als Faschisten, Anarchisten, Rowdies o. ä. hin, um vor der Öffentlichkeit einen Grund zu haben, sie brutal niederzuknüppeln. Dabei geht es ihr gar nicht um Ausländer, Asylantenheime, Startbahnen o. ä., sondern sie schreit nach einer Zukunft, die sie womöglich schon verloren hat, und nach einer besseren Gegenwart, die wir ihr rücksichtslos zertrampeln. Doch niemand hört es, weder die Eltern, die dem System total verfallen sind, noch die Erzieher, die das System verursacht haben, und am allerwenigsten die Politiker, die das eigene Volk schamlos bis auf die Knochen in Schulden stürzen, nur um ihre Positionen zu sichern.

Die einzige Chance für die Zukunft liegt deshalb darin, der Jugend das Wissen um sich selbst zu geben. Nur dieses kostbare Wissen und die Information über das richtige, naturgesetzgemäße Verhalten kann die Zukunft retten.

P: Darin mögen Sie durchaus recht haben, wenngleich das sicherlich alles nicht so einfach ist.

Aber was ich nach wie vor nicht akzeptieren kann, ist Ihre pauschale Verurteilung der Medizin. War das, was Sie mit mir gemacht haben, nicht auch Medizin? Ist Medizin nicht alles, was im Krankheitsfall hilft?

D: Hier muß deutlich eine klärende Abgrenzung gezogen werden. Da, wo die Medizin hilft, ist sie in keiner Weise zu verurteilen, da, wo sie aber versagt hat, ist es unsere Pflicht, den Menschen die Augen zu öffnen.

Die heutige Medizin hat sich leider von ihrer wunderbaren Aufgabe des Heilens himmelweit entfernt und ist zu einer billigen Handlangerin und Dienerin der mächtigen Pharmaindustrie geworden, zu deren Vertretern sich die Ärzte selbst degradiert haben. Denn bei 90% von ihnen besteht eine "Behandlung" fast nur noch im Ausschreiben eines Rezeptes. Wenn der Herrgott aber all die Medikamente für notwendig gehalten hätte, mit denen heute so maßlos und leichtfertig umgegangen wird, dann hätte er sie sicherlich auf den Bäumen oder in der Erde wachsen lassen.

Was ich mit Ihnen gemacht habe, war die ursprüngliche Kunst des Heilens, und es half sofort. Bei der heutigen Medizin mit ihren Apparaten und Medikamenten und der sogenannten alternativen Medizin können wir dagegen höchstens von der Kunst der Experimente sprechen. Zu 80 bis 90% werden nämlich Versuche gemacht, und dann tappt man eventuell auf ein helfendes Medikament, das trotzdem etliche bekannte oder unbekannte Nebenwirkungen mit sich bringt. Nur richtige Heilkunst ist wirkliche Hilfe. Der Mensch ist viel zu schade, um als Versuchskaninchen mißbraucht zu werden.

P: Verzeihen Sie bitte, aber das ist eine einseitig negative Darstellung, gegen die ich mich unbedingt wehren muß. Forschung ist nun einmal notwendig, denn wie soll man etwas finden, wenn man nicht sucht und forscht?

D: Herr Professor, damit bestätigen Sie doch genau, was ich sage. Wenn man vollkommenes Wissen hat, braucht man weder zu suchen noch zu forschen, denn das Wissen bestätigt sich selbst und bringt demjenigen, der damit operiert, konkrete Erfahrungen und vor allem einen wunderbaren Erfolg.

P: Wissen, Wissen, Wissen! Wo gibt es denn vollkommenes Wissen?

D: Ayurveda nach Maharishi ist ein vollkommenes Wissen, das völlig im Einklang mit den Naturgesetzen und der Schöpfung Gottes steht. Wissen ist im Bewußtsein strukturiert und ist damit in seiner Gesamtheit im Bewußtsein jedes einzelnen Menschen vorfindbar. Da der Ayurveda existiert, ist auch er im Bewußtsein vorhanden.

T: Wenn das so ist, dann sucht die ganze Welt ja an der völlig falschen Stelle nach dem Wissen!

D: Nur diejenigen, die Maharishi nicht ernst nehmen, der uns seit über 30 Jahren zu vermitteln versucht, daß alles Wissen im Bewußtsein strukturiert ist.

P: Warum betreibt man denn dann auch im Ayurveda Forschung und sogar Tierversuche, wenn das Ihrer Darstellung nach das gepriesene vollkommene Wissen sein soll?

D: Wie bitte? Forschung, Tierversuche im Ayurveda? Wie kommen Sie denn darauf? Maharishi unterstützt zwar wissenschaftliche Untersuchungen, aber nur zu einem einzigen Zweck, nämlich um den erkenntnisunfähigen Menschen auf ihrer groben Ebene Beweise zu liefern, daß seine Hilfe wirkliche Hilfe ist. Von Forschung kann deshalb gar keine Rede sein, und wenn Maharishi Forschung nötig hätte, um den Menschen noch mehr zu helfen, dann garantiert nicht solche, bei der das Leben zerstört wird.

P: Sie scheinen da nicht ganz auf dem Laufenden zu sein. Um die Wirkung der ayurvedischen Medikamente auf Krebs zu testen, haben die Leute aus Maharishis Universität in den letzten Jahren etliche wissenschaftliche Forschungsprojekte durchgeführt. Dabei erzeugten sie zunächst an einigen hundert Ratten die verschiedensten Formen von Krebs, verabreichten einigen von ihnen dann ayurvedische Präparate und enthaupteten schließlich alle Versuchstiere, um durch eine Sezierung die abschließende Analyse sämtlicher Organe durchzuführen.

Die positive Auswirkung der Medikamente war sehr bemerkenswert, die bei manchen Tieren bis zum Ausheilen der Tumore geführt hat.

D: Was sagen Sie da? Das kann ich einfach nicht glauben.

P: Das ist doch alles in renommierten Fachzeitschriften veröffentlicht worden, zum Beispiel in *Pharmacology, Biochemistry & Behavior*. Außerdem wurde es nochmals in einem Sammelband über wissenschaftliche Forschung über Maharishi Ayurveda zusammengetragen.

D: Herr Professor, wer auch immer die Personen sein mögen, von denen Sie reden, ich kann Ihnen versichern, daß sie höchstens eigenmächtig im Namen von Maharishi, nicht aber in seinem Auftrag handeln. Sie sind auf jeden Fall blind für die Essenz der Weisheit des wunderbaren Wissens von Maharishi Ayurveda und benützen nur die oberflächlichen Aspekte, um vor der Welt als großartige Pioniere einer neuen Wissenschaft strahlend dazustehen. Denn Maharishi hat die klare Aussage gemacht, daß alle Krankheiten durch die von ihm anerkannten Präparate zur Heilung gebracht werden können. Durch die vielen Erfahrungen, die er seit 35 Jahren geliefert hat, weiß auch jeder eindeutig, daß seine Aussage vollkommen stimmt. Damit ist jegliches weitere Experiment darüber völlig überflüssig, und trotzdem begehen solche Personen in ihrer Gier, vor der Welt wegen einer angeblich eigenen Entdeckung zu strahlen, solch einen schrecklichen Frevel an unschuldigen Geschöpfen Gottes.

Aber ich denke, daß Sie durch meine Darlegungen bereits einigen Einblick in das fehlerfreie Verhalten dem Leben gegenüber gewinnen konnten. Nur korrektes Wissen führt uns zum richtigen Verhalten, und aus dem richtigen Verhalten ergibt sich ein wunderbarer Erfolg für unsere körperliche und geistige Genesung. Das ist Maharishi Ayurveda, und mehr ist da nicht notwendig.

Wer aber mehr daraus macht oder machen möchte, der hat den eigentlichen Ayurveda nicht begriffen und hat es nötig, auf der Ebene der

Unwissenheit herumzuwühlen, unschuldige Wesen des allmächtigen Gottes zu quälen und ihnen am Ende sogar das Leben zu nehmen. Egal wer so etwas Frevlerisches tut, er ist armselig. Das vollkommene Wissen baut das Leben auf und zerstört es nicht.

P: Was Sie hier darstellen, ist eigentlich die Idealvorstellung eines jeden Wissenschaftlers. Aber wie gelangt man denn zu dem vollkommenen Wissen?

D: Gehen wir doch einfach einmal von der Annahme aus, Herr Professor, daß das Wissen in uns selbst ist. Unser Selbst ist aber durch körperliche und geistige Schäden verschleiert, und daher gelingt es uns nicht, zu erkennen, geschweige denn zu erfahren, daß wir alles in uns selbst tragen.

Aus diesem Grund brachte Maharishi das Wissen über das richtige Verhalten für den Geist und für den Körper. Denn für körperliche und geistige Gesundheit ist die Änderung der Angewohnheiten, die zur Krankheit geführt haben, unumgänglich. Nur durch einen gesunden Körper ist dem Geist der Zugang zu der Weisheit in uns möglich. Diese Weisheit ist sogar nichts anderes als das natürliche Produkt der vollständigen körperlichen Gesundheit.

Was ich Ihnen bis jetzt vermittelt habe, war nur eine Stütze zur Veränderung Ihres Verhaltens, und Sie haben in so kurzer Zeit bereits solch gute Erfahrungen damit gemacht. Die Veränderung des Falschen ist also der Weg zu besseren Erfahrungen, und nur so kann es gehen.

Das Streben nach Wissen und Erkenntnis könnten wir bildlich mit der Suche nach dem Ausgang aus einem Labyrinth vergleichen. Die von Ihnen im Zusammenhang mit Ayurveda genannten Forscher tun nichts anderes als alle herkömmlichen Forscher auch, die sich in diesem Labyrinth befinden. Sie finden immer wieder einen neuen Gang im Dunklen, den sie als großartige neue Erkenntnis und Theorie anpreisen und publik machen. Doch ihre eigentliche Blindheit und die wirkliche Bedeutung ihrer "Erkenntnisse" wird spätestens dann offenbar, wenn sie auf die nächste Mauer stoßen.

Auf diese Weise den Ausgang finden zu wollen, ist ein aufreibendes und langwieriges und höchstwahrscheinlich sogar ein zum Scheitern verurteiltes Unterfangen. Es liegt doch auf der Hand, daß man das Labyrinth nur von außen übersehen kann und niemals von innen. Dieser Überblick von außen ist dann jedoch direkt, spontan und über jeden Zweifel erhaben, bedarf also keiner Bestätigung durch weitere Forschung mehr.

Damit sind die Fragwürdigen, die ihre Medizin in Tierversuchen erproben, nichts anderes als über Leichen trampelnde Glücksreiter. Sie sehen vor lauter Bäumen noch immer den Wald nicht. Symptombehandlung wertet den Menschen als eine Maschine ab, bei der man rasch da ein Schräubchen, dort ein Teilchen herausnimmt oder auswechselt. Das nenne ich Mißachtung des Lebens. Es ist eine bodenlose Unverfrorenheit dem Schöpfer gegenüber, den Blinddarm als überflüssig zu betrachten, die Mandeln als nutzlos herauszufeuern, die Galle oder Nieren herauszuoperieren, als ob Er sich bei der Erschaffung der Mechanismen vertan hätte.

Da liegt doch ein wahnsinniger Denkfehler vor. Die Menschen brauchen keine Reparaturwerkstätten, sondern das Wissen, damit die Mechanismen nicht erkranken. Das Leben ist schon so weit entwürdigt und entstellt worden, daß man weltweit nach Ersatzteilen sucht, anstatt den Menschen das Umdenken zu lehren und ihnen beizubringen, von krankmachenden Angewohnheiten Abstand zu nehmen und keine Fehler an ihrem eigenen Körper zu begehen.

Das Schlimmste aber ist, daß die Medizin die Menschheit in eine Abhängigkeit gebracht hat, in eine so schreckliche Abhängigkeit, daß alle sie sogar für unentbehrlich halten. Das führte die Menschen in den Schlund der größten Krankheit, nämlich der Gleichgültigkeit und Bewußtlosigkeit gegenüber allen bisherigen Versuchen, ihnen klar zu machen, daß niemand ihnen helfen kann als nur sie selbst. Blind und gedankenlos laufen sie hinter den Forschern im Labyrinth her und stoßen mit ihnen auf eine Mauer nach der anderen.

Das kann man nur einen Teufelskreislauf nennen, einen Kreislauf bis zur bitteren Neige. Denn die erbbiologische Beeinflussung durch die heutige Medizin ist bereits jetzt katastrophal. Man sollte daher jedem einzelnen zurufen:

> Mensch, der Du als Ebenbild Gottes erschaffen bist, hüte Dich vor krückenhaften Hilfsmitteln, die Nebenwirkungen haben und abhängig machen, verändere Dein Verhalten und Deine Angewohnheiten, vertraue endlich auf Gott und Seine Natur, und Du wirst erfahren, daß Du außer wunderbarer Hilfe noch dazu vollkommene Gesundheit erlangen wirst, die Dir auf andere Weise immer verwehrt bleiben wird.

Die Erfahrung von Jahrtausenden zeigt uns, daß das Ende der Menschheit absehbar ist, wenn es so weiter geht. Es ist kaum zu glauben, aber der Mensch ist in seiner Hörigkeit kritiklos und blind geworden, obwohl jeder einzelne in der Gesellschaft miese Erfahrungen in Hülle und Fülle gemacht hat.

Und dennoch dauert die Blindheit an wie in der alten Geschichte von des Kaisers neuen Kleidern.

Vertauschte Wahrheit

Vor vielen Jahren lebte ein mächtiger Kaiser, dessen einziges Interesse in Kleidern und Stoffen bestand. Er verwandte seine ganze Zeit und fast das ganze Geld seines Landes für die Beschaffung neuer, noch ausgefallenerer und überschwenglicherer Kleider.

So ergab es sich, daß ihm eines Tages die Nachricht von einem noch nie dagewesenen Stoff zugespielt wurde, der dazuhin ausschließlich für die sichtbar sei, die klug genug waren. Die Dummen sähen ihn nicht.

Sofort war der Kaiser Feuer und Flamme und ließ sich aus diesem Stoff eine Uniform für die nächste Parade schneidern. Alle, die den

Stoff begutachteten, sahen nichts, denn es war ja tatsächlich auch nichts zu sehen. Doch da jeder Angst hatte, vor all den anderen, die den Stoff offensichtlich sahen und von ihm begeistert waren, als dumm zu gelten, tat er so, als sähe er ihn ebenfalls und drückte überschwenglich sein Entzücken über ihn aus.

Auf diese Weise verbreitete sich die Kunde von dem herrlichen, unbeschreiblichen neuen Stoff bald im ganzen Lande, und alle kamen zur Parade, um sich diesen Augenschmaus nicht entgehen zu lassen.

Der Kaiser, der schon seit Tagen dem großen Ereignis und vor allem den erträumten neuen Kleidern entgegengefiebert hatte, kleidete sich sorgsam und mit Genuß an. Er sah und fühlte zwar nichts von den angeblichen Kleidern; da er sich aber in seinen Träumen bereits jede Nuance lebhaft vorgestellt und ausgemalt hatte und da er selbstverständlich nicht einmal im Entferntesten daran dachte, daß er zu dumm sein könnte, um die wunderbaren Stoffe sehen zu können, war er tatsächlich davon überzeugt, die herrlichsten neuen Kreationen am Leibe zu tragen.

Auch sein Hofstaat hatte sich so sehr in das Schauspiel und Getue verfangen, daß es keinem mehr bewußt war, daß sie nicht Kleider, sondern nur Luft in den Händen hielten und herumtrugen.

So begann die Parade mit dem üblichen Prunk und Pomp, aber mit einer noch nie dagewesenen Spannung unter der versammelten Bevölkerung. Umso brisanter war der Augenblick, als der Kaiser würdevollen Schrittes, mit vielen Orden behängt, aber in der Unterhose, seine offene Kutsche bestieg.

Alle hielten für einen kurzen Augenblick den Atem an, erschreckt, daß sie offenbar zu dumm waren, um die neuen Stoffe zu sehen. Doch dann brach jeder mit kluger und wissender Miene in einen umso überschwenglicheren und lauteren Jubel über die Pracht der Kleider aus. Schließlich durfte um alles in der Welt niemand merken, daß sie nichts sahen.

Nur ein kleiner Junge fing laut an zu lachen und rief in seiner Unschuld:

"Der hat ja nur Unterhosen an!"

Alle, die das hörten, waren zuerst entrüstet über solch eine Frechheit und Lästerung, wachten dann aber sogleich aus ihrer Selbsttäuschung auf und fingen befreit und glücklich über die zurückgewonnene Natürlichkeit und die Erkenntnis, keineswegs dumm zu sein, herzhaft an zu lachen.

Daran sollte die Menschheit denken, ihre Hörigkeit abwerfen und auf ihr eigenes Gefühl und ihre eigenen Erfahrungen vertrauen. Denn jedem gab Gott die Fähigkeit, selber zu denken.

Von vornherein sollte jedem klar sein, daß ein Kranker genausowenig Kranke heilen, wie ein Blinder Blinde führen kann. Es ist doch kein Geheimnis, daß sich alle Ärzte, Heilpraktiker, Psychologen, Heiler bis auf seltene Ausnahmen mit denselben Krankheitssymptomen herumplagen, die sie bei den anderen angeblich kurieren wollen.

P: Von dieser Warte aus sieht tatsächlich alles anders aus, als ich es bisher gesehen habe. Und doch glaube ich, daß das Studium der Medizin dem Menschen vieles enthüllt, was er sonst nicht wissen könnte.

D: Mein lieber Herr Professor, bedenken wir nur einen einzigen Punkt, daß nämlich ein Medizinstudent von Kranken und Toten seine Auskunft über das Leben erhalten will. Damit ist es absurd, Medizin überhaupt mit Gesundheit in Zusammenhang bringen zu wollen. Gesundheit kann man nur an gesunden Menschen studieren und nie an Leichen. An den Leichen kann man zweifelsohne Teile des Körpers unter die Lupe nehmen, der gesunde Körper aber ist etwas Ganzes.

P: Wenn Sie so weiter machen, bekomme ich noch einen Herzinfarkt. Ich hoffe, Ihnen ist es ...

Ach, was rede ich da für einen Unsinn! Eigentlich ist es klar, daß all die Forschung eine unsinnige Sackgasse ist. Im Grunde genommen bräuchte man nur eine Lehrstätte für das richtige, natürliche Verhalten, und zwar gleich von Grund auf, als wichtigstes Fach von der Grundschule bis zum Erwachsenenalter. Da haben Sie völlig recht.

Es ist nur so schwer, von dem alten Denken Abschied zu nehmen. Und was soll dann aus all den Medizinern, den Forschern und der Pharmaindustrie mit all den vielen Beschäftigten werden?

D: Wahre Hüter der Gesundheit wird die Menschheit immer brauchen, aber nur Hüter.

Solange die Menschen durch eigene Fehler im Straßenverkehr und bei der Arbeit noch viele Unfälle verursachen, werden sie der Kunst der Chirurgen noch für einige Zeit bedürfen. Dann sollte aber auch sie überflüssig werden, und ihre Vertreter sollten sich einen neuen Beruf suchen. Denn wenn der Mensch sich richtig verhält, wird ihm letzten Endes nichts Schaden zufügen können.

Es muß der gesamten Menschheit klar werden, daß wir mit unseren falschen Angewohnheiten Krankheit und nicht Gesundheit fördern. Also verhalten wir uns lieber – wie schon beschrieben – richtig!

T: Das bedeutet doch ein totales Umdenken.

Haben wir aber wirklich für jede Situation das richtiges Verhalten, und kann das ohne weiteres erlernt werden?

D: Es ist komplizierter, sich falsch zu verhalten, und auch noch unvorteilhafter, denn daraus entstehen ja gerade die Krankheiten. Das richtige Verhalten ist dagegen sehr einfach und beugt jeder Krankheit vor. Vom Ursprung her ist es in unserem Bewußtsein einprogrammiert, es braucht nur wieder belebt zu werden.

Nehmen wir als Beispiel ein Pferd, das die ganze Nacht im Stall verbringen mußte. Am Morgen rennt es heraus, und nach kurzer Zeit legt es sich auf den Boden und wälzt sich von einer Seite auf die andere. Warum? Weil das einseitige Stehen im Stall seine Wirbelsäule in Gefahr gebracht hat. Also dehnt und streckt es sie, indem es sich hin- und herwälzt.

Wann tun wir das? So gut wie nie. Dabei wäre es äußerst wichtig für jeden Menschen, sich ein paar mal am Tag auf hartem Boden auf den Rücken zu legen, leicht die Beine anzuziehen und sich hin- und herzuwälzen, um auch seine Wirbelsäule zu strecken.

P: Ein sehr guter Rat! Aber wo lernt man so etwas?

D: Das ist der sanfte Weg des Yoga von Maharishi. Dieser ehrbare Meister des Wissens hat zusätzlich zu der von ihm herausgegebenen Meditation ein paar Übungen zusammengestellt, die bei regelmäßiger Ausführung für jeden Menschen genügen, um den gesamten Körper in Harmonie zu versetzen.

P: Für mich ist Yoga nur eine Verrenkungsübung, der ich einfach nie gewachsen war.

D: Aus diesem Grund, Herr Professor, hat Maharishi für den westlichen Menschen aus der Tradition des Hatha Yoga eine Reihe der wichtigsten

Übungen ausgewählt, die sich hervorragend auswirken, und deren Durchführung einfach und leicht ist. Hier kommt es in keiner Weise auf das schnelle Antrainieren übergroßer Gelenkigkeit und Biegsamkeit an, sondern einzig und allein auf das systematische Gedeihen jener verkümmerten Reflexe, die dem Körper das Wohlbefinden zurückgeben.

All die übertriebenen gymnastischen Vergewaltigungen, wie Aerobic und ähnliches, bringen Risiken und Verschleißerscheinungen, wenn wir den Körper und den Stoffwechsel nicht vorher durch Maharishis Yoga-Übungen und eine gesunde und natürliche Ernährung kultiviert haben.

T: Was hat Yoga denn mit Meditation zu tun?

D: Die sanften Übungen harmonisieren den Körper, und ein harmonischer Körper gibt dem Geist die notwendige Grundlage, um sich auf seine eigene Natur zu besinnen.

Von besonderer Bedeutung ist dabei die Wirbelsäule. Wenn wir ihre Funktion nämlich genau betrachten, dann erkennen wir, daß sie geradezu ein noch unverstandenes Wunderwerk ist. Sie ist die Verbindung aller Körperteile, durch sie läuft alle Information der Bewegung und vor allem die gesamte Energie bis hin zu der allumfassenden kosmischen Energie.

In dem Augenblick, in dem das Verhalten des Menschen dem Körper seinen Urzustand vermittelt, wird dank der Funktionsmechanismen in der Wirbelsäule die vollkommene Einheit zwischen Körper und Geist stattfinden. Das ist jener Zustand in den Gefühlen, der Glückseligkeit zum Ausdruck bringt, und jener sagenumwobene Zustand im Geist, der die Einheit mit Gott ankündigt.

T: Das erinnert mich an die sogenannten Chakras, die in der Wirbelsäule angeordnet sein sollen. Ich habe gelesen, daß das irgendwelche Energiezentren sind. Was hat es denn damit genau auf sich?

D: Um die Wirbelsäule wird so viel Wirbel gemacht. Es ist wirklich traurig, daß die Menschen aus allem ein Spektakel machen müssen.

Im Körper sind nämlich nicht nur die Chakras als Energiezentren vorhanden, sie stellen sogar nur einen kleinen, aus dem Gesamtzusammenhang herausgerissenen Teilaspekt dar. Da uns aber der Körper als Ganzes interessiert, sollten wir ihnen keine übermäßige Bedeutung schenken.

Ein instandgesetzter Körper beginnt von alleine, nach seiner ursprünglichen Bestimmung zu funktionieren. Mit fortschreitender Genesung aus dem jetzigen erbärmlichen Zustand wird dann nach und nach, je nach der individuellen Notwendigkeit, alles zur natürlichen Funktion wachgerufen. Und das ist es!

Mutwilliges Konzentrieren, um die Chakras oder irgendwelche anderen Zentren wachzurütteln, bedeutet dasselbe, wie wenn wir in einem Haus mit total brüchigem Wasserrohrsystem einen Teil der Rohre erneuern und uns dann einbilden, den Atüdruck kräftig erhöhen zu können. Was passiert? Das ganze System kann zerbersten, weil es nicht fähig ist, soviel Energie durchströmen zu lassen.

T: Das ist ja Wahnsinn! Dabei gibt es so viele Richtungen, die sich auf die Chakras konzentrieren, wie Chakrameditation, Chakratherapie, Urschreiworkshops etc.

P: Ja, ich habe auch darüber gelesen.

Kann es aber nicht doch sein – denn das erschien mir recht plausibel –, daß die Energie aus den Chakras den Körper gesund machen kann?

D: Genausowenig, wie 1 000 Ampère Strom einen dünnen, schlechten Leiter stark machen können. Immerhin brauchen schon 90 Ampère wie beim Autoanlasser einen mehr als einen Zentimeter dicken Kupferdraht.

Chakras sind Energiezentren, aus denen und durch die die stärksten Energieströme fließen. Aus diesem Grund müssen zuallererst alle übrigen Leitungen, und damit sind unsere Nerven gemeint, vollkommen instand gesetzt werden, so daß die freigewordene Energie auch dem gesamten Körper zugeführt werden kann. Versäumt man dies, so kann großer Schaden entstehen. Das sieht man an den meisten, die solche Experimente beharrlich durchgeführt haben, in der Hoffnung, ihre Entwicklung dadurch zu beschleunigen. Sie sind seelisch aus der Bahn geworfen worden.

P: Dann ist es ja ganz schlimm, was diesbezüglich so getrieben wird!

D: Ja, es ist ganz schlimm, vor lauter Bäumen den Wald nicht zu sehen; es ist ganz schlimm, daß die Menschen für viele unsinnige Experimente als Versuchskaninchen benützt werden.

Sie können sich jetzt vielleicht vorstellen, wie schlimm und negativ sich all die Pseudohilfsmethoden, einschließlich der Medizin und Alternativmedizin samt der Homöopathie, auf die Dauer auf den Menschen auswirken. Denn allesamt sind sie Krücken, und allesamt bringen sie Nebenwirkungen mit sich. Soll der Mensch aber ewig auf Krücken gehen? Wo doch jeder Mensch eine unendlich kostbare individuelle Einzelschöpfung des allmächtigen Gottes ist!

Nochmals, und das können wir nie genügend betonen: Wir müssen dem Menschen das Wissen um sich selbst und um das richtige Verhalten der Natur gegenüber vermitteln. Nur das wird ihm helfen, die Gesamtheit in sich zu verwirklichen. Damit ist an erster Stelle vollständige Gesundheit, körperliche und geistige, und dann die vollkommene Verbindung zum Ursprung aller Dinge gemeint.

T: Was hast Du gegen Homöopathie? Ich habe gedacht, daß das eine besondere Heilmethode der Natur ist, vor allem eine Methode ohne Nebenwirkungen.

D: Das ist nicht richtig. Denn alles was Wirkungen hat, hat, wenn man es falsch anwendet, auch Nebenwirkungen.

P: Hat Homöopathie überhaupt eine Wirkung? Die sogenannten hochpotenzierten Präparate sind doch in Wirklichkeit nur hochverdünnte Kräuter- oder Minerallösungen und bestehen tatsächlich fast nur aus reinem Wasser oder Alkohol.

D: Herr Professor, das war nur eine allgemeine Feststellung. Denn wie gesagt, wenn etwas eine Wirkung hat, aber nicht richtig angewandt worden ist, dann muß es auch Nebenwirkungen haben. Das Richtige bringt nun einmal gute Wirkungen, und das falsch Gewählte schlechte.

Doch wenn Sie konkret meine Meinung über die Homöopathie hören wollen, dann muß ich sagen, daß ich da so meine Befürchtungen habe. Laut meiner Erfahrung haben die Potenzen nämlich tatsächlich eine Wirkung, und zwar eine gewaltige, die sich vor allem im seelischen Gefüge bemerkbar macht.

Dabei ist es schon schlimm genug, auf der groben Ebene der medizinischen Medikamentenauswahl am Körper etwas zu verstimmen. Welch verheerende Folgen können sich dann erst im seelischen Bereich als Nebenwirkungen einstellen, wenn eine Fehlbehandlung auf homöopathischer Basis stattfindet! Dazu kommt noch der Wahnwitz, daß ein Bäcker, ein Schlosser oder ein Manager, der in Bezug auf den Körper von Tuten und Blasen nicht die geringste Ahnung hat, mal eben eine Ausbildung als Heilpraktiker macht und dann auf die armen hilflosen, aber hilfebedürftigen Menschen losgeht.

P: Verflixt nochmal, jetzt haben Sie schon wieder ein Bild zerstört, das ich mir von Ihnen gemacht habe. Denn ich hatte Sie ständig im Verdacht, Sie seien Mediziner und Heilpraktiker und kommen eigentlich aus der Ecke der sogenannten Naturheilkunde.

D: *Seht ihr den Mond dort stehen,*
er ist nur halb zu sehen,
und doch ist er rund und schön.
Und so sind auch manche Sachen,
die wir getrost verlachen,
weil unsere Augen sie nicht sehen.

P: Ja, ja, schon klar, Matthias Claudius. Wir lassen uns wirklich zu leicht von Vorurteilen oder vom Augenschein täuschen.

Ich komme mir mittlerweile in meinem Alter mit meinen sämtlichen Studien fast lächerlich vor. Aber irgendwie spüre ich jetzt in mir das Bedürfnis, von Ihnen alles für mich und mein Leben zu lernen, jede Kleinigkeit, verstehen Sie, jede Kleinigkeit; denn ich glaube, ich habe unendlich viel versäumt.

D: Das ist ein wunderschöner Aspekt, Herr Professor, denn das gesamte Große besteht ja aus sogenannten Kleinigkeiten. Beginnt man, ein Haus zu bauen, so verwendet man dazu natürlicherweise kleine Teile, Ziegel, vom Fundament bis zum Dach.

Damit sind wir am Anfang der Philosophie, die ja wörtlich nichts anderes bedeutet als »Liebe zur Weisheit«, Liebe zu allen kleinen und großen Dingen. Ein Haus ist jedoch mehr als nur eine Ansammlung von Ziegeln, und das Leben noch viel mehr als nur eine Anhäufung von kleinen Teilen.

Die umfassende Ganzheit hinter all den Kleinigkeiten zu erfassen, das ist die eigentliche wunderbare Erfüllung der Philosophie, die vollendete Art des Denkens, die Verwirklichung der Weisheit, ein Element, das jedoch vielen, gerade in der Wissenschaft, leider abgeht.

Ein deutliches Knurren war aus Thomas' Magengegend zu hören.

T: Es geht wohl auf Mittag zu. Ich habe jedenfalls schon einen mächtigen Hunger. Eigentlich ein gutes Gefühl! Und dabei habe ich mir den Hunger immer als schlimm vorgestellt.

P: Tatsächlich, dieser Zustand ist gar nicht übel. Eine bemerkenswerte Erfahrung!

Ich freue mich auch schon auf die kommende Nacht und bin sehr gespannt, wie ich schlafen werde. Gibt es eigentlich noch etwas zu beachten, was wichtig für einen gesunden Schlaf wäre?

D: Das Wichtigste, was den Schlaf betrifft, ist zu beachten, was der Körper uns signalisiert. Egal, zu welcher Tageszeit er auch Müdigkeit meldet, man sollte ihm dann immer Erholung und Ruhe gönnen. Generell wurde dem Schlaf die Nacht zugeordnet, und der Aktivität der Tag, also sollten wir uns auch danach verhalten. Ist der Körper 12 Stunden aktiv, dann verdient er auch 12 Stunden Schlaf und Erholung, insbesondere dann, wenn körperliche oder psychische Mängel vorliegen, Krankheiten, Beschwerden usw.

Nur der physiologisch-biochemisch gesunde Schlaf erholt uns, nicht dumpfes, ohnmächtiges Liegen im Bett. Gerade bei Kleinkindern kann man das sehr gut beobachten. Hat ein Kind nämlich irgendeine Kinderkrankheit, Fieber oder ähnliches, dann wird es innerhalb einer einzigen Nacht wieder gesund, wenn sich der physiologisch regenerierende Schlaf einstellt. Kommt es jedoch nicht in diesen Schlaf hinein, dann verlängert sich die Genesungsphase um ein Vielfaches.

Aus diesem Grund ist es unersetzlich, früh ins Bett zu gehen, doch nicht nur für Kinder, sondern für uns alle. Das Kind heilt und regeneriert sich im Schlaf, und dasselbe geschieht bei Erwachsenen, wenn sie ihr Verhalten den Kindern angleichen. Sie werden sich rasch regenerieren und die beste Grundlage für wirkliches Gesundwerden schaffen.

Damit wird das vollkommenste Verhalten unserem Schlaf gegenüber in der alten Regel zum Ausdruck gebracht: *Mit den Hühnern ins Bett und mit den Hühnern wieder raus!*

P: Völlig unmöglich! Das ist doch absolut nicht durchführbar.

D: Vielleicht nicht gleich heute, morgen oder übermorgen, aber wie wir unser Leben und Verhalten verwickelt haben, so werden wir es auf demselben Wege im Lauf der Zeit auch wieder entwickeln müssen, wenn wir vollkommene Gesundheit erlangen wollen. Denn Sie wollen doch nicht etwa bestreiten, daß ich recht habe!

P: Nein, nein, um Gottes Willen. Ich habe es bereits sehr bedauert, daß ich Ihnen nicht schon eher begegnet bin. Sonst hätte ich dieses ganze Fehlverhalten, von dem Sie immer sprechen, sicher schon hinter mir.

D: Die Grundlagen für einen gesunden Schlaf haben wir jetzt alle besprochen. Es gibt aber noch einige Dinge, die ihm abträglich sein können, zum Beispiel stickige, trockene Luft und alle unnatürlichen Materialien im Bereich des Wohntraktes mit ihrer schädlichen Ausdünstung.

Kunstfasern, Kunstkleber, mit Formaldehyd behandelte Preßplatten, das alles sind geradezu Brutstätten für Beschwerden und Krankheiten.

Auch elektrischer Strom, so nützlich er ist, hat im Schlafraum nichts verloren. Seine Energie ist einfach viel zu grob und wirkt damit geradezu gewalttätig auf die feinen Ströme des Körpers ein. Ständig elektromagnetischem Einfluß ausgesetzt zu sein, ist auf jeden Fall schädlich für die Hirnströme und alle feinsten Empfindungen. Deshalb sollten in der Nähe des menschlichen Körpers und besonders des Kopfes keinerlei Stromkabel oder Steckdosen vorhanden sein.

Das Bett, auf dem wir schlafen, sollte mit dem Kopfende immer gen Osten gestellt werden. Denn das gesamte elektromagnetische Feld der Erde ist im Einklang mit dem Sonnenauf- und Sonnenuntergang ausgerichtet. Es ist nicht gut, sich so viele Stunden quer zu dieser Kraft zu lagern, was die meisten ja leider aus Unwissenheit tun.

Ferner sollte das Fenster grundsätzlich in Richtung des Fußendes sein, denn nur so bekommen wir die frische Luft direkt in die Nasenlöcher. Schlafen wir mit dem Kopf zum Fenster, so fließt sie dagegen an den Nasenlöchern vorbei. Dies sollte unbedingt von Menschen mit Atemschwierigkeiten beachtet werden. Außerdem kann eine solche falsche Schlafstellung leicht zu einem erkühlten Nacken und damit zu jenen verheerenden Durchblutungsstörungen führen, die die Ursache von allerlei Kopfschmerzen bis hin zu Migräneanfällen sind.

Frische Luft bei Nacht ist unersetzlich. Deshalb sollten Personen, die zu Kopfschmerzen neigen, um Gottes willen nicht wegen des Luftzugs ihr Fenster schließen, sondern grundsätzlich mit einem Rollkragenpullover oder einem leichten Seidenschal ihren Nacken und Hals schützen.

Das wichtigste ist jedoch, daß sie ihre Halswirbelsäule korrekt lagern.

Duschane nahm sein Kopfkissen aus dem Bett und hielt es dem Professor entgegen.

D: Sehen Sie, das ist die korrekteste Unterlage für den Kopf. Sie besteht aus Dinkelspreu.

P: Dinkel? Was ist das denn?

D: Dinkel ist der Urweizen. Typisch für alle Urkornarten ist ein zusätzlicher stabiler Spelzschutz. Der Spelz des Dinkels ist neben Hirsespelz erfahrungsgemäß die idealste Füllung für Kopfkissen, denn er drückt sich während des Schlafes nicht im geringsten ein und bietet demnach Halt, ohne einen Gegendruck zu erzeugen. Also befindet sich die Halswirbelsäule die ganze Nacht über entspannt in der günstigsten Lage. Ein weiterer Vorteil dieses Materials ist der optimale Wärme- und Luftausgleich, so daß ein Schwitzen des Nackens völlig ausgeschlossen ist.

Dinkelkorn ist eigentlich seit eh und je der Grundstoff für unser tägliches Brot. Es enthält neben allen bekannterweise notwendigen Stoffen jene Kostbarkeit, die heute unter dem Namen »Sattwa« die reine Energie für den Stoffwechsel bezeichnet. Auch der so sehr angepriesene Reis, der nur in den Tropen wächst und der für sein Wachstum auch noch unendlich viel Wasser braucht, kommt ihm in keinster Weise gleich. Denn dem Dinkel gab der Herrgott eine solche Bescheidenheit und Selbstgenügsamkeit, daß er auf den kärgsten Böden in fast allen Regionen dieser Welt zu königlichem Wuchs in einem herrlichen goldrotfarbenen Feld heranreift. Das ist ein klares Zeichen, daß die Sonne ihre Kraft in ihm vollendet darbringt, um allen Menschen Sattwa in Hülle und Fülle zugänglich zu machen. Das war das sagenhafte Korn der sieben fetten Jahre der Pharaonen, denn welches Korn außer Dinkel und Gerste trägt sieben Jahre und noch viel länger die vollständige Keimfähigkeit in sich!

P: Wollen Sie mir etwa auch Ihr Kopfkissen überlassen?

D: Ja, Herr Professor, aber höchstens für zwei oder drei Nächte, bis Sie wieder fit sind.

Der Professor nahm das angebotene Kopfkissen an sich, begutachtete es eingehend und schnupperte sogar daran.

P: Mmm, wie bei der Kornernte, ein herrlicher Duft! Ich habe ihn oft im Herbst bei meinen Spaziergängen durch abgeerntete Kornfelder genossen. Das könnte man fast als das sprichwörtliche *Bett im Kornfeld* bezeichnen, und dazu vermittelt es auch noch eine Prise von unendlicher Freiheit. Na, da freue ich mich jetzt schon drauf.

T: Deine Aussage, daß alles, was den Menschen umgibt, hundertprozentig der Natur und ihren Gaben entspringen muß, ist mir sehr sympathisch, und ich kann sie auch sehr gut nachvollziehen. Aber es gibt da trotzdem einige Dinge, die ich damit nicht in Einklang bringen kann.

Gerade im Zusammenhang mit dem Schlaf liest man immer wieder von natürlichen Phänomenen, die der Gesundheit sehr gefährlich sein können. Ich denke dabei an die sogenannten Störfelder oder Wasseradern, wegen denen viele Leute ihre Schlafstätte mit der Wünschelrute oder ähnlichen Dingen auswählen.

D: Wenn man an einer Stelle im Haus nicht gut schlafen kann oder gar Beschwerden bekommt, dann ist es ratsam, eine geeignetere Stelle zu suchen. Falls eine solche in dem Haus aber nicht vorhanden ist, so sollte man der Gesundheit zuliebe dieses Haus besser verlassen. Denn uns muß klar sein, was wichtiger ist, unsere Gesundheit oder ein Haus, das sie zerstört.

Zwischen Himmel und Erde ist seit ihrem Bestehen ein ständiger ausgewogener Energieaustausch vorhanden. Wenn wir nun an einer bestimmten Stelle schlafen und dadurch krank werden, dann nur deswegen, weil unser Nervensystem nicht ursprünglich funktioniert und degeneriert ist. Damit ist es den an dieser Stelle strahlenden Energiearten nicht gewachsen. Vom Ursprung her ist es jedoch das vollkommenste System, das alle Energien zwischen Erde und Kosmos durch perfekte Umwandlung nutzen kann.

Es ist naiv zu denken, daß man sich vor solchen Energien abschirmen kann. Denn jedes Material, das man dazu verwendet, hat physikalisch einen Energiesättigungsgrad, nach dessen Erreichen es eine Entladung geben muß. Eine solche Entladung ist aber sicherlich weitaus gefährlicher, als hin und wieder durch den Wechsel der Schlafstätte das Nervensystem dahin zu trainieren, sich diese kostbare Energie nutzbar zu machen.

Das eigentliche Problem ist auch in diesem Zusammenhang unser eigenes Verhalten, inwieweit wir es der Natur anpassen oder nicht. Denn die Natur schafft nichts anderes als Harmonie für alle Lebewesen auf dieser Erde. Störungen ergeben sich höchstens, wenn einzelne Lebewesen ihr eigenes biologisches Gleichgewicht verloren haben.

Deshalb bekommen wir nur dann Probleme mit Erdstrahlen, Wasseradern oder Verwerfungen, wenn unser Nervensystem infolge eines schon von vorneherein erkrankten Körpers nicht vollständig intakt ist.

P: Was versteht man eigentlich unter Erdstrahlen?

D: Was man darunter versteht, ist vielerlei. Was ich aber darunter verstehe, ist jene Strahlung, die aus einer Anhäufung von Erzen oder Meteoriten hervorkommt. Stehen sie zusätzlich noch in einem bestimmten Abstand voneinander, dann kann sich eine für das Leben auf der Oberfläche destruktive Strahlung ausbreiten. Trotz ihrer Destruktivität ist sie bei einem gesunden, intakten Nervensystem aber Nahrung für den Geist, wie alle von Gott erschaffene Energie.

P: Aber diese Strahlen hat doch noch nie jemand gemessen. Deswegen erscheint mir die ganze Wünschelrutengängerei nicht mehr als ein Hokuspokus, mit dem die Naturheilkunde der Bevölkerung nur etwas vormacht.

D: Dieser Einstellung von Ihnen steht, Gott sei Dank, ein Naturgesetz gegenüber. Wenn wir nämlich Strom, Ströme, Wellen und Schwingungen in unserem Körper und außerhalb in der Natur anerkennen, dann ist es doch das Nächstliegende, daß sie etwas miteinander zu tun haben und in gegenseitiger Wechselbeziehung und Wechselwirkung stehen.

Wenn es aber so ist, dann muß diese Beziehung für den Körper auch bewußt wahrnehmbar sein. Daher ist es nur recht und billig, daß die Menschen, die über solch eine feine Sensorik verfügen, sie auch anwenden oder zumindest als Beweis für diese Wechselbeziehung gelten können. Auf dieser übergeordneten Wahrnehmung beruht die Kunst des Rutengehens. Die Rute ist ein Stück der Außenwelt, das man in die Hand nimmt, und das als Brücke zwischen dem Nervensystem des Menschen und seinem Bewußtsein dient. Sie hilft dabei, Wahrnehmungen über verschiedenartige Vorgänge an das Bewußtsein zu übertragen, die mit bloßem Auge nicht zu sehen sind.

Eigentlich brauchen wir gar keine Rute, denn die Hände jedes einzelnen Menschen beinhalten über den Tastsinn die feinste und gewaltigste Sensorik, die jemals erschaffen worden ist. Die Gabe dieser Sensorik ist unvorstellbar. Wenn sie vollentfaltet funktioniert, ermöglicht sie jene sagenhafte Wahrnehmung, der sich nichts entziehen kann. Im Gegenzug liegt darin auch die Fähigkeit, alle Energien, die dem menschlichen Bewußtsein von der Schöpfung her zur Verfügung stehen, zu bündeln und über die Hände als eine unumschränkte Gewalt ausströmen zu lassen.

Somit ist die Rutengängerei nur eine leise Ahnung und gleichzeitig eine Bestätigung dafür, daß dem Menschen wunderbare Gaben innewohnen. Sie ist eine der ältesten Praktiken der Menschheit und hat damit sicherlich ihren Platz und ihre Berechtigung, egal ob wir das sehen oder nicht, ob wir das verstehen oder nicht. Denn was so lange unverändert und mit Erfolg währt, kann nicht einfach als Hokuspokus abgetan werden. Denken Sie nur an die Geschichte der Akupunktur, die man anfangs ebenfalls als Hokuspokus verlacht und abgetan hat. Und jetzt?

Wenn man heutzutage schon durch elektronische Geräte, wie Radio, Fernsehen, Radarempfänger, die weitaus gröber sind als die Sensorik des menschlichen Nervensystems, so präzise mit Schwingungen umgehen kann, dann ist klar, was in unserem Nervensystem mit seinen unendlich komplexen und differenzierten Schaltmöglichkeiten noch für unentwikkelte Fähigkeiten verborgen schlummern müssen. Es ist mehr darin eingebettet, als wir jemals messen oder mit unserem momentanen Verständnis erfassen können. Die einzige Möglichkeit, um uns dieses Verständnis zu erschließen, besteht darin, unser Nervensystem zur höchsten Form zu entwickeln.

Dazu müssen wir beginnen, übergeordneter zu denken als bisher. Ein hohes Ziel kann man nämlich überhaupt nur dann erreichen, wenn man es vor Augen hat, sonst bleibt es immer eine Utopie, und man bleibt zwangsläufig auf der Ebene hängen, die man für sich als möglich und erreichbar abgesteckt hat. Alles, was dem Menschen jemals in den Sinn kommt, ob aus Phantasie, im Traum oder in Gedanken, können wir als existent anerkennen. Denn nur das, was existiert, kann gefunden, erfaßt oder gedacht werden. Alles, was nicht existiert, muß erst einmal erschaffen werden, und an dieser Stelle sind wir bei Gott, wo die Grenzen des Menschen liegen, Neues hervorzubringen. Der Mensch kann ein Auto erschaffen, einen Fernseher, Fabriken, und man sieht, daß alles, was er erschuf, ihm weder Gesundheit noch Glück gebracht hat. Nirgends sieht man den Einklang mit der Natur, nicht einmal in seinem unmittelbaren Umfeld.

T: Was meinst Du mit »Umfeld«?

D: Alles, was der Mensch benützt, um sein eigenes Leben zu gestalten, angefangen bei ihm selbst, seiner Bekleidung, seiner Beziehung zu seiner Nahrung, seinem Verhalten den anderen Lebewesen gegenüber, und nicht zuletzt der Behausung, in der er den größten Teil seines Lebens verbringt.

T: Ja, das interessiert mich. Wie sollte die Behausung des Menschen denn aussehen?

D: Ein Haus, in dem Menschen wohnen, sollte grundsätzlich mindestens 80 cm dicke Mauern besitzen, die aus einem Gemisch aus reiner Lehmerde und Stroh oder Heu bestehen. Daraus kann man eine Stampflehmmauer machen oder Ziegel formen, die man in der Sonne an der Luft trocknen läßt. So ein Material ist das eigentliche Material für eine Behausung, oder vielmehr für eine würdige Wohnstätte des Menschen. Es ist der Natur entnommen und nur geformt, nicht verändert. Aus diesem Grund sind solche Mauern lebende Körper, die der Raumluft nie die richtige Wärme, Frische und Feuchtigkeit fehlen lassen. Die Erfahrung beweist, wie angenehm und frisch es im Sommer und wie wohlig warm es im Winter in solchen Häusern natürlicherweise ist. Es ist eine wirkliche Freude und Wohltat, darin zu wohnen.

Lehm ist ein atmendes lebendiges Material und erfüllt somit alle Voraussetzungen für eine gesunde, angenehm angefeuchtete und erfrischende Raumluft. Das gilt jedoch nicht für gebrannten Lehm. Deswegen benützen wir ihn nur als Stütze der tragenden statischen Teile und für das Fundament, aber nur bis zu einer Höhe von 40 cm über der Erdoberfläche. Wegen der Gefahr der Ausschwemmung und Überfeuchtung wäre ungebrannter Lehm dafür nicht geeignet.

Das schützende Dach unserer Häuser sollte grundsätzlich aus Holz, Schilf oder Stroh bestehen. Diese herrlichen Materialien ergänzen das Wohnklima, das durch Lehmmauern geschaffen wird. Da sie auf der Erde wachsen, sollten sie auch symbolisch aus Dankbarkeit als Schutz für die Wohnstätten aus Lehm genommen werden, deren Mauern sie bis zu 50 Jahre lang vor Regen und Unwetter schützen können. Allerdings müssen Schilf- und Strohdächer mindestens 30 cm dick sein.

Jeder andere Baustoff ist als minderwertig zu betrachten. Beton, Stahlbeton und alle künstlichen Tonarten sind für den Menschen sogar gesundheitsschädigend und lebensfeindlich.

T: Das bezieht sich wohl nicht auf die Stabilität. Mit einem so weichen Material wie Lehm kann man doch höchstens ein- oder zweistöckige Häuser bauen. Für die Hochhäuser muß man wohl andere Materialien benutzen.

D: Die heutigen Städte sind aus den merkwürdigsten Gründen gebaut worden und aus den merkwürdigsten gesundheitsschädlichen Materialien. Die Menschen in der Stadt leben höchst isoliert, und dennoch bauen sie dicht nebeneinander aus einer Urerinnerung heraus, der Sehnsucht nach der Großfamilie. Ihre Wohnungen sind mit ihren hermetisch schallisolierten Fenstern ohne jeglichen Luftaustausch und den daher stickigen Räumen der Natürlichkeit völlig entgegengesetzt.

Diese Art der Bauten ist nahezu lebenszerstörend, vor allem wenn wir die geistige Entwicklung des Menschen zu Gott in den Mittelpunkt stellen. Wir können von vorneherein sagen, daß jeder, der in einer Großstadt wohnt, sämtliche Chancen vergibt, jemals in diesem Leben Gott zu verwirklichen. Nur reine Luft, frei von Schadstoffen, kann dem Geist die

Voraussetzung geben, um höhere Verbindungen zu entwickeln. Die Bilanz der Krankheiten in den Großstädten ist verheerend, und die schleichende Vergiftung durch die Materialien, in denen man heute wohnt und mit denen man sich heute umgibt, ist jetzt schon bei Alarmstufe Rot.

Auf dieser Erde ist es nicht notwendig, in Hochhäusern oder gar Wolkenkratzern zu wohnen, wo der Weg in die Natur über komplizierte Treppen und Aufzüge führt. Und dann die endlosen die Erde versiegelnden Asphaltstraßen! Nein, die Erde ist groß genug, daß man in ihren wunderbaren Gärten Dörfer für glückliche Großfamilien bauen kann, wo die Kinder direkt von der Mutter Natur zu wahren Individuen großgezogen werden.

P: Sie sagen also, daß die verheerenden Zustände in unseren Großstädten nicht nur von den riesigen dort zusammengepferchten Menschenmassen herrühren, sondern von der Art, wie sie dort hausen, und sogar von der Bauweise ihrer Wohnungen? Das ist ja eine völlig neue Betrachtung!

Wie sollen menschengerechte Wohnstätten und Ansiedlungen aber überhaupt aussehen?

D: Über die richtigen Baumaterialien haben wir ja bereits gesprochen. Aber auch was die Architektur und den Standort der Häuser betrifft, gibt es einige Voraussetzungen, deren Erfüllung unerläßlich ist.

So sollte der Eingang zum Beispiel grundsätzlich im Osten liegen. Die Sonne war für die Menschen nämlich immer Symbol des Lebens und der Wärme. Daher sollte sie auch als erste in die Wohnstätte eintreten, um immer wieder die Erinnerung zu wecken, daß ein neuer Tag als Geschenk anbricht. In den Zeiten, als die Menschen noch gottverbunden waren, und als der Herr persönlich auf dieser Erde wandelte, stellte man einen Gast den Sonnenstrahlen von Osten gleich. Darin lag die Hoffnung, daß vielleicht eines Tages der Schöpfer persönlich, von ihnen begleitet, in das Haus der Menschen eintritt. Aus diesem Grund stehen am Eingang alter Häuser häufig Sprichwörter, die unmittelbar an den Schöpfer erinnern. Es ist gut, daß die alte Sehnsucht nicht nur Erinnerung bleibt, sondern ein loderndes Feuer in den Herzen der Menschen wird, auf daß sie einmal Erfüllung finde. Deshalb also machen wir den Eingang in Richtung Osten.

Das Schlafzimmer legen wir auf der Nordhalbkugel der Erde im Norden und auf der Südhalbkugel im Süden an. Damit vermeiden wir eine Überwärmung der Schlafstätte und fördern Frische, die für den Schlaf unersetzlich ist. Die Fenster des Schlafzimmers, wie schon erwähnt, gehen nach Westen, weil der Kopf während des Schlafes nach Osten, der aufgehenden Sonne entgegen ruhen sollte.

Die Küche gestalten wir grundsätzlich als einen Rundbau, so daß die Frau oder der, der die Nahrung zubereitet, immer einen Ausblick in die lebendige Umgebung hat und nicht wie bisher auf eine graue Mauer, den Smog der Stadt oder eine Abdampfhaube über dem Kopf.

Gleich im Anschluß, ins Haus gezogen, sollten das Eßzimmer, der Aufenthaltsraum und die übrigen notwendigen Räume liegen, ebenfalls mit Aussicht in die Natur und mit Ausgängen in den Garten versehen.

Der Garten besteht in unmittelbarer Nähe des Hauses aus duftenden Blumen und Kräutern, die durch ihren Duft und ihren Anblick zur Steigerung der Lebensfreude beitragen. Die Menschen, die an irgendeiner Krankheit oder Beschwerde leiden, sollten dabei anfangs vornehmlich jene wunderbaren Kräuter und Blumen pflanzen, die die Natur als Hilfe gegen diese Beschwerden vorgesehen hat. Ihr heilsamer und sanfter Duft wird sich als Unterstützer der Heilprozesse auswirken.

Um das Haus herum legen wir auch drei oder vier Springbrunnen an, damit die Luft von groben Partikeln gereinigt und mit der nötigen Feuchtigkeit angereichert wird.

Weiterhin sollte nach Möglichkeit alter Baumbestand das Wohnen verzieren und im Sommer eine wunderbare Gelegenheit bieten, im Schatten der Bäume besinnliche Ruhe zu pflegen. In einer Entfernung von 50 m ist dann über eine Baumallee oder einen Laubengang bequem der nächste Nachbar erreichbar, der selbstverständlich in einem ebensolchen Haus des Lebens wohnt. So entstehen natürlicherweise Siedlungen, die der Lieblichkeit der Natur angepaßt und damit die wahren Wohnstätten der Menschen sind.

Heute gibt es genügend Städte in der Welt, die aus irgendwelchen Gründen geometrisch angeordnet sind, und es gibt sogar Theorien, die solch eine geometrische Anordnung wegen angeblicher göttlicher Prinzipien für wichtig halten. Solche merkwürdigen Dinge können jedoch nur einem beengten Geist entspringen, dem nichts anderes möglich ist, als die eigentliche, unendlich vielfältige göttliche Ordnung in ein winziges elementargeometrisches Prinzip zu zwängen und damit für den menschlichen Geist am Ende wieder Begrenzungen und Zwänge zu schaffen.

In einer geometrischen Stadt ist alles eingegrenzt: mein Haus, mein Garten, mein Zaun, mein Weg, mein Ego, mein, mein, mein, ... In Gottes lebendigem Garten aber existiert so etwas nirgends, außer in den starren Prinzipien der Kristalle, die jedoch nur ein winziger Teil der Natur sind und vor allem ihre eigene Gesetzmäßigkeit in sich tragen. Unsere Häuser müssen aber den Gesetzmäßigkeiten des Lebens folgen, und daher passen wir sie in den großartigen Garten der Natur ein, genauso verspielt, genauso kindlich, genauso göttlich wie der Herr selber die Landschaft gestaltet hat.

Lernen wir vom Wasser, vom Wind, von den Hügeln, Tälern, Bergen. Ist es nicht so, daß Wasser alle erdenklichen Schleifen vollführt, bis es sein Ziel erreicht? Ist es nicht so, daß der Wind erst einmal von einem Berg angehalten und gezwungen wird aufzusteigen, um dann auf der anderen Seite ins Tal zu sausen? Ist es nicht so, daß die Natur, in der wir leben, eine wunderbare Ordnung für uns bereithält? Wir brauchen uns nur darin einzufügen.

Das oberste Prinzip jedoch ist, in unserem Geist Ordnung zu schaffen, ihn in Einklang mit der Ordnung der Schöpfung zu bringen, die keine Ecken und Kanten kennt. Ein voll entwickelter Geist erlebt seine größte Freude an den Formen der Natur, leidet aber, wenn ihm starre, begrenzende Formen aufgezwungen werden.

So wollen wir die kantigen Häuser vergessen, an denen sich unser Leben wund stößt. Alles, was wir bauen, sollten wir der lebendigen Natur anpassen und ihm eine runde, lebendige Form geben, die die Freude des Geistes steigern wird. Anstatt uns mit verwickeltem Geist auf geraden Wegen aufzuhalten, wollen wir gerecht und erleuchtet auf geschwungenen Pfaden voranschreiten und die Ordnung in uns tragen. Wir werden sehen, wie schnell wir uns so dem Himmel nähern werden.

Quadratische, geometrische Städte sind nicht als Wohnstädte, sondern höchstens als Wissens- und Kulturstädte des Menschen geeignet. Ihnen wird früher oder später wie allen spitzen, kantigen oder scharfen Strukturen in der Natur von ihr selbst eine lebendige Form verliehen. Denn die Natur ist lebendig, und daher wollen wir niemals den Anblick der lieblichen Hügel und Täler vergessen, der inmitten einer solchen Stadt nicht möglich ist, Panoramen, die wir den Blicken unserer Kinder nicht entziehen dürfen.

Pflegen wir die Erde also so, wie sie sich selber aus sich selbst heraus gestaltet. Denn so ist sie wunderbar. Es wird gut sein, daran zu arbeiten, möglichst vielen die Idee vom eigentlich gesunden und richtigen Wohnen zu vermitteln. Denn sicherlich gibt es auf dieser Erde genügend Menschen, die dies sofort verwirklichen können und damit gleichzeitig ein wunderbares Beispiel und ein Beweismodell für die anderen sein werden, die es noch nicht schaffen oder es noch nicht schaffen wollen.

P: Sie können gewiß sein, daß für den Rest meines Lebens nur noch ein solches Haus für mich in Frage kommt. Schon jetzt höre ich das Gezwitscher der Vögel in den Baumkronen und den Ruf des Kuckucks im Frühling.

Warum um alles in der Welt bin ich Ihnen nicht eher begegnet?

T: Vielleicht, weil es jetzt der richtige Zeitpunkt ist.

Der Professor schaute Thomas verduzt an, und dann wanderte sein Blick instinktiv zu seiner Uhr.

P: Jetzt haben wir die Mittagszeit aber gewaltig überzogen. Kein Wunder, daß mein Hunger langsam ungenießbar wird.

T: Haben wir eigentlich noch Vorräte?

D: Die Nahrungsmittel, die ich mitgebracht habe, können uns für knapp eine Woche reichen, wenn wir genügsam sind. Danach müssen wir entweder fasten oder eine Möglichkeit finden, ins Tal zu gelangen. Wasser haben wir hier ja mehr als genug.

P: Schade, daß die Vorräte so knapp sind,

rutschte es dem Professor heraus.

P: Ich habe gerade begonnen, den Aufenthalt hier zu genießen.

Thomas schaute den Professor überrascht an. Solch eine Äußerung hatte er von ihm wirklich nicht erwartet.

Unterdessen hatte Duschane einen kleinen Sack Dinkel hervorgeholt und begonnen, mit einer Handmühle Schrot zu mahlen. Thomas und der Professor beobachteten mit großem Interesse, wie er am offenen Feuer einen Brei daraus kochte. Das war für sie beide ein Ereignis. Es strahlte Einfachheit und gleichzeitig Geborgenheit aus. Ihnen war es, als ob Erinnerungen an längst vergangene Zeiten geweckt würden. Oder war es Sehnsucht?

Doch plötzlich fiel dem Professor ein, daß er sich heute morgen hatte übergeben müssen.

P: Kann ich mit meinem verdorbenen Magen so etwas überhaupt vertragen? Meinen so empfindlichen Schleimhäuten Vollkorn zuzumuten, wird wohl nicht besonders gut sein.

D: Herr Professor, vertrauen Sie mir bitte. Dieses Mittagessen wird beweisen, welche Wunder richtiges Verhalten dem Essen gegenüber vollbringen kann.

Es kommt nämlich nicht darauf an, wie fein man die Nahrung mahlt, sondern wie fein man sie kaut und mit welcher Menge man den Magen belastet. Die beste Zerkleinerungsmühle für die Nahrung sind nun einmal unsere Zähne und der Speichel, die die Nahrung in der Vorverdauung so wunderbar aufschließen, daß sie für die Magenschleimhäute sogar zu einem Medikament wird.

Gerade Dinkel ist wegen seiner Zusammensetzung, besonders als ungewürzter Dinkelbrei, die beste Heilnahrung für einen schwachen Magen, für jegliche andere Gebrechen, und er fördert sogar die Heilung von Krebs im Verdauungssystem.

P: Na gut, ich vertraue Ihnen. Das Schlimmste, was passieren kann, ist sowieso, daß ich nochmal hinausrennen muß ...

Nach kurzer Zeit duftete der Dinkelbrei köstlich, und Duschane lud die beiden mit einer feierlichen Geste zu Tisch.

D: Ich darf Sie doch als meine Gäste betrachten, meine Herren!

T: Mmm, dieser Duft! Womit hast Du denn gewürzt?

D: Mit gar nichts. Deine Geruchsorgane haben durch Deinen Hunger nur ihre ursprüngliche Qualität wiedererlangt. Du siehst, daß Hunger im Grunde genommen alle Mechanismen belebt, vom gröbsten bis zum feinsten.

Der Professor hatte unterdessen etwas zaghaft und vorsichtig mit dem Essen begonnen. Doch schon nach wenigen Minuten gründlichen Kauens bemerkte er das wohltuende Gefühl in seinem Magen, fast wie nach dem geheimnisvollen Gebräu, das Duschane ihm gegeben hatte.

P: Manometer, ich hätte nie gedacht, daß das Kauen so wichtig ist. Dafür habe ich mir nie Zeit genommen,

und er begann, noch sorgfältiger zu kauen.

P: Der Brei wird ja richtiggehend süß, wenn man ihn so lange kaut.

D: Ja, das ist die schon besprochene Vorverdauung, die der Speichel durchführt. Sie versüßt dem Magen jede Nahrung, und aus solch einer versüßten Nahrung wird ein wunderbarer Stoffwechsel produziert.

Die drei gaben sich ganz dem Genuß hin, und Gedankenbilder von im Wind wogenden Feldern, beschienen vom Gold der Sonne, mischten sich in den Geschmack der Mahlzeit, die sie zu sich nahmen. Ihre Dankbarkeit war fast körperlich spürbar.

Als sie mit dem Essen fertig waren, merkte man dem Professor an, daß er sich sehr wohl fühlte.

P: Beim Zeus, ich hätte nie gedacht, daß "Hühnerfutter" so vorzüglich schmecken kann und so wohltuend ist.

Er stand auf, reckte und streckte sich, machte einige Schritte hin und her, hielt plötzlich inne und ging schnurstracks zu Duschanes Bett.

P: Jetzt will ich Ihr Bett doch gleich einmal ausprobieren. Ich darf doch?

Er legte sich hin, schob sich das besagte Kopfkissen zurecht, und bald waren Laute einer angenehmen Entspannung aus seiner Richtung zu hören.

Nach etwa 10 Minuten meldete er sich wieder zu Wort.

P: Wenn es so weiter geht, werde ich noch ein ganz neuer Mensch.

D: Sehen Sie, Herr Professor, das ist die Art von Erkenntnis, die jeden dazu führen kann, einzusehen, daß das Leben, das man bis jetzt gelebt hat, verbesserungsbedürftig ist. Nur so geht es weiter!

Das Wort »weiter« traf den Professor wie ein Blitz aus heiterem Himmel, denn der Schrecken der Sturmnacht steckte ihm doch noch mehr in den Knochen, als er sich eingestehen wollte. Tief in seinem Bewußtsein pochte dieses Wort wie eine pulsierende Erinnerung. Doch das vernünftige Denken verscheuchte diese Bilder schnell wieder.

P: Da liegt man so entspannt. Es ist wirklich kaum zu beschreiben.

D: Diese Art der Unterlage, Herr Professor, ist unerläßlich dafür, daß sich die Muskeln, die von einem Wirbelgelenk zum nächsten führen, entspannen können. Von ihrer Entspannung hängt die Befreiung der Bandscheiben ab.

Auch für die Bänder, die mehr sind als nur eine Halterung für die Knochen, ist Entspannung sehr wichtig. An ihren Enden sind nämlich Impulsgeber für den korrekt funktionierenden energetischen Stoffwechsel angebracht.

Setzen Sie sich doch bitte einmal auf!

Der Professor tat, wie geheißen.

D: Wie fühlen Sie sich?

P: Ausgezeichnet.

D: Dann beugen Sie sich jetzt bitte mit dem Oberkörper nach vorne und versuchen Sie, mit Ihren Händen Ihre Fußspitzen zu erreichen, aber so, daß Sie in den Kniekehlen ein Ziehen bis zur Schmerzgrenze spüren.

Verharren Sie 30 Sekunden in dieser Stellung, und dann lassen Sie los!

Nach etwa 30 Sekunden richtete sich der Professor wieder auf.

D: Was fühlen Sie jetzt?

P: Unglaublich! Solch eine Steigerung des Wohlbefindens hätte ich dieser albernen Übung nie zugetraut.

D: Ja, das ist Yoga. Sie haben eben in Ihren Bändern die Impulsgeber für den Stoffwechsel betätigt, und was haben Sie empfunden? Eine Steigerung des Wohlbefindens. Dabei hatten Sie sich bereits zuvor ausgezeichnet gefühlt.

Das ist Yoga. Diese eine alberne Übung löst bereits eine Steigerung aus, Yoga aber lehrt unzählige solcher Übungen, um dem Körper seine Ursprungsvitalität zu vermitteln.

P: Dann leben die meisten westlichen Menschen doch völlig falsch!

D: Die östlichen auch, bis auf wenige Ausnahmen, sogar in Indien, wo die Wiege des Yoga steht.

P: Und ich habe immer gedacht, daß wir schon alles über den Körper erfahren haben!

D: Das wäre aber wirklich sehr wenig. Es gibt schon noch einige wichtige Dinge, die wir wissen sollten, ganz abgesehen von unserem Fehlverhalten, das wir an allererster Stelle beseitigen müssen. Vorher wollen wir uns doch nicht zufrieden geben, oder?

Betrachten wir zum Beispiel unsere Füße, die uns vom ersten Lebensjahr bis zum Verlassen der Erde tragen und somit quasi die fleißigsten Werkzeuge des menschlichen Körpers sind. Und wie behandeln wir sie? Anstatt ihnen alle Würde, alle Pflege zukommen zu lassen, lassen wir uns von fragwürdigen Schuhmodeschöpfern verführen und quetschen sie in ein Schuhwerk hinein, in dem sie schweißgebadet beginnen zu stinken. Wenn es nur dabei bleiben würde, dann wäre es nicht einmal schlimm, doch all die Deformationen, die dieses unnatürliche Schuhwerk an unseren Füßen verursacht, sind katastrophal.

P: Was ist denn natürliches, gesundes Schuhwerk? Gibt es das überhaupt?

D: Eigentlich nicht, denn der Mensch ist ohne Schuhe geboren. Es scheint tatsächlich, daß er vom Ursprung her nicht für das Schuhetragen gedacht worden ist.

T: Machst Du Witze? Was soll ein Mensch denn im Winter machen? Da braucht er doch auf jeden Fall Schuhwerk.

D: Alles, was der Schöpfer erschafft, ist vollkommen. Daß er uns nicht mit Schuhwerk ausgestattet hat, liegt daran, daß er uns garantiert nicht das Abfallen aus dem Paradies zugedacht hat.

Die Erde besitzt klimatische Regionen, in denen die gesamte Menschheit, selbst wenn noch 10 Milliarden dazukommen, das ganze Jahr über barfüßig laufen könnte, wo Schuhwerk sogar lästig ist. Durch die ungeheure Energie, die dem menschlichen Bewußtsein innewohnte, die der Mensch aber falsch benützt hat, zerstörte er jedoch das Gesicht der Erde. Die Kontinente rissen auseinander, unzählige Inselgruppen verschwanden im Meer, und das Aufbäumen der Ozeane und der Natur gegen solch einen Frevel erzeugte die Sintflut, die fast die ganze Menschheit hinwegspülte. So wurde das halbe oder sogar drei Viertel des Paradieses zur Wüste oder unbewohnbar, und der Mensch mußte in andere Regionen flüchten. Damit war er gezwungen, sich diesen Regionen anzupassen und sich vor Kälte zu schützen.

In dem Augenblick aber, wo sich alle Menschen inwendig zu Gott wenden, werden sie jenes Paradies auf dieser Erde wiederherstellen, aus dem sie gegangen sind und das sie zerstört haben und bis auf den heutigen Tag weiter gründlich zerstören.

Wenn die Füße Schutz brauchen, dann brauchen sie jedoch Schutz und keine Marterung. Ein breites, bequemes Schuhwerk wäre angemessen, in keinster Weise mit hohen Absätzen. Wir sind mit Nullabsätzen geboren worden, und daher sollte auch unser Schuhwerk Nullabsätze haben.

P: Können Sie sich ein breites Schuhwerk zu einem eleganten Galakleid vorstellen?

Thomas konnte sich bei dieser Vorstellung ein Lachen nicht verkneifen. Auch Duschane schmunzelte.

D: Wenn die Damen elegantes Schuhwerk zu ihren wunderschönen Kleidern für unerläßlich halten, dann aber nie als ständige Plage, sondern höchstens als mögliche Abwechslung. In einer Oper oder einem Konzert sollten sie auf alle Fälle das Gefängnis von ihren Füßen streifen. Dann wird der künstlerische Genuß noch viel größer; denn Druck an den Füßen ist immer quälend.

Hohe Absätze verkrüppeln die Füße, verändern die Statik, und das schlägt dem gesamten Körper negativ zu Buche. Was Männer mit hohen Absätzen angeht, so ist es einfach albern, sich größer machen zu wollen als man wirklich ist.

Unsere Füße brauchen also bequemes, breites, weiches Schuhwerk, so daß ihnen entsprechend ihrer Natur eine natürliche Bewegung möglich ist. Aber nur als Schutz vor der Kälte! Von Anbruch des Frühlings bis zum Spätherbst sollte jeder unter allen Umständen auf natürlichem Boden barfuß laufen. Denn unsere Füße ohne Schuhwerk stellen einen wunderbaren Kontakt zwischen Erde und Himmel dar. Der Mensch lebt nicht vom Brot allein, und die Erde ist ein Energiewesen von unvorstellbarer Größe, das uns über unsere Füße all die Kraft des Lebens zukommen läßt.

Wie gewaltig diese Kraft eigentlich ist, erzählt uns sinnbildlich eine griechische Sage:

Die Kraft der Mutter

Herakles, unterwegs, die Ungeheuer der Unterwelt zu vernichten, die den sogenannten Göttern gefährlich waren, geriet an den Helden Antaios, einen Sohn der Mutter Erde.

Seinen Kräften war er nicht gewachsen, soviel Mühe er sich auch gab. Im Kampf verfangen, wurde er sich nicht im geringsten bewußt, daß Antaios als Sohn der Erde in Berührung mit ihr nicht zu besiegen war. Das wurde ihm fast zum Verhängnis.

Doch die listige Göttin Athene flüsterte ihm in ihrer maßlosen Eifersucht auf die Erde verbotenerweise das Geheimnis des Antaios zu und gab ihm gleichzeitig seine verlorenen Kräfte wieder zurück.

Daraufhin hob Herakles den Antaios hoch, trennte ihn damit von seiner Mutter und konnte ihn so besiegen.

Aus dieser Episode können wir erahnen, worauf wir verzichten, wenn wir den Kontakt zur Mutter Erde nicht pflegen. Leider ist das jedoch fast niemandem bewußt.

Diese unsere eigene Unwissenheit benützen die negativen Kräfte, um unsere Sicht zum Himmel zu vernebeln und unser Bewußtsein zu umnachten. Sie gaukeln uns nämlich allerlei vor, durch das wir uns selbst von unserer Mutter Erde trennen: Schöne, sterile Betonhäuser mit stinkenden und elektrisierenden synthetischen Teppichböden, feine Asphaltstraßen, auf denen Millionen und Abermillionen von Autos uns tage- und wochenlang abkapseln und uns von der Mutter Erde trennen. Mit ihren Abgasen nehmen wir ihr sogar noch den Atem, der der unsere ist. In den Städten laufen die Menschen manchmal monate- oder jahrelang herum, ohne der Mutter Erde und damit auch sich selber die Chance eines Kontaktes zu geben. Und selbst wenn sie dort barfuß gehen würden, wäre es nur ein Kontakt mit kaltem Beton oder ölgesättigtem Asphalt.

Wie wunderbar muß eigentlich unser Körper sein, daß er bei soviel Frevel, den wir ihm antun, noch immer existiert und noch existieren kann!

Dagegen zeigen die Untersuchungen der Naturvölker, die ihr ganzes Leben lang barfuß laufen und sich damit von der Mutter Erde ihre Füße massieren lassen, daß sie bis zu 95% weniger Zivilisationskrankheiten mit sich herumschleppen als die zivilisierten Menschen. An den Füßen und vor allem an den Fußsohlen befinden sich nämlich Reflexzonen, die allen übrigen körperlichen Mechanismen zugeordnet sind. Aus diesem Grund kann die Widerstandsfähigkeit des ganzen Körpers durch das Barfußgehen positiv beeinflußt werden. Dies unterstreicht, wie wichtig es ist, sich die Füße von der Mutter Erde direkt massieren zu lassen.

T: In unseren klimatischen Verhältnissen ist das aber für die meisten Menschen kaum durchführbar.

D: Bis wir das Paradies auf der Erde wiederhergestellt haben, wo wir problemlos ein Leben lang barfuß laufen können, sollten wir uns mit einigen einfachen Übungen behelfen, gerade auch über den Winter.

Zunächst einmal bietet uns die Besinnlichkeit der Winterabende eine wunderbare Möglichkeit, unserem Partner oder unseren Kindern die Füße zu massieren. Regelmäßige Massage der Füße aktiviert alle Reflexzonen und bringt sie in Einklang mit den körperlichen Funktionen. Die Ehepartner setzen sich dazu einfach einander gegenüber und legen jeder einen Fuß in den Schoß des anderen. So kann man sich wunderbar gegenseitig neben der Unterhaltung etwas außergewöhnlich Gutes tun.

Als weitere Hilfe ist es unersetzlich, sich zwei kniehohe Kübel zu besorgen und ihren Boden etwa 7 cm hoch mit gebrochenem Schotter zu bedecken, wie man ihn üblicherweise im Winter zum Streuen der Straßen benützt. In einen Kübel füllen wir gut warmes Wasser, in den anderen eiskaltes und beginnen dann, sanft auf den Steinchen zu treten.

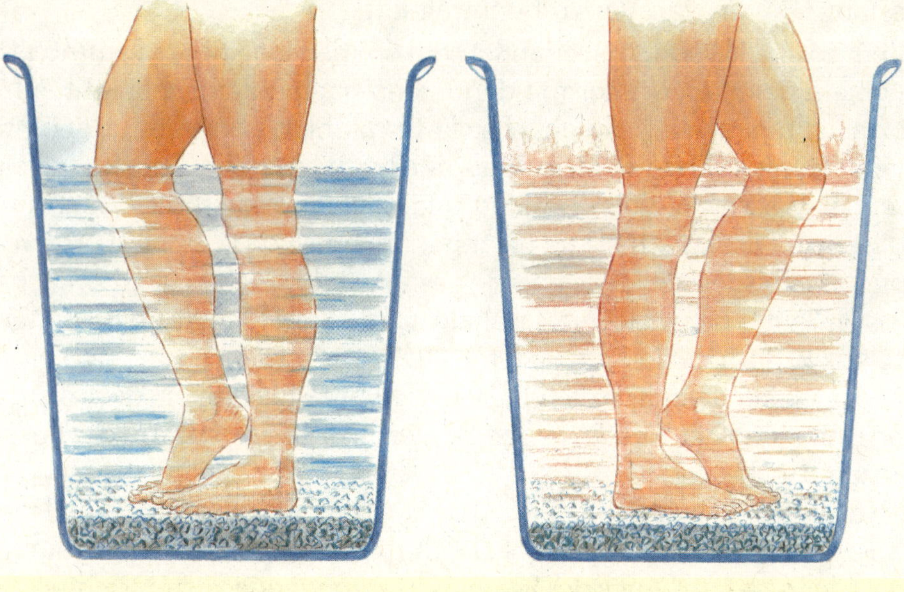

Wenn wir warme Füße und Beine haben, dann beginnen wir das Steinchentreten im kalten Bottich; haben wir kalte Füße, so beginnen wir im warmen. Im kalten Wasser treten wir immer bis zu dem Punkt, an dem die Kälte beginnt, unangenehm und schmerzhaft zu wirken, steigen dann in den warmen Bottich um und genießen die Reaktion. Haben sich die Beine beim Treten im warmen Wasser genügend erwärmt, so wechseln wir wieder und wiederholen diesen Vorgang dreimal hintereinander, und zwar jeden Tag. Grundsätzlich richten wir uns danach, was für uns angenehm ist; also beenden wir das Treten mit dem Bottich, nach dem wir angenehm erfrischte, aber warme Beine und Füße haben.

Damit beheben wir chronisch kalte Füße, auch wenn das Problem schon seit Jahrzehnten besteht, und somit auch viele Einschlafschwierigkeiten; denn für ein gesundes Einschlafen gibt es nichts Schlimmeres, als mit kalten Füßen zu Bett zu gehen. Gleichzeitig ist das auch die einfachste und wunderbarste Methode, um Wasser und Stauungen aus den Beinen für immer herauszutrainieren.

Hat jemand mit Krampfadern zu tun, so darf er allerdings nur so lange im warmen Wasser bleiben, bis er sich etwas erwärmt hat, und sollte dann sofort wieder in das kalte überwechseln. Besonders in der warmen Sommerzeit ist es notwendig, daß ein mit Krampfadern Belasteter, so oft es geht, seine Beine in kaltes Wasser taucht. Der sanfte Druck des Wassers verteilt sich nämlich gleichmäßig auf alle Gefäße, und somit wird das gestaute Blut in den Venen hochtrainiert.

Für solche Personen ist es außerdem unerläßlich, im Schwimmbad oder in einem tiefen Gewässer mit den Füßen nach unten senkrecht auf- und abzutauchen, so tief es geht. Diese Empfehlung beruht auf dem einfachen physikalischen Prinzip, daß der hydrostatische Druck mit zunehmender Wassertiefe gleichmäßig und stufenlos zunimmt. Wenn unsere Fußspitzen also in 2 m Tiefe gelangen, dann sind sie einem Wasserdruck von 2 bar ausgesetzt, der sich, wie gesagt, stufenlos bis zur Oberfläche des Wassers auf 0 bar reduziert. Deshalb werden alle Gefäße an der untersten Stelle, wo der Druck am größten ist, trichterförmig verengt und bis nach oben geweitet. Damit ist das eine wunderbare Möglichkeit, die Entstauung und Reinigung der Gefäße in den Beinen vorzunehmen, von der Fußsohle bis zum Becken.

Kopfüber zu tauchen ist wegen des erwähnten physikalischen Prinzips für Personen mit Gefäßschwierigkeiten jedoch strengstens verboten, weil sonst der gesamte Druck des Wassers in entgegengesetzter Richtung wirkt und damit die Stauung in den Beinvenen noch erhöht.

Allein diese einfache Übung in tiefem Wasser befreit jeden von der übelsten Gefahr der Trombose. Regelmäßigkeit ist allerdings unerläßlich, wenn man auf Jahre gesehen Heilung erzielen will.

T: Hand aufs Herz, Herr Professor, war Ihnen als Mediziner das bekannt?

P: Nein, so einfache Dinge lernt man bei uns im Studium nicht. Außerdem war ich froh, nach dem Physikum nie mehr etwas von Physik hören zu müssen. Sie wurde uns nämlich so entsetzlich trocken und theoretisch vorgesetzt, daß wir nicht den geringsten Bezug zur lebendigen Natur sehen konnten.

Stattdessen wurden uns in aller Ausführlichkeit die kompliziertesten Operationsmethoden zur Entfernung von Krampfadern beigebracht, die jedoch allesamt Embolien heraufbeschwören können und deswegen gar nicht ungefährlich sind.

D: Schade, dabei bilden die physikalischen Gesetze die Grundlage jeglicher Bewegung und vieler fundamentaler Prinzipien in der Natur. Sie drücken auf solch faszinierende Weise die Grundordnung des Lebens und der Schöpfung aus. Welch ein herrliches Wissensgebiet!

P: Sind Sie etwa Physiker?

D: Nein, nur der feurigste Bewunderer der Physik.

T: Nochmal zu den Krampfadern. Ist es überhaupt notwendig, sie zu operieren?

D: Es besteht keinerlei Notwendigkeit, so grob in die Naturgefüge einzugreifen, wenn man die Menschen von Grund auf lehrt, vorzubeugen. Denn nicht umsonst heißt es: *Vorbeugen ist besser als Heilen*.

Haben die Großeltern und die Eltern Krampfadern, so sollten die Kinder, egal ob männlich oder weiblich, alles tun, um die vererbte Schwäche nicht zum Ausbruch kommen zu lassen. Sie sollten von Anfang an zu einer gesunden und vielseitigen Bewegung erzogen werden.

Damit ist jedoch kein Leistungssport gemeint, denn beim Leistungssport dehnen sich die Gefäße durch die übermäßige Beanspruchung sowieso überproportional aus, und wenn man dann mit dem Leistungssport wieder aufhört, fehlt ihnen die Aktivität der Muskulatur, so daß sie erschlaffen und man gerade wegen des Leistungssports häufig Opfer von Krampfadern wird.

Um auf Deine Frage aber konkret zu antworten, es gibt unter 100 Fällen vielleicht einen, bei dem eine Operation unerläßlich und sogar lebensnotwendig sein könnte. In allen anderen Fällen ist durch das beschriebene Verhalten vollständig Abhilfe zu schaffen, zumal da die meisten Menschen sich sowieso nur aus kosmetischen Gründen ihre Krampfadern entfernen lassen. Dabei bedenken sie nicht und werden leider auch nicht richtig darüber aufgeklärt, daß die stillgelegten Adern dem System fehlen, und daß somit die anderen zwangsläufig ihre Aufgabe übernehmen und mit derselben Blutmenge, demselben Druck und vor allem denselben falschen Angewohnheiten fertig werden müssen. Da hier eine angeborene Schwäche im Spiel ist, besteht also die große Gefahr, daß die anderen Venen auch zusammenbrechen, und dann wird es kritisch für die Beine, die uns unser Lebtag tragen müssen.

In solchen Fällen sollte jeder die natürlichen Mittel ernsthaft ausschöpfen. Denn wie ich schon sagte und wie die Erfahrung von Tausenden bestätigt, sie sind zu 99% hilfreich. Die ständige Übung bringt eine sichtliche Verbesserung der erschlafften Gefäße, und bei täglicher Ausführung wird man schon in ein oder zwei Jahren eine deutliche Steigerung gegenüber dem Zustand davor verspüren. Dieses Training regeneriert die Venenklappen, die im Begriff waren, total zu erschlaffen, und stärkt jene Venen, bei denen die Klappen noch intakt sind, zu einer ausgleichenden Funktion.

Grundsätzlich gilt aber auch bei solchen Beschwerden, daß der Fußkontakt zu natürlichem Boden unerläßlich ist. Ob wir die Energie bewußt wahrnehmen oder nicht, sie ist da. Geben wir ihr eine Chance, so wird sie nach und nach nicht nur die Beine, sondern alle Mechanismen des Körpers zur Vollständigkeit beleben, und es wird nicht lange dauern, bis wir selber merken, an welch intelligentem Vorgang wir Anteil nehmen dürfen, durch die Mutter Erde Energie zu bekommen. Haben wir also Geduld und üben wir fleißig.

P: Ist das nicht ein bißchen übertrieben? Die Menschen, die in den warmen Regionen barfuß laufen, kommen mir auch nicht gerade besonders intelligent vor.

D: Aber gesünder, Herr Professor. Und daß sie nicht die Intelligenz der Naturgesetze entwickelt haben, liegt auch nur daran, daß sie auf andere Weise massiv gegen sie verstoßen.

Nichtsdestotrotz sollte uns nur unsere eigene Erfahrung interessieren. Denn die wird uns aus den Katakomben des Krankwerdens herausreißen, und deshalb dürfen wir sie uns nicht vorenthalten.

Betrachten wir beispielsweise einmal den Muskelapparat der Naturvölker, dann sehen wir, daß er weitaus intakter ist als bei uns zivilisierten Menschen. Man weiß mittlerweile, daß das verbrauchte Venenblut auf das intakte Funktionieren der Muskulatur angewiesen ist, um zum Herzen zu gelangen und in der Lunge gereinigt zu werden. Sind die Muskeln also schwach, so ist auch der venöse Kreislauf schwach. Gerade er muß aber absolut stark sein, denn von ihm hängt die Entgiftung des Körpers bis hin zur letzten Körperzelle ab.

Auch der feine Kreislauf der Lymphe, der Polizei des Körpers, was Giftstoffe und Fremdsubstanzen betrifft, ist von der Funktion der intakten Muskulatur abhängig. Somit hat man auch hier vor lauter Bäumen den Wald nicht gesehen; denn wie kommt es sonst dazu, daß man den Menschen die verschiedenartigsten Kreislaufmittel und -medikamente verabreicht, anstatt ihnen Ratschläge und das Wissen zu geben, um ihre Muskulatur wieder zu kultivieren? Das ist ein natürlicher Weg zur vollkommenen Funktion des Kreislaufs.

Wir wollen den Menschen nahebringen, daß täglicher leichter, aber zu Ausdauer kultivierter Dauerlauf und im Winter längere Spaziergänge oder Skilanglauf alle Mängel in dieser Beziehung wieder beheben.

T: Belastet Dauerlauf nicht zu sehr die Gelenke und vor allem die Hüfte?

D: Das mag vielleicht auf Menschen zutreffen, die sich bereits mit Gelenk- oder Hüftleiden plagen. Der Schöpfer wird uns aber wohl kaum so konstruiert haben, daß das Laufen, unsere natürliche Bewegungsart, zu Schäden an den Gelenken oder der Hüfte führt. Was ich deshalb ins Leben rufen möchte, ist die Erziehung für die Zukunft. Denn an unseren Kindern können wir alles wiedergutmachen, was wir an uns verdorben haben.

Natürlich ist es richtig, daß wir plattfußerzeugende Asphalt- und Betonstraßen unter allen Umständen für das Laufen meiden sollten. Dieser harte Untergrund kann die Gelenke in der Tat zu stark und zu einseitig beanspruchen. Unebenem Gelände können sich der Fuß und alle Gelenke jedoch hervorragend durch sanftes Training anpassen und so eine wunderbare Flexibilität erlangen. Außerdem werden ihnen auf diese Weise eine Vielfalt von Bewegungen entlockt, die die in ihnen sitzenden Rezeptoren oder Auslöser der Reaktionsmechanismen für den Kreislauf und den Stoffwechsel in optimaler Funktion halten. Bei Waldläufern und Naturvölkern gibt es keine Kreislaufgeschädigten, nicht einmal dann, wenn sie die mieseste Ernährung haben.

Bewegung ist nun einmal unerlässlich für die vollständige Verbrennung im Stoffwechsel, die gleichzeitig die Zellen vollkommen von Schlakken reinigt. Das belegen die Menschen, die wenig Bewegung haben, durch ihre Trägheit, ihr Übergewicht, und alle Symptome und Risikofaktoren, die sich daraus ergeben.

P: Ja, das ist ein wichtiger Punkt, die Risikofaktoren. Demnach ist Ihre Methode die vollständige Präventivmedizin?

D: Nein, Herr Professor, es ist nur möglich, vorzu*beugen*. Vor*heilung*, was »Präventivmedizin« wörtlich bedeutet – denn »Medizin« kommt vom lateinischen »mederi«, zu deutsch »heilen« –, ist ein Widerspruch in sich.

P: Aha ... Sie scheinen mir ja mit allen Wassern gewaschen zu sein.

D: Nein, nicht mit allen Wassern, nur mit der in jedem von uns vorhandenen Weisheit des Lebens, die im Bewußtsein aller Menschen von vorneherein als Struktur angelegt ist.

T: Ich möchte gern auf unser Thema zurückkommen.
Muß es denn unbedingt Waldlauf sein? Andere Sportarten bringen doch auch Bewegung, selbst Bodybuilding regt die Tätigkeit der Muskeln an.

D: Wenn wir von Bewegung sprechen, dann meinen wir körpergerechte und natürliche Bewegung. Der Körper ist selbstverständlich auch in der Lage, sich unnatürlich zu bewegen, wie beim Fahrradfahren, Drachenfliegen, alpinen Skisport u. ä. Unseren Gelenken ist jedoch ein ganz bestimmter Bewegungsablauf als natürlicher Vorgang zu eigen.

Das Kniegelenk ist zum Beispiel ein Scharniergelenk, und wenn ihm Belastungen außerhalb des Bereichs seiner natürlichen Bewegung zugemutet werden, so tritt Verschleiß auf. Wird es andererseits in seiner Natur nicht vollständig benützt, dann treten Verkümmerungen des Gelenks und vor allem seiner Versorgungsmechanismen und Schleimbeutel ein, die ihm die Schmiere liefern, die arthrotische Veränderungen und Entzündungen verhindert. Überbeanspruchung führt zu denselben Störungen der Gelenke und der Schleimbeutel wie Unterbeanspruchung, wofür die Erfahrungen der Hochleistungssportler traurige Beispiele liefern. Der Gesundheit zuliebe sollte der Hochleistungssport daher gemieden werden; denn allzuviel ist immer ungesund.

Jegliche Bewegung entsprechend der Natur unserer Gelenke ist eine natürliche Bewegung. Alle anderen, die das Maß der Belastbarkeit der Gelenke überziehen, sind unnatürlich und in keiner Weise als Dauerbeanspruchung zu akzeptieren. Deshalb stellen wir Dauerlauf, und zwar möglichst barfuß, in den Vordergrund. Das Laufen auf natürlichen Böden, womit bergauf, bergab, Linkshanglage, Rechtshanglage, Äcker, Wiesen, Stoppelfelder, Waldböden gemeint sind, beansprucht nämlich alle unsere Gelenke und Muskeln im wahrsten Sinne ihrer Erfindung. Sie kommen dadurch in jene natürliche Bewegung, die dem Stoffwechsel die beste Unterstützung bietet, um sich durch das Ausschwitzen über die Haut aller überflüssigen belastenden Stoffe und vor allem der Giftstoffe zu entledigen.

Passives Schwitzen in einer Sauna ist nur ein Flüssigkeitsverlust, den der Körper gleich danach wieder auffüllt und oft sogar überkompensiert. Solch einem passiven Schwitzen ist das Schwitzen durch Laufen und Eigenwärmeerzeugung in jedem Fall vorzuziehen, und es sollte täglich mindestens einmal stattfinden. Laufen ist das vollkommene Training für den Kreislauf und die Ausdauer und vor allem ein Training für unsere Lunge, damit sie bis ins höchste Alter in bester Form bleibt.

Was unsere Muskeln betrifft, so kultivieren sie sich durch die Tätigkeit und die ausgewogene Bewegung im Alltag. Die Züchtung von Muskeln ist ein unnatürlicher Vorgang, der die natürliche Harmonie völlig außer acht läßt und zu Verspannungen führt. Außerdem müssen die Muskeln durch den Stoffwechsel und das Blut mit Energie versorgt werden, und es ist niemals gut, die Energie, die der Geist und der restliche Körper notwendig brauchen, an die Überzüchtung von Muskeln zu verschwenden.

Wer Interesse daran hat, einen schönen, muskulösen, natürlich proportionierten Körper zu haben, der sollte sich der Leichtathletik widmen, denn schon die Griechen haben uns gezeigt, daß man durch Leichathletik einen schönen, harmonischen Körper bekommt. Aber auch hier ist jeder Leistungszwang zu meiden. Ein langes Leben in Gesundheit sollte uns wichtiger sein als Leistung und Lorbeeren. Überbelastung führt immer zu Krämpfen und Verspannungen und damit zu Verschleiß.

Deshalb sollte grundsätzlich jegliche Bewegung dem Körper so angemessen sein, daß er sich danach entspannt und angenehm fühlt. Auch das Barfußlaufen muß langsam und sanft antrainiert werden, bevor man anfängt, barfüßig Dauerlauf zu machen. Am Anfang stelzt man wie ein Storch im Salat, und das könnte beim Dauerlauf zu unangenehmen Verrenkungen und Verspannungen führen. Also erst einmal brav barfuß wandern gehen.

Beginnt man, sich zu natürlicher Bewegung zu trainieren, dann sollte man auch auf keinen Fall aufgeben, wenn der erste Muskelkater auftritt; denn Muskelkater ist nichts anderes als die Unfähigkeit des Körpers, die

Giftstoffe, die bei der Bewegung verbrannt worden sind, auszuscheiden. Ausdauer hingegen ist die Fähigkeit des Körpers, nicht nur die fehlgesteuerte Ausschüttung der Milchsäure zu kontrollieren, sondern sogar alle Giftstoffe loszuwerden, die sich durch die Nahrung und die Umwelt im Körper festgesetzt haben. Also unbedingt weitermachen!

T: Falls wir trotzdem Verspannungen im Rücken haben oder bekommen, wie kann man sich da helfen?

D: Ganz einfach! Wir machen es, wie schon beschrieben, wie ein Pferd und wälzen uns auf dem Boden hin und her.

Darüber hinaus gibt es noch eine weitere sehr gute Möglichkeit der Selbsthilfe. Dazu nehmen wir einen Kopfkissenbezug von 40 × 40 cm, kaufen uns ca. 60 Holzkugeln mit einem Durchmesser von 3,5 – 4 cm, schließen sie in den Bezug ein und legen ihn auf den Boden. Dann legen wir uns sanft mit unserem Rücken darauf, ziehen die Beine an, lassen die Füße aber am Boden, stützen uns mit den Händen ab und vollführen auf den Kugeln Bewegungen in alle Richtungen.

Das hilft bei Verspannungen sofort und ist sehr wohltuend. Man muß jedoch beachten, daß weniger Kugeln einen größeren Druck erzeugen, mehr Kugeln den Druck und damit eine eventuelle Schmerzerzeugung an verspannten Stellen aber abfangen. Am Anfang ist es generell besser, sanft über die verspannten Stellen zu rollen.

Die Kugeln üben auch gleichzeitig eine Hebelwirkung zwischen den Wirbeln aus und geben ihnen damit die Möglichkeit, sich auseinanderzudehnen, wodurch die Bandscheiben freien Raum bekommen und sich regenerieren können.

P: Es gibt aber doch Schmerzen und Verspannungen, die von einer schiefen Hüfte und ungleich langen Beinen herrühren. In solch einem Fall sind Ihre Naturmethoden von vorneherein nicht anwendbar, und es kann nur operativ Abhilfe geschaffen werden.

D: Leider wird mit dem Hüftstand aus Unwissenheit sehr viel Humbug getrieben. Aus Unfähigkeit, Rückenschmerzen in der Lendenwirbelsäule beizukommen, reden sich manche damit heraus, daß das eine oder das andere Bein zu kurz sei, was sie durch eindrucksvolle Messungen zum Teil auch noch bestätigen.

Was ist aber die Ursache solcher Schiefstände? In meiner langjährigen Erfahrung gab es nur einige wenige Fälle, die von Geburt an oder infolge von Kinderlähmung ein kürzeres Bein hatten. Alle anderen entpuppten sich schlichtweg als eine Fehldiagnose. Schmerz im Lendenbereich, sprich: Ischias, kann nämlich für kurze oder längere Zeit solch einen Hüftschiefstand oder ungleich lange Beine erzeugen. Bei vielen Verspannungen oder Verletzungen versucht der Körper einfach, durch eine veränderte, schiefe Haltung den Schmerzen auszuweichen. Gleicht man das angeblich zu kurze Bein durch eine Schuherhöhung aus, so unterstützt man die unnatürliche Haltung noch, wodurch sie immer schlimmer wird.

Eine dauerhafte Behebung des Fehlstandes ist einzig und allein möglich, indem man die Ursache beseitigt, also durch Wiederherstellung der natürlichen Bewegung die Verspannungen oder Verletzungen kuriert, und nicht nur an den Symptomen herumdoktert.

T: Angeblich rühren viele Hüft- und Haltungsschäden von zu enger, einschnürender Kleidung her.

D: Ja, Thomas, die Mode war und wird unserer Gesundheit immer gefährlich sein, solange wir nicht einsehen, daß der Mensch sich in seiner Bekleidung nur dem Natürlichen anvertrauen sollte.

Daß zu enge, unbequeme oder dem Wetter nicht angepaßte Kleidung dem Wohlbefinden abträglich ist, das dürfte wohl jedem klar sein. Darüber hinaus führt sie aber auch zu erheblichen gesundheitlichen Schäden, wie Verstopfung, Gebärmutterleiden, Entzündungen der Eierstöcke, Krampfadern, Blähbauch usw. Umso erstaunlicher und unverständlicher ist es, daß dennoch so viele Menschen aus Modegründen durch falsche Bekleidung solch grobe Fehler an ihrer Gesundheit begehen.

Abgesehen von enger, unbequemer Kleidung müssen wir uns aber auch darüber klar werden, daß nur natürliche Fasern die harmonische Ausdünstung und den Gasaustausch über die Haut gewährleisten können. Synthetik aller Art, so schön sie auch aussehen mag, hat am Körper nichts verloren, denn sie blockiert die Ausdünstung erheblich, von einer direkten Beeinträchtigung der Haut durch chemische Rückstände der Herstellung und Verarbeitung, auch von Baumwolle, gar nicht zu reden.

Ich erinnere mich da an ein kleines Erlebnis aus meiner Kindheit:

Der Menschen falsche Kleider

Als Kind war ich einmal zu Besuch bei wohlhabenden Verwandten. Abends gingen wir in einem Gemeinschaftsschlafzimmer zu Bett, das uns Kindern wegen Platzmangels zugewiesen worden war.

Einige Zeit später kamen die Hausleute in den Raum, schlossen die Tür hinter sich, und so konnte man nur aufgrund von Geräuschen feststellen, daß jemand im Zimmer war.

Ich wachte auf, schaute in die Richtung der Geräusche und erschrak zu Tode. Denn vor meinen Augen tanzten Geister, und ein scheußliches Geknister untermalte diese gruselige Szene. Ich schrie vor Schreck aus Leibeskräften.

Schnell wurde das Licht angemacht, und meine Verwandten stürzten besorgt an mein Bett.

"Sicherlich hat ihm das Geknister unserer Kleidung Angst gemacht," versuchten sie, mein Verhalten zu erklären.

Getröstet und vor allem im Bewußtsein, daß es keine Geister sondern nur die Verwandten waren, schlief ich schnell wieder ein. In meiner Erinnerung blieb diese Szene jedoch bis auf den heutigen Tag lebendig.

Jeder, der synthetische Kleidung am Leibe trägt, kann meine damalige Erfahrung leicht nachvollziehen. Er braucht sich nur in einem dunklen Raum auszuziehen und wird dann selbst Zeuge des bizarren Schauspiels der elektrostatischen Entladung sein.

Ich denke, es ist überflüssig, noch weiter darüber zu reden, welch unnatürliche Auswirkungen das auf die feinsten Ströme unserer Nerven hat. Nicht zuletzt hat die Erfahrung gezeigt, daß unnatürliche Kleidung sogar eine Ursache von vielerlei Kopfschmerzen sein kann.

T: Kannst Du einen Tip geben, was man gegen Kopfschmerzen tun kann?

D: Kopfschmerzen, egal welche Ursache sie auch haben, können durch Wärmezufuhr und Durchblutungssteigerung im Nacken- und Schulterbereich positiv beeinflußt werden.

Dazu besorgt man sich eine 2*l*-Flasche mit Verschluß, erwärmt sie kurz, damit sie nicht zerbricht, füllt sie mit heißem Wasser, umwickelt sie mit einem angefeuchteten Handtuch und benützt sie so als Nackenrolle. Wenn es zu heiß wird, nimmt man noch ein weiteres Tuch. Dann bewegt man den Kopf hin und her und hebt den Brustkorb, indem man sich auf den Nacken stützt. Alle Bewegungen sollten sanft und langsam durchgeführt werden.

Macht man das täglich, so wird man stets mit angenehmem Gefühl im Nacken leben. Somit ist das die beste vorbeugende Maßnahme, damit Kopfschmerzen aufgrund von Verspannungen und Durchblutungsstörungen für immer verschwinden. Besonders zu empfehlen ist das für Menschen, die am Schreibtisch, am Fließband o. ä. arbeiten müssen. Selbst bei Migräne erfährt man deutliche Linderung. Werden dadurch aber die Kopfschmerzen nicht behoben, dann ist eine fachliche Untersuchung auf einen Tumor im Kopf unerläßlich.

Wir sehen aus dem Beschriebenen deutlich, daß der Mensch keine Krücken braucht, daß er vielmehr selber laufen kann. Wenn wir den Körper als Gesamtheit sehen, dann vermittelt sich uns eine Ahnung, wie vollkommen er eigentlich bei jedem Menschen in seinem Ursprung ist. Eine meiner Erfahrungen hat mich dies gelehrt, die Erfahrung von der anderen Sicht. Hin und wieder stellt sich in meinen Sinnen nämlich ein anderer Blickwinkel ein, so daß ich eine Person so sehe, wie sie ursprünglich vom Schöpfer gedacht worden ist. Diese Erfahrung ist unbeschreiblich, für mich aber immer wieder die Bestätigung, wie schön alle Menschen in ihrer Ursprünglichkeit sind.

Das Leiden im Leben hat unserem Körper über Jahrtausende seine Schönheit weggenommen, wie Gewitterstürme sogar einen Felsen verändern. Wir haben jedoch durch das beschriebene natürliche Verhalten die Chance, nicht ein Zerrbild zu bleiben, sondern wieder das Ebenbild des Schöpfers zu werden. Wollen wir nicht endlich dem Ursprung die Ehre geben und alles daran setzen, ihm gerecht zu werden?

Hier endet das 2. Kapitel des ersten Buches des Ayodhya-Veda, das dem Schöpfer und Seiner Schöpfung Ehre erweist. Also verbeugen wir uns.

Gott schenkte uns einen vollkommenen Körper und die wunderbarste Möglichkeit, über diesen Körper seine Gesetze zu verwirklichen. Was aber machen wir?

Ob wir es sehen oder nicht, alles geschieht zu einem einzigen Zweck, in uns die Erinnerung zu wecken, damit wir lernen, richtig zu Gott zu gehen, und somit die Dinge, die unseretwegen auf dieser Erde erschaffen worden sind, in ihrer wirklichen Natur zu würdigen.

Lernen wir endlich, sie nicht mit den Füßen zu zertreten, sondern der unvergleichlichen Natur vor unseren Füßen die ihr gebührende Achtung zu gewähren.

3. Atem – Odem – Prana

Wo wir auch suchen mögen, wir werden der Wahrheit nur an ihrem Ursprung gewahr werden, nicht in Zerrbildern, sondern nur in korrekten Bildern des Lebens.

Deshalb läßt der Schöpfer seit Ewigkeiten unaufhörlich wunderbare kleine Wesen auf die Erde kommen, Kinder. Sie sind noch unverfälschte Ebenbilder Seiner Herrlichkeit, die uns unmittelbar die Erinnerung an einen immer wieder neuen Anfang vermitteln.

Von ihnen und ihrer Reinheit können wir lernen, wie das Leben im Einklang mit der Natur schwingt, und vor allem, wie die richtige Atmung uns zu diesem Einklang zurückführt.

Es gehört zu den großartigen Wundern des Lebens, daß es uns nie auf dem Irrweg läßt, sondern uns immer wieder eine neue Chance bietet, in seinen Fluß einzutauchen. Beleben wir das Fließen der Atmung in uns, so werden wir die beste Grundlage schaffen, um das Ziel der Ziele zu erreichen.

Nachdem sie sich am Abend zuvor bereits bei Anbruch der Dunkelheit zu Bett begeben hatten, waren alle drei am nächsten Morgen schon früh auf den Beinen.

Der Professor stand auf und konnte nicht genügend zum Ausdruck bringen, wie fit und erquickt er sich fühlte. Das Experiment mit dem neuen Bett war ein beeindruckender Erfolg gewesen.

Viele Ideen huschten durch seine Phantasie. Diese Einfachheit! Er sah sich schon von Schule zu Schule, von Universität zu Universität, von Institution zu Institution gehen, um allen Menschen wieder die Einfachheit des Lebens zu vermitteln.

T: Schönen guten Morgen, Herr Professor.

P: Oh, guten Morgen. Dieser gute Mann hat recht. So erholt war ich noch nie in meinem Leben.

Aber wo ist er eigentlich? Er wird uns doch nicht etwa verlassen haben!

In diesem Augenblick hörten die beiden von draußen das Geräusch einer kratzenden Schaufel. Sie zogen sich rasch an und stürmten zur Tür hinaus.

Was sich ihren Augen dort darbot, konnte man nur unbeschreiblich nennen. Aus der unendlichen Weite überflutete die Morgensonne die Landschaft, und Myriaden von Kristallen widerspiegelten ihre Kraft. Wie gebannt betrachteten sie dieses einzigartige Schauspiel.

P: Unglaublich! Ich war schon so oft in den Alpen, doch irgendwie sehe ich dieses Mal alles mit ganz anderen Augen.

Duschane, der schon ein gutes Stück vor dem Eingang der Hütte vom Schnee freigeschaufelt hatte, schmunzelte.

Es war ein Lächeln des inneren Glücks. Immer wieder versetzte es ihn in Verwunderung, wie es dem Schöpfer gelingt, die Menschen zu verändern, wenn sie Ihm nur eine winzige Chance geben.

P: Bitte, geben Sie mir die Schaufel.

D: Nein, Herr Professor, wir werden jetzt nicht schaufeln, sondern laufen.

Er ging in die Hütte, öffnete die Klapptür zum Dachboden und holte drei Paar Schneeschuhe heraus.

D: So, meine Herren, jetzt wollen wir uns das Frühstück verdienen.

Rasch paßten sie sich die Schneeschuhe an. An ihren Gesichtern konnte man deutlich ihre Freude ablesen, die mangelnde Bewegung der letzten zwei Tage nachzuholen.

Im Gänsemarsch stapften sie in Richtung der nahegelegenen Bergspitze los. Nach 100 m machten Thomas und der Professor jedoch bereits schlapp. Duschane, der schon einige Schritte vorausgegangen war, kehrte zurück.

T: Puh, und ich habe mir eingebildet, ich könnte in einem Anlauf oben sein! Aber meine Lunge macht da einfach nicht mit, ich brauche eine Pause,

sagte Thomas, hörbar außer Atem.

Auch dem Professor war diese Pause sehr willkommen, er hatte sich vor Erschöpfung schon in den Schnee gesetzt.

Nachdem sie ihrer Lunge die nötige Erholung gewährt hatten, stapften sie fleißig weiter und waren bald am Gipfel angelangt.

D: Sehen Sie, das Leben ist wie der Weg auf diesen Berg. Auf seinem Gipfel hört jede Belastung auf.

P: Das heißt doch, daß das Leben Leiden ist.

D: Ja, Herr Professor, aber nur im Zustand der Schwäche. Wenn man im Vollbesitz der Kräfte ist und einen gesunden Körper hat, dann ist die Freude am Laufen garantiert genauso groß wie die Belohnung.
Sehen Sie nur!

Er zeigte auf die andere Seite des Berges. Ein grandioses Panorama von reiner, makelloser Schönheit öffnete sich ihren Blicken. Fasziniert und gebannt schauten sie in ein smaragdgrünes Tal, das wie mit Watte gefüllt aussah und einen märchenhaften Anblick bot. Und im Vordergrund eine unbeschreibliche weiße Pracht.

Nach einer langen Weile gingen sie zurück, und bald darauf duftete es in der kleinen Hütte nach einer herrlichen Kräutersuppe. Andächtig löffelten sie ihre Teller aus, noch immer sehr beeindruckt von der Großartigkeit der Natur, an der die Menschen so achtlos vorübergehen.

P: Das ist ja wieder Dinkelbrei.

D: Ja, mit Gemüsebrühe.

P: Wirklich vorzüglich!

Nachdem sie gegessen hatten, wusch jeder seinen Teller im Schnee, und sie legten sich auf ihre Betten zum Ruhen.

Kurz darauf stand der Professor wieder auf und verschwand nach draußen. Nach einer Weile kam er zurück.

P: Das ist wirklich unglaublich. Über 30 Jahre, mein halbes Leben lang, plage ich mich schon mit schlechter Verdauung, und jetzt — wie Sie es uns beschrieben haben; man könnte wirklich sagen, wie bei einem kleinen Kind: kein Gestank und auch überhaupt nicht hart! Sonst hockte ich eine halbe Stunde oder mehr, bis ich das Zeug endlich aus mir herausgepreßt hatte. Einfach fabelhaft!

T: Ja, ich habe seit gestern die gleiche Erfahrung,

sagte Thomas, und nach einer kurzen Pause kam er auf einen Punkt, der ihn schon das ganze Frühstück über beschäftigt hatte.

T: Mir läßt es keine Ruhe, daß wir vorhin so schnell außer Atem waren. Haben wir da etwas falsch gemacht?

D: Ja, aber nicht nur vorhin. Die Atmung der meisten Menschen funktioniert einfach nicht korrekt nach ihrer Ursprünglichkeit. Sie ist weder mit sich selbst noch mit dem Körper im Einklang und ist damit den Erfordernissen, denen sie genügen sollte, nicht gewachsen.

T: Wie sieht die ursprüngliche Atmung denn aus? Möchtest Du uns davon etwas erzählen?

D: Es ist wunderbar, über die Atmung zu sprechen, sie ist etwas sehr, sehr Erhabenes. Nicht umsonst wird sie in vielen Legenden dem Leben gleichgesetzt. Es heißt: *Er hauchte ihm das Leben ein* oder: *Er hauchte das Leben aus*. Daraus ersehen wir, welchen Stellenwert die Atmung einnimmt. Im Altgermanischen hieß das Leben »Odem« – Atem – und aus den Vedischen Weisheiten weht uns »Prana« herüber, die allumfassende, allerhaltende Energie.

Außerdem wissen wir ja, daß der Mensch 40, 50, bis zu 90 Tage ohne Nahrung auskommen kann, ohne Wasser etwa eine Woche, ohne Atem aber schadlos nicht einmal 5 Minuten. Bei gesunder Atmung machen wir durchschnittlich etwa 7 bis 11 Atemzüge pro Minute, unter Belastung auch etwas mehr. Atmen wir falsch, so kann sich dieser Wert vor allem bei Belastung noch erheblich erhöhen, bis zu 30 Atemzügen pro Minute. Machen wir uns die Mühe, das hochzurechnen, dann kommen wir sogar im Normalfall auf astronomische Zahlen: etwa 500 Atemzüge pro Stunde, etwa 12 000 pro Tag, 4,5 Mio. pro Jahr und 360 Mio. in einer Spanne von 80 Jahren.

T: Wenn man sich das vergegenwärtigt, dann müssen selbst winzige Fehler an unserer Atmung geradezu unabsehbare Folgen haben.

D: Ja, es ist erschreckend, was der Mensch mit seinem Fehlverhalten nicht nur der Atmung gegenüber an sich anrichtet.

Wegen winziger kleiner Genüsse, wie dem Nuckeln an einem Glimmstengel, verschmutzt, umnebelt, vergraut er alle Mechanismen, die notwendig sind, um die Verbindung zum Ursprung des Lebens aufzunehmen.

In diesem Zusammenhang können wir unsere Physiologie mit einer Fensterscheibe vergleichen. Wenn sie ein bißchen beschlagen oder trübe ist, dann sieht man durch sie weniger. Sauberes Glas, oder eine reine Physiologie, ist aber notwendig, um das Leben in seiner höchsten Form zu begreifen und zu verwirklichen. Daher ist jede Trübung der Physiologie ein Abfallen vom höchsten Ziel.

Wenn es nun draußen auf die Scheibe regnet, und jemand kommt uns entgegen, so sehen wir unklar, ob es ein Mensch, ein Bär oder irgendetwas anderes aufrecht Gehendes ist. Es ist aber sehr wichtig, die Dinge im Leben klar zu sehen. Deshalb müssen wir unsere Physiologie, unsere Biochemie und unseren ganzen Mikrohaushalt zur höchsten Reinheit kultivieren und dürfen ihn durch nichts beschmutzen.

T: Dann müßte unser Tag aber einzig und allein darin bestehen, aufzupassen, was uns schmutzig oder rein macht. Liegt darin nicht eine große Gefahr, sich zu verkrampfen?

D: Wir machen nichts fanatisch. Nur Fanatiker verkrampfen sich. Wenn wir zum Beispiel das Rauchen und das Beschmutzen unseres Körpers aufgeben, dann wissen wir, warum wir es tun, nämlich um des höchsten Lebens in uns selber willen. Gerade das erzeugt in uns die große Freude, erkannt zu haben, daß wir die Kinder der Zukunft und nicht des Todes, daß wir die Kinder des ewigen Lebens und nicht des Vergehens sind.

Immer wenn wir etwas Gutes für uns tun, wird Freude uns belohnen, und wir werden uns dabei niemals verkrampfen.

T: Meinst Du, daß es allen Menschen möglich ist, das nachzuvollziehen?

D: Oh ja. Ich erinnere mich da an ein beeindruckendes Erlebnis.

Das Geheimnis des blauen Nebels

Damals hielt ich mich in einer kleinen Stadt in Deutschland auf. Aufgrund meiner Tätigkeit hatte ich verschiedentlich mit der Zeitung zu tun, und so ergab es sich eines Tages, daß ich in der Kanzlei des Chefredakteurs landete.

Der Mann, den ich sprechen wollte, saß eingehüllt in einen schweren blauen Nebel hinter seinem Schreibtisch. Besorgt rannte ich zu den Fenstern, öffnete eins nach dem anderen und ließ sogar die Türe auf. Durch den Durchzug verflüchtigte sich der blaue Dunst rasch, und ein grau-gelbes Gesicht wurde sichtbar, das große Verwunderung darüber ausdrückte, was plötzlich in dem Büro vor sich ging.

Unbeeindruckt von seiner Verdutztheit nahm ich dem Mann noch dazu seine Zigarette aus der Hand und drückte sie rasch im Aschenbecher aus. Nun erntete ich die erste Reaktion:

"Sagen Sie mal, was erlauben Sie sich eigentlich?"

"Ihnen das Leben zu retten. Das ist doch wohl erlaubt!" erwiderte ich freundlich.

Seine Betroffenheit steigerte sich noch, denn offensichtlich konnte er damit nichts anfangen.

"Was wollen Sie eigentlich?"

"Zunächst einmal mein jetziges Vorhaben zu Ende führen."

Ich nahm Papier und Bleistift und skizzierte, wie es gegenwärtig in seinem Körper und Gehirn aussah.

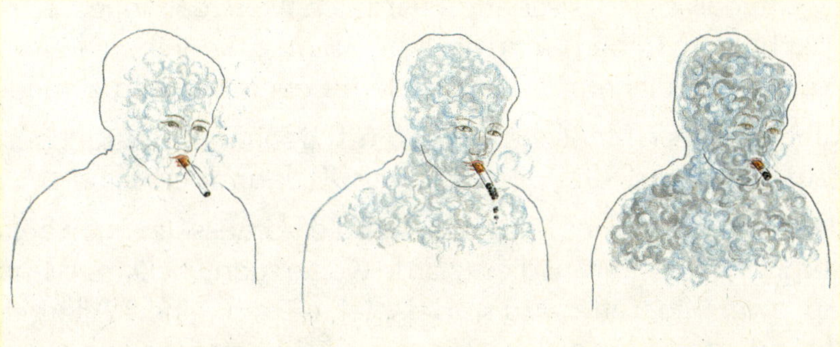

Als ich ihm diese Zeichnung zeigte, war sein Entsetzen groß, und plötzlich ging eine Veränderung in ihm vor sich. Der zuvor so auftrumpfende Manager verwandelte sich in eine eher schüchterne und sensible Gestalt und fragte:

"Mein Gott, ist es wirklich so schlimm?"

"Mann, wachen Sie doch auf! Sie haben Ihr Leben verwechselt, es landet mit jeder Kippe einer ausgerauchten Zigarette im Papierkorb. Ich rate Ihnen, nicht den Glimmstengel in Ihrer Hand zu halten und mit ihm zusammen Ihr Leben fortzuwerfen, sondern ab heute den Glimmstengel für immer fortzuwerfen und Ihr Leben in der Hand zu halten.

Wachen Sie endlich auf! Um Sie nicht zu sehr zu schockieren, habe ich die Situation noch verharmlost. Es ist aber wahrhaftig so. Jetzt können nur Sie sich noch retten. Hilf Dir selbst, dann hilft Dir Gott, Er hat Sie ja dieser Situation auch nicht ausgesetzt."

Drei Monate später war ich wieder in seinem Büro. Außer sich vor Freude begrüßte er mich, drückte mich herzlich und zeigte über seinen Schreibtisch.

"Erkennen Sie das? Es ist die Zeichnung, die Sie gemacht haben. Mann, ich rauche nicht mehr, seit dem Tag, an dem Sie bei mir waren. Ich kann Ihnen gar nicht beschreiben, wie glücklich ich bin, und meine Frau und meine Familie erst!"

Dieser Mensch hat es fertiggebracht, den Glimmstengel wegzuwerfen und nicht sein Leben. Also wird es jedem Raucher, der dies hört, möglich sein, von heute auf morgen auf Zigaretten zu verzichten. Denn die Gesundheit und das Leben sollten jedem bei Gott wichtiger sein als der Glimmstengel.

Ich weiß, daß es jeder schaffen wird. Ich weiß, daß in jedem die Sehnsucht pocht, dem Leben einen größeren Sinn zu verleihen. Ich würde alles dafür opfern, um jedem zu helfen, dem Leben Vorrang zu geben.

P: Es gibt aber doch Menschen, die zum Teil sogar Kettenraucher sind und trotzdem ein hohes Alter von 80 oder 90 Jahren erreichen.

D: Jeder einzelne von uns hat individuell die Voraussetzungen bekommen, die er braucht, um sich auf dieser Erde weiterzuentwickeln. Wenn jemand nun an zwei Zigaretten zum Beispiel wegen einer Allergie großen Schaden erleidet, dann sollte er diese zwei Zigaretten meiden. Andernfalls begeht er ein Verbrechen an seiner Gesundheit und Konstitution.

Dasselbe Verbrechen verübt aber auch jemand, der Kettenraucher ist und 80, 90 Jahre alt wird. Denn er hat seine Gesundheit dazu bekommen, um sich weiter makellos zu Gott zu entwickeln und nicht um diese kostbare Gabe einfach wegen eines billigen Genusses zunichte zu machen. Da Rauchen eindeutig schädlich ist, wäre er noch viel älter geworden und dazu im Einklang mit seinem Schöpfer, wenn er nicht geraucht hätte.

P: Soll das etwa heißen, daß jemand, der raucht, nicht religiös sein kann und nie zu Gott finden kann?

D: Wer den Körper nicht pflegt und frei von Verunreinigungen hält – und eine der schlimmsten Verunreinigungen ist nun einmal das Rauchen –, der kann geistig nie wachsen; denn der Körper ist der Tempel, er ist jener kostbare Empfänger oder Überträger, der uns konkrete und korrekte Informationen über die Urschöpfung vermitteln kann.

Wenn ein Empfänger kaputt ist, dann kann er nichts empfangen, und wenn er gestört ist, dann empfängt er nur gestörte Dinge. Da die Lunge nun einmal die direkte Nahrungsquelle der hochsensiblen Sinnesorgane ist, darf sie daher durch nichts beschmutzt werden. Denn eine scheinbar harmlose Verschmutzung auf der groben Ebene des Körpers führt zu verheerenden Auswirkungen am anderen Ende, in den Bereichen der Abwicklung des feinsten Stoffwechsels und der feinsten energetischen Vorgänge, der eigentlichen Nahrung für Geist und Herz.

Nehmen wir zum Beispiel unseren Gehörsinn, der auf eine geradezu unfaßbare Wahrnehmung angelegt ist. Keinem tierischen Wesen ist eine Feinheit des Hörens gegeben, die dem menschlichen Gehör nahe käme. Denn unser Gehör hat die unbeschreibliche Fähigkeit, hunderttausende verschiedene Wörter in der eigenen Sprache und sogar in fremden Sprachen zu erfassen und ihre Bedeutung dem Gehirn zugänglich zu machen.

Voller Erfurcht denke ich an die Wundersprache des Mannes von Nazareth; denn Seinen Worten folgten die Schwingungen der absoluten Ordnung und des Heilseins, und Er ist für mich der Begründer einer bis jetzt kaum beachteten, aber der wohl großartigsten Heilweise, nämlich des Heilens mit Worten und Gedanken. Ich selbst hatte das Glück, in verschiedenen Situationen die Gabe benützen zu können, mit Worten zu heilen, und bereits jetzt möchte ich die Voraussage machen, daß die Menschen in absehbarer Zeit, sobald sie ihr Bewußtsein erweitert haben, mit Worten und Gedanken der Ordnung heilen werden.

Außerdem ist jene sagenhafte Gabe des Erlauschens der Tiersprache, die Franz von Assisi uns vorlebte, von Engeln, Göttern und selbst der Stimme des allmächtigen Gottes fast jenseits jeglicher Wahrnehmung im menschlichen Gehör enthalten. Moses hörte Gottes Stimme, Christus unterhielt sich ständig mit Ihm. Also gibt es Fähigkeiten in unserem Gehör, die kaum zu beschreiben sind, und die durch unser Fehlverhalten immer mehr verkümmern und fast in Vergessenheit geraten sind.

Durch den Krach, mit dem sich die Jugendlichen in Diskotheken leider behämmern oder belämmern lassen, büßen sie die Fähigkeit vielleicht für immer ein, jemals in diesem Leben diese wunderbaren Gaben zu benützen.

P: Moment einmal, das Sprechen Christi mit Gott kann man doch wohl nicht so wörtlich nehmen.

D: Oder doch! Wir müssen die Dinge endlich ein bißchen genauer und richtiger darstellen, als sie uns bis jetzt vermittelt worden sind.

Dieser Aspekt ist nämlich eindeutig mißverstanden worden. Christus sprach direkt mit Seinem Vater, also war bei Ihm diese kostbare Gabe noch vollkommen intakt. Bei uns ist sie aber leider durch unser Fehlverhalten verkümmert. Deswegen können wir sie jedoch anderen nicht einfach absprechen oder sie aus Bequemlichkeit anders auslegen.

Die Großartigkeit des Gehörsinns geht ins Unermeßliche, denn der

Schöpfer hat ihn in uns angelegt, damit wir durch diesen Sinn mit Ihm in Verbindung bleiben und vor allem an Seiner unendlichen Vielfalt von Schwingungen teilnehmen.

Betrachten wir als Beispiel einen Menschen, der Liebe für seinen Partner empfindet und sie mit den Worten "Ich liebe Dich" bezeugt. Diese Worte kommen aus dem Herzen und sollten über das Gehör zum Herzen des anderen gelangen. Sind die Funktionsmechanismen des Gehörsinns aber durch die Megawatts der Diskotheken gestört, dann kann er nur die gröbsten Oberflächenschwingungen übertragen, also eine Information, die man auch im Radio hören kann. Die Liebesgefühle, die mit diesen Worten mitschwingen, bleiben auf der Strecke.

Nur weil der Gehörsinn sie nicht weiterleiten kann, wird alles zur stupiden Oberflächlichkeit, die garantiert nicht im Sinne des Erfinders ist. Wenn dagegen die feinsten Funktionen des Gehörs intakt sind, dann wird alles, was es wahrnimmt, vollkommen und richtig verstanden und aufgenommen.

P: Das ist durchaus sehr einleuchtend, und ich kann beim besten Willen nichts dagegen sagen.

Es ist schon eigenartig: Da hat die Wissenschaft das alles bis aufs Feinste physiologisch und anatomisch untersucht, mir ist jedoch tatsächlich keine einzige Stelle bekannt, wo ähnliches darüber geschrieben worden wäre. So langsam bekomme ich selber Spaß an dem Spruch, daß man vor lauter Bäumen den Wald nicht sieht.

D: Ähnlich verhält es sich mit unseren Geschmacksorganen. Sie ermöglichen – so könnte man sagen – noch eine Steigerung der Vielfalt der Empfindungen. Denn sie besitzen die Fähigkeit, unter Tausenden verschiedener Geschmacksnuancen Unterschiede zu treffen und so bei jeder Nahrung optimal die Vorverdauung zu gewährleisten und die gesamte Verdauung zu steuern. Sie haben sogar ihre eigene Sprache, die im Bereich der Zärtlichkeit eine wunderbare Kraft in Bewegung setzt.

Und was machen wir damit? Zu viele Gewürze, Alkohol oder Zigarettenrauch töten und betäuben diese herrliche Einrichtung Gottes.

Ebenso unbeschreiblich ist unser Tastsinn. Wenn wir bedenken, was der Schöpfer alles in ihn hineingelegt hat, dann wird uns seine Großartigkeit erst richtig bewußt. Der ganze zwischenmenschliche Austausch von Zärtlichkeiten läuft über die Fähigkeiten des Tastsinns, und ist ein Mensch blind geworden, so kann er durch ihn lesen lernen und durch das Ertasten sogar andere Dimensionen erfassen.

Und da gibt es religiöse Institutionen, die in ihrem teuflischen Stumpfsinn bei Diebstahl keine andere Strafe kennen, als die kostbaren Hände abzuhacken, die von Gott mit diesen wunderbaren Gaben bestückt worden sind.

Ihre Vielfalt ist wirklich enorm, wie uns zum Beispiel die Gabe des Handauflegens zeigt, die mit der Kraft, die durch die Hände fließt, jede Heilung ermöglicht. Es ist wunderbar, wie rasch die Liebe und die Fürsorge einer Mutter durch ihre streichelnden Hände auf ihr Kind überfließen und es so in jeder noch so schlimmen Situation beruhigen können.

Wie wohltuend sind die Streicheleinheiten, von denen wir leider alle viel zu wenig bekommen!

P: Ja, die Streicheleinheiten, die Sie mir gestern morgen bei meinem Ischias verabreicht haben, waren zwar eigenartig, aber wirklich sehr wohltuend. Von so etwas kann man tatsächlich nie genug bekommen.

D: Auch unsere anderen Sinnesorgane sind von unschätzbarem Wert. Eine besondere Stellung nimmt der Sinn des Sehens unter ihnen ein. In allen Kulturen und Zeitepochen galten die Augen als Spiegel der Seele, und das ist sogar noch untertrieben. Denn egal, wohin man auch blicken mag, alles widerspiegelt sich in ihnen. Die Redewendung *Ich habe Dich sofort durchschaut* läßt uns nur erahnen, was für eine Macht dahinter steckt. Dabei dient die Fähigkeit, nach außen zu sehen, ja nur zur Orientierung, die der Körper braucht, um sich zurechtzufinden; die Macht des inneren Sehens fließt jedoch sicherlich ins Unendliche.

In der Stirnmitte zwischen den Augenbrauen sammeln schließlich alle fünf Sinnesorgane ihre Gaben im sogenannten dritten Auge und verleihen ihm die sagenhaften Fähigkeiten des eigentlichen Ebenbilds des Schöpfers.

Vollendete Weisheit ist nur erfahrbar, wenn der Empfänger – sprich: der Körper – vollständig gesund ist. Um ihn vollständig gesund zu halten, müssen wir alles, was ihn verschmutzen oder ihm schaden kann, von ihm fernhalten.

Also sollten wir uns den Sinnesorganen gegenüber immer angemessen verhalten. Das Auge sollte stets in Ruhe bei dem Geschauten verweilen, nicht aber bei Dingen, von denen sich der Blick eigentlich aus einem natürlichen Reflex des Grauens heraus abwenden würde. Unsere Nase sollten wir nur schönen Gerüchen aussetzen, unseren Geschmackssinn nur mit natürlichen Köstlichkeiten verwöhnen und unsere Ohren mit der herrlichen Symphonie der lebendigen Natur. Den Tastsinn bekamen wir als wunderbaren Sinn des Sich-Vermittelns. Bezeugen wir dem Leben also durch ihn, daß die Kraft der Liebe in uns nicht versiegt ist, und vermitteln wir unserer Umgebung die nährende Sanftmut unserer Hände. Nur so werden wir das Leben und uns selber verstehen lernen.

T: Wie sieht die richtige Atmung denn nun aus? Läßt sie sich so einfach beschreiben oder erlernen?

D: Ja, sie ist eigentlich sehr einfach, obwohl schon eine Unzahl von Büchern über Atmung geschrieben worden sind. Es gibt unermeßlich viele willkürlich entwickelte Techniken, einige wenige der Natur nah, die meisten aber meilenweit von ihr entfernt. Wenn wir die Atemfunktion aber genauer betrachten, dann stellen wir fest, daß alles höchst wunderbar und sinnvoll angelegt ist.

Der größte Fehler, der weltweit in Atem- und Asthmakliniken Verbreitung gefunden hat, ist die Ausatmung durch den Mund mit irgendeiner Art von Bremse für die Luft, am häufigsten in Form der sogenannten »Lippenbremse«. Wer es auch gewesen sein mag, der dies in die Welt gesetzt hat, er hat sich gewaltig geirrt. Dem ursprünglichen Ablauf der Natur gemäß ist der Mund nämlich zum Sprechen, zum Essen und zur Geschmacksempfindung da, die Ohren zum Hören, die Augen zum Sehen, die Tastorgane zum Ertasten, die Nase aber zur Atmung und zur Wahrnehmung von Gerüchen. Der Geruchssinn signalisiert uns, welche Luft angenehm atembar ist und welche unangenehm, so daß wir eventuellen Vergiftungsgefahren sofort aus dem Weg gehen können.

Der Schöpfer hat jedem Organ seine vollkommene Funktion verliehen, also ist die Nase ein vollkommenes Ein- und Ausatmungsorgan. Damit ist der oberste Grundsatz, nur durch die Nase ein- und auszuatmen. Wenn wir nämlich kalte, meist trockene Luft einatmen, so kühlt sie die Nasenschleimhäute ab und reichert sich aus ihnen mit Feuchtigkeit an. Atmen wir danach durch die Nase aus, so werden die Schleimhäute durch die warme, feuchte Luft wieder angewärmt und nachgefeuchtet. Dabei setzt sich an den unzähligen Flimmerhaaren durch einen Kondensationsvorgang Feuchtigkeit ab und bildet so ein kostbares Filter, das gröbste und feinste Partikel von den Bronchien und der Lunge fernhält. Nur eine so filtrierte und durch die Nase kontrollierte Luft beatmet die Lunge vollständig.

Atmen wir im Gegensatz dazu durch die Nase ein und durch den Mund aus, dann geht die kostbare Wärme und Feuchtigkeit ungenutzt verloren, und die Nasenschleimhäute werden nur mit kalter Luft konfrontiert. Dadurch verlieren sie ihre Flexibilität und Feuchtigkeit, verkrampfen sich, werden irritiert und bilden einen Schutzschleim, der eine Brutstätte für Infekte wird. Gleichzeitig bilden sich aus diesen Schutzablagerungen durch Erhärtung zwangsläufig Polypen, die jedoch durch das Erlernen der natürlichen Atmung vom Körper auch selbst wieder abgebaut werden.

Außerdem wird beim Ausatmen durch den Mund die Atmung immer flacher und angehaltener, weil wir – wie schon erwähnt – eine Bremse benützen. Egal, wie die Bremse konkret aussieht, ob sie durch Pfeifen, Pusten, Vokalausatmung oder Verengung der Lippen bei der Lippenbremse bewerkstelligt wird, sie bedeutet in jedem Fall Unnatürlichkeit und Verkrampfung. Den Erfindern dieser Art der Atmung muß man Kurzsichtigkeit bescheinigen, denn Luft zu bremsen, die in der Lunge bereits in Bruchteilen von Sekunden mit Giftstoffen angereichert wurde, bedeutet Selbstvergiftung. Wenn wir die Luft also durch die Nase eingeatmet haben, dann lassen wir sie sofort wieder durch die Nase herausfließen, da der Gasaustausch in der Lunge ja bereits stattgefunden hat.

Ab heute vergessen wir einfach alle unnatürlichen Atmungsarten und tauschen sie gegen das natürliche Verhalten der Atmung gegenüber aus. Bereits nach kürzester Zeit der Umgewöhnung wird uns eine stabile Gesundheit als Lohn zuteil werden. Denn in meiner langjährigen Erfahrung durfte ich feststellen, daß alle Lungenkrankheiten vom Defektwerden der Nase mit herrühren.

Mit einer defekten Nase schnarcht man und quält man sich im Schlaf, mit einer gesunden aber findet die ganze Nacht über eine korrekte Nasenein- und -ausatmung statt. Da sich nachts alle intakten Mechanismen nach ihrem Ursprung verhalten, ist das der Beweis, daß die Nasenatmung richtig ist.

P: In der Medizin hat man schon so vieles gegen Schnarchen ausprobiert, bisher jedoch ohne wirklichen Erfolg. Was würden Sie denn dafür empfehlen?

D: In 95 von 100 Fällen handelt es sich um Personen, die durch Übergewicht zu diesem Leiden gekommen sind. Die Anhäufung von Fettsubstanz im Rachenbereich sperrt nämlich während des Liegens auf dem Rücken durch das Herunterfallen der Kinnlade den Durchgang der Luft in die Lunge. Also ist größte Anstrengung erforderlich, um zu Luft zu kommen. Folge dieser Mühe sind die verschiedenartigsten bekannten Sägegeräusche.

Näht man solchen Personen einen Tennisball am Rücken ihres Pyjamas fest, dann werden sie sich automatisch auf die Seite drehen, und das Schnarchen wird in den meisten Fällen aufhören. Begleitet von einer langsamen Gewichtsreduktion und dem damit verbundenen Abbau der Fettsubstanz im Rachenbereich kann dieser Trick sogar vollständige Heilung bewirken.

P: Das ist ja unglaublich simpel. Ich kann mir zwar vorstellen, daß es am Anfang etwas unangenehm und lästig ist, aber zweifelsohne nützlich.

D: Ja. Das ist wieder ein Beispiel dafür, wie notwendig Umerziehung ist. Das Gleiche gilt bei den restlichen 5%, die entweder lokal in diesem Bereich erkrankt sind oder insgesamt ernstliche nervlich-motorische Schäden aufweisen, so daß das Schnarchen bei ihnen in jeder Schlaflage auftritt. Bei ihnen ist eine generelle Umerziehung ihres gesamten gesundheitlichen Verhaltens ihrem Körper gegenüber unerläßlich – Ernährung, Bewegung, Atmung, Psyche und geistiges Verhalten. Auf diese Weise ist auch hier Heilung möglich, sie wird jedoch Monate, unter Umständen Jahre in Anspruch nehmen.

Mir sind einige solche Fälle persönlich als Erfahrung zuteil geworden, wodurch sich ein klarer Beweis ergeben hat, daß nichts unheilbar ist, wenn der Mensch sich ernsthaft seiner Gesundung widmet.

P: Aber wie steht es diesbezüglich mit Asthma? Nach dem heutigen Wissensstand ist das eine fast rein psychische Angelegenheit und gilt daher praktisch als unheilbar. Mit diesem Leiden muß man einfach leben.

D: Die Asthmatiker und Bronchialasthmatiker sind aber irgendwann einmal krank geworden, und das muß eine Ursache haben. Wollen wir ein wenig die Möglichkeiten erläutern, die nach meiner langjährigen Erfahrung dazu führen können, daß es zu einer solch massiven Störung im Bereich der Atmungsorgane kommen kann.

Kinder, die keine erbbiologischen Vorbelastungen haben, sind selten Opfer solcher Veränderungen. Tritt bei ihnen dennoch Asthma auf, dann kann man immer ganz genau nachvollziehen, daß sie die Nasenatmung jahrelang bis zur Unkenntlichkeit verändert haben und typische Mundatmer geworden sind. Erleidet aber ganz allgemein jemand mit einer Lunge, die durch solche falsche Atmung geschwächt ist, einen psychischen Schock, dann treten bereits die ersten Merkmale und Vorsymptome von Asthma auf.

Entscheidend ist jedoch, daß zuerst körperliche Mängel zu einer Schwächung der Systeme führen, und dann die Psyche mit hineinspielt. Aufgrund dieser Reihenfolge der Erkrankungsstadien erkennen wir, daß jegliche Mühe, dem Leiden über die Psyche beizukommen, zum Mißerfolg führen muß, was alle bisherigen Erfahrungen auch bestätigen, bei denen man einfach die Zusammenhänge nicht erkannt und daher die Reihenfolge verwechselt hat.

In einem gesunden Körper wohnt ein gesunder Geist. Also müssen wir alles unternehmen, damit die körperlichen Mechanismen in Ordnung kommen, und dann wird sich auch die Psyche wohlfühlen. Eine Psyche, die sich in einem gesunden Körper wohlfühlt, ist aber unbesiegbar. Meldet sie sich im erkrankten Zustand des Körpers, dann nur, um zu signalisieren, daß sie sich unwohl und verletzbar fühlt. In diesem Zustand ist sie leicht Opfer von Einwirkungen von außen.

Im Grunde genommen hat die Krankheit Asthma also nur insofern mit der Psyche zu tun, als diese durch Unwohlsein kundtut, daß körperlich etwas falsch läuft. Daher ist es nur möglich, Asthma zu heilen, indem die Atemmechanismen und die übrigen Mechanismen des Körpers in Ordnung gebracht werden.

P: Reicht es Ihnen eigentlich nicht, daß Sie die ganze medizinische Sichtweise über den Körper und seine Heilprozesse umkrempeln? Jetzt stellen Sie auch noch die bisherige Sicht über die Psyche total in Frage!

D: Herr Professor, lernen wir einfach, die Nasenatmung so anzuwenden, wie der Schöpfer es gedacht hat. Dann werden wir selbst in schlimmsten Fällen zu 70, 80% gesund werden. Sogar Atemnot infolge von schwerem Asthma wird in kurzer Zeit verschwinden, ebenso konkrete Beschwerden wie Pseudokrupp, Heuschnupfen, Bronchitis und alle Schwächen, die eine Grundlage für diese Erkrankungen bieten.

Hier weht uns ein äußerst kostbarer Gedanke als Ahnung entgegen, woher nämlich dem Menschen die eigentliche Freiheit und der innere Friede als Erfahrung zuteil werden. Sie beginnen zweifelsohne in der Wiederherstellung der ursprünglichen Funktion unserer Organe, in diesem Fall der Lunge.

T: Was Du da sagst, bringt mich ganz durcheinander. Ich sehe zwar ein, daß Du recht hast, wie kann ich aber jetzt konkret meinen persönlichen Zustand in Richtung der ursprünglichen Funktion verändern?

D: Das ist gar nicht schwer. Der Nase als einem unserer kostbarsten Organe sollten wir die vorzüglichste Pflege widmen. Sie beginnt beim Herausfinden, ob verhärteter Nasenschleim in der vorderen und in der hinteren Nase bis zum Rachen vorhanden ist.

T: Und wie finde ich das heraus?

D: Ganz einfach. Wenn die vordere Nase verkrustet und verschleimt ist, dann ist das gleichzeitig ein deutliches Zeichen dafür, daß sich der Schleim bis nach hinten staut. Das ist Grund genug, um eine Nasenreinigung vorzunehmen.

Dafür nehmen wir ein Glas gut warmen Wassers, fügen eine Messerspitze Meer- oder Haushaltssalz hinzu, rühren es um und schmecken ab, ob es gut warm ist und angenehm salzig schmeckt. Wenn es zu salzig ist, lassen wir noch etwas warmes Wasser einfließen, andernfalls fügen wir noch etwas Salz hinzu. Wir schmecken es nochmals ab, führen das Glas zur Nase und tunken unsere Nasenlöcher gleichzeitig oder einzeln in das Salzwasser ein. Nun sollten wir das Wasser nicht durch die Nase hochziehen, sondern durch die Nase einschlürfen und danach durch den Mund ausspucken.

Thomas verzog sein Gesicht, als ob er Schmerzen hätte.

T: Das muß doch weh tun! Wenn ich im Schwimmbad Wasser in die Nase bekomme, ...

D: Thomas, das Wasser, das wir einschlürfen, ist kein kaltes Chlorwasser wie im Schwimmbad, sondern gut warmes Salzwasser. Es ist wirklich wichtig, daß wir salzhaltiges und warmes Wasser verwenden, denn Kälte ist nie gut für die Schleimhäute. Außerdem habe ich ja betont, daß wir das Wasser nicht hochziehen, sondern einschlürfen, denn sonst kann es, anstatt über den Nasen-Rachen-Kanal in den Mund zu fließen, in Richtung der Stirnhöhlen hochgedrückt werden und tatsächlich einen unangenehmen Schmerz erzeugen.

Nach ein bißchen Übung wird es jedem gelingen, diese kostbare Nasenreinigung zu beherrschen. Nun folgt die eigene Erfahrung, und wir werden sehen, wieviel verkrusteten Schleim und Dreck wir aus dem Nasenkanal herausholen werden. Das ist ein Zeichen dafür, daß die Nasenreinigung erfolgreich und nötig war.

Die ersten drei Wochen machen wir das regelmäßig jeden Tag, möglichst abends, um für die Nacht ein freies Atmen zu gewährleisten, und wenn notwendig auch in der Früh; danach je nach Bedarf.

Nachdem wir die Reinigung vollständig eingeübt haben, benützen wir sie auch an unseren Kindern. Den größeren ab 3, 4 Jahren bringen wir dieselbe Technik bei, bei Kleinkindern und Säuglingen benützen wir eine Pipette.

Inzwischen gibt es auch Spraypumpen mit physiologischer Salzlösung, die angewendet werden können, doch niemals, ohne vorher den Inhalt erwärmt zu haben; denn kalte Flüssigkeiten bedeuten für Säuglinge immer einen Schock und eine Verkrampfung. Chemische Mittel, egal welcher Art, sind für die Schleimhäute unnatürlich und schädlich und sollten grundsätzlich gemieden werden.

Es ist von allergrößter Bedeutung, Säuglingen und Kindern bis zu 3, 4 Jahren nachts ständig die Nase frei zu halten, denn sonst besteht die höchste Gefahr, daß sie infolge von Nasenverstopfung und Schnupfen zu Mundatmern werden und dabei der gesamte Atmungsapparat erkrankt. Die Aufmerksamkeit der Mutter oder des Vaters über die Nacht ist eine Kleinigkeit gegenüber den Folgen, wie Asthma oder chronische Bronchitis, die sich sonst für das Kind daraus ergeben.

Haben wir die Nase also gereinigt, dann setzen wir uns bequem hin, nehmen Daumen, Zeige- und Mittelfinger, fassen den Nasenrücken damit zwischen den Augenbrauen und bewegen unsere Finger mit sanftem Druck millimeterweise bis zu den Nasenflügeln. Empfinden wir dabei irgendwo einen Schmerz, so vermindern wir den Druck, unterbrechen ihn aber nicht. Diesen Vorgang wiederholen wir 5- bis 7mal und verschieben dabei zwischendurch die Nase noch sanft nach links und rechts.

Diese einfache Übung und Behandlung bewirkt, daß die gesamte Nase erhöhte Durchblutung erfährt, und damit die Schleimhäute, der Geruchssinn und alle übrigen in ihr angeordneten Mechanismen in höchster Funktion gehalten werden. Denn sie sollen ja nicht mittelmäßig, sondern optimal funktionieren.

T: Wenn wir nur durch die Nase ein- und ausatmen, bekommen wir dann überhaupt genug Luft? Und was machen wir, wenn die Nase oder ein Nasenloch zu ist?

D: Natürlich bedarf es einiger Übung und Ausdauer, bis die Nase wieder vollständig ihre ursprüngliche Funktion übernimmt. Wenn wir aber die eben beschriebene Pflege durchführen, beschleunigen wir den Prozeß erheblich.

Die Lunge und die Nase sind bei jedem Menschen nach der individuellen Körpergröße erschaffen. Somit ist von Natur aus die Voraussetzung dafür gegeben, daß auch bei Belastung keine Schwierigkeiten mit der Atmung auftreten. Bei einer krankhaften Veränderung oder Verletzung müssen wir deshalb alles tun, damit die ursprüngliche Natürlichkeit wiederhergestellt wird. Hilft das nicht, dann suchen wir einen ausgezeichneten Hals-Nasen-Ohrenspezialisten auf, der die Kunst beherrscht, die Nase in den ursprünglichen Zustand zu bringen.

Wenn ein Nasenloch aber infolge von Schnupfen oder Erkältung zu ist, dann nehmen wir sofort eine Salzwasserreinigung vor. Gewaltsame Versuche, den Schleim herauszuschneuzen, können zu erheblichen Verletzungen der Schleimhäute führen und sind deswegen zu unterlassen.

Nachts legen wir uns in solch einem Fall auf die andere Seite, damit das verstopfte Nasenloch aufgeht, und wenn das nichts nützt, stehen wir kurz auf, um eine Reinigung durchzuführen, was viel besser ist, als sich die ganze Nacht wegen Atemnot durchzuquälen und damit den heilenden Tiefschlaf zu stören.

Jeder Atemzug bedeutet einen Reinigungsprozeß, und wenn die Lunge schwach, nur zu einem Viertel oder der Hälfte arbeitet, dann verursacht das einen Rückstau der Giftstoffe im Körper. Kultivieren wir dagegen unsere Atmung zu vollständiger Funktion, so entgiften wir uns mit jedem Atemzug; denn es gibt keine Zelle im Körper, die nicht unmittelbar an die Aktivität der Lunge angeschlossen wäre. Hier ergibt sich die Chance, mit vollständiger natürlicher Atmung den Körper so zu entgiften, daß er sich rasch gemäß seiner Natur entwickelt.

Die verschiedenen Arten von Unwohlsein und Depressionen beruhen zum Beispiel zu 80% auf nicht ausgeschiedenen Giftstoffen, die uns diese Zustände nur vorgaukeln. Das Wissen aus dem Ayodhya-Veda enthält jedoch eine hervorragende Therapie, die gerade in solchen Fällen zu den wunderbarsten Erfahrungen mit der natürlichen Atmung geführt hat. Frauen und Männer, die sich in den hoffnungslosesten Zuständen befanden, waren schon nach einigen Sitzungen von ihren Giftstoffen befreit und erfuhren deutliche Verbesserungen bei ihren psychischen Problemen. Somit zeigt die Erfahrung, daß richtige Atmung eine perfekte Psychotherapie ist.

P: Atmung als Psychotherapie, und auch noch als perfekte? Diese Behauptung von Ihnen zeigt, daß Sie vom Komplex der Psyche nicht annähernd so viel verstehen wie von körperlich-physiologischen Vorgängen.

D: Wollen wir es im Moment einfach bei der Erfahrung belassen, die durchaus real und daher nicht wegzuwischen ist!

Um aber meine Antwort auf die Frage nach der richtigen, natürlichen Atmung abzuschließen, möchte ich noch bemerken, daß, ähnlich wie bei der Bewegung, auch die Atmung in verschiedenen Situationen – wie etwa beim Schwimmen, Singen oder Spielen von Blasinstrumenten – außergewöhnlich und nicht naturgemäß benützt oder belastet werden kann. Das darf jedoch 10% der normalen Atmung unter keinen Umständen überschreiten. Andernfalls leiden die Mechanismen und drohen, wie beschrieben, chronisch zu erkranken.

Es ist allerdings zu betonen, daß bei der größten Mehrzahl der sportlichen Betätigungen, insbesondere auch bei dem gestern besprochenen Dauerlauf, die richtige Nasenatmung viel hilfreicher ist als eine unnatürliche Atemweise.

T: Was ist aber, wenn ein Teil der Lunge entfernt oder durch ein Emphysem funktionsuntüchtig geworden ist?

D: Die Natur hat auch da großartige Vorrichtungen angelegt. So wird der gesunde Teil zu seiner maximalen Funktion gesteigert, die intakten Lungenbläschen erhalten doppelte Stärke und werden zu doppeltem Einsatz gebracht, und somit wird das Fehlerhafte trotzdem bis zu 80% ausgeglichen.

Das ist aber nur dann möglich, wenn die Betroffenen sich die natürliche Atmung aneignen. Andernfalls ist es mit viel Leiden verbunden, nur mit einem Lungenteil auskommen zu müssen, der durch die falsche Benutzung noch zusätzlich belastet wird. Zu all dem kommen auch noch die schlechten äußeren Bedingungen, die uns die heutige Umwelt bietet.

T: Die ganze Kunst besteht also nur darin, durch die Nase ein- und auszuatmen?

D: Nicht ganz. Meine langjährige Beobachtung bestätigte mir jene legendäre Weisheit, die vor 2000 Jahren der Mann aus Nazareth zum Ausdruck gebracht hat: *"Werdet wie die Kinder!"*

Jahrelang habe ich Kinder bei allen Verhaltensweisen beobachtet, die ihrem Wachstum zugrunde liegen, wobei ich der Atmung die größte Aufmerksamkeit widmete. Dabei fiel mir etwas Eigenartiges auf, daß nämlich die Kinder ein für unsere bisherigen Begriffe und für unser bisheriges Verständnis sonderbares Verhalten in der Atmung an den Tag legen.

Jeder Mutter, die neben ihrem Kind wach gelegen hat, muß es aufgefallen sein, daß ein gesundes Kind nach fließender normaler Ein- und Ausatmung plötzlich ausatmet und dann — Stille. Ja, eine Stille, die manche Mutter zu Tode erschreckt hat, in dem Gedanken, ihr Kind lebe nicht mehr. Solche Atempausen können sich bis zu 1 – 2 Minuten erstrecken, und das ist es!

Diese Beobachtung brachte mir die Erkenntnis von dem wunderbaren, göttlich-kindlichen Atmungsvorgang, bei dem sich nach jeder Ausatmung eine natürliche Pause ergibt. Ich bin dahinter gekommen, daß – ähnlich wie beim Magen – nicht die gefüllte Lunge der Normalzustand ist, sondern die entleerte. Ein weiterer Hinweis hierfür ist, daß ein Mensch nach der Geburt seine Lunge mit dem ersten Atemzug füllt und sie beim Verlassen dieser Welt beim Aushauchen des Lebens entleert.

Nicht umsonst haben Dichter und Philosophen in diesem Zusammenhang von der »schöpferischen Pause« gesprochen. Sie ist jene geheimnisvolle Quelle, aus der die Schöpfung selbst entsteht. Daher ist sie auch überall nachweisbar. Werfen wir zum Beispiel einen Stein in die Luft, so gibt es einen Punkt, an dem er seine Bewegung umkehrt, die Pause; schreiten wir, so muß für das Fortschreiten ein Fuß ruhen; nur im Zustand des entleerten Magens findet jene Entgiftung und feine Stoffumwandlung statt, die das Leben fordauern läßt, und die die Quelle aller Energie ist; und schließlich die Gedanken, die aus der Stille des Urzustands des Schöpferischen emporsprudeln. Mit dieser Aufzählung könnten wir beliebig fortfahren.

Die Pause beim Atmen ist ein Augenblick des Loslassens. Nur in dieser Phase kann sich die Lunge erholen, eine Selbstreinigung vornehmen und sich dadurch in die Lage versetzen, die Entgiftung und Regeneration des Körpers dauerhaft und vollständig durchzuführen.

T: Ich dachte immer, man sollte nach dem Einatmen eine Pause machen, um den Sauerstoff besser auszunützen.

D: Der Gasaustausch in der Lunge dauert nur einen sehr kurzen Augenblick. Deshalb ist der Sauerstoff bereits vollständig ausgetauscht, wenn man die Lunge mit der eingeatmeten Luft gefüllt hat. Hält man die Luft weiter an, so verzögert man also nur die Entgiftung des Körpers, da man die in der Lunge befindlichen Giftstoffe nicht ausatmet.

Die Luft einer unnatürlichen Pause zuliebe länger anzuhalten, bedeutet außerdem eine Anspannung und Verkrampfung, die wiederum negative Auswirkungen auf den gesamten Körper hat.

Wir ersehen daraus, daß es das Wichtigste bei der Nasenatmung ist, im ausgeatmeten Zustand ohne den Zwang einzuatmen zu verweilen, bis der Impuls kommt: “Jetzt brauche ich Sauerstoff.” Dann atmen wir nicht hastig, sondern fließend durch die Nase ein und aus, aber so daß die Luft durch die Nasenlöcher hörbar ein- und ausströmt.

Wenn wir diese Übung machen, dann bemerken wir, daß die Luft zu einer weitaus tieferen Ein- und Ausatmung führt, wenn sie geräuschvoll an den Nasenflügeln vorbeistreift. Das liegt daran, daß in der Nase neben dem Geruchssinn, der feststellt, ob die Luft annehmbar ist, unzählige, zum Teil noch unentdeckte Mechanismen vorhanden sind, die die Kontrolle und Reinigung der Luft in Bruchteilen von Sekunden vornehmen. Vorausgesetzt natürlich, daß die Mechanismen nicht verkümmert oder gar durch Verletzungen oder Operationen zerstört sind.

Ein grandioses Beispiel hierfür sind die unzähligen Schwingkörperchen an den Wurzeln der Flimmerhaare, die durch die hörbar strömende Luft kräftig in Bewegung versetzt werden und so über eine Resonanz in den Bronchien und Lungen das Signal abgeben, daß sie die Luft kontrolliert und als passierbar registriert haben.

Strömt die Luft dagegen nicht hörbar, so können die Resonanzmechanismen nicht ansprechen, und die Bronchien und Lungen fassen die Luft als unkontrolliert auf und wehren sich gegen sie, indem sie nichts oder nur sehr geringe Mengen hereinlassen. Das führt zu einer deutlichen Irritation und langfristig zu Schwächen und Erkrankungen.

Jeder kann diese Vorgänge an sich selbst durch ein einfaches Experiment bestätigen: Wir brauchen dazu eine große Wanne oder ein Becken voller Mineralwasser, wie wir es in Heilwasserkurorten vorfinden oder zu Hause in einem Waschbecken selbst improvisieren können. Dann nähern wir uns mit der Nase der Oberfläche dieses Wassers und werden feststellen, daß es nicht im geringsten möglich ist, die Luft einzuatmen. Das liegt an den Sperrmechanismen, die in Bruchteilen von Sekunden die Atmung blockieren, weil sie registriert haben, daß diese Luft für die Lunge nicht geeignet ist. Atmen wir jedoch durch den Mund, so können wir tatsächlich einatmen, was die Nase uns gesperrt hat.

Das gleiche Phänomen ist bei allen plötzlich auftretenden widerwärtigen Gerüchen zu beobachten. Daher ist zu bemerken, daß die Luftverschmutzung sicherlich schon längst ein Ende gefunden hätte, wenn bei allen Menschen die Nase intakt wäre. Ebenso wäre das Rauchen garantiert schon als Legende verabschiedet. Da dem jedoch nicht so ist, haben wir den Beweis, daß bei fast allen der Menschen die Nase nicht mehr ursprünglich funktioniert.

Man kann nicht genug betonen, daß die Nase ein unersetzliches Atmungsorgan von unschätzbarer Kostbarkeit für unser körperliches und geistiges Wachstum ist. Und der Humus für dieses Wachstum ist jene Pause nach der Ausatmung, die in uns die Stille kultiviert, welche uns zum Ursprung des Lebens und zum Ziel aller Ziele führt.

T: Diese Pause muß man aber auch erst einmal gründlich üben!

D: Ja, fangen wir am besten gleich damit an!

Zu diesem Zweck gibt es eine äußerst nützliche Hilfsatemübung, die jedem unbedingt zu empfehlen ist. In der ehrbaren Vedischen Tradition wird sie »Pranayama« genannt, wir wollen sie zum besseren Verständnis einfach als »wechselseitige Nasenatmung« bezeichnen.

Für diese Übung machen wir es uns ganz bequem. Zunächst einmal brauchen wir eine Stütze für unseren rechten Ellbogen. Sehr gut dafür geeignet ist ein Dinkelspreukissen, das man sich auf den Schoß legt. Leider haben wir im Moment nur das eine, auf dem Sie, Herr Professor, heute nacht geschlafen haben. Am besten nehmen Sie es sich für diese Übung.

Du, Thomas, kannst Dir vielleicht Deine Wolldecke zu einer Unterlage zurechtwickeln. Für zuhause solltet Ihr Euch aber unbedingt auch so ein Kissen zulegen.

Die beiden taten sogleich, worum Duschane sie gebeten hatte, und setzten sich dann bequem in ausreichendem Abstand vom Tisch auf ihre Stühle. Der Professor schob sich das Kissen unter den rechten Ellbogen und wartete geduldig, bis Thomas seine Decke auf die richtige Höhe zurechtgewurstelt hatte.

Dann blickten beide erwartungsvoll zu Duschane.

T: Jetzt kann es losgehen!

D: Gut. Nehmen wir die rechte Hand! Nur falls sie defekt ist, benützen wir die linke.

Duschane führte seine rechte Hand zur Nase und machte den beiden vor, wie die Übung aussehen sollte.

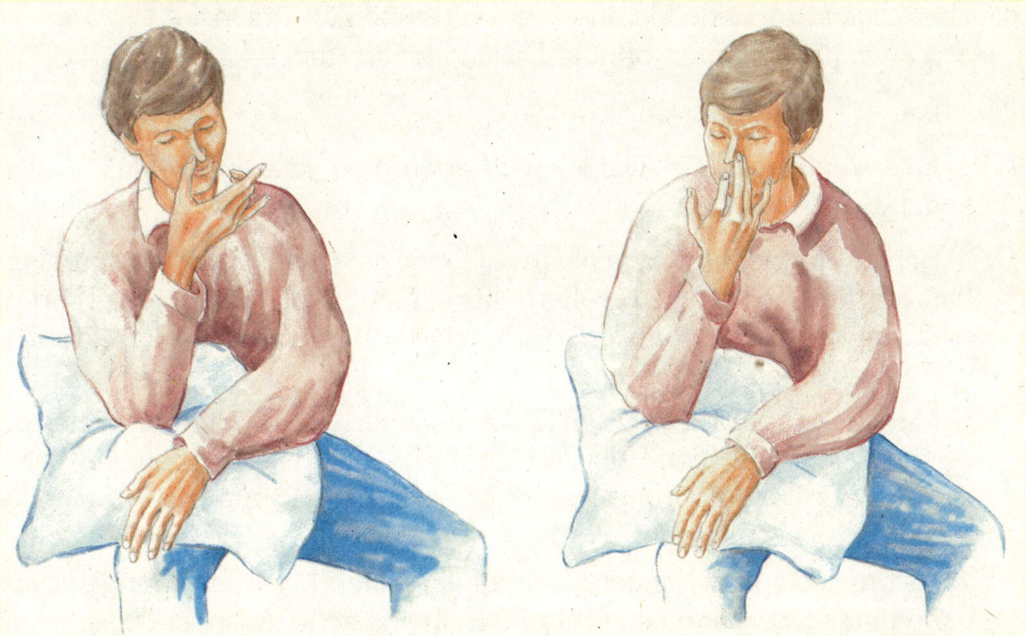

D: Wir legen den Daumen an den rechten Nasenflügel und schließen mit ihm durch sanften Druck das rechte Nasenloch. Dann atmen wir aus, machen ganz unschuldig eine Pause, atmen leger fließend wieder ein, schließen mit Ring- und Mittelfinger das linke Nasenloch, öffnen das rechte wieder und atmen aus.

Thomas und der Professor machten sofort mit.

D: Moment, Herr Professor,

unterbrach Duschane.

D: Im eingeatmeten Zustand dürfen wir die Luft nie anhalten, auch wenn wir den Fingerwechsel durchführen müssen. Wir haben ja schon erklärt, daß die eingeatmete Luft in Bruchteilen von Sekunden bereits ausgetauscht und mit Giftstoffen angereichert ist. Also sofort raus mit ihr!

Dann fuhr er mit seiner Erklärung fort.

D: Gut, nach der Pause im ausgeatmeten Zustand atmen wir durch das rechte Nasenloch wieder ein, und diesen Vorgang wiederholen wir jetzt für fünf Minuten.

Schweigend führten alle drei die Übung durch. Man hörte deutlich das gleichmäßige strömende Geräusch des Ein- und Ausatmens.
Nach etwa fünf Minuten öffnete Duschane die Augen.

D: Na, wie fühlt Ihr Euch?

P: Im ersten Augenblick war ich wie benommen, jetzt aber fühle ich mich ungeheuer frisch.

D: Sehen Sie, noch so eine alberne Übung, die unglaubliche Wirkungen hat. Sie führt nicht nur zu größerer körperlicher und geistiger Entspanntheit, sondern belebt vor allem die richtige Atmung und das korrekte Ein- und Ausströmen der Atemluft.

Manche geben den Rat, den Ellbogen gegen den Rippenbogen zu stützen, was aber auf jeden Fall falsch ist. Denn es ist wichtig, daß der Brustkorb bei der Durchführung dieser kostbaren Übung von keiner Seite beengt oder gar eingedrückt wird.

Asthmatiker und Lungengeschädigte sollten die Pause übrigens nur dann einhalten, wenn es leicht und mühelos geht. Ansonsten lassen sie die Luft fließend ein – aus – ein – ausströmen. Asthmageschädigte üben dies so oft es ihnen am Tag angenehm ist, quasi immer, wenn sie die rechte Hand frei haben; alle anderen möglichst dreimal täglich.

Dann wandte er sich an Thomas:

D: Und was sagst Du dazu, Thomas? Du bist so ruhig.

T: Ich bin so herrlich entspannt wie noch nie. Ist diese Übung eine Art Atemmeditation?

D: Nein, Thomas, die Atmung ist ein physiologischer Vorgang, der zur Aufrechterhaltung des Lebens und zur biochemischen Reinigung und Regeneration des Körpers dient.

Leider Gottes verkaufen alle möglichen Leute natürliche Vorgänge aus den verschiedensten Bereichen auf sensationelle Weise als angeblich eigene Entdeckungen. So wurde auch die Irrmeinung in Umlauf gebracht, daß bestimmte Atmungstechniken mit Meditation gleichzusetzen seien.

Das ist wirklich ein Unsinn. Daß ein Mensch, der gelernt hat, richtig zu atmen, entspannter, besinnlicher und ruhiger wird, ist ausschließlich Produkt der richtigen Atmung, die deswegen noch lange keine Meditation ist. Wer so etwas behauptet, der hat weder die Natur der Atmung noch die der Meditation verstanden.

T: Was richtige Atmung ist, wissen wir ja mittlerweile. Was aber ist Meditation?

D: Meditation ist, wie wir schon vorgestern im Zusammenhang mit Ayurveda angedeutet haben, eine Technik, die den Geist zu seinem Ursprung verhilft. Sie ist also ein rein geistiger Vorgang, der gleichzeitig den Bereich aller körperlichen Funktionen erfaßt.

Eine genaue Erklärung und Beschreibung ist so umfangreich, daß wir dieses Thema besser auf später verschieben sollten, wenn Du nichts dagegen hast.

Generell sollten wir uns einfach die konsequente Einstellung aneignen, alles Unnatürliche zu meiden. Es ist gut, im Zusammenhang mit der Atmung jenem großen Weisen von Nazareth zu folgen und so zu werden wie die Kinder. Atmen wir wie gesunde Kinder, die jeden Tag an Klarheit und Reife zunehmen, so wird auch unsere verlorene Gesundheit mit jedem Tag besser und stabiler, und unser Geist wird zum klaren Zustand der Selbsterkenntnis kommen. Wenn unser Geist von der biochemisch-physiologischen Seite aus richtig ernährt wird, dann beginnt er erst, im Körper jene defekten Stellen aufzuspüren, ohne deren Reparatur die vollständige Gesundheit nie erreicht werden kann.

P: Ich finde es wirklich bemerkenswert, was Sie da alles in die Atmung hineininterpretieren.

Es ist doch selbstverständlich, daß Kinder jeden Tag an Klarheit und Reife zunehmen, immerhin sind sie noch im Wachstum. Wir dagegen haben unser Wachstum schon abgeschlossen, und da kann auch die beste Atmung nichts daran ändern.

D: Genau das ist es, Herr Professor, wir haben unser Wachstum abgeschlossen, abgebrochen, abgewürgt, den wichtigsten Aspekt unseres Lebens.

Auch wenn es für uns schwer vorstellbar ist, dem Menschen ist das Leben gegeben worden, damit er, genau wie jeder Baum, fortwährend bis zum Lebensende wächst und gedeiht, um sich zur Vollkommenheit zu entfalten. Daß wir nicht wachsen, zeugt daher von vorneherein davon, daß unserem Wachstum die Kraft genommen worden ist, und zwar gleich an der Wurzel, wie bei Bäumen, die nicht genügend Nahrung bekommen und deshalb mit den Jahren verkrüppeln.

T: Herr Professor, selbst wenn das, was Duschane uns hier vermittelt, nur etwas Hineininterpretiertes ist, so ist es doch so einleuchtend, verständlich und anhebend.

Ich habe vor einiger Zeit mit einem Psychologen gesprochen, der ganz andere, viel unverständlichere Dinge in die Atmung hineininterpretiert hat. Er behauptete, daß die Mundatmung, möglichst verbunden mit einem nachhaltigen Ausstöhnen, zum Auslassen von Gefühlen, Stressen etc. dient.

Ich fand das äußerst unnatürlich, er aber bescheinigte mir nur Unverständnis. Da müsse man schon Psychologie studieren, um solche Dinge überhaupt begreifen zu können.

P: Thomas, bei den von Ihnen angesprochenen Methoden handelt es sich tatsächlich um fundierte, wissenschaftlich ausgearbeitete Techniken und Hilfestellungen der Psychotherapie, für deren Verständnis man wirklich dementsprechendes Grundlagenwissen benötigt.

D: Ich denke, man muß hier noch einmal betonen, daß die Irrtümer im Bezug auf die Atmung groß sind. Dieser Psychologe und alle, die so etwas Unsinniges behaupten, haben weder die Ursache der Störungen noch die Wirkung der Prinzipien in unserem Körper und Geist – geschweige denn in der Seele – begriffen.

Der kürzeste Weg zum Erfolg, auch für den Verlust von Stressen und angestautem Verhalten, liegt einzig und allein im Natürlichen. Nur eine gesunde Einstellung unserer eigenen Natur gegenüber wird uns zum Erfolg führen. Um aber die Natur und das natürliche Verhalten zu erkennen, brauchen wir keine Fakultäten, sondern die Natur selbst. Denn wenn irgendwo die Natur total verunstaltet wird, dann in solchen extrem auf den Intellekt ausgerichteten Einrichtungen.

Das korrekte Wissen um den Körper enthüllt uns die wunderbarsten Prinzipien und deckt uns gleichzeitig das Wissen um die Entlastungsmechanismen für die Psyche auf. Wenn ein Mensch zum Beispiel einen tiefen Seufzer tut, dann sagt man, ihm sei *ein Stein vom Herzen gefallen*. Tatsächlich fühlt sich jeder nach solch einem Seufzer psychisch um einiges leichter. Also hat die Natur die perfekten Psychotherapiemechanismen bereits in die Atmung eingebaut. Sie sind bei jedem Menschen mehr oder weniger intakt, ob man sich dessen bewußt ist oder nicht. Doch infolge verschiedenartiger körperlicher Störungen, besonders bei der Atmung, sind sie in ihrer Wirkung eingeschränkt und sorgen daher nicht einmal annähernd für eine ausreichende Entlastung. Deshalb kann man nicht genügend betonen, wie wichtig die körperliche Gesundheit ist, gerade für die Psyche.

Bei einiger Übung der vorhin beschriebenen Atmungsweise enthüllt uns die Natur noch einen weiteren wunderbaren Reflex, der sich bei jedem spontan einstellt, wenn er vollständig entspannt ist: einen tiefen Schnaufer. Für jene Menschen, die meditieren, ist solch ein Schnaufer eine tägliche Erfahrung und damit ein deutliches Zeichen, daß die Atmung im Rhythmus der ursprünglichen Impulse funktioniert.

Somit ist ein Schnaufer ein Zeichen der körperlichen und psychischen Entspanntheit, und Seufzer könnten wir als ein Überdruckauslaßventil von psychischer Überbelastung deuten. Übrigens hat die Natur es so eingerichtet, daß Seufzer und Schnaufer grundsätzlich durch die Nase und nicht durch den Mund erfolgen.

Gähnen ist eine weitere Reaktion des Körpers, die Verschiedenes anzeigen kann, zum Beispiel Sauerstoffmangel oder das konkrete Zeichen, daß man Schlaf und Erholung benötigt. Wenn jemand Gähnen, Stöhnen, Grunzen oder verschiedene Artikulationen der Wollust in einen Zusammenhang mit der Atmung bringt, so ist er im Irrtum, denn die Atmung ist ein perfekter natürlicher Vorgang, und das eben Genannte sind Äußerungen, Reaktionen.

Stöhnen kommt aus Verkrampfung und Leiden. Man stöhnt, wenn man es schwer hat, wenn man schwere Lasten trägt, körperliche oder psychische, oder wenn man von einem Schicksalsschlag getroffen wird. Es ist unsinnig und naiv, noch daran festzuhalten, daß man durch Leiden eine psychische Befreiung oder gar Glück erreichen kann. Daher ist es höchste Zeit, daß wir so etwas als Irrtum erkennen und für immer davon Abstand nehmen.

Was die anderen Äußerungen angeht, so sind sie natürliche Reaktionen auf Freude, Enttäuschung, gute oder schlechte Erfahrungen. Haben wir jemanden beispielsweise lange nicht gesehen, so schreien wir manchmal vor freudiger Überraschung beim Wiedersehen geradezu auf. Uns fehlt es also im Leben nicht an Reaktionen; was wir brauchen, ist ein richtiges, heilsames Verhalten unserer Gesundheit und vor allem in diesem Fall der Atmung gegenüber.

Das, was ich sage, ist nicht hineininterpretiert, es ist durch die Übung an sich selbst für jeden sofort erfahrbar, und bekanntlich ist Erfahrung die beste Lehrmeisterin. Wir werden selber sehr rasch merken, daß die Psyche unverletzbar ist, sobald die Atmung mit ihren enormen Reinigungsfunktionen für den Körper ihre Natürlichkeit vollständig wiederhergestellt hat.

P: Das alles erscheint mir als eine kolossale Überbewertung der Atmung. Außerdem ziehen Sie damit ja die gesamte Psychologie in Zweifel!

Aber abgesehen davon kann Ihre These von der Nasenatmung auch nicht ganz richtig sein, denn zumindest beim Sprechen muß man doch durch den Mund atmen.

D: Dieser Einwand von Ihnen ist ein deutlicher Beweis, wie normal es in fast allen Aspekten des Lebens geworden ist, Fehler zu machen.

Nehmen wir einmal an, daß beim Sprechen tatsächlich die Mundatmung normal ist. Dann wäre es auch normal, grobe Partikel oder sogar Fliegen einzuatmen. Der bösartige Husten, den der Körper als Reaktion darauf auslösen würde, würde uns aber schnell eines Besseren belehren.

Wie man beim Essen nicht sprechen sollte, so sollte man beim Sprechen auch nicht durch den Mund einatmen. Alle unsere Organe haben von Natur aus ihre spezielle Aufgabe, die Nase dient zum Riechen und Atmen, der Mund zum Sprechen und Essen, die Ohren zum Hören usw.

Leider gibt es jedoch tatsächlich kaum jemanden, der beim Sprechen nicht durch den Mund einatmet. Und während wir sprechen, lassen wir die Luft sowieso zwangsläufig durch den Mund aus. An fehlerhaftem Verhalten mangelt es uns in dieser Beziehung also wahrlich nicht. Deshalb achten wir als nächste Übung darauf, immer wenn wir zu Ende geredet haben und Luft brauchen, den Mund zuzumachen, durch die Nase tief einzuatmen und dann von neuem zu reden zu beginnen. Nach dieser Übung werden wir bald merken, wie angenehm wir uns fühlen.

Es ist ja ist seit alters her bekannt, daß man beim Reden eine schöpferische Pause einlegen sollte. Wenn wir diese schöpferische Pause mit unserer Übung verbinden, dann bringen wir den Fluß der Kreativität und des Lebens erst richtig in Bewegung. Dies wird uns schnell zeigen, wo die Kräfte des Lebens eigentlich herrühren, nämlich von den vollständig und richtig funktionierenden Mechanismen des Körpers.

Für die optimale Entwicklung des Menschen benötigen diese Mechanismen auch ein intaktes ökologisches Umfeld. Wenn man bedenkt, daß Wälder, Wiesen, Wasser, Elemente, Fauna und Flora ausschließlich für unsere Vervollkommnung erschaffen worden sind, dann ist es geradezu ein Frevel, daß wir all das bis auf den heutigen Tag weit weniger wichtig nehmen als alles andere sonst.

Mit großer Wehmut möchte ich ins Gedächtnis rufen, welche Kostbarkeiten für uns eigentlich bereitgestellt worden sind und was wir daraus gemacht haben. Der Herr erschuf zum Beispiel die unendliche Vielfalt auf den Wiesen, Myriaden von Mikroorganismen in der Erde in ihrer perfekten Symbiose, Milliarden von Stoffen in einer unsagbar wunderbaren Zusammensetzung als zusätzliche psychophysiologische Nahrung für unsere Entwicklung zum Ursprung.

Was aber ist aus den Wiesen Gottes geworden? Geruchloser Löwenzahn und Konsumfuttergras.

Was ist aus den Wäldern geworden, die in einer herrlichen Symphonie die wunderbarsten Produzenten unserer Atemluft sind? Zu über 60% sind sie schon tot, und den Rest holzt man aus Habgier kopflos ab.

Was ist aus unserer Luft geworden? Ein mit Giftstoffen übersättigtes, fast nicht mehr atembares Gasgemisch.

Was ist aus unserem Wasser geworden? Kennen wir überhaupt noch von Gott erschaffenes Wasser? Die meisten unserer Gewässer sind doch schon längst lebensgefährliche Kloaken.

Was ist aus der lebendigen Natur geworden? Wir haben aus ihr rücksichtslos die Müllhalde für unsere Konsumgesellschaft gemacht.

P: Mittlerweile wird aber diesbezüglich schon sehr viel getan. Die Ökologiebewegung ist doch überall ...

D: ... wie ein Tropfen auf den heißen Stein, Herr Professor. Auch hier macht man wieder irgendwelche Ansätze am falschen Platz. Wir müssen unsere Luft, unsere Gewässer, die Wiesen und Wälder, die gesamte Natur erst einmal in unserem Bewußtsein reinigen. Die Ökologiebewegung und die Müllbeseitigung müssen vor allem in uns selber stattfinden. Dann werden wir nicht nur leicht mit der Verschmutzung der Erde fertig werden, es wird uns sogar absolut unmöglich sein, irgendeine Form von Verschmutzung weiter zuzulassen.

Solange die Menschen aber Müll in ihrem Gehirn mit sich herumschleppen, wird der Raubbau um uns nicht aufhören. Die Müllhalden müssen zuerst in unserem Bewußtsein abgetragen werden, damit sie auch in der Natur nie mehr möglich sein werden. Traurige Beispiele für fehlendes Ökologiebewußtsein findet man leider gerade unter denjenigen sehr häufig, die sich rühmen, die Ökologiebewegung ins Leben gerufen zu haben. Sie frönen dem Glimmstengel und einer unnatürlichen Lebensart und verschmutzen so die eigentliche Grundlage der Ökologie, ihren Körper und damit ihr Bewußtsein.

Wenn wir bedenken, daß mindestens 2 Milliarden Menschen auf dieser Erde rauchen, und daß dafür Tausende und Abertausende Fabriken nötig sind, um die Zigaretten herzustellen, dann kommen wir als traurige Bilanz darauf, daß der Raucher einer der größten Produzenten von Smog auf dieser Erde ist, noch dazu eines besonders giftigen Smogs, der durch das darin enthaltene Nikotingift die atembare Luft und damit die Gesundheit der Menschen zerstört.

Wahrer Umweltschutz beginnt erst dann, wenn nicht nur die verantwortlichen Politiker vom Kopf her mehr oder minder halbherzig irgendwelche Umweltprogramme beschließen, sondern wenn wir alle einen unsagbaren Schmerz selbst bei der kleinsten Verschmutzung unserer Mutter Erde empfinden. Wir leben durch sie, also sollten wir aufhören, gegen sie und damit gegen uns selber Krieg zu führen. Daß sie sich ab und zu schüttelt, ist nur eine Warnung an ihre ungehorsamen Kinder, von ihrem Frevel abzulassen.

Wer von denen, die Verantwortung tragen und getragen haben, wagt noch zu sagen, er sei religiös? Ja, niemand von ihnen ist schuld, niemand ist verantwortlich, niemand hat Krieg befohlen, niemand hat Kriege angezettelt, doch Kriege und Chaos wüten. Es ist ein Hohn und gleichzeitig eine infame Hinrichtung der Menschlichkeit, die bis zum Himmel nach Gerechtigkeit schreit.

P: Das ist ja alles richtig, aber mit Aussagen oder Ratschlägen wie eben über die schöpferische Pause werden Sie daran nicht viel ändern. Das ist für den Otto Normalbürger einfach viel zu hoch.

D: Nein, nein, ich wehre mich dagegen, daß man die allgemeine Bevölkerung für begriffsstutzig hält. Jedermann, jedes Kind hat sich schon einmal beim Sprechen während des Essens verschluckt, und es ist doch ein gängiger Rat jeder Mutter an ihr Kind: "Sprich nicht beim Essen!" Dieser unschuldige Ratschlag beinhaltet eine ganze Serie von wunderbarem Wissen, woraus sich die idealsten Handlungen ergeben. Man kaut länger, die Gedanken sind beim Essen und nicht sonst irgendwo, und dadurch läuft der Vorgang der Nahrungszufuhr für den Körper in Stille und Vollständigkeit ab. Endprodukt dieses Verhaltens ist, daß man sich nicht überißt.

Also mute ich der Bevölkerung nur das zu, was jeder eigentlich selber erfahren hat. Das Volk ist nicht dumm, wie es von der Elite der Studierten schon seit Jahrtausenden hingestellt wird. Gut, nicht jeder aus dem Volk beherrscht hohe Mathematik, aber sind Mathematiker glücklicher, oder Philosophen, Psychologen? Ein einfacher Mann ist in seinem Verhalten viel universeller als die meisten Studierten. Im Volksmund dargestellt: Viele Studierte haben *zwei linke Hände*. Wieviele Studierte können selber ihre Nahrung herstellen, oder ihre Kleider, oder andere elementare Dinge des Lebens? Ich denke, daß es wichtiger ist, dem Leben nachzugehen als irgendeinem Fach; denn es ist traurig, daß auch der Begriff »Fachidiot« in den Volksmund eingegangen ist.

Da ich selber aus dem Volk stamme, weiß ich, daß das Volk mich verstehen wird, jeden Satz, jede Silbe. Ich fühle, daß das ein Impuls für mein Volk sein wird, zum Ursprung der Dinge zu gelangen, wozu es auch bestimmt ist. Ich weiß es! Ich habe nur einen einzigen Wunsch, daß nämlich jeder einfache Mensch sich auf die Wichtigkeit des Lebens besinnen, mit der von uns hier besprochenen einfachen und natürlichen Lebensweise in Berührung kommen und ihr Folge leisten möge. Denn so wie ich mich zum Leben entwickelt habe, aus tiefer Einfachheit, so hat jeder Mensch dieselbe Chance, sich rasch und bald aus der Unwissenheit und dem Chaos, heraus aus dem Leiden emporzuentwickeln, und damit die Grundlage für ein gesundes Leben im Einklang mit der Natur und der Schöpfung zu schaffen.

T: Verzeih bitte, für mich gibt es da immer noch einige Unklarheiten mit der Atmung. Dieser Psychologe, überhaupt Psychologie und Atmung ...

In diesem Zusammenhang wird ja oft Bauchatmung, Brustatmung, Flankenatmung usw. genannt und praktiziert. Ist Bauchatmung tiefer, oder Brustatmung, oder was ist richtig?

D: Wieder ein paar Unsinnigkeiten und Manipulationen. Wir machen weder Brustatmung noch Bauchatmung, sondern einfach Nasenatmung.

Wenn wir die Atmung nämlich in den Bauch schicken, dann zwingen wir die Lunge, nach unten zu drücken, und sie wird ein nach unten gezogener Schlauch, verliert wie der Brustkorb ihr natürliches Verhalten, und das ist auf jeden Fall eine unsinnige Verkrampfung, die dazuhin später schwer regulierbar wird.

Praktizieren wir Brustatmung, so ist das wieder einseitig, denn dazu benützen wir mutwillig Muskeln, die ohnehin bei fast jedem Menschen völlig verkrampft sind. Da die meisten Menschen in unserer Zeit sowieso zu 90% an Verkrampfungen leiden, ist es vollkommen überflüssig, durch unnatürliche Atmungsarten noch mehr davon zu erzeugen.

Atmen wir die Luft dagegen schlicht und einfach hörbar strömend durch die Nase, so werden ganz spontan und mühelos natürliche Kontrollmechanismen in Aktion gesetzt, die in Bruchteilen von Sekunden die gesamte Lunge auf Sauerstoffempfang einstellen und die gesamten Brustkorbmechanismen in die der Bewegungslage angemessene Funktion versetzen. Jeder wird nach ein paar mal Üben erfahren, wie tief das Durchatmen ist und wie entspannt man sich danach vornehmlich im Oberkörper und sogar in den Beinen und Händen fühlt.

Kein Organ ist so perfekt an alle Zellen angeschlossen wie die Lunge über den Atmungsvorgang und den Blutkreislauf, und deshalb kann uns nichts schneller entgiften, entspannen und von Depressionen befreien als die schon besprochene korrekte, natürliche Atmung.

Was Psychologen betrifft, und das gilt für alle sogenannten Helfer, so orientieren wir uns nicht daran, was sie sagen, sondern wie sie selber sind, wie gesund oder krank, wie defekt oder intakt. Dann erst vertrauen wir uns dem einen oder anderen an; denn sie sollten zumindest ein Beispiel für die Wirkungen des Wissens sein, das sie anwenden und das von ihnen auch auf diejenigen übergeht, denen sie helfen wollen.

Wie entscheidend es ist, daß dieses Wissen völlig rein und korrekt, absolut unverfälscht und im Einklang mit dem Vorhaben ist, das vermittelt uns eine Geschichte aus 1001 Nacht, Ali Baba und die 40 Räuber:

Das Wort des Lebens

Aus einer seltsamen Fügung heraus ergab es sich, daß Ali Baba auf der Suche nach Holz bei einem großen Felsvorsprung Rast machte. Plötzlich ermahnte ihn herannahendes Hufgetrappel zur Vorsicht, und er versteckte sich samt seiner zwei Esel hinter einem dichten Busch. Dort war er jeglicher Sicht entzogen, konnte aber dennoch ungestört seine Neugierde befriedigen.

Im nächsten Moment ließ ihn ein ohrenbetäubender Donner von Hufen erschaudern, der sich vor dem Felsen in Stille und Staub auflöste. Panische Angst erfaßte ihn, als sich 40 bis an die Zähne bewaffnete Männer aus der Staubwolke abzeichneten. Sie waren alle mit unbeschreiblichen Kostbarkeiten behangen und beladen, mit Gold und Silber und mit Perlenketten, die bis zu den Hufen der Pferde reichten.

Alle verstummten, als der Anführer plötzlich mit donnernder Stimme rief: "Sesam, öffne Dich!"

Eine gewaltige Öffnung tat sich in dem mächtigen Berg auf, und was Ali Baba sah, würde jedem den Atem verschlagen: eine riesige Höhle voller kostbarster Schätze, die im hereinflutenden Licht der Sonne nur so funkelten und leuchteten.

Die 40 Männer ritten hinein, und der Berg schloß sich wieder, so daß alles wie ein Spuk verschwunden war. Ali Baba mußte sich sogar am Leibe kneifen, um zu sehen, ob er dies nur geträumt hatte, oder ob es bei Allah und Seiner Schöpfung die Wirklichkeit gewesen war.

Es dauerte aber nicht lange, und der Berg tat sich wieder auf, die 40 Männer donnerten mit schallendem Gelächter heraus und wurden samt ihrem Hufgetrappel rasch von der Weite verschlungen.

Voller Neugierde stellte sich Ali Baba nun vor den Berg und sprach: "Sesam, öffne Dich!", und tatsächlich gab der Berg die Schätze frei. Flink belud er seine Esel mit einigen Kostbarkeiten und ging auf Schleichwegen vorsichtig nach Hause.

Schon bald kam sein Bruder Kassim, der Listige, jedoch hinter sein Geheimnis. Er ließ ihm solange keine Ruhe, bis Ali Baba ihm die Begebenheit und vor allem die geheimnisvolle Zauberformel anvertraut hatte. Getrieben von Gier nahm er sofort soviele Esel, wie er auftreiben konnte, und ging wie jeder Mensch auf dieser Erde seinem Schicksal entgegen.

Bei dem Berg angelangt rief er laut: "Sesam, öffne Dich!" und stand sogleich vor den unermeßlichen Schätzen, die seine maßlose Gier erst recht zum Lodern brachten. Gier an sich ist bereits unheilvoll, wenn sie aber noch entflammt wird, dann führt sie unweigerlich ins Verderben.

So geschah es auch mit dem armen Kassim, der wie im Rausch seine Esel fast bis zum Zusammenbrechen belud und dann gehörig erschrak, daß der Berg sich von alleine wieder geschlossen hatte. Hätte er nur die Worte "Sesam, öffne Dich!" nochmals gesagt, so hätte der Berg ihn freigegeben. Da seine Sinne aber von den Schätzen völlig verwirrt waren, erinnerte er sich an die in die Freiheit führende Formel nicht mehr. Er wußte nur noch, daß sie etwas mit Samen zu tun hatte, und so rief er alle in seinem verwirrten Sinn vorhandenen Samen, von Weizen bis Hirse. Sesam fiel ihm jedoch nicht mehr ein, und so blieb er mit all den Schätzen Gefangener des Berges, Opfer seiner maßlosen Gier.

Das "Sesam, öffne Dich!" ist eigentlich nichts anderes als ein Beispiel dafür, wie die Naturgesetze in allen Bereichen des Lebens und der Existenz funktionieren, nämlich absolut korrekt und präzise. Demnach ist es sehr, sehr wichig, daß wir das richtige und vollständige Wissen um das Leben und um die Naturgesetze haben. Teilwissen, wie nahe es auch der Wirklichkeit kommen mochte, nützte dem Kassim gar nichts und brachte ihm keine Befreiung, so wie allen Menschen, die aus dem Bereich des Lebens und der Natur ausscheren.

Sind sie sich der Bruchstückhaftigkeit, Unvollständigkeit oder Unsicherheit ihres Wissens nicht einmal bewußt, so wird es sogar gefährlich, da sie sich dann allzu leicht in "Räuberhöhlen" fern der Natur und ihrer Gesetze vorwagen, aus denen sie ihr Teilwissen nicht mehr befreien kann.

Der Professor war nachdenklich geworden, der Vergleich in der Geschichte traf den Nagel auf den Kopf.

P: Ja, Teilwissen mag noch so nützlich sein und noch so sehr in irgendeine Richtung bringen, zum Ziel des Lebens führt es uns nicht,

sagte er leise, mehr für sich selbst.

Wehmütig betrachtete er seine Vergangenheit, seine Laufbahn und seine Mühe, im Leben zurechtzukommen, alles gegründet auf Teilwissen. Und dann seine bisherigen Erfahrungen mit anderen Menschen, sein Elternhaus, seine Umgebung, seine Familie, da war vieles im argen.

Wie sollte er das alles noch ändern? Denn die meiste Zeit hatte er ja bereits vertan. In wenigen Augenblicken fiel er in sich zusammen.

Duschane stand auf und ging zu ihm hinüber. Sanft legte er die Hand auf seine linke Schulter und gab mit einem herzhaften Druck zu verstehen, daß er mit ihm rechnen konnte, egal was in ihm vor sich ging.

Dankbar für diese Geste legte der Professor spontan seine rechte Hand auf Duschanes Linke und murmelte zaghaft:

P: Danke.

Nun war es an der Zeit, sich um das Mittagessen zu kümmern. Duschane ging zu seinen Vorräten und begann die schon vertraute Nahrungszubereitung. Bald duftete es in der kleinen Hütte nach herrlichem Gemüseeintopf.

T: Herr Professor, hätten Sie Lust, mich noch einmal zum Gipfel zu begleiten? Ich möchte vor dem Essen meinen Hunger noch richtig kultivieren und genießen.

P: Ja, Thomas, danke. Das ist eine sehr gute Idee,

erwiderte der Professor, dankbar, aus seiner Grübelei herausgerissen worden zu sein.

Kurz darauf blickte Duschane ihnen durch das Fenster der Hütte nach, wie sie nebeneinander dem Gipfel entgegen stapften. Der von ihnen aufgeworfene Schnee wurde durch den Wind wie eine Wehe herumgewirbelt, als ob er eine Aufforderung zum Tanze erhalten hätte.

Aufs neue fasziniert von dem Ausblick auf dem Gipfel schienen die beiden sogar das Mittagessen zu vergessen. Erst ein scharfer Pfiff aus der Hütte erinnerte sie daran zurückzukehren. Fast ausgelassen vor Freude eilten sie den Hang hinunter, Thomas ließ sich unterwegs sogar einige Male in den Schnee fallen. Bei der Hütte klopfte der Professor ihm mit einem herzhaften Lachen die weiße Pracht von seinem Mantel.

In der Stille der Hütte setzten sie sich dann geradezu ehrfürchtig zu Tisch und nahmen mit großer Dankbarkeit und innerem Frieden das Mittagsmahl zu sich.

Nach dem Essen legten sich alle drei auf ihre Matratzen, und bald war nichts mehr zu hören als ein gleichmäßiges, tiefes Ein- und Ausatmen.

Irgendwann schreckte der Professor unvermittelt hoch.

P: Um Gottes Willen, was ist los? Wieso? Wie spät ist es?

Er brauchte eine ganze Weile, um zu erfassen, daß er nicht mehr in seinem Traum war, der ihn gerade geplagt hatte.

T: Geht es Ihnen nicht gut, Herr Professor?

P: Doch, doch, aber ich hatte einen scheußlichen Alptraum, in dem wir alle drei verhungert und erfroren sind.

Nervös schaute er auf seine Uhr. Ein Schatten von Angst widerspiegelte sich dabei in seinen Augen.

P: Was? So spät ist es schon!?

D: Das ist nicht schlimm, Herr Professor, wir haben alle nur ein Defizit nachgeholt

P: Wo waren wir vorhin stehengeblieben?

Es schien ihm sehr wichtig zu sein, das Gespräch fortzusetzen, vielleicht auch nur, um dem Traum und seinen gräßlichen Bildern zu entfliehen.

T: Der Traum hat Sie aber ganz schön mitgenommen! Hat so ein Traum nicht etwas zu bedeuten? War das vielleicht eine Vorahnung?

D: Thomas, ich sagte bereits, daß der Körper, wenn man ihm Ruhe läßt, alles wiedergutmachen möchte und alles wiedergutmacht, was an ihm verbockt worden ist. Dieser Traum war lediglich ein Ausdruck des heillosen Durcheinanders beim Verarbeiten und Loswerden der Eindrücke und Irrtümer, die im Bewußtsein eingespeichert und in der Physiologie abgelagert waren. Aus diesem Grund hielt der Körper es auch für nötig, heute ein so langes Schläfchen einzulegen.

P: Wenn es wirklich die Verarbeitung von alten Eindrücken und Irrtümern war, was ich gar nicht ausschließen will, warum ging es in dem Traum dann so konkret um das Verhungern und Erfrieren, was zu unserer Lage ja durchaus paßt?

Man sah dem Professor deutlich an, daß seine Angst noch nicht von ihm gewichen war.

D: Die Ursache aller Dinge, die nicht im Einklang mit den Naturgesetzen stehen, ist sehr, sehr weitläufig.

Wir durften hier einem außergewöhnlich lehrreichen Beispiel beiwohnen. Vor dem Schlaf haben wir nämlich alle drei den Hunger in tiefer Einsicht als Freund genossen, was zu einer wunderbaren Entspanntheit führte, nicht zuletzt bei der Nahrungsaufnahme selbst. Das Verhungern im Traum war dann nichts anderes als ein Rückgriff auf Ihre bisherige Einstellung als Reaktion darauf, daß sich Ihr Körper und Ihr Bewußtsein der falschen Einprogrammierung entledigt haben.

Nur der vorangegangenen tiefen Entspannung ist es zu verdanken, daß so massive Korrekturen überhaupt möglich waren. Damit diese Korrekturen auch wirklich stattfinden und Bestand haben, sollten wir aber die alten Muster auf keinen Fall über das Denken durch Interpretationen oder Analysen irgendwelcher Art unserem Bewußtsein wieder unterjubeln. Daher ist es unumgänglich, daß wir Träumen, egal wie sie auch sein mögen, gar keine Bedeutung schenken, sondern sie lediglich als Reaktionen auf einen willkommenen Reinigungsprozeß registrieren.

Sicherlich können solche Träume Ähnlichkeit mit vorangegangenen oder nachfolgenden Erlebnissen haben, das ist jedoch rein zufällig und hat weder vorausahnende noch mystische Bedeutung, da der Reinigungsprozeß des Bewußtseins im Vordergrund steht, das nun einmal irgendwelcher Inhalte bedarf, um sich seiner Stresse und Eindrücke zu entledigen.

Wenn es dabei wie bei Ihnen eben ein bißchen polternd zugeht, dann ist das auch nicht weiter schlimm, denn wie wir sehen, haben Sie es ja ganz gut überstanden.

Das Gesicht des Professors begann sich zu erhellen.

D: Seit undenklichen Zeiten betrachtet man den Hunger als Feind, und einem Feind gegenüber verhält man sich verkrampft, mit Abwehrhaltung, Verneinung und allen negativen Aspekten, die der Nahrungsaufnahme und der Verdauung großen Schaden zufügen. Schon immer wurde uns beigebracht, vor dem Hunger Angst haben zu müssen, was ihn unweigerlich mit Leiden in Verbindung gebracht hat. So meiden die Menschen ihren eigentlichen Freund, den Hunger, wie die Pest und maneuvrieren sich auf diese Weise immer weiter in die Sinnlosigkeit des Lebens hinein.

Das Genießen des Hungers ist aber, wie wir es ja schon besprochen haben, der einzig korrekte Weg zur vollkommenen Gesundheit. Die Reinigung des Körpers und des Bewußtseins von allen Belastungen und falschen Angewohnheiten, die sich bis hin zum feinsten Stoffwechsel verheerend ausgewirkt haben, ist nur durch diesen Vorgang möglich.

Sie, Herr Professor, haben jetzt begonnen, eine völlige Wende in Ihrem Leben zuzulassen, und damit geht selbstverständlich eine totale Reinigung des Körpers und der Psyche einher. Ihr Traum mit all den wirren Bildern war also nur der Ausdruck eines gewaltigen Reinigungsprozesses und vor allem die Folge Ihres tiefen Entspanntseins. Eine solch tiefe Entspanntheit zuzulassen, ist für den Körper die willkommenste Möglichkeit, sich zu reinigen.

Der Professor war sichtlich erleichtert. Die Schattenbilder der Angst verschwanden aus seinen Augen, und man sah ihm tiefe Dankbarkeit an, daß er hier mit den beiden zusammen sein durfte.

Zuhause hatte er in solchen Situationen oft eher eine Art von ungreifbarer Hölle erlebt, die mit ihrem teuflischen Druck immer tiefere Narben in ihm hinterlassen hatte. Er spürte deutlich, wie notwendig, wie bitter notwendig sich die Menschen gegenseitig brauchen. Doch wie oft hatte er andererseits die Unfähigkeit erfahren, Brücken zu schlagen oder nur zuzugeben, wie sehr alle einander bedürfen!

P: Ich möchte bitte noch einmal einen Aspekt aufgreifen, den Sie vorhin im Zusammenhang mit der Atmung geschildert haben.

Seine Stimme klang auf einmal ganz anders, viel sanfter. Fast könnte man sagen, daß die Bescheidenheit in ihr erwacht war.

P: Sie haben davon gesprochen, daß jede Zelle unseres Körpers quasi eine Art von Intelligenz in sich trägt, und daß diese Intelligenz durch richtige Atmung und Ernährung direkt angesprochen und sogar belebt werden kann.

Aus medizinischer Sicht sind die Zellen jedoch nur Grundbestandteile des Körpers, die der Steuerung durch das Zentralnervensystem unterliegen und keine Eigenständigkeit im übergeordneten Sinne besitzen. Aus dieser Sicht ist es überhaupt nicht einzusehen, daß Atmung und Ernährung einen direkten Einfluß auf die Funktionsweise der Zellen haben können, von ihrer angeblichen Intelligenz ganz zu schweigen.

D: Herr Professor, das ist wieder ein Beispiel, wie man vor lauter Bäumen den Wald nicht sehen kann.

Woraus besteht denn das Nervensystem, insbesondere das Zentralnervensystem, von dem Sie sprechen? Aus Zellen, wie der gesamte Körper. Und was ist die Grundlage der Funktion einer jeden Zelle? Ihre DNS.

Ist es aber nicht so, daß das wenige, was man von der DNS bisher weiß und erforscht hat, bereits grandios ist und noch viel Unbeschreiblicheres ahnen läßt? Und ist es nicht auch so, daß jeder Zelle des Körpers die gleiche DNS zugrunde liegt?

Das ist es, worüber ich sprach. Dort in der DNS liegt die verschüttete allumfassende Intelligenz jeder Körperzelle, der wir die Chance vermitteln müssen, so zu funktionieren, wie der Schöpfer es gedacht hat.

Wir sehen, daß alles im Leben eine Sache des Wissens ist. Die Medizin sieht in der Zelle nur das, was ihr möglich ist oder bisher möglich war. Um in dem unendlichen Gefüge des Körpers mit all den Einflüssen aus der Umgebung ihre Funktion aufrechterhalten zu können, muß jede Zelle aber absolute Intelligenz besitzen. Wir können nicht einfach aus dem jetzigen Bereich der groben Betrachtung eine Behauptung aufstellen und sie als allgemeingültigen Lehrsatz gelten lassen.

Die Funktionsweise der Zellen hängt vom Entwicklungsstand unseres Bewußtseins ab. Wenn wir Vollkommenheit erlangt haben, dann hat auch jede Zelle in uns dieselbe Vollkommenheit und dieselbe Intelligenz. Nur mit einem vollkommen funktionierenden Körper – und dazu gehört jede einzelne Zelle – ist die Einheit mit dem Schöpfer, die Rückkehr zum Ursprung möglich.

Die bisherige Sicht war und ist einfach falsch. Wenn man, wie die Medizin es tut, die Zellen nur aus dem Blickwinkel ihrer heutigen unzureichenden Funktionsweise untersucht, dann wird man auch nur diese Funktionsweise finden und erklären können. So ist es nicht einmal verwunderlich, daß man den Menschen weismacht, es sei nicht schlimm, kleine Fehler zu begehen, und daß man Alkohol und Zigaretten sogar verharmlost. Der ohnehin schon betäubten Zelle kann nämlich eine weitere Betäubung tatsächlich keine sichtliche Veränderung mehr entlocken.

Solche Aussagen, wie Sie sie eben gemacht haben, sind also nur Spiegelbilder der totalen Blindheit der ureigenen Funktion und Bestimmung der Menschen gegenüber. Betrachten wir das ganze jedoch aus der Sicht der Vollkommenheit und des Ursprungs, dann sieht alles völlig anders aus. Gerade der Ursprung ist die eigentliche und einzige Hoffnung für uns, jemals dem Leben im Sinne des Schöpfers gerecht zu werden. Denn der Ursprung ist ein Zustand, der in ewiger, unveränderlicher Existenz verankert ist.

Geben wir der Zelle die Erinnerung wieder, wie sie ursprünglich funktioniert hat, dann wird sie uns mit dieser Erinnerung zum Ursprung führen. Es ist vollkommen egal, wie sehr die Funktionen verändert worden sind; eine einzige Erinnerung, wie sie vom Ursprung her eigentlich funktionieren sollte, belebt in ihr alle Reinigungs- und Regenerationsmechanismen, um ihre ursprüngliche Intelligenz wieder freizulegen.

T: Das erinnert mich an die Physik, beziehungsweise die Chemie. Wenn man dort ein Stoffgemisch vor sich hat und weiß, d. h. erinnert sich, aus welchen Grundbestandteilen es zusammengesetzt ist, dann kann man Verfahren anwenden, um diese reinen Stoffe wieder zu isolieren. Diese reinen Stoffe sind sozusagen der ursprüngliche Zustand und haben alle ihre individuelle chemische Formel. H_2O kann man zum Beispiel noch so verändern, eine Destillation bringt es immer wieder in seinen Ursprungszustand zurück. Also entsprechen die Formeln ursprünglichen und gleichzeitig endgültigen Zuständen.

D: Ja, daraus erkennen wir nochmals eindeutig, wie wichtig es ist, unseren jetzigen erbärmlichen Zustand vollständig zum Ursprünglichen zu destillieren und so zur reinen Formel des Lebens zu werden. Dabei dürfen wir uns keine Verunreinigungen leisten, so unbedeutend und harmlos sie auch erscheinen mögen. Denn ein ganzes Faß reinen Wassers wird bereits durch den winzigsten Tropfen einer Farbe chemisch verändert.

T: Warum ist der reine, natürliche Ursprungszustand denn so instabil?

D: Thomas, ich sagte, daß ein Tropfen Farbe ein *Faß* Wasser chemisch verändert, nicht aber den unendlichen *Ozean*. Wir sind jedoch unserem

Ursprung nach das Ebenbild des Schöpfers, unendlich.

Somit ist nicht der reine, vollkommene Zustand instabil und empfindlich, sondern nur das Wachstum zu ihm. Wenn man ein Bäumchen in der ersten Wachstumsphase falsch ernährt, so verkrüppelt es und wird nie Früchte tragen. Ernährt und behütet man es aber entsprechend seiner Natur, bis es zu einem Baum geworden ist, dann kann es allen Gewalten trotzen und bringt die wunderbarsten Früchte.

Wir sehen, wie wichtig es ist, unser Wachstum wie ein Kleinod zu behüten, auf daß wir uns zu unserer eigenen Natur entfalten, die in Samenform bereits in uns vorhanden ist. Es steht außer Zweifel, daß der Schöpfer alle Dinge vollkommen erschaffen hat. Darum ist es klar, daß uns auch nur die Natur in ihrem ursprünglichen Zustand zu Ihm bringen kann. Alle veränderten, unnatürlichen Zustände und alles, was der Mensch macht, das nicht im Einklang mit den Naturgesetzen steht, entfernt ihn immer mehr von dem Ziel des Lebens, anstatt daß es ihn ihm näher bringt.

T: Woher weiß ich aber, was im Einklang mit den Naturgesetzen steht und was nicht?

D: Der Schöpfer hat uns alles leicht gemacht. Wenn wir krank sind, fühlen wir uns erbärmlich; wenn wir gesund sind, haben wir Kraft; wenn wir verliebt sind, empfinden wir ein wunderbares Glücksgefühl. Wir haben alle Mechanismen in uns, nur sind sie leider verschüttet und funktionieren nicht oder nur verstümmelt. Beginnen wir jedoch, uns nach ihnen zu verhalten, dann werden wir schlafen gehen, wenn wir müde sind, uns ausreichend Ruhe und Pflege gönnen, wenn wir krank sind, den Wunden Zeit zur Heilung lassen, wenn wir verletzt sind, usf.

Ob es in unsere Ansicht paßt oder nicht, wir müssen als erstes die körperliche Gesundheit wiederherstellen. In dem Augenblick, in dem sie beginnt zu funktionieren, werden auch alle Mechanismen, Empfindungs–, Reaktions– und Äußerungsmechanismen, wach. Sie bringen unsere Gefühle wieder in Ordnung und stellen das Gleichgewicht unserer seelischen Welt wieder her, das bis jetzt bis auf sehr, sehr wenige Ausnahmen aus Unwissenheit oder mutwillig von der Kindheit bis zum Verlassen dieser Welt zertrampelt worden ist.

Der gegenwärtige Zustand der Welt beweist, daß all die bisherigen Methoden versagt haben. Sie haben die Welt bis zur Krüppelhaftigkeit verunstaltet, das biologische Gleichgewicht gestört, die Meere und Ozeane verschmutzt. Und wofür? Für ein paar elende Irrtümlichkeiten und die Gier nach Besitz und Macht, die einem beim Ableben sowieso entgleiten.

Also bedürfen die Methoden bitter notwendig der Ablösung durch ein System, das die körperliche Gesundheit und die geistige Entwicklung jedes einzelnen Menschen in den Vordergrund stellt. Denn wenn jeder einzelne in der Familie entwickelt ist, dann haben wir schon eine intakte Familie.

P: Die bisherigen Methoden tragen aber doch auch zur Hilfe bei. Rotes Kreuz, Caritas, all die vielen Hilfseinrichtungen, ist das nichts?

D: Menschen in ihrer Not zu helfen, ist eine edle Sache, das steht außer Zweifel. Daß es aber überhaupt zu Not gekommen ist, ist doch wohl ein Versagen!

Wir sollten an den Dingen festhalten, die Vorrang haben, die jedoch aus Unwissenheit oder Mutwille übersehen werden. Geben wir dem Menschen das Wissen und Methoden, um seinen Körper und seinen Geist selber zur vollen Blüte der Gesundheit zu entfalten, dann braucht er keine Hilfe. Hilfe an anderen ist eine Krücke, und Krücken machen abhängig. Wollen wir ewig mit Krücken laufen, sollen der einzelne und die Bevölkerung ewig von den sogenannten Klugen, Studierten oder Führern abhängig sein? Oder haben wir nicht alle Anspruch darauf, jenen Zustand endlich zu verwirklichen, den alle Religionsstifter und Weisen uns verheißen haben?

Christus lehrte: "Der Vater im Himmel erschuf Euch nach Seinem Ebenbild. Ihr seid meine Brüder, und wir sind eins im Vater."

Buddha sprach zu seinen Schülern: "Ihr seid Brahman, das Höchste, denn aus Ihm entstammt Ihr."

Also müssen wir alle so schnell wie möglich den Weg der geistigen und körperlichen Gesundheit gehen. Hier liegt die große Verantwortung, der Bevölkerung zu enthüllen, was für jeden einzelnen das Beste ist, und wie er das auf schnellstem Wege erreichen kann.

Unser Fehlverhalten dem Leben gegenüber macht uns krank, und jetzt wird uns auch noch die Harmonie, die der Herrgott auf dieser Welt geschaffen hat, zum Feind, aber nur weil wir das Gleichgewicht ihr gegenüber und den Frieden zwischen uns und der Natur zerstört haben.

T: Meinst Du mit »wir« jemanden Bestimmtes?

D: Oh nein, das hieße, alles auf die leichte Schulter zu nehmen, denn dann hätte man nur einen Sündenbock, nicht aber die eigentlichen Sünder.

Thomas, alle Menschen, jeder einzelne von uns muß beginnen, sein Fehlverhalten abzulegen. Nur unser richtiges Verhalten wird uns in Einklang mit den Naturgesetzen bringen.

Jeder, der krank ist, geistig oder körperlich, verhält sich falsch. Also braucht der Mensch in erster Linie Weisheit und Wissen um sich selbst, und nicht Hilfe. Denn nur durch Weisheit wird er sich selber der Natur gegenüber fehlerfrei verhalten. Darum ist die Aufgabe eines jeden Helfenden, sich selbst erst einmal mit Weisheit, Wissen und korrekten Erfahrungen des Lebens auszurüsten. Dann erst wird seine Hilfestellung jeden frei machen, frei zur Selbständigkeit, geistiger und körperlicher.

T: Warum hat man das alles nicht schon früher erkannt oder beschrieben?

D: Zu allen Zeiten gab es Menschen, die das Leben in seiner ursprünglichen Form erkannt, gelehrt und gelebt haben. All diese Edlen hatten jedoch einen unsinnig großen Strom gegen sich, den Strom der Unwissenheit. Dieser Strom trennte sie von den Massen, und somit dauerte die Irrfahrt fort. Es scheint tatsächlich, daß die großen Weisen kein Glück hatten, den Strom der Massen in die Richtung des Lebens zu lenken. Das ging sogar so weit, daß der Weg zu der Quelle des Lebens, die in den Edlen geborgen war, außer Sicht geriet und in Vergessenheit stürzte.

Was ist etwa aus der Lehre Krishnas geworden, der vor 5 000 Jahren der Edelste der Edlen war und die Weisheit in Form der Bhagavad-Gita weitergab? Über sie gibt es zahlreiche Kommentare und noch mehr Meinungen. Der einzige Kommentar aber, den es lohnt, publik zu machen, und den wir unbedingt publik machen müssen, ist der Kommentar von Maharishi Mahesh Yogi. Er allein belebt wieder die Essenz der Weisheit von Krishna, weil er sie nicht in den Büchern, sondern in seinem Bewußtsein gesehen hat.

Was ist aus der Lehre von Buddha geworden? Eine unsinnige Vielzahl von Lehrmeinungen, Richtungen und Einstellungen. Es gibt so viele Interpretationen, die jeder auf der Ebene seines Bewußtseins erstellt hat, und von der jeder behauptet, daß sie die beste sei. Da sie aber alle gleichzeitig versichern, daß die Wahrheit unveränderlich ist, bescheinigen sie sich damit selbst ihren eigenen Irrtum.

Und was ist aus der Lehre von Christus geworden? Mein Gott, wenn man bedenkt, daß man schon ein paar hundert Jahre nach Ihm bis heute nicht in Seinem Auftrag, aber in Seinem Namen Kriege geführt hat! Die Wahrheit führt jedoch zum heiligen Ziel und nicht zu Kriegen um Macht, zu Inquisition und Volksverdummung. Es scheint, als ob keine Kirche der Welt bis auf den heutigen Tag das Wissen um Gott auch nur annähernd gehabt hat. Denn wenn wir bedenken, daß allein innerhalb der letzten 50 Jahre solch drastische Veränderungen in den Ansichten um Gott und um den historischen Jesus stattgefunden haben, dann kann daraus nur die traurige Erkenntnis folgen, daß die, die uns religiös führen wollen, selber blind sein müssen. Sie folgen nicht der Weisheit Christi, sondern nur irgendwelchen falsch interpretierten und ausgelegten Büchern.

Auf diese Weise hat die Menschheit nicht den Deut einer Chance weiterzukommen, und das Chaos, die Angst und die Ungewißheit dauern fort.

T: Ich habe in alten Legenden gelesen, daß Gott den Menschen immer Hilfe auf die Erde schickt, wenn es bitter Not tut. Wenn das stimmt, dann müßte ja wohl heute auch ein Weiser unter uns sein, an dem wir uns orientieren können. Denn eine bitterere Not kann man sich kaum vorstellen.

P: Es gibt heute doch so viele Lehrer und Gurus. Warum muß es denn immer nur einer sein?

D: *Viele Köche verderben den Brei*. Darum muß es nur einer sein.

Angenommen, es gäbe zwanzig Lehrer, dann müßten sie alle zwanzig gleich erleuchtet sein und Gleiches lehren. Wenn sie Verschiedenes lehren, dann lehren sie alle die Unwahrheit, bis auf den einen, der die Wahrheit lehrt.

T: Gibt es gegenwärtig so einen?

D: Oh ja, den gibt es: Maharishi Mahesh Yogi. Dieser edle Meister hat 1975 alle Gurus, alle Lehrer, alle Kirchenfürsten, alle Politiker und alle sonstigen Verantwortlichen dieser Welt eingeladen, mit ihm zusammen das Zeitalter der Erleuchtung für die Menschheit einzuweihen. Zu solch einem ungeheuer wichtigen, vielleicht dem einzig richtigen Ereignis für die heutige chaotische Welt kam außer ein paar Reportern jedoch keiner.

T: Und warum nicht?

D: Sicherlich weil sie alle blind waren, und ihnen irgendetwas Minderwertiges wichtiger erschien, als für die Menschheit die Erleuchtung auszurufen. Man stelle sich das einmal vor: jemand will das Beste vom Besten für die Menschheit, und der Rest der Menschheit ignoriert ihn.

Der Professor hatte eine eigenartige Miene aufgesetzt.

P: War das nicht nur eine leere Phrase, die er da ausgerufen hat, um sich zu profilieren?

D: Oh nein, Herr Professor, nicht im geringsten.

Betrachten wir dazu ein Beispiel aus der Geschichte: Im Mittelalter befanden sich die Menschen in tiefster Dunkelheit, bis einer kam, der die Prinzipien der Naturgesetze physikalisch erläuterte. Doch trotz der konkretesten Beweise, daß zwei Kugeln aus verschiedenen Materialien aus gleicher Höhe zur gleichen Zeit am Boden ankommen, ignorierte ihn die damalige gelehrte Welt und schwieg ihn tot: Galileo Galilei. Obwohl durch sein Fernglas in der Ferne fünf bestehende Häuser zu sehen waren, die man mit bloßem Auge auch nachzählen konnte, nannten die Leute es Zauberei und Betrug, als er das Rohr zum Jupiter schwenkte und seine Monde zählte. Sind Sie etwa der Meinung, Herr Professor, daß Galilei sich auch nur profilieren wollte?

Wenn alle Verantwortlichen Maharishis Einladung gefolgt wären – das weiß ich aus meiner Intuition – dann hätte innerhalb von fünf Jahren kein Krieg mehr auf dieser Erde stattgefunden, und alle hätten erfahren, daß es keine leere Phrase, sondern etwas äußerst Wunderbares und Konkretes war, der gesamten Menschheit über ihre Führer ein gemeinsames Ziel zu geben. Allein diese Vereinigung aller Verantwortlichen hätte eine wunderbare Veränderung auf unserer Erde herbeigeführt. Denn in der Einheit liegt die Stärke.

Nicht an diesem großen, edlen Weisen liegt es also, daß das Chaos fortdauert, sondern an der Ignoranz der anderen, die sich mit ihrem beschränkten Bewußtsein noch immer gegen ein solch wunderbares Vorhaben stellen.

Wir müssen aber nun einmal erleuchtet werden, wenn wir die Unwissenheit loswerden wollen. Die Verantwortlichen müssen Ignoranz gegen Weisheit eintauschen, um die Menschheit korrekt führen zu können. Bis jetzt haben sie uns seit Jahrtausenden den Beweis geliefert, daß sie nicht weise sind, und dennoch folgen wir ihnen blind wie die Leute in der kleinen Geschichte vom Hans-guck-in-die-Luft auf dem Marktplatz, die ich Ihnen bereits erzählt habe.

Es ist an der Zeit, daß wir selber beginnen, aus unserem eigenen klar gewordenen Wesen die Welt in ihrer Herrlichkeit zu schauen, und daß wir aufhören, uns immer vorschreiben oder beschreiben zu lassen, wie wir sie sehen sollten.

Hier endet das dritte Kapitel des ersten Buches des Ayodhya-Veda, der die Grundlage dafür schafft, daß das Leben sich in uns ausdehnt und in den Schöpfer mündet.

Wie der Frühling der Beginn des Wachstums ist, wie die ersten Schneeflocken die Boten des Winters sind, wie das erste Lächeln eines Neugeborenen für die Mutter ein unbeschreibliches Geschenk bedeutet, so ist die Chance der Wiedergutmachung dessen, was wir falsch gemacht haben, eine große Gnade des Lebens für uns.

Ergreifen wir diese Chance in Demut und verbeugen uns.

4. Die Brücke nach Innen

Vielleicht bist Du der sanfte Hauch des Windes, auf dem die ersten Frühlingsstrahlen dem Leben als Bezeugung der innigsten Beziehung ihre Liebe zuflüstern, oder ein Hauch der Sehnsucht, der dem ersten Blütenduft die Ahnung vom Leben offenbart.

Bist Du nicht die Zuversicht, die den Verlorenen in ihrer Blindheit wieder Hoffnung gibt, oder die liebliche Illusion, die den Poeten auf den Gefühlen ihrer Dichtung tanzt, um ihnen das wahre Selbst zu entlocken, und die Idee, all ihren Gefühlen Ausdruck zu verleihen?

Sicherlich bist Du alles, was verständlich und noch unverständlich für die Unwissenden ist, die verzweifelt nach Dir als Spiegel des Lebens suchen.

Hat Dich jemals jemand erfaßt oder wenigstens erahnt? Ist es nicht für den Geist das erhabenste Ziel, sich endlich einmal mit Dir zu vereinen?

Wie oft er auch versucht, die Sinne anzuspannen wie die wunderbarsten weißen Pferde, um zu Dir zu eilen, scheinst Du doch unfaßbar zu sein, aber vielleicht nur deswegen, weil Du ja – dem Geist noch nicht bewußt – schon alles bist.

Ja, letzten Endes bist Du alles, denn Du allein belebst oder bist jene Kraft, die man Liebe nennt. So erlaube, daß wir uns in Demut vor Dir verbeugen, Du Seele allen Lebens.

Ein gewaltiges Tosen im Widerhall der Berge und Täler schreckte die drei aus ihrem Schlaf. Es schien, als ob alles sich aufgebäumt hatte und sich in Entladung nach Entladung über den Bergen niederschlug.

Rasch zündete Duschane eine Kerze an, Thomas belebte das Feuer im Kamin, und im noch nicht voll entfachten Licht tanzten Schatten wie undefinierbare Gespenster.

Unmittelbar neben der Hütte schlug ein Blitz fast ohrenzerreißend ein, und der Professor mußte sich hilfesuchend auf einen Stuhl setzen. Das fahle Licht und das Tanzen der Schatten betonten noch die aufkommende Panik in seinem Gesicht.

P: Ich hab's doch geträumt! Ich hab's ja geahnt, ich habe ja gesagt, ...

stammelte er und verlieh seiner Vorahnung eine gespenstische Dramatik. Ein zweites Kerzenlicht und das jetzt hell lodernde Feuer im Kamin verbannten jedoch die Schatten seiner außer Kontrolle geratenen Panik.

Duschane setzte sich ihm gegenüber, nahm seine Hände und schaute ihn an.

D: Sagten Sie nicht selbst einmal, daß wir in einem Boot sitzen?

P: Ja, aber mir ist jetzt bei Gott nicht nach Scherzen zumute.

D: Herr Professor, es ist kein Scherz, es ist Wirklichkeit. Wir drei sind, und das ist die Wirklichkeit. Da wir sind, und da das Sein unantastbar ist, brauchen wir keine Angst zu haben.

Eine seltsame Kraft strömte über die Hände in den vor Angst zitternden Körper des Professors. Ja, es war Angst, eine furchtbare Angst, wie damals vor Stalingrad. Es war die Hölle. Dieser damals geborenen Angst hatte er bis heute nicht Herr werden können.

Fast krampfhaft hielt er die Kraft verleihenden Hände, aus Furcht, sie zu verlieren, und langsam kehrte seine Fassung zurück.

P: Mein Gott, ich hätte nicht gedacht, daß es so etwas überhaupt gibt. Dieses Gewitter gleicht ja dem Weltuntergang. Es ist kaum auszuhalten.

Dabei schaute er Thomas an, der auch etwas verschüchtert auf dem Schemel vor dem Kamin kauerte.

In diesem Augenblick verwandelte ein weiterer gewaltiger Blitz die Nacht in hellichten Tag, und fast gleichzeitig ließ ein fürchterlicher Donner die ganze Hütte erbeben.

P: Das ist ja die Hölle! Und dieser Regen, die reinste Sintflut!

D: Kommen Sie, Herr Professor, setzen wir uns gemütlich an den Kamin, schließen die Augen und lassen kommen, was kommen mag.

P: Sie müssen ja Nerven wie Drahtseile haben!

D: Nein, so ungern ich Ihnen in dieser Situation widersprechen möchte. Man braucht im Leben nur intakte Nerven, keine Drahtseile. Es gibt überhaupt keine Drahtseile, die intakten Nervenfasern gleichkommen könnten.

Gewöhnliche grobe Energie braucht vielleicht dicke Leitungen, um durch sie hindurchfließen zu können, doch unser Nervensystem ist so beschaffen, daß es in seiner Vollkommenheit außer der groben gerade die höchsten und feinsten Energien hindurchfließen lassen kann.

Eine erneute Serie von Donnerschlägen ließ sie verstummen; Entladung nach Entladung, Blitz und Donner, das unaufhörliche Geprassel des Regens und dann — plötzliche Stille, die Stille der Nacht.

Ruhig brannten die Kerzen, und das Feuer knisterte im Kamin, als ob nie etwas geschehen wäre. In der Ferne war noch wie eine Drohung ein leises Grollen zu hören.

T: Ist es wirklich so, daß unser Nervensystem solch gewaltige Ströme wie einen Blitz hindurchlassen kann?

P: Das ist unmöglich. Auch unserem Körper sind Grenzen gesetzt.

D: Nur im Zustand seiner Unfähigkeit. Im Zustand seiner Vollkommenheit und seiner ursprünglichen Bestimmung ist er aber grenzenlos wie alles, was im Einklang mit dem Schöpfer existiert. Selbst die stärksten Blitze sind dann nur eine winzige Nebenerscheinung dieser herrlichen Fähigkeiten.

Rasch wechselte die Szene. Die Wolken, die den Himmel verdunkelt hatten, verzogen sich.

T: Es ist ja schon längst hell!

entfuhr es Thomas.

P: Tatsächlich, es ist bereits halb sieben.

Sie gingen ans Fenster und bemerkten zu ihrer größten Überraschung, daß nicht ein Flöckchen Schnee mehr zu sehen war. Stattdessen breitete sich eine Gesteinslandschaft bis zur Spitze des Berges aus, in der vereinzelt Bäume standen, zum Teil aber auch mit deutlichen Verkohlungen als Erinnerung an das vorherige Schauspiel am Boden lagen.

Nach dem Frühstück verkündeten die ersten Sonnenstrahlen den Anfang des Tages. Ein liebliches Licht der Frische und der Sanftheit beleuchtete die Bergwelt, und das Gewitter war wie ein Spuk vergessen.

T: Woher kommt es eigentlich, daß man Angst hat? Gehört Angst zur Natur des Menschen?

D: Nein, Thomas, es ist nicht die Natur des Menschen, Angst zu haben.

P: Einen Augenblick! Da sind Sie aber im Irrtum.

Angst gehört zum Menschen, denn sie ist seine unmittelbare Reaktion auf das, was ihm Angst macht. Damit ist sie eine natürliche Eigenschaft der Psyche des Menschen und kann sogar sehr nützlich und lebensfördernd sein.

D: Ihre Aussage würde stimmen, Herr Professor, wenn es da keine Unterschiede gäbe. Gewisse Menschen reagieren auf bestimmte Situationen nämlich mit Angst, andere jedoch haben in den gleichen Situationen keine Angst. Zum Beispiel gibt es Schüler, die in Prüfungen sehr gelassen sind, und andere, die mit Angst reagieren. Das ist bereits ein Zeichen dafür, daß Angst nicht zur Natur des Menschen gehört und noch weniger als natürliche Reaktion bezeichnet werden kann.

Wenn es nur einen Menschen auf dieser Welt gibt, der in einer bestimmten Situation keine Angst hat, dann kann jeder Mensch in derselben Situation angstfrei werden. Dafür müssen allerdings die Voraussetzungen erfüllt sein.

Um diesen Aspekt genauer zu definieren, sollten wir zunächst die Ursache der Angst beleuchten, die ohne Zweifel in der Physiologie unseres Nervensystems und der Biochemie unseres Körpers zu suchen ist.

P: Wie, wie bitte? Da muß ich mich wohl verhört haben, oder Sie haben sich eben gewaltig versprochen!

D: Nicht im geringsten. Wenn irgendwo die Ursache der Angst zu finden ist, dann garantiert da, wo die Gefühlswelt auf der Ebene der Elektrolyse und Biochemie reguliert wird.

Wie Sie wissen, ist jede Zelle einerseits mit Nervenfasern und andererseits mit Kapillaren versehen, die den Stoff-, Energie- und Informationsaustausch gewährleisten sollen. Nun haben wir bereits herausgefunden, daß der menschliche Körper bei den meisten Menschen nicht mehr nach dem Ursprung, sondern in einer veränderten, degenerierten Form funktioniert. Sie haben so viele Gift- und Störstoffe, wie Cholesterin, verschiedenartige Fettstoffe und körperfremde Substanzen, in ihrem Kreislauf, daß nicht einmal 60% der Zellen richtig versorgt werden, weil das dicke Blut gar nicht zu ihnen gelangen kann. Dadurch gerät der gesamte Zellhaushalt völlig durcheinander, und hier liegt die Ursache der Angst und der Urangst.

Unversorgte Zellen signalisieren zwangsläufig solange Alarm, bis sie erschlaffen oder einen völligen Zusammenbruch erleiden, der zu noch größeren Störungen führt. Da, Herr Professor, beginnt das Unheil aller degenerativen Empfindungen. Das ist die eigentliche Ursache aller Fehlfunktionen unserer psychischen Welt und somit von allem, was damit als Störung in Zusammenhang gebracht worden ist.

P: Hm, was soll ich darauf sagen? Das wirft jegliche bisherige Lehrmeinung völlig über den Haufen.

Er stand auf und ging in der engen Hütte auf und ab. Plötzlich hielt er inne, stützte sich mit den Händen auf seine Stuhllehne und wandte sich erneut an Duschane:

P: Gut, diese Erklärung könnte ich für grundlose Angst und für Phobien gelten lassen.

Bedrohliche Situationen aber, wie vorhin bei dem Gewitter oder für mich damals in Stalingrad, wo die Hölle in schlimmster Form über uns hereingebrochen war, verursachen doch begründete Angst. Wir hätten ja jeden Augenblick sterben können! Es ist doch natürlich, Angst vor dem Tod zu haben!

D: Angst vor dem Tod hat leider jeder Mensch, aber nur, weil er den Vorgang des Sterbens nicht kennt, oder weil er eine völlig verkehrte Einstellung dazu bekommen hat.

Seit undenklichen Zeiten hat der Mensch gelernt, Angst vor dem Tod zu haben, weil er nicht mehr darin sehen kann als den Verlust des bewußten Lebens. Da ihm das bewußte Leben jedoch begreiflicher ist, begann er, gegen alles, was diesem gefährlich ist, eine Abneigung zu entwickeln. Seine Reaktion auf den Tod ist daher Angst, weil er ihn nicht aufhalten und abwenden kann. In diesem Zusammenhang spricht man auch von »Urangst«.

In unserer heutigen Gesellschaft ist das Wissen leider verloren gegangen, daß der Tod etwas sehr Natürliches ist. Die wenigen, die wunderbare Erfahrungen darüber gehabt haben, werden wie so oft als Spinner abgetan. Doch die Schuld an all dem tragen diejenigen, welche die kostbaren Weisheiten der Religionsstifter bis zur Unkenntlichkeit verändert haben, die uns alle die Weisheit des Lebens und die Herrschaft über den Tod vermitteln wollten.

Den Tod braucht kein Mensch zu fürchten, er ist vielmehr die wunderbarste Chance unserer Weiterentwicklung. Irgendwann bekommen wir den Körper, und irgendwann müssen wir ihn wieder verlassen, und das ist der Beweis, daß wir etwas anderes sind als der Körper. Wenn wir in diesem Leben noch lernen, ihn bewußt und willentlich zu verlassen, dann haben wir die sagenhafte Herrschaft über den Tod erlangt.

Ich möchte Ihnen in diesem Zusammenhang eine kleine Erfahrung erzählen, die ich als Kind hatte:

Eine ganz natürliche Erfahrung

Im Zweiten Weltkrieg war ich noch ein kleiner Junge, der wie alle davon Betroffenen das Chaos über sich ergehen lassen mußte. Trotz des großen Unheils sah man an den Menschen jedoch Freude und Ausgelassenheit, als der Krieg endlich zu Ende war.

Damals war ich ein sorgloses Kind einer sorgenvollen Mutter, bei der mehr das Weinen als das Lachen zum Leben gehörte. Ich habe das Glück, mich genau zu erinnern, daß wir Kinder die Welt anders sahen als die Erwachsenen, die alle irgendein Päckchen auf ihrem Rücken zu tragen hatten. Untereinander sprachen wir oft über die Dinge, die uns mit Erwachsenen widerfuhren, ließen sie jedoch immer wieder fallen, weil sie in unsere Spielwelt nicht hineinpaßten.

Daran änderte sich auch nicht viel, als ich eingeschult wurde. Ich hatte dieselben Hindernisse zu überwinden wie alle meine

Schulkameraden: Lernen oder Nichtlernen, Lust oder Unlust und dazu die kleinen und größeren Begebenheiten des Wachsens.

Mit acht Jahren bekam ich meine erste Verdienststelle als Schweinehirt, und meine Freude war groß, denn ich dachte mir, daß ich meiner Mutter jetzt ein Stückchen ihrer Last vom Rücken nehmen könnte, indem ich sie selber trug. Ich verdiente einen 3 kg-Laib Brot pro Tag, ein Geschenk des Himmels für mich, doch gleichzeitig die erste Erfahrung des Erwachsenwerdens in der Sorge, daß ich nie aufhören möge, 3 kg Brot zu verdienen.

Immer wenn meine Mutter am Abend noch etwas zu erledigen hatte, brachte sie meine zwei Brüder, meine Schwester und mich liebevoll zu Bett und ging weg. Wenn sie wieder nach Hause kam, schaute sie, ob wir zugedeckt waren, und ging dann selbst schlafen.

So war es auch an dem Abend, von dem ich erzählen möchte. Als meine Mutter in der Nacht von ihrer Besorgung wieder nach Hause kam, stand ich in der Mitte des Raumes, und es war schon merkwürdig, daß sie an mir vorüberging, ohne mich zu beachten oder auch nur zu sehen.

Sie ging zu meinen Geschwistern, schaute nach ihnen und war gerade im Begriff, zu meinem Bett zu gehen. Da durchzuckte mich ein wahnsinniger Schreck, denn jetzt erst begriff ich die Situation: ich lag im Bett und stand gleichzeitig im Zimmer. Mein einziger Gedanke war, meine Mutter von ihrem Vorhaben abzuhalten, mich im Bett anzufassen.

Doch sie ging durch mich hindurch und ich durch sie, und schon hatte sie meinen schlafenden Körper berührt. Ein Schockerlebnis fand statt, bei dem ich schweißgebadet hochschoß. Meine Mutter umarmte mich sogleich voller Sorge, im Glauben, sie sei die Ursache dieses Schreckens gewesen.

Nachdem ich mich wieder beruhigt hatte, versuchte ich, so gut ich es konnte, ihr zu erklären, daß ich zweimal gewesen war. Trotz meiner Versicherungen, daß dies die Wahrheit war, tröstete und liebkoste sie mich jedoch etwas ungläubig und verharmlosend und wiegte mich wieder in den Schlaf.

Obwohl ich immer wieder solche Erfahrungen hatte, konnte ich mit ihnen nichts anfangen. Aus Furcht, in ein Irrenhaus gesteckt zu werden, befolgte ich daher den weisen Ratschlag meiner Mutter und berichtete niemandem davon.

Drei Jahrzehnte später war es mir dann vergönnt, dieses Phänomen zu verstehen und zu erkennen, daß es zur Natur des Menschen gehört. Denn wenn auch nur ein einziger Mensch eine Fähigkeit hat, dann kann jeder sie haben oder entwickeln. Somit kann jeder durch das bewußte Verlassen des Körpers die sagenhafte Herrschaft über den Tod erlangen, die uns der Schöpfer durch seine heiligen Söhne und Töchter verheißen ließ.

Dieser Körper ist die Brücke zu Gott. Wir bekommen ihn an einem Ufer, gehen über die Brücke und verlassen ihn am anderen Ufer. Solange er aber unrein und sein Nervensystem verzerrt und verwickelt ist, wird uns statt der Herrschaft über den Tod Angst, Unheil und Leiden zuteil, und wir werden immer wieder Opfer des strudelnden Flusses der Unwissenheit, über den sich die Brücke zu der wirklichen Welt spannt.

Reinigen wir den Körper jedoch wie besprochen, so wird sich auf natürliche Weise die Fähigkeit einstellen, ihn nach Belieben zu verlassen, und wenn die Zeit des Gehens kommt, dann brauchen wir nicht herausgeschreckt zu werden, sondern wir verlassen den Körper bewußt, bar jeglicher Angst und gehen unserer Bestimmung nach.

T: Darüber habe ich auch schon einiges gelesen. Ist das aber wirklich für jeden wahr? Ich dachte immer, es sei nur eine Erfahrung der Auserwählten.

D: Wir alle sind auserwählt. Gott gab uns den kostbaren Körper und alle seine Funktionen, auf daß sich die Seele durch ihn vollkommen zu Gott verwirkliche. Du wirst es erfahren, wie alle, die beginnen, aufrichtig und konsequent danach zu leben.

P: Ich muß noch einmal auf die Angst zurückkommen. Sie kann einem doch das Leben retten, indem sie dazu veranlaßt, daß man bedrohlichen Situationen entflieht.

D: Angst macht schwach. In bedrohlichen Situationen braucht man aber alle Kraft, alle Energie und vor allem alle Gelassenheit, um solche Situationen heil zu bestehen. Es gibt nirgends einen Punkt, wo Angst wirklich eine Berechtigung hat.

T: Ich habe eigentlich selten Angst. Wenn ich aber entspannt dasitze, und jemand kommt leise hinter meinem Rücken herein und macht dann ein lautes Geräusch, so erschrecke ich mich und bekomme doch kurzzeitig Angst.

D: Ein wunderbares Beispiel!

Bei Tieren sträuben sich in solchen Situationen Haut und Haare. Das bedeutet in keiner Weise Angst, sondern eine Vorwarnung, achtsam zu sein, und ein Alarmsignal, das den Körper für die entsprechende Situation in Aktionsbereitschaft versetzt.

Auch in unserer Haut sind alle Mechanismen eingebaut, um uns Vorwarnsignale zu geben, wenn sich eine Gefahr nähert. In dem Augenblick, wo wir erschrecken, liefert uns die Situation den Beweis, daß unser Radar, der eigentlich millionenfach besser ist als der Radar einer Fledermaus, nicht intakt ist. Denn wäre er intakt gewesen, Thomas, dann hätte er Dir vorher das Signal vermittelt, Dich umzudrehen, das heißt, er hätte Dir die Vorahnung gegeben, daß jemand kommt.

P: Demnach wäre Angst nichts anderes als unsere schlechte und unangemessene Reaktion auf eine Situation?

D: Ausgezeichnet. Wenn der Körper gesund ist und das Nervensystem vollkommen, dann gibt es keine Situationen, in denen wir mit Angst reagieren. Vielmehr haben wir die erhabene Fähigkeit, allen negativen Situationen von vornherein, bevor sie überhaupt entstehen, die Grundlage zu entziehen.

Wir haben keine andere Wahl, als der Wahrheit um die Dinge ins Gesicht zu sehen. Es steht außer Zweifel, daß die Angst ihre Ursache in einem degeneriert funktionierenden Stoffwechsel hat, der nicht zuletzt von den Nahrungsmitteln Fleisch, Fisch, Eier und Pilze über Generationen hinweg zugrundegerichtet worden ist.

T: Da fällt mir eine interessante Studie ein, die in Deutschland mit Schul- und Kindergartenkindern durchgeführt worden ist.

14 Tage lang ernährte man die Versuchsgruppen mit vegetarischer Vollwertkost und konnte eine enorme Veränderung beobachten. Zu 60 bis 80% verschwanden innerhalb einer Woche Aggressionen, Unaufmerksamkeit, Lustlosigkeit und Langeweile. Als die Kinder dann wieder auf "normale" Kost gesetzt wurden, verlor sich das neugewonnene Verhalten jedoch rasch.

Warum dieses Modell nicht Schule gemacht hat, habe ich bis heute nicht verstanden, wo durch die Studie solch eindeutige und überzeugende Beweise erbracht worden sind.

D: Das ist eine wunderbare Ergänzung, die zeigt, wie drastisch sich der durch unser falsches Verhalten degenerierte Stoffwechsel auf die Psyche auswirkt, und wie schnell der Umkehrprozeß stattfindet, wenn wir das Verhalten zugunsten der Gesundheit ändern.

Gerade in Fleisch und Wurst sind außerdem noch so viele Medikamente und Dopingmittel enthalten, die den armen Tieren verpaßt werden, und Angsthormone, die die Tiere selber auf dem Weg zum Schlachthof produzieren. Diese Stoffe wirken in unserem Körper weiter, wenn wir sie zu uns nehmen, und bereiten die Grundlage unserer Angst.

Wir müssen also unserem seelischen Heil und der Produktion von Liebe und Glück zuliebe unbedingt unsere Biochemie reinhalten.

T: Soll das heißen, daß unsere Psyche und unsere Gefühle nicht mehr als eine gewöhnliche chemische Reaktion sind?

D: Thomas, eine wunderbare, eine großartige biochemische Reaktion, die man mit Recht als Element des Lebens bezeichnen könnte.

T: Dann sind Liebe, Glück und all diese erhabenen Empfindungen auch nur ...

D: ... ein Wohlfühlen unserer Seele oder ihre Reaktion darauf, daß alles mit dem Körper in Ordnung ist.

Ich sehe in Dir eine gewisse Enttäuschung, aber Du kannst Dich darauf verlassen, daß wir nie zu leiden und Angst zu haben brauchen, wenn die Biochemie in unserem Körper in Harmonie ist. So großartig, so wunderbar ist unser Körper angelegt, daß er die Mechanismen hat, um Hoffnung, Zuversicht, Vertrauen, Glück und Liebe zu produzieren.

T: Ist das wirklich so?

D: Ja, und es ist ein unendliches Glück für die Menschheit, denn wir sehen gleichzeitig, daß jeder einzelne Glück und Liebe produzieren kann, von niemandem abhängig.

P: Dieser Behauptung widersprechen aber deutlich das Unglück und die Probleme, die überall durch zerbrochene Ehen und gescheiterte Partnerschaften entstehen. Die Menschen brauchen doch zu ihrem Glück immer einen Partner.

D: Wir sehen hier zwei Aspekte des Lebens, einen negativen, der aus Abhängigkeit zum Leiden führt, wenn ein Verlust stattfindet, und einen positiven, wenn zwei sich begegnen, weil sie sich gegenseitig etwas zu geben haben.

Jemand, der selbst Liebe und Glück produziert, ist ja der Gebende, und wenn zwei solche sich treffen, dann findet nur eine gegenseitige Bereicherung statt. Wenn sie sich dann aus irgendeinem Grund wieder trennen, so gibt es gar kein Verlustgefühl, weil sie selber reich sind und reich beschenkt worden sind.

Darin liegt die Chance, daß die Menschheit aus dem Chaos und Nebel herauskommt. Denn wenn unsere Liebe von der Liebe des Partners oder von anderen abhängig ist, was ist dann, wenn wir ihn verlieren? Wir werden todunglücklich, empfinden ein Verlustgefühl, leiden, und wenn unser Partner noch dazu mit jemand anderem glücklicher ist, dann kommt Eifersucht auf, und das Chaos ist vollständig. Alles aus Mangel an wahrer Liebe!

Wenn ein kleines Kind eifersüchtig ist, dann können wir Verständnis dafür aufbringen. Daß aber die vermeintlichen Erwachsenen sich diesbezüglich noch schlimmer und verheerender verhalten, dafür kann es kein Verständnis geben. Eifersucht ist ein abartiges, zerstörerisches Gefühl. An erster Stelle zerstört es die Person selbst und dann die Grundlage für jegliche Harmonie mit der Umwelt. Ein Kreis des Leidens entsteht, der nur dadurch unterbrochen werden kann, daß jeder einzelne dazu gebracht wird, Liebe, Glück und Harmonie in sich zu produzieren.

Wenn sich dann obendrein zum eigenen Glück und zu der eigenen Liebe noch jemand gesellt und vielleicht auch wieder weggeht, so bleiben wir doch in unserer Liebe und unserem Glück in erhabenem Gleichmut gegründet. Sollte das Schicksal dem Partner anderswo noch größeres Glück zuteil werden lassen als mit uns, dann wird uns das zur Freude und nicht zum Unglück gereichen. Eifersucht wird für uns dann völlig fremd sein.

T: Wenn die Biochemie eine solch entscheidende Rolle spielt, dann müßte es doch möglich sein, Liebe, Glück oder andere Gefühle durch Verabreichen oder Spritzen der für das jeweilige Gefühl verantwortlichen Substanzen zu erzeugen.

D: Man kann höchstens Reaktionen erzeugen. Ein grobes Beispiel für derartige Experimente sind Alkohol und Rauschgift. Durch sie bekommen wir ein eigenartiges Hochgefühl, werden ausgelassen, enthemmt und fast sorglos. Nur wie lange dauert es, bis wir zur Unterstützung der erzeugten Gefühle wieder zu denselben Mitteln greifen müssen?

Ein solches Unterfangen, künstlich von außen etwas dem Glück Ähnliches erzeugen zu wollen, wird der Komplexität des körperlich-seelischen Gefüges niemals gerecht. Alle diese Versuche sind unnatürlich und deshalb von vornherein zum Scheitern verurteilt.

P: Ihr Beispiel vom Alkohol ist wirklich sehr grob. Die Wissenschaft ist diesbezüglich doch viel differenzierter und kann gezielt Einfluß auf die menschlichen Gefühle nehmen.

D: Indem sie durch die Einwirkung von außen zugeführter Substanzen die Gefühlswelt samt ihrer Biochemie gewaltsam verändert. Das ist ein negativer Einfluß, der schon lange zur Sackgasse geworden ist, ohne daß die Experimentatoren willig sind, sich dies einzugestehen.

Keinem Menschen wird es jemals gelingen, die Wunderwerke des menschlichen Körpers nachzuahmen. Es ist bereits unsinnig, ein Vitamin, das im Körper produziert wurde, mit von außen zugeführten Vitaminen vergleichen zu wollen.

P: Warum denn das? Vitamin ist doch Vitamin.

D: Irrtum, Herr Professor, ein vom Körper produziertes Vitamin ist individuell beseelt.

Es ist unsere Pflicht, jegliches Unterfangen, das die eigentliche Hauptsache außer acht läßt, als pseudowissenschaftlich abzutun. Niemandem außer dem Schöpfer wird es möglich sein, eine Substanz hervorzubringen, die der Eigenproduktion des Körpers gerecht werden kann. Denn die Stoffe, die die Grundlage für die Entfaltung der Gefühle bilden, werden von unzähligen Drüsen, unzähligen Nervenzellen in unvorstellbaren Kombinationen und Vernetzungen hergestellt, getragen von dem Stoffwechsel, der unvergleichlich und unnachahmbar ist, und dazu noch von der feinsten Energie des Lebens, die die Grundlage für die Verwirklichung der Seele bereitet.

Dabei ist das noch eine von mir vereinfacht ausgedrückte Darstellung, vor allem wenn es um Glück und Liebe geht.

P: Jetzt fallen Sie aber plötzlich völlig in das andere Extrem und vergöttern geradezu die Materie.

T: Es scheint mir eher, daß in Ihnen, Herr Professor, der Mediziner mit dem Psychologen im Streit liegt. Denn einerseits wollen Sie im Moment die biochemische Grundlage der Gefühle nicht akzeptieren, andererseits tun Sie aber die Gefühls- und Seelenwelt als eine unbedeutende Scheinwelt ab, da für Sie in Wirklichkeit ja doch alles chemisch machbar ist.

D: Ja, Thomas, damit hast Du das tragische Schicksal des Lebens und der endgültigen Wahrheit enthüllt.

Die Wissenschaftler haben die Seele im Körper verneint und gerieten dadurch total in den Sumpf ihres materiellen Denkens. Die Religionen hingegen ergriffen einseitig Besitz von der Seele, vernachlässigten ihren wunderbaren Tempel, den Körper, und schleuderten sich damit selbst ins andere Extrem.

Was für ein Unglück!

P: Ist das für Sie ein Grund, jetzt die Materie anzuhimmeln?

D: Betrachten wir konkret die ganzen Zusammenhänge in der Entwicklung der Menschen zu ihrer Bestimmung, dann sehen wir, welche Irrlichter ihr Leben begleiten. Die beiden bestimmenden Aspekte in diesem Bereich, der körperlich-materielle und der geistige, wurden immer abwechselnd gegeneinander ausgespielt oder zugunsten des anderen völlig ignoriert. Sie wurden nie im Einklang miteinander, sondern stets in einem Mißklang gesehen, bis auf den heutigen Tag.

In den Religionen hat man die materielle Welt, vor allem den menschlichen Körper, lange völlig entwürdigt. Doch auch die Materie ist Produkt des Absoluten, und das Absolute erschafft nichts Unwürdiges. Selbst wenn wir jetzt Tausende von Jahren die Materie wahrlich anhimmeln, so haben wir gegenüber der bisherigen Tragödie um sie doch erst einen kleinen Schritt getan.

Wir müssen der Materie und ihrer Funktion unbedingt ihr vom Schöpfer gestaltetes Gesicht wiedergeben. Dazu muß uns zunächst einmal klar werden, daß es in der Natur der Materie, wie überall im Leben, zwei Enden gibt, ein grobes, bis zu den gewaltigsten Gebirgsgestaltungen der Erde, und ein feines, bis hin zu jenem Bereich im menschlichen Stoffwechsel, wo durch die Materie im Einklang mit dem Geist den feinsten Gefühlen ihre Grundlage gegeben wird. Diese beiden Aspekte sollten ihren Einklang, ihre Harmonie und ihre vollkommene Würdigung erfahren. Dann wird sich das Höchste auch auf der Ebene der Materie im Leben vollkommen widerspiegeln.

Die Gnade des Schöpfers, den verirrten Seelen durch die Materie eine Wiederkehrchance einzuräumen, ist allein schon mehr als Grund genug, sie im höchsten Sinne zu würdigen; denn ohne diese Chance gibt es keine Entwicklung zu Gott. Nur wegen dieser Chance werden wir in einem materiellen Körper geboren, dem Tempel Gottes, der durch das falsche

Verständnis ihm gegenüber leider schon Risse bekommen hat und fast am Zerfallen ist.

Wenn die Menschen ein Extrem verlassen, dann schlittern sie in ihrer Unwissenheit leider meist gleich in ein anderes hinein. In diesem anderen Extrem ignorieren sie der Materie zuliebe das Geistige, das eigentlich Religiöse, total und bringen so aus ihrem Unverständnis der Materie und ihrer eigentlichen Bestimmung gegenüber das Leben wieder nur in ein Ungleichgewicht.

Als die Menschen noch Beziehung zu Gott und zum Leben hatten, lebten sie vom Tausch der Materie und hielten sie ständig in Fluß. So brachte sie ihnen immer großen Segen und große Freude. Jetzt wird sie aber sinnlos angehäuft und stellt so ein fast unüberwindliches Hindernis in den zwischenmenschlichen Beziehungen dar. Der angehäuften Materie ist es sogar gelungen, Klassen unter den Menschen zu schaffen, die Reichen und die Armen, die Herren und die Sklaven, die Gutsbesitzer und die Knechte, aber nur deswegen, weil die Güter dieser Erde nicht fließen. Würden sie nämlich fließen, dann würden sie zu allen fließen, und alle hätten genug.

P: Aber wann? Um immer dann etwas zu haben, wenn man etwas braucht, muß man doch für Vorrat und Sicherheit sorgen.

D: Es gibt unendlich viel Reichtum auf dieser Erde. Wenn er gleichmäßig verteilt wird, dann hat jeder auf dieser Welt, und sogar noch ein paar Milliarden mehr, genug, um reich zu sein.

Durch die Hartherzigkeit der Menschen wird die Materie aber unnatürlich gestaut und mit ihr viele andere Lebensbereiche, die nach dem Motto: *Zeit ist Geld* nur aus dem materiellen Blickwinkel betrachtet werden. Die verheerenden Folgen dieser Entwicklung sind Armut, Hunger, Leid, Not, mangelnde Hilfsbereitschaft, Kriege.

Allein das Herz des Menschen hat wegen seiner Gabe, zu lieben und zu geben, die Fähigkeit, die Materie wieder zum Fließen zu bringen. Wenn die Herzen hart sind, dann kann sie nicht fließen, bringt aber auch denen kein Glück, die sie für sich anhäufen. Dabei ist doch jedem bekannt, daß das letzte Hemd keine Taschen hat.

Sicherheit, Herr Professor, kann uns nur derjenige bieten, der uns den Körper und das Leben gegeben hat, wirkliche Sicherheit. Die nächstbeste Sicherheit, die wir auf dieser Erde für uns selbst aufbauen können, ist Vertrauen und Liebe zueinander.

Der Mensch hat sich falsche Werte als Ideale auserkoren und sucht angebliche Sicherheit in Bankkonten oder Lebensversicherungen. Obwohl Inflationen uns immer wieder bewiesen haben, wo die eigentlichen Werte des Menschen liegen, treiben die meisten weiter ihr sinnloses Spiel mit der Materie und häufen sie für sich an. Obwohl sie Tag für Tag erfahren, daß Menschen an Hunger sterben, bleiben sie mit einem Stein in ihrer Brust auf ihrer Materie sitzen und entziehen sie damit – wie auch sich selber – dem lebensfördernden Kreislauf. Dabei steht unumstößlich fest, daß sie nur aus dem einen Grund mit Reichtum gesegnet worden sind, damit sie lernen, gerecht zu teilen und an alle zu geben, die es nötiger haben.

Die Materie darf nicht ersticken, und dazu muß sie belebt und in Fluß gehalten werden, so wie Gott es für sie vorgesehen hat, damit sie dem Leben lebendig zur Verfügung steht.

Das beginnt bereits tagtäglich bei der Handhabung der Nahrungsmittel. Wie viele Krankheiten entstehen durch wiederaufbereitete Nahrung! Weil man für Lebensmittel Geld – Materie – bezahlt hat, darf ja nichts kaputt gehen. Daher stopft man lieber die letzten Reste noch in sich hinein oder verwendet sie am nächsten Tag wieder. So benützt man den wunderbaren Körper als Mülleimer und mutet ihm eine zerkochte und minderwertige Materie zu, um ja keinen Verlust zu haben. Dabei wird doch alles, was auf dem Kompost landet, dem Kreislauf der Materie und ihrer Bestimmung vollständig und ohne Nebenwirkungen zurückgegeben.

Wir sehen, wie wichtig es ist, daß auf der Basis unseres eigenen Lebens Harmonie zwischen Geist und Körper und zwischen dem Absoluten und dem Relativen stattfindet.

P: Sehr richtig! Dieses Prinzip, dem Geist durch die Materie zu helfen, wird ja schon seit langem mit Erfolg in der klinischen Psychologie angewandt.

Ich nenne nur das Stichwort »Psychopharmaka«. Sie sind ein typisches Beispiel dafür, wie der Geist durch Materie beeinflußt werden kann, und stellen vor allem auf dem Höhepunkt von Depressionen, Schizophrenie und Psychosen lebensrettende Mittel dar, die in jedem Fall sehr hilfreich sind, um der Psyche chemisch zu helfen.

D: Mein Gott, welches Trauerspiel hat sich aus dem falschen Verhalten der Hilfesuchenden und der Helfenden entwickelt, und welcher Teufelskreis ist daraus entstanden! Ein enormes Anwachsen von durch Psychopharmaka Behandelten und dann deren Entwöhnungskuren, was zu einer noch stärkeren Zunahme von psychosomatischen Kliniken, Nervenkliniken und psychiatrischen Anstalten führt, die jetzt schon eine geradezu bedrohliche Anzahl erreicht haben.

Es ist wirklich eigenartig, daß ausgerechnet die Psychologen den Medizinern vorwerfen, an Symptomen herumzukurieren. Dabei verfehlen sie selber das Ziel von Ursache und Wirkung, wenn sie den anderen vorgaukeln, daß das, was sie behandeln, die eigentliche Ursache der Krankheiten sei.

Wenn die Psychologie die Ursache gefunden hätte, dann müßten doch alle Psychologen danach handeln. Es gibt aber in keinem Beruf so viele Experimentalvorgänge, wie sie jeder einzelne Psychologe zur Zeit durchführt und anwendet, verfangen in dem Bestreben, den Stein der Weisen zu finden und damit als eine herausragende Persönlichkeit vor der Welt zu gelten.

Dabei muß ich noch einmal betonen, daß es meines Wissens nach selten einen Psychologen gibt, der selbst psychisch in Ordnung ist. Wie aber kann ein Blinder Blinde führen?

Stellen Sie sich einmal vor, Eingeborene finden ein ans Ufer gespültes U-Boot und beginnen, hier und dort Teile zu untersuchen, abzubauen und sich dann zu streiten, wenn es darum geht, die Teile wieder an ihre ursprüngliche Stelle zurückzusetzen. Und erst der Streit um das Innere des U-Boots! Einer versucht, von einer Seite zu bohren, ein anderer von einer anderen Seite, mit verschiedenen Werkzeugen und Hilfsmitteln.

Es liegt doch auf der Hand, daß nur der mit dem U-Boot korrekt umgehen kann, der es konstruiert hat, oder jemand, der direkt von ihm gelernt hat, damit umzugehen. Ich hatte schon erwähnt, daß es schlimm genug ist, wenn man grob am Menschen herummacht und ihn als Versuchskaninchen mißbraucht, sich aber in die Gefilde der heiligsten Funktionen unserer Seele zu begeben, ohne vorher direkt beim Schöpfer gelernt zu haben, wie man sie handzuhaben hat, ist purer Wahnsinn. Denn die Seele ist das U-Boot des Lebens zur Ergründung seiner Tiefe und der Tiefe der Schöpfung. Daher ist es mehr als verwerflich, sie als Versuchsmodell einer fragwürdigen Wissenschaft zu benützen.

Dieses Irrverhalten ist der Grund dafür, daß sich die Welt langsam immer mehr mit psychiatrischen Anstalten und Irrenhäusern füllt, und daß das Chaos und die Unordnung immer mehr zunehmen. Schon längst brennt Alarmstufe Rot, nur sehen es die meisten nicht, und die an-deren wollen es nicht sehen und ignorieren es.

P: Wissen Sie, daß es mir verdammt schwer fällt, sachlich zu bleiben, wo Sie so sehr gegen die Psychologie eingenommen sind?

D: Herr Professor, es müßte Ihnen doch aufgefallen sein, daß ich lediglich gegen Unwissenheit bin.

Setzt man ein Kind an das Steuer eines Autos, so muß man damit rechnen, daß es einen Unfall gibt. Auf diesem Stand befindet sich aber leider das heutige Ausbildungssystem in der Psychologie. Selbst noch auf der Suche, also noch unwissend, läßt es die Diplom-Psychologen als angebliche Fachleute auf die Menschheit los. Das kann nur schiefgehen und ist bisher auch völlig schiefgegangen.

P: Sie stellen mit Ihren überzogenen Idealvorstellungen doch völlig unrealistische Forderungen.

Natürlich werden hie und da Fehler gemacht, und selbstverständlich ist noch vieles zu verbessern. Aber um Hilfestellung zu leisten, muß man doch nicht schon der allwissende, perfekte Therapeut sein.

D: Dann sollte man sich aber auch nicht als solcher aufspielen und darstellen, und vor allem sollte man in seiner Unwissenheit dem wirklich allwissenden, perfekten Therapeuten, nämlich dem Körper, der Seele und der Natur, nicht dauernd ins Handwerk pfuschen.

Natürlich kann man durch Psychopharmaka zum Beispiel im ersten Augenblick die Übererregbarkeit drosseln, aber ist das wirkliche Hilfe, ohne vorher die Ursache behoben zu haben?

Die Psyche, Herr Professor, ist kein gordischer Knoten, an dem jeder sein Geschick versucht, und über den man letzten Endes das Schwert schwingt und ihn zerschlägt. Sie ist die wunderbarste Schöpfung Gottes. Daher ist es an der Zeit, daß wir zu Gott und zu Seiner Natur gehen und uns da das Wissen um die Seele und um die Geheimnisse des Lebens holen. Dann erst werden wir mit ihr richtig umgehen können.

Ich weiß, daß die Weisheit im Gefilde des Lebens, im Schoße der Mutter Natur, in Form der Naturgesetze zu finden ist und auf uns wartet. Denn die Naturgesetze sind die widerspruchslosen Bausteine der Wahrheit.

P: Dazu kann ich nicht viel sagen, aber ich kann Ihnen versichern, daß ich als Psychologe, wie beschränkt meine Kenntnisse und Fähigkeiten auch sein mögen, schon vielen meiner Patienten geholfen habe.

D: Oh, guter Mann, warum unterschätzen Sie Ihre wunderbare Menschlichkeit? Nicht eine Sekunde habe ich daran gezweifelt, daß Sie großartige Hilfe geleistet haben – als Mensch, als herrlicher, weichherziger, gutmütiger Mensch.

Sie wissen doch, wie gerne manche Patienten sich bei Ihnen aufhielten, wie gerne Sie bei ihnen ein menschliches Gespräch der Psychoanalyse vorzogen und welch unvorstellbare Hilfe Sie dadurch geleistet haben, sogar dann, wenn es um Leben und Tod ging.

P: Woher wissen Sie das? So langsam werden Sie mir unheimlich.

D: Ich wollte damit nur zum Ausdruck bringen, daß Ihre Identifikation mit der Psychologie und Ihr Versuch, sich als Mensch auszuklammern, an den wahren Zusammenhängen Ihres persönlichen Lebens vorbeigeht.

So oft haben Sie die Erfahrung gemacht, daß Sie nach einer Psychoanalyse oder dergleichen selbst erschossen, erledigt und Opfer von Depressionen waren. Wie glücklich und zufrieden waren Sie andererseits, wenn Sie menschlich geholfen haben, fern jeglicher Psychologie! Das hat Ihnen so viel gegeben, daß Sie monatelang frei von den eben genannten Plagen waren.

P: Das stimmt!

D: Daraus können wir geradezu einen Lehrsatz machen: Immer wenn wir uns nach einer Handlung, die wir für einen anderen als Hilfeleistung getan haben, gut und glücklich fühlen, war es eine nützliche und wertvolle Hilfestellung. Andernfalls war es ein Versagen an dem anderen und an uns selbst.

In tiefes Schweigen versunken, den Kopf in die Hände gestützt, saß der Professor da, unzugänglich für jegliches weitere Gespräch.

War es möglich, daß all das viele Wissen, all die Fakultäten und Systeme doch in die Sackgasse führten?

P: Ich kann es kaum glauben,

murmelte er nach einer langen Weile.

D: Verzeihen Sie mir bitte, daß ich Sie jetzt unterbreche, aber ich denke, wir sollten nach trockenem Holz suchen, solange das Wetter es erlaubt.

P: Sie wollen mich doch nur ablenken.

D: Das auch, Herr Professor.

Wieder bäumte sich im Professor etwas gegen diesen selbstsicheren Menschen auf.

P: Wissen Sie, daß Sie in mir jetzt ein ungutes Gefühl erzeugt haben?
Ich beginne langsam, Sie nicht mehr zu mögen. Ich bin mir einfach nicht mehr sicher, ob Sie mir helfen oder mich fertig machen wollen.

D: Herr Professor, der Mensch ist weder das, was er war, noch das, was er ist, sondern nur das, was er wird. Also werden wir gute Freunde, die sich alles sagen dürfen, eben weil wir in einem Boot sitzen.
Da wir jetzt genügend geistig gestritten haben, sollten wir unserem Körper einmal die Möglichkeit geben, die negativen Substanzen loszuwerden, die zweifelsohne in ihm herumspuken. In dem Augenblick, wo wir sie herausgeschwitzt haben, wird uns der Spiegel unseres Bewußtseins ganz andere Bilder vermitteln.

P: Wollen Sie wirklich mein Freund sein?

D: Wollen? Nicht die Spur, Herr Professor! Ich bin *es*!

P: Ein eigenartiger Mensch sind Sie.

Kurze Zeit später sah man die drei in einem talwärts gelegenen Waldstück nach Holz suchen. Die klare Luft gab einen wunderbaren Ausblick auf die Berge, und tief unten im Tal sah man erneut ein unendliches graues Meer aus Nebel. Die Arbeit draußen war zwar anstrengend, doch sie tat gut. In der frischen Alpenluft verflüchtigten sich auch langsam die bedrückenden Gedanken des Professors.

Vollbepackt mit Holz traten sie nach einiger Zeit den Rückweg zur Hütte an und erfreuten sich bald wieder an der angenehmen Wärme vor dem Kamin.

P: Ich war vorhin in einer sehr, sehr unangenehmen Situation, die mich früher wochenlang beschäftigt und bedrückt hätte. Ich weiß nicht, warum, aber irgendwie kann ich jetzt ganz anders mit ihr umgehen, viel freier.
Daß Sie ein Gegner der Psychologie sind, ist mir mittlerweile klar geworden. Aber sehen Sie die ganze Sache nicht doch zu einseitig? Die Psychologie umfaßt doch einiges mehr, als der Name zum Ausdruck bringt, sie besteht aus vielfältigen Hilfsformen, wie z. B. Psychoanalyse, Verhaltenstherapie, Gesprächstherapie, Entspannungstechniken und allerhand anderen.
Ich denke, daß Sie einfach zu weit gehen, wenn Sie das alles über einen Kamm scheren.

T: Aber so wie ich Duschane verstanden habe, ist er doch nicht gegen Gesprächstherapie, oder?

D: Bereits vor Freud und all den anderen Begründern der heute in Umlauf befindlichen verworrenen Ansichten über die Psyche fanden immer Menschen durch ein Gespräch zueinander und Hilfe aneinander. Dennoch war sich letzten Endes jeder darüber im klaren, daß durch solch ein Gespräch zwar Erleichterung stattfand, eine Lösung der Probleme aber nicht zu finden war. Denn deren Ursache liegt nun einmal im Kranksein des Körpers, des Nervensystems und des ganzen Stoffwechselhaushalts.

Wenn man richtig sucht, dann ist alles leicht zu finden; wenn man aber nicht gefunden hat, so hat man einfach an der falschen Stelle gesucht. An der falschen Stelle wird man die Ursache nie finden. Man wird Probleme nie lösen können, wenn man auf der Ebene der Probleme bleibt. Dafür sind die heutigen Systeme und Methoden der Politik, die zu unserem gesellschaftlichen Chaos und der verworrenen Weltlage geführt haben, tragische Beispiele.

Im Grunde genommen, müßte sich jeder vernünftige Mensch zunächst einmal fragen, wo eigentlich der Erfolg der Psychologie zu finden ist. Wenn sie das Wissen um die Psyche tatsächlich gefunden hätte, dann müßten alle Psychologen hundertprozentige Erfolge nachweisen können; doch alle suchen sie immer noch weiter. Deswegen ist es von größter Notwendigkeit, psychotherapeutische Methoden so lange zu verbieten, bis man das vollkommene Wissen um die Psyche und die Seele von Gott erhalten hat. Denn was aus Unwissenheit der Seele und ihrer Entwicklung zu Gott alles zugefügt wird, paßt in keine Vorstellung.

Die gleichen Kreise, die uns vor etwa 100 Jahren das Atom als kleinstes Teilchen verkauft haben und den Herrgott in den Wolken mit weißem Bart, verstecken sich heute in ihrem krankhaften Geltungsbedürfnis und ihrem Hunger nach Macht noch viel geschickter hinter dem bedingungslosen Glauben an die Allmacht und Allwissenheit der sogenannten Wissenschaft. Die korrekt denkenden Menschen, die wirklichen großartigen Wissenschaftler, die die Geheimnisse des Lebens erkannt haben und in Achtung ehren, werden von ihnen damals wie heute unterdrückt und öffentlich als Spinner abgetan. Dazu kommen noch viele andere Ebenen der Gesellschaft, auf denen die Menschen manipuliert werden.

Sollten wir nicht einfach einmal wagen, alles in Frage zu stellen? Denn den Beweis, daß die bisherigen Systeme versagt und die Menschheit an den Rand des Abgrunds geführt haben, liefert die heutige Lage der Welt doch zu deutlich. Und trotzdem verharmlosen die meisten Menschen das alles noch immer aus falscher Bescheidenheit und tun den eigentlich natürlichen und menschenwürdigen Normalzustand als unrealistische, überzogene Idealvorstellung ab.

P: Verzeihen Sie bitte, das ist doch wirklich plumpe Schwarzmalerei und Verbreitung von Negativität. Was wollen Sie damit eigentlich bezwecken?

D: Nichts anderes, als klare Sicht zu schaffen.

Eine Situation korrekt zu sehen schafft die Grundlage, um sie zu verändern. Betrachtet man aus falscher Liebe zur Positivität die Nacht als Tag, dann verliert man die Fähigkeit, sich der Nacht gegenüber richtig zu verhalten. Sieht man andererseits im Tag die Nacht, dann kommt alles total durcheinander, und man büßt die Orientierung für die Gesetzmäßigkeiten des Lebens völlig ein.

Also ist es notwendig, die Dinge unverblümt so zu sehen, wie sie sind, denn nur so wird man die richtige Verhaltensweise entwickeln, um überhaupt etwas verändern zu können. Die Lage in der Welt beweist, daß es Nacht ist, also beeilen wir uns, Tag daraus zu machen und den erbärmlichen Zustand nicht durch eine falsche Sichtweise noch schlimmer werden zu lassen.

T: Das heißt, daß man die Negativität doch beachten muß? Dabei geht das Bestreben immer mehr dahin, die Dinge positiv zu sehen, um keine Negativität zu verbreiten.

D: Und wie wir die Negativität beachten müssen! Wir müssen ihr gegenüber sogar höchst wachsam sein. Sonst überrollt sie uns und erzeugt mit ihren üblen Tricks ein wahnsinniges Durcheinander, das schon heute auf allen Ebenen zu wahren Katastrophen geführt hat.

Nehmen wir ein Beispiel: Du hast erfahren, daß ein Verbrecher unterwegs ist, um eine Untat zu begehen. Im Bestreben, in allen Dingen das Positive zu sehen, unterläßt Du es jedoch, die Polizei darüber zu informieren. Was hast Du damit getan?

P: Dieses Beispiel ist doch geradezu lächerlich! In solch einem Fall wird jeder Mensch die Polizei alarmieren. Wir reden hier von ganz anderen, viel subtileren Dingen.

D: Herr Professor, ob wir die Dinge im Gröbsten oder im Feinsten falsch sehen, es bleibt die gleiche falsche Sicht. Die verfälschte Sichtweise eines groben Felsen ist sogar noch viel harmloser als die von subatomaren Vorgängen. Daher war mein Beispiel eher eine Untertreibung.

Die Dinge auf der Ebene der Psyche und des Geistes in falschem Licht zu sehen bedeutet, das Leben in eine falsche Richtung zu lenken, oder, was noch schlimmer ist, das Leben in eine Illusion falscher Bilder einzuhüllen.

Es gibt nichts Heiligeres für das Heil, als die Dinge richtig zu sehen. Richtige Sicht bedeutet, die Wahrheit zu sehen, hell zu sehen; falsche Sicht bedeutet, falsch zu sehen, schwarz zu sehen. Also seien wir bestrebt, die Dinge richtig zu sehen, positive positiv und negative negativ. Nur so können wir sie verändern, wenn sie nicht in Ordnung sind.

Wenn wir alles durch künstliche schöne Sicht übertünchen, dann erzeugen wir für die anderen und für uns selbst ein Trugbild, das uns daran hindert, das Positive vom Negativen unterscheiden zu können. Dadurch verfallen wir der Illusion, daß Veränderungen nicht nötig sind, und so gärt hinter der schönen Fassade alles weiter, bis eines Tages der Fassadenputz, von innen aufgefressen und vermorscht, von alleine abzubröckeln beginnt.

Wir können also das Negative mit Positivität übermalen, so sehr wir wollen; wenn es nicht von innen heraus verändert wird, wird selbst die herrlichste Malerei nichts nützen. Die negativen Dinge müssen zum Positiven verändert werden. Dann erst strahlen sie wirkliche Schönheit aus, und wir sehen sie zu Recht als schön.

P: Dazu muß man in der Nacht doch an den Tag denken.

D: Der Druck der Nacht, Herr Professor, erzeugt die Sehnsucht, die zwei Prinzipien »Tag« und »Nacht« in unserem Leben an die richtige Stelle zu setzen, so daß alles im Einklang mit den Naturgesetzen zum vollständigen Glück der Menschheit funktioniert.

Die Um–Nacht–ung der Menschheit dauert leider schon viel zu lange. Daher ist es ein großes Glück, daß einigen die Erinnerung an den Tag – das Licht – noch geblieben ist, die es überhaupt erst ermöglicht, irgendwann einmal die Nacht – die Dunkelheit des Lebens – zu verlassen.

Ich glaube, ich habe schon zur Genüge betont, wo man mit Veränderungen ansetzen sollte. Das Entscheidende ist, daß jeder einzelne Mensch zu seiner wirklich vollkommenen geistigen und körperlichen Gesundheit geführt wird. Das wird der schnellste Ausweg aus dieser so enorm verfahrenen Situation der Welt sein.

T: Aber auch das stelle ich mir äußerst langwierig und kaum erreichbar vor. Den Menschen Dein Wissen zu vermitteln, wird doch wahrscheinlich Jahrhunderte dauern.

D: Nein, Thomas, es wird und darf nicht lange dauern. Die Naturgesetze sind gegenwärtig im Begriff, eine andere grundlegende Ordnung zu formen, und damit werden sie dazu beitragen, daß das menschliche Bewußtsein den Impuls von einem anderen Leben bekommt.

In diesem Zusammenhang gibt es eine sehr interessante Entdeckung, die zeigt, daß im Kollektivbewußtsein noch ganz andere Faktoren von Bedeutung sind als die bisher bekannten.

Das Phänomen

Vor einigen Jahren gelang auf einer weitläufigen Inselgruppe in den Tropen zufällig eine seltsame Beobachtung. Seit eh und je hatten sich die auf den Inseln lebenden Affen von Süßkartoffeln ernährt, die sie einfach direkt aus dem Boden verzehrten. Aus irgendeinem unerklärlichen Grund wusch nun aber ein Affe eine Süßkartoffel im Meer und stellte danach beim Essen einen verbesserten Geschmack fest. Deshalb wusch er fortan alle Süßkartoffeln vor dem Essen, und es dauerte nicht lange, bis auch die

übrigen Affen auf der Insel dieses Verhalten angenommen hatten.

Das ist nicht unbedingt aufregend, aber nach nicht einmal einer Woche begannen auf all den anderen weitverstreuten Inseln die Affen ebenfalls, ihre Kartoffeln vor dem Essen zu waschen, obwohl die Beobachter ausschließen konnten, daß zwischen der ersten Insel und den anderen irgendein Kontakt bestanden hatte.

Das ist ein deutlicher Beweis für ein außergewöhnliches Phänomen. Es war nur notwendig, daß im Bewußtsein einiger weniger Affen eine Veränderung stattfand, und schon wurde das Kollektivbewußtsein im ganzen beeinflußt.

Dieser Effekt wird auch dem menschlichen Bewußtsein rasche Veränderung bringen. Man hat es bisher nur falsch eingeschätzt und beschränkt gesehen, obwohl Maharishi Mahesh Yogi schon seit 35 Jahren das korrekte Wissen über das Bewußtsein schlechthin in vielen Tausenden Vorlesungen besprochen hat.

Die Menschen scheinen zwar eine krankhafte Abneigung dagegen zu besitzen, ihre Angewohnheiten zu verändern; in dem Beobachteten haben wir jedoch glücklicherweise einen Hinweis darauf, daß nur eine relativ kleine Anzahl von Menschen notwendig ist, die sich dem Leben gegenüber korrekt verhalten, um alle anderen mitzuziehen.

P: Das ist ja geradezu ein Schlag ins Gesicht der Massenpsychologie und kann unmöglich richtig sein.

Bedenken Sie nur, wieviele Christen, Hinduisten und Moslems es gibt, die ein frommes Leben führen! Da müßte die Welt doch ganz anders aussehen.

D: Herr Professor, es handelt sich hier um ein Naturgesetz, ein unfehlbares Naturgesetz.

Ihr Einwand widerlegt nicht im geringsten dieses Naturgesetz, sondern beweist vielmehr die Tatsache, daß die Menschen, die angeblich fromm sind und fromm leben, Frömmigkeit und Heiligsein bisher nur geschauspielert haben wie im Theater.

P: Das ist ja eine furchtbare Anschuldigung!

D: Wir können nun einmal nicht an den Tatsachen in der Welt vorbeigehen. Sie sind der Beweis dafür, daß Harmonie fehlt.

Ich hatte einmal eine Erfahrung, die das Phänomen, von dem wir eben gesprochen haben, eindrucksvoll bestätigt und die zeigt, welche Kraft wahre und wirklich gelebte Harmonie besitzt.

Friede sei mit Euch!

Vor etwa 2000 Jahren war unter den Schriftgelehrten des Judentums der damaligen Zeit ein heftiger Streit entbrannt.

Selbst an einem Sabbat, also zu einer Zeit, wo die Menschen eigentlich eine heilige Gesinnung hätten pflegen müssen, nahm eine große Menschenmenge an diesen Streitigkeiten Anteil. Die Masse, die sich auf einem zentralen Platz in Jerusalem versammelt hatte, auf dem sonst eigentlich friedlich gebetet wurde, glich geradezu einer grauen Wolke. Ein heilloses Durcheinander drohte, alles ins Chaos zu stürzen.

Doch wie die hinter den Bergen aufgehende Sonne die Landschaft vor ihr von einem Augenblick zum anderen in goldenes Licht hüllt, so brachte der Erlöser, der sich plötzlich inmitten der Verwirrung erhob, mit seinem Antlitz Licht in das dunkle Grau.

Mit einem Schlag war jegliche Unordnung verschwunden. Alle – und es waren Tausende – wandten sich dem Licht entgegen und hörten mit Ehrfurcht die Worte: "Friede sei mit Euch!"

Sehen Sie, daß der Welt heute das Heil fehlt, und daß die eigentliche Religion, Seine Religion, keinen Eingang in die Herzen der Menschen gefunden hat, so schmerzhaft dieser Gedanke auch sein mag?

Sonst müßten sich nämlich das Durcheinander und die Unwissenheit in der Welt ebenso schnell und leicht verflüchtigen wie in der kleinen Episode eben, die beweist, daß nur einige wenige ausreichen, um Ordnung in das Chaos zu bringen.

Es ist allerdings auch kein Wunder, daß gegenwärtig das Heil fehlt. Wieviele Minuten pro Tag denken Sie, Herr Professor, zum Beispiel an Gott, und wieviel Zeit haben Sie dafür verwendet, Professor zu werden?

P: Was wollen Sie damit sagen?

D: Wenn man sich so viel Zeit nehmen würde, um Gott zu suchen, wie man für Studien und Sonstiges verwendet, dann wäre es wirklich ein Leichtes, Gott auch tatsächlich zu erreichen. Denn Professor zu werden, ist garantiert schwerer.

Im Grunde genommen ist die Zeit des Lebens dafür da, daß man das Ziel erreicht, und nicht dafür, daß man sie an Nebensächlichkeiten verschwendet.

P: Aber ich denke oft an Gott, und während meines Theologiestudiums habe ich fast die ganze Zeit an Gott gedacht.

D: Na, Herr Professor, dann erlauben Sie mir bitte, Ihnen eine Geschichte aus der Vedischen Tradition der Wahrheit zu erzählen.

Wahre Verbindung

Narada, der Vertrauteste des allmächtigen Gottes, brüstete und lobte sich, daß es niemanden in diesem Universum gebe oder geben werde, der so an Ihn denke und Ihm verbunden sei wie er. Doch der Herr nahm sich vor, ihm zu einer anderen Einsicht zu verhelfen.

"Narada," rief Er ihn zu sich, "ich habe gehört, daß ein Bauer da unten auf der Erde mir ergebener ist als Du. Vor allem denkt er mehr an mich als Du."

Diese Worte trafen Narada tief, zumal da er nicht wußte, aus welchem Grunde sie ausgerechnet Er, der ihn so gut kannte, an ihn richtete.

"Herr, das kann nicht sein, und wenn Du es mir erlaubst, werde ich genau feststellen, ob dies der Wahrheit entspricht."

"Tu das, Narada!"

Nach einiger Zeit kam er zurück und berichtete:

"Oh, Herr, es ist wirklich armselig. Ich habe den Bauern drei Tage und drei Nächte ununterbrochen beobachtet. Nachts schläft er und ist bewußtlos, und tagsüber arbeitet er die ganze Zeit. Nur mor-

gens, mittags und abends kniet er nieder, wo er gerade ist, und spricht ein paar mal vor sich hin: 'Oh Gott, mein Herr!'"

"Ach so," tat der Herr überrascht. "Narada, wärest Du bereit, als ein Opfer für mich diese Schale Milch drei Tage lang von morgens bis abends um die Erde zu tragen, aber ohne einen einzigen Tropfen aus ihr zu verlieren?"

"Herr, ich bin durch Dich, und es gibt kein Opfer, das ich nicht für Dich bringen würde. So erlaube mir, meine Aufgabe sogleich auszuführen."

Nach drei Tagen kam er wieder: "Herr, ich habe die Aufgabe erfüllt, so wie Du sie mir aufgetragen hast. Keinen einzigen Tropfen habe ich verschüttet."

"Mein Narada, wie oft hast Du dabei an mich gedacht?"

"Herr, wie sollte ich an Dich denken, ich war doch damit beschäftigt, keinen Tropfen aus der Schale zu verlieren!"

"Doch schau mal nach unten, Narada!"

Auf der Erde ging gerade der Tag zur Neige, und Narada sah jenen Bauern, wie er sich auf dem Boden im Knien verbeugte. Er hörte seine sanfte Anrufung: "Oh Gott, mein Herr!"

"Siehst Du, Narada, jahrelang, tagaus, tagein verrichtet dieser Bauer von morgens bis abends schwerste Arbeit, und doch schafft er es, dreimal an mich zu denken. Und Du hast bei einer so winzigen Aufgabe, keinen Tropfen zu verschütten, nicht ein einziges Mal an mich gedacht."

Diese kleine Geschichte enthüllt uns, Herr Professor, was es bedeutet, richtig an Gott zu denken. An Gott zu denken, bedeutet, Ihm mit jedem Gedanken einen Schritt näher zu kommen. Wenn man sich Ihm nicht nähert, so ist das ein Zeichen falschen Denkens an Ihn.

Der Bauer aus der Geschichte ist ein Beispiel dafür, wie leicht Gott eigentlich zu erreichen ist. Er dachte drei Mal pro Tag aufrichtig und von ganzem Herzen an seinen Herren, also machte er täglich drei Schritte, und Gott fand so sehr Gefallen an ihm, daß Er ihn sogar einem großen Gottgeweihten als Vorbild setzte.

P: Kann man überhaupt falsch an Gott denken?

D: Wenn wir die Entwicklung der Menschheit betrachten, dann kommen wir leider zwangsläufig zu dem Schluß, daß es ein falsches Denken an Gott gibt.

Die meisten Menschen, und sicherlich auch Sie, schließen zum Beispiel alle Arten von Versicherungen ab. Warum eigentlich? Wenn Gott uns erschaffen hat, dann ist solch ein Mißtrauen für mich ein totaler Vertrauensbruch Ihm und dem Leben gegenüber. Wäre es nicht ein Zeichen des richtigen Denkens und der richtigen Verbindung zu Gott, daß wir auf Ihn vertrauen, der fähig ist, uns, das Universum und das Leben zu erschaffen?

Da, Herr Professor, bescheinigen sich die Menschen selbst ihre Gottlosigkeit und ihr falsches Denken an Ihn, und für diese Verirrung haben sie auch noch alle möglichen Ausreden parat.

Richtiges Denken an Gott bedeutet, Gott auf allen Ebenen vollständig zu vertrauen. Es besteht wie bereits besprochen darin, daß der Geist der Seele den Impuls über Gott gibt, und die Seele, wenn sie einen gesunden Körper hat, sofort das Herz ansteuert, um Liebe zu produzieren. Denn auf richtige Gedanken an Gott kann nur mit Liebe und Glück geantwortet werden.

Damit sind wir wieder beim Körper, der bei den meisten Menschen in seinem krankhaften Zustand leider unfähig ist, der Seele Folge zu leisten, und nur mit Ohnmacht reagiert. Hier sehen wir, wie wichtig der Körper als Umsetzer des vom Geist Gedachten ist, damit die reelle Verbindung zu Gott stattfinden kann und nicht wegen Übertragungsstörungen auf der Strecke bleibt.

Der Professor konnte sich eines Lächelns nicht erwehren.

P: Auch wenn ich inhaltlich oft anderer Meinung bin, so muß ich doch immer wieder staunen, mit welcher Brillanz und Mühelosigkeit Sie den Körper in Verbindung mit dem Ursprung der Dinge bringen.

Woher nehmen Sie diese Fähigkeit?

D: Der eine sammelt Briefmarken, der andere Geld und Besitz, wieder andere suchen nach Gold und Diamanten oder nach Titeln, Ruhm und Macht.

Ich aber, Herr Professor, brach auf, um das Wissen um das Leben zu finden, und da ich mich führen ließ, fand ich die Kostbarkeit, sie wurde mir durch eigene Erfahrung zuteil. Daher weiß ich, daß es ein natürliches System gibt, die Menschen zu Gott zu führen, und nicht nur die bisherigen Systeme, die Tausende von Jahren bewiesen haben, daß sie gescheitert sind.

Leider scheint es dennoch vielen schwer zu fallen, Änderungen zuzulassen. Aus diesem Grund ist es notwendig, daß wir der Weisheit von Maharishi Mahesh Yogi um das wahre Glück des Lebens folgen, auf daß die Menschen endlich himmlische Ordnung für ihr Leben auf dieser Erde bekommen. Wenn die Kinder von klein auf in Liebe, nicht in Zwang, dazu erzogen werden, Gott zu verwirklichen, dann wird es nicht einmal ein paar Jahre dauern, bis sie am Ziel sind.

Der Professor war betroffen, wie jedesmal, als der Name »Maharishi« fiel. Man konnte ihm förmlich ansehen, daß dieser Name irgendetwas in ihm aufwühlte.

T: Verzeih, daß ich Dich unterbreche, aber meinst Du mit »Erziehung in Liebe « antiautoritäre Erziehung?

D: »Antiautoritär« bedeutet fehlende Lenkung. Damit ist der Begriff »antiautoritäre Erziehung« ein Widerspruch in sich, denn in der Erziehung ist eine Lenkung notwendigerweise inbegriffen. Es handelt sich wieder um ein Experiment von denjenigen, die nicht begriffen haben, worauf es im Leben ankommt.

Die Erziehung ist ein Vorgang, den man als eine große Kunst bezeichnen kann, die Kunst der Liebe. Wenn ein Kind aus irgendeinem Entwicklungsdrang heraus starrsinnig auf einen Abgrund zusteuert und sich nicht davon abhalten läßt, sein Leben aufs Spiel zu setzen, dann sind Lenkung und sogar Strenge angebracht. Es ist falsch, Kindern eine Sache drei-, vier-, fünf-, zehnmal süßlich zu verbieten und beim elften Mal selber in eine solche Wut zu geraten, daß man das Kind aus Aggression bestraft. Liebevoller wäre es, daß der Vater oder die Mutter das Kind in solch einer Situation gleich mit einem leichten Klaps auf die Finger da-rauf aufmerksam macht, daß die Sache verboten ist.

Wenn die Eltern "Nein" sagen, dann wissen sie, warum, genauso bei einem "Ja". Also handeln wir auch danach und lassen uns nicht von den Kindern entmündigen. Verhalten wir uns so bei der ersten Mißachtung eines "Nein", dann ersparen wir dem Kind unsinnig viele grobe Strafen und vor allem die Verziehung. Auf diese Weise kann es auch sanft durch das Annehmen von den Eltern vieles lernen, wofür es sonst erst schlimme und schmerzhafte Erfahrungen im späteren Leben machen müßte.

Die Kinder sind so wunderbar lernfähig, daß sie genauso reagieren wie kleine Kätzchen bei ihrer Mutter. Sagen wir, eine Katzenmutter spielt eine Stunde mit ihren Kindern und entscheidet sich dann, ungestört in der Sonne zu ruhen. Jedes Kätzchen, das diese Ruhe stört, bekommt als Reaktion auf die Mißachtung gleich einen Prankenhieb, und ich habe nirgends ein Kätzchen erlebt, das diese Lehre nicht angenommen hätte. Unsere Kinder sind noch viel lernfähiger, wenn wir Erwachsene richtig an ihnen handeln.

P: Die Kinder müssen aber doch selbständig werden, um in unserer Gesellschaft bestehen zu können. Als Kätzchen werden sie ewig herumgeschubst werden.

D: Von Menschen vielleicht, als deren Hauskätzchen, aber es gibt keine Katze in der freien Natur, die ihre Kinder zur Unselbständigkeit erzieht.

Wir Menschen haben die gesunden Instinkte leider verloren, aus denen ein gesundes Verhalten unseren Kindern gegenüber hervorkommen sollte. Dieser Verlust verleitet uns zu den unsinnigsten Handlungen an ihnen, und wir muten ihnen aus Ehrgeiz oder Ungeduld Dinge zu, für die sie weder die Bereitschaft noch die Reife erlangt haben.

Natürlich müssen die Kinder selbständig werden, aber doch nicht bereits im Vorschulalter, sondern dann wenn sie von ihrer natürlichen Entwicklung her soweit sind. Dieser natürlichen Entwicklung zuliebe sollten die Eltern ihren Ehrgeiz und ihre Aufmerksamkeit lieber darauf richten, daß sie einen gesunden, ungestörten Schlaf und eine auserlesene vegetarische Vollwerternährung haben, und vor allem sollten sie den Kindern das Selbstverständlichste der Welt widmen, ihre Zeit. Diese Punkte bilden die richtige Grundlage für die Entfaltung ihrer körperlichen und psychischen Stärke und der natürlichen Intelligenz ihres Geistes.

Schlaf ist die Nahrung für das Wachstum der Kinder; sie wachsen, um stark zu werden. Daher verursacht Schlafmangel eine deutliche Wachstumsstörung, und die Kinder können nicht ihrer eigenen Natur entsprechend normal werden.

Falsche Ernährung und Verstopfung sind die Ursache für alle aufkommenden Krankheiten und Gebrechen und somit ebenfalls für Wachstums- und Entwicklungsstörungen.

Was der Mangel an Zeit und Aufmerksamkeit der Eltern an der heutigen jungen Generation verbrochen hat, ist schon kaum mehr reparabel. Alles mögliche ist für die Erwachsenen wichtiger, als sich den eigenen Kindern zu widmen. Also schieben sie sie vor den Fernseher oder sonstwohin ab, um Ruhe vor ihnen zu haben. Der Fernseher ist aber nur ein Übermittler von Bildern und Tönen, zweifelsohne eine großartige Einrichtung zur Information und Unterhaltung, wenn er richtig angewendet wird. Doch leider mißbrauchen ihn die meisten maßlos, und dadurch wird er zum Abtöter der Unterhaltung, der zwischenmenschlichen Kontakte und der Kommunikation in der Familie.

Die Schwäche der Bevölkerung in dieser Beziehung wird wiederum von den Fernsehgesellschaften des Geldes wegen schamlos ausgenutzt, indem sie von morgens bis nachts geist- und niveaulose Programme über den Bildschirm flimmern lassen. Was den Fernsehkindern dabei am natürlichen Wachstum ihrer Intelligenz und Kreativität sowie der Vitalität ihres Körpers abgeht, ist kaum zu beschreiben.

Was prägt denn heute die Fernsehsendungen, und was wird im Kino gezeigt? Liebesfilme, die die wirkliche Liebe und die zwischenmenschlichen Beziehungen bis zur Unkenntlichkeit entstellen, von Sexfilmen gar nicht zu reden; Actionfilme und Krimis, bei denen man sich nur Mord, Totschlag und Intrigen als Nervenkitzel hat einfallen lassen; sogenannte Dokumentationen und Berichterstattungen, die das Negative in der Welt solange breittreten, bis es als normal gilt und dadurch noch größere Verbreitung findet. Durch all das werden in der Bevölkerung und vor allem bei den Jugendlichen völlig realitätsferne Vorstellungen entwickelt.

Obwohl die Menschheit danach dürstet, wieder ein harmonisches Leben zu führen, muß sie den Eindruck bekommen, daß Haß, Neid, Gewalt, Gemeinheit und Diskriminierung zum Leben gehören. Diese Verziehung der Öffentlichkeit und Entstellung des Lebens ist schon so erfolgreich, daß solche Produktionen sogar mit großartigen Kultur- und Filmpreisen ausgezeichnet und dadurch als Symbol und Vorbild hingestellt werden.

Wir sehen also, wovor wir unsere Kinder schützen müssen. Vor allem bedürfen sie unserer Führung, denn das erste Vorbild, an dem sich die Kinder orientieren, sind immer die Eltern. Wenn wir inkonsequent und wankelmütig sind, dann sind wir kein gutes Beispiel für das Leben und die Zukunft unserer Kinder und erschweren ihnen das Finden eigener Orientierungsrichtlinien. Daher ist es generell bei der Erziehung der Kinder wichtig, daß wir konsequent dabei bleiben, wenn wir uns zu einem "Nein" oder "Ja" entschlossen haben.

Und um es nochmals zu betonen, Strenge bei Unartigkeiten hat nichts mit Lieblosigkeit zu tun. Strenge ist vielmehr die liebevolle Vorbeugung, daß sich das Kind nicht in irgendwelchen Unsinnigkeiten verliert. Wenn wir streng sein müssen, dann sollte es jedoch niemals aus Aggression geschehen, sonst bekommt das Kind das Gefühl, nicht geliebt zu werden. Die Liebe der Eltern ist für die Kinder aber der unersetzliche Humus für ihr Wachstum zu wahrem Menschsein.

Insgesamt sehen wir hier also, daß die richtige Erziehung der Kinder eigentlich in der Selbsterziehung der Eltern beginnt.

P: Damit wären wir wieder bei der Psychologie. Denn es ist doch bekannt, daß viele Eltern in der Erziehung ihrer Kinder dieselben Fehler begehen, die an ihnen von ihren Eltern verübt worden sind. Für ihre Selbsterziehung ist es also unumgänglich, diese tiefliegenden Kindheitseindrücke aufzudecken und zu verarbeiten, was meines Erachtens nach nur durch Psychoanalyse möglich ist.

D: Herr Professor, ich verüble Ihnen nicht, daß Sie alles, was mit Menschen zu tun hat, durch die Brille der Psychologie betrachten. Bitte verübeln Sie mir aber auch nicht, daß ich alles im Sinne des Wissens und im Sinne des richtigen Verhaltens des Menschen betrachte.

Was hier notwendig ist, ist nichts anderes als eine Aufklärung und Information über die richtige Verhaltensweise für die Selbsterziehung der Eltern und die Erziehung der Kinder. In fast allen Fällen, die die Psychoanalyse so aufbauscht, geht es doch nur darum, das Versäumte nachzuholen und den Menschen durch vorhandene Beispiele und Modelle zu zeigen, daß sie falsch handeln, und wie sie richtig handeln sollten. Also vermitteln wir ihnen eine leichte Umschulung, wie sie heute auch von einem Beruf zu einem anderen weltweit üblich ist und mit großem Erfolg durchgeführt wird.

Einen Ausländer, der unserer Sprache nicht mächtig ist, behandeln wir doch auch nicht als psychisch Gestörten, sondern lehren ihm auf der Ebene der Menschlichkeit völlig neutral die Sprache ohne jegliches psychologisches Tamtam.

Es ist an der Zeit, daß man dem Menschen korrektes Wissen um sich selbst gibt und seine Angewohnheiten auskorrigiert, die zum Fehlverhalten führen. Das stellt eine Erziehung dar, die bereits in der Gegenwart zukünftige Probleme löst und vermeidet. Die gegenwärtige Lage ist die Folge des Fehlens einer solchen Erziehung in der Vergangenheit. Also machen wir es besser, dann werden sich die Psychologen um eine geeignetere, gesellschaftsförderlichere Aufgabe umsehen können. Bisher haben sie aus ihrer Unkenntnis um die Beschaffenheit der Psyche heraus nur für großes Durcheinander gesorgt.

Die Psychoanalyse ist doch nichts anderes als ein Herumrühren in einem Topf mit trübem Wasser, auf dessen Boden sich Schlamm abgesetzt hat. Dieser Topf und sein Inhalt versinnbildlichen den menschlichen Körper und die Psyche, und der Schlamm am Boden besteht aus jenen Eindrücken und Erlebnissen, nach denen die Psychoanalyse sucht. Er nimmt der Seele die Fähigkeit, mit ihrer eigenen Grundlage Kontakt zu haben, und der Druck, den er ausübt, ist eine potentielle Störung.

Was man nun bei der Psychoanalyse macht, um diesen Druck zu vermindern, ist das Schlimmste und geradezu Primitivste, was man sich einfallen lassen konnte: Man wühlt und rührt eifrig in dem Schlamm herum. Und was geschieht dabei? Obwohl bei den Patienten das Wasser, sprich: die Psyche, ohnehin schon trübe ist, wird es durch das Herumrühren noch trüber, und schon befinden wir uns in einem Teufelskreis. Denn nachdem sich die Verunreinigung wieder als Schlamm abgelagert hat und den ursprünglichen Druck wieder ausübt, beginnt man mit dem Herumrühren von neuem.

Den Zustand der erhöhten Trübung empfinden die Patienten zwar wegen der kurzzeitigen Lösung des Schlamms als Erleichterung vom Druck, aber auch als das Gefühl, mehr durcheinander zu sein als zuvor. Somit könnte man den Erfolg dieser großartigen Aktion durch die volkstümliche Redeweise zum Ausdruck bringen: *Wo warst Du? Nirgends. Was hast Du gemacht? Nichts.*

Es kann natürlich der Fall sein – und das ist sogar eine gängige Erfahrung –, daß der Schlamm nach dem Absetzen nicht mehr an der ursprünglichen Stelle drückt, dafür jedoch anderswo einen Druck erzeugt. Ist das vielleicht ein Erfolg? Hier sind bei Gott andere Elemente angebracht, um solche Menschen aus ihrer Situation herauszuführen.

T: Dein Vergleich ist großartig, und ich bin fest überzeugt, ... Oder was meinen Sie, Herr Professor?

P: Zugegeben, der Vergleich ist nicht schlecht, er verdeutlicht ganz gut den Zustand der Psyche und die Probleme der Psychotherapie. Wenn ich meine eigenen Schwierigkeiten und meine Erfahrung mit der Psychoanalyse ehrlich betrachte, dann kann ich dem wirklich nur beipflichten.

Was aber schlagen Sie als Lösung vor? Den Schlamm rauszuholen, ohne das Wasser zu trüben, ist doch ein Ding der Unmöglichkeit.

D: Ja, Herr Professor, und trotzdem gibt es ein Prinzip, durch das solch ein heikles Unterfangen möglich ist, den Schlamm herauszuholen, ohne das Wasser trüber zu machen.

P: Na, da bin ich ja gespannt!

D: Es ist eigentlich sehr einfach. Wir nehmen einen Schlauch, führen ihn in die Nähe des Schlammes und lassen durch ihn sanft klares Wasser einfließen. Dadurch wird der Schlamm leicht aufgewühlt und der Topf zum Überfließen gebracht.

Das klare Wasser wühlt den Schlamm zwar auf, spült ihn aber gleichzeitig durch das Überfließen aus dem Topf heraus und erzeugt durch seine Klarheit bessere Sicht als zuvor. Somit löst das ständige Zufließen von klarem Wasser den Schlamm und verhindert eine Übertrübung im Topf.

Dazu kommt – und das ist das Wunderbare –, daß die Sanftheit der Reinigung langsam selbst die durch starke Eindrücke entstandenen Verdichtungen und Verhärtungen des Schlammes auflöst, die in der Psyche nichts anderes sind als Angst, schwere Depressionen und verschiedene derartige Störungen. Ein Herumrühren reißt diese Verhärtungen nur auf und wirbelt sie herum, wodurch sie noch größeren Schaden erzeugen können als in ihrem vorherigen Zustand. Darüberhinaus drücken sie bei erneutem Absetzen womöglich auf noch empfindlichere Stellen unserer psychischen Verfassung.

Wir sehen also, wie entscheidend die Sanftheit des Vorganges ist, die allein die Natur möglich machen kann. Nur so kommt es zu einer Reinigung und Regeneration ohne unangenehme Begleiterscheinungen oder gar Katastrophen.

P: Gut, wunderbar, wie Sie das sagen! Aber aus diesem Beispiel werde ich für die Psyche trotzdem noch nicht schlau.

Bei einem Topf kann ich mir das gut vorstellen. Da ist es machbar, mit einem Schlauch Wasser hineinfließen zu lassen, so daß nach einiger Zeit nur noch klares Wasser darin übrigbleibt. Und das wollen Sie doch erreichen, oder?

D: Genau, Herr Professor, nur so ist die Reinigung der Psyche von allen Eindrücken, Belastungen und Störungen erreichbar. Alles andere ist nur ein Herumexperimentieren und weiter nichts.

P: Sie spannen uns aber ganz schön auf die Folter!

D: Nicht doch, Herr Professor, ich möchte nur vermitteln, wie kostbar der Vorgang, sich von der Natur reinigen zu lassen, eigentlich ist. Dieser Vorgang ist absolut unerläßlich.

Heutzutage brüsten sich so viele, gerade in der Psychologie, mit der Erkenntnis, daß Geist und Körper eine Einheit bilden. Doch wie wirkt sich das konkret aus, was ergibt sich aus dieser Einsicht? Eine stümperhafte Handlung, in unserem Beispiel von eben ein blindes Herumwühlen. Wenn die Erkenntnis aber schon da ist, daß Körper und Geist, Geist und Körper eine Einheit sind, dann wird es nun einmal notwendig sein, dies umzusetzen.

Womit wir wieder beim Körper sind. Es gibt keinen Menschen mit psychischen Problemen, der aus meiner Sicht körperlich in Ordnung wäre. Deshalb ist die Einsicht dringend notwendig, daß wir schleunigst einen gesunden Körper brauchen. Sonst werden die Probleme und das Leiden, die vom kranken Körper ja buchstäblich getragen und aufrechterhalten werden, nie ein Ende finden.

Darin liegt die wirkliche Erläuterung des so lange falsch verstandenen Spruchs: *Der Geist ist willig, aber das Fleisch ist schwach*. Wenn der Geist noch so herrliche Ideen hat, bestückt mit der Sehnsucht, sich aus der Unwissenheit zu befreien, dann nützt das doch wenig, solange der Körper durch jene schlammähnlichen Ablagerungen in Form von destruktiv herumspukenden Hormonen und anderen Substanzen belastet ist.

P: Dann ist für Sie nicht nur die Angst ein Defekt im Stoffwechsel, sondern sogar alle unverarbeiteten Eindrücke und Erlebnisse, die die ganzen psychischen Probleme mit sich bringen? Oder habe ich Sie da falsch verstanden?

D: Nein, Herr Professor, durchaus nicht, auch wenn uns diese Tatsache im Moment als unmöglich erscheinen mag.

Ich habe schon erwähnt, daß die Seele etwas Vollendetes, Vollkommenes ist, daß sie aber mit Signalen ihres Unwohlseins kundtut, wenn etwas im Körper nicht in Ordnung ist und sie sich deswegen nicht so fühlt, wie es in einem gesunden Körper der Fall wäre.

Daß sich eine Seele, die einen verkrüppelten Körper bekommen hat, bei dem vielleicht sogar ein Körperteil fehlt, darin nicht wohlfühlen kann, können Sie sich sicherlich gut vorstellen. Denn das, was fehlt oder fehlerhaft ist, möchte die Seele vollständig haben und braucht es sogar für unsere Entwicklung zur Vollkommenheit.

Somit sind die Probleme, die man damit in Zusammenhang bringt, im Grunde genommen gar keine Probleme, sondern natürliche Reaktionen der Seele und Aufforderungen an den Geist, ihr einen anderen Zustand zu ermöglichen. Und was tut der Geist im Zustand der Unwissenheit? Durch seine falsche Sicht erzeugt er erst Probleme.

P: Wenn das so ist, dann müßten auch Gedanken etwas mit Stoffwechsel zu tun haben, denn unverarbeitete Eindrücke stehen über die Erinnerung in Beziehung zum Denken.

D: Gedanken haben zwei Aspekte, einen geistigen und einen biochemischen. In ihrer Ursprungsform sind sie reine Impulse, die aus dem unendlichen Bereich des reinen Bewußtseins kommen. Diese Impulse steigen von ihrem Ursprung auf und werden nach dem jeweiligen Zustand des Nervensystems und dem individuellen Bewußtsein der jeweiligen Person verändert.

Somit sind die Gedanken, die wir tatsächlich bewußt wahrnehmen, ein geistig-biochemisches Produkt der Eindrücke, die aus tiefverwurzelten Stressen im menschlichen Nervensystem resultieren. Damit ergibt sich, daß nur diese veränderten Impulse mit Erinnerung, Eindrücken und dem Stoffwechsel in Beziehung stehen.

P: Hm, das macht Sinn. An dieser Darlegung kann ich absolut keinen Schwachpunkt finden, und eigentlich ist sie sehr logisch.

Sie hatten zwar schon des öfteren das Verhältnis von Seele und Körper erläutert, doch bisher habe ich das irgendwie nicht richtig ernst genommen. Jetzt aber glaube ich, diese Zusammenhänge tatsächlich verstanden zu haben.

Das bedeutet dann jedoch, daß für jegliche Verbesserung der Körper den Anfang machen muß.

D: Herr Professor, Sie wollten sicherlich sagen, daß der Geist beim Körper den Anfang machen muß. Das wäre tatsächlich die richtige Reihenfolge.

Ein einsichtiger Geist tut alles Erdenkliche, um dem Körper wieder seine Natur zu vermitteln. Dadurch schafft er nicht nur für sich eine wunderbare Wohnstätte, sondern stellt auch den Tempel der Seele in seiner Vollkommenheit wieder her, wofür er das größte Geschenk seiner bisher rastlosen Sehnsucht als Belohnung erhält, die Einheit mit ihr.

Das ist die einzige Reihenfolge, um aus dem Sumpf der menschlichen Verwicklungen und aus dem Unheil empor zu der eigentlichen Natur des

Menschen, zum Licht des Lebens, zur Einheit mit Gott, aufzusteigen.

P: Sehen Sie, dann ist die Psychologie doch nicht ohne!

Genau das macht nämlich die Verhaltens- und Gesprächstherapie. Sie benützt den Geist zum Herbeiführen von Verhaltensänderungen. Das müßte doch Ihren Vorstellungen entsprechen?

D: Es wäre wunderbar, wenn das wirklich so wäre; doch die Erfahrung zeigt leider, daß es nicht so ist.

Den Körper hat man auch bei diesen Therapieformen – sicherlich aus mangelndem Einblick in die Zusammenhänge – als unbedeutend außer acht gelassen. Daher müssen all die wohlgemeinten Versuche scheitern, denn ein defekter Stoffwechsel kann in keiner Weise die Grundlage für das angestrebte neue und bessere Verhalten bieten.

Deswegen nochmals die richtige Reihenfolge: Der Geist erkennt die Notwendigkeit der vollkommenen Gesundheit für den Körper und setzt das unbeirrt von äußeren Einflüssen und von seinen bisherigen Erfahrungen um. Denn nur in einem gesunden Körper kann sich die Seele wohlfühlen und mit den in ihm vorhandenen Mechanismen Hoffnung, Zuversicht, Vertrauen, Glück und Liebe produzieren und aufrechterhalten und damit die Einheit mit Gott verwirklichen.

Die Erfahrung eines jeden bestätigt, daß Hoffnung mehr ist als nur ein Wort. Meiner Sicht nach stellt sie ein Energiefeld dar, das die Grundlage bildet, um das Leben aufrechtzuerhalten. Innerhalb dieses Energiefeldes sind Zuversicht, Vertrauen, Glück und Liebe ineinander verwoben und bilden das eigentliche und endgültige Muster, das der vollkommenen Seele ihren Ausdruck verleiht.

Hoffnung ist die Grundlage, nur durch sie kann sich Zuversicht einstellen. Positive Erfahrungen verstärken unsere Zuversicht, so daß wir beginnen zu vertrauen. Anhaltendes und durch weitere positive Erfahrungen bestätigtes Vertrauen bildet dann die Grundlage dafür, daß das sanfte Gefühl des Glücks sich überhaupt entfalten kann. Ist uns das Glück schließlich zur täglichen Erfahrung geworden, dann ist es nur noch ein Schritt bis zum Fertigweben des wunderbaren Musters der Liebe, des eigentlichen energetischen Zustands der vollkommenen Seele.

Solange wir Hoffnung haben, geht das Leben weiter, verlieren wir sie aber, so sind wir in einen grauen Nebel eingehüllt, in dem für uns alles sinnlos wird. Dadurch droht alles, sogar das Leben selbst, zusammenzubrechen.

Diese Beobachtung seit Menschengedenken ist ein Beweis dafür, daß die Hoffnung Grundlage des Lebens ist. An ihr können die Seher der Aura des Menschen den momentanen Stand seiner Entwicklung erkennen. An diesem Strahlenkranz, der alle Materie und alle Lebewesen umgibt, sind auch sämtliche Unebenheiten, Defekte und Krankheiten des Körpers auf das Peinlichste genau ersichtlich. Deshalb wird das Aurasehen eines Tages als die vollkommenste Diagnose aller Diagnosen gepriesen werden.

Wenn die Menschen diese wunderbare Gabe des Sehens entfalten, dann werden sie damit noch nie dagewesene direkte Hilfe am Nächsten leisten. Denn das Energiefeld der Hoffnung liefert gleichzeitig die Grundlage für die vollständige Reparatur des gesamten Gefüges von Körper, Geist und Herz.

P: Das ist ja eine wunderschöne Utopie, die Sie uns hier ausmalen. Wir leben aber nun einmal in einer ganz anderen Realität.

Also müssen wir uns bis dahin auch auf andere Weise auf die Sprünge helfen, indem wir zum Beispiel durch Verhaltens- und Gesprächstherapie positive Veränderungen herbeiführen.

D: Der Mensch kann sein Verhalten nur gemäß der Fähigkeit seines Bewußtseins sowie der Einsicht, Erkenntnis und Umsetzungskraft seines Geistes verändern.

Erweitert man das Feld des Bewußtseins nicht, so wird man zwar das jetzige Verhalten, z. B. Rauchen, gegen ein besseres Verhalten auswechseln, z. B. nicht mehr zu rauchen, dafür wird man aber – wie die Erfahrung zeigt – Opfer eines neuen Ersatzverhaltens, z. B. der Sucht nach Süßigkeiten oder ähnlichem. Bald stellt man dann fest, daß diese Verhaltensänderung nicht die ersehnte Zufriedenheit gebracht hat und damit keine Lösung der Probleme war.

Ein Mensch mit erweitertem Bewußtsein ist hingegen gesund und glücklich, und Ersatzbefriedigungen sind ihm völlig fremd, weil er durch seine Gesundheit und das aus ihm sprudelnde Glück vollkommene Erfüllung erlangt hat. Somit wäre Verhaltenstherapie kombiniert mit parallel gehender Bewußtseinserweiterung sicherlich die beste Möglichkeit, den Menschen aus seinem jetzigen Zustand herauszuführen.

Dagegen ist ein menschliches Gespräch bar jeglicher Manipulation, wo echte Zuwendung von Mensch zu Mensch stattfindet, eine ehrliche Stütze, aber auch keine Lösung, denn wie wir besprochen haben, ist es nur eine Erleichterung, die noch nie zur Lösung von Problemen und ihren Ursachen geführt hat.

T: Deine Aussage, daß der Geist den Impuls für die Gesundheit des Körpers geben soll, widerspricht doch eigentlich dem Ausspruch, daß *in einem gesunden Körper ein gesunder Geist* wohnt.

D: Ja. Deshalb sollten wir diesen Spruch und die ihm zugrundeliegenden Prinzipien einmal näher beleuchten. Denn auch hier ist das Leben und das Wissen um das Leben entweder irregeleitet oder vollkommen mißverstanden worden.

Die Seele ist die allumfassende Grundlage aller körperlichen und geistigen Funktionen. Sie ist das, was wir eigentlich sind. Der Geist ist nur ein Teilaspekt ihrer Gesamtheit, der die Aufgabe hat, alles zu koordinieren und zu steuern. Der Funktionsmechanismus des Geistes wiederum ist der Intellekt, ein perfektes Werkzeug zur Unterscheidung und Analyse. Als vollkommen ergebener Diener des Geistes führt er gefühl- und teilnahmslos alles peinlichst genau aus, was ihm aufgetragen wird, egal ob gut oder böse, positiv oder negativ. Die Gefühle und Empfindungen schließlich sind der Bereich eines weiteren Teils der Seele, des Herzens.

Das eigentliche Ziel des Lebens, das wir schon öfters angesprochen haben, besteht nun darin, daß sich Geist und Herz vereinen und der Seele damit die Einheit mit Gott ermöglichen.

Der Entwicklung des Menschen liegt die Entscheidung seines Geistes zugrunde, welche Werte im Leben Vorrang haben, und welches Ziel er sich gesetzt hat. Aufgrund der Verziehung durch die heutigen Systeme hat der Geist aber bei den meisten leider sein eigentliches Ziel aus der Sicht verloren und betrachtet das Spielen mit dem Intellekt als seine Erfüllung. Er ist zum Computer geworden, zu einer gefühl- und leblosen Maschinerie ohne Ziel und Sinn, und hat sich somit zum Sklaven seines Dieners, des Intellekts, erniedrigt, der ihm aus seiner Beschränktheit heraus noch vorgaukelt, daß alles so seine Richtigkeit hat. Dieses unglückselige Spiel dauert schon so lange an, daß der Geist sich mit dem Zustand in der heutigen Welt abfindet, den er, geführt durch seinen beschränkten Diener, selber verursacht hat, und ihn sogar als normal betrachtet.

Der einzige Ausweg aus seinem Unglück und chaotischen Zustand ist die Belebung des Herzens und damit die Auferweckung der Gefühlswelt. Dadurch wird er seine Abhängigkeit verlieren und wieder Herr über sein Werkzeug werden, das er und die Seele benötigen, um das Ziel des Lebens, die Einheit mit Gott, zu verwirklichen.

Dafür aber muß der Geist zur Einheit mit dem Herzen finden, wozu den beiden der Körper als unersetzliche Brücke geschenkt worden ist. In dem Augenblick, wo sie sich vereinigen, beginnt die Erfahrung des sagenhaften Absoluten. Sie ist vorher – wie wir aus dem Gesagten ersehen – nicht möglich, denn der Körper muß alle Voraussetzungen für diese Vereinigung erfüllen. Wie für das Fließen von Strom in beide Richtungen ein störungs- und kurzschlußfreier nahtloser Kontakt stattfinden muß, so sind Geist und Herz auf den vollkommen gesunden Körper für ihre Vereinigung angewiesen. Andererseits führt auch jede Uneinigkeit zwischen ihnen zu Kurzschlüssen, Störungen und damit zu körperlichen Schäden.

Wir ersehen daraus, wie notwendig es ist, dem Körper seine vollkommene Gesundheit zu vermitteln; denn dauert die Störung zu lange an, so schmort der Draht durch, und damit ist für Geist und Herz die Chance, sich zu vereinigen, in diesem Körper dahin.

T: Wie sollte der Spruch denn dann richtig heißen?

D: Das ist eine sehr, sehr wichtige Frage, denn die Sprichwörter, auch wenn wir sie nur als unbedeutend vor uns hinplappern, haben doch ihre

Wirkung auf unser Bewußtsein und müssen daher alle im Sinne des korrekten Wissens betrachtet werden.

Das Herz und der Geist mit all ihren wunderbaren Möglichkeiten sind der innigste und feinste Aspekt unserer Existenz, der Seele. Der Körper andererseits ist ihre äußere Wirklichkeit, ihr herrlicher Tempel, der aber seit Menschengedenken zu kurz gekommen ist.

Da die Harmonie des Lebens von dem inneren und dem äußeren Aspekt gleichermaßen abhängig ist, ist die Vollkommenheit von Geist und Herz nur in einem vollkommen gesunden Körper möglich. Sieht der Geist das nicht ein, dann verfällt der wunderbare Tempel, wodurch der Geist sich letztlich selber schädigt. Denn er verspielt die Chance, durch den gesunden Körper eins mit dem Herzen zu werden und so der Seele mit all ihren Aspekten zum Ursprung zu verhelfen.

Nicht der Geist ist uns auf dieser Erde nämlich geschenkt worden, um Vollkommenheit zu erlangen, sondern der Körper, der Tempel der Seele. Durch seine zunehmende Genesung beginnt sich zwischen Herz und Geist eine übergeordnete Harmonie zu entfalten. Ist sie hergestellt, dann werden nur Glück und Liebe produziert, was ein Zeichen dafür ist, daß alle Reaktionen des Körpers, des Geistes und des Herzens intakt sind. Somit ist dann auch die psychische Funktion in höchster Ordnung. Denn Probleme der Psyche rühren allein von mangelnder Harmonie zwischen Geist und Herz her, was sich im Körper als Krankheit und Fehlfunktion äußert.

Damit müßte der Spruch korrekterweise lauten: *In einem gesunden Körper wohnt eine gesunde Psyche oder eine vollendete Seele*.

Wir brauchen also eine korrekte Beschreibung und eine noch korrektere Darlegung so wichtiger Zusammenhänge, sonst bleiben wir wie bisher oberflächlich auf der Ebene der Sprichwörter hängen. Uns muß es klar werden, daß jeder einzelne nur sich selbst zur Gesundheit führen kann, indem er beginnt, sein Bewußtsein zu erweitern, woraus ihm weitere Erkenntnisse um das Leben überhaupt erst möglich werden.

Jegliche Hilfe von außen ist zwar eine Hilfe, aber sie erweitert nicht das Bewußtsein, was für das Wachstum unersetzlich ist. Was wir brauchen, ist nicht die Zeitvergeudung auf Krücken, sondern die wirkliche Weisheit, die zum vollkommenen Zustand des Menschseins führt.

P: Das ist aber eine große Aufgabe und Herausforderung an die Menschen. Diese hohe Verantwortung kann man doch unmöglich jedem einzelnen überlassen, ohne ihn zu überfordern.

Bedenken Sie, wie unselbständig und unreif die Menschen sind, wenn es um sie selbst geht.

D: Ja, aber bedenken Sie auch, wer den einzelnen führt und wie unreif diese "Führer" selbst sind. Damit wird uns klar, wie notwendig es ist, alles von Grund auf zu verändern.

T: Ich weiß schon, was nun kommt: *Wie kann ein Blinder Blinde führen?*

D: Mit einer kleinen Abwandlung: Wie kann ein selbst Unreifer jemanden zur Reife führen?

P: Es tut mir leid, aber ich kann das einfach nicht akzeptieren. Denn außer dem, was wir bis jetzt an Systemen errungen haben, haben wir doch nichts anderes zur Verfügung, um zu helfen.

Sollen wir diese Systeme einfach verwerfen, weil sie Ihrer Feststellung nach nichts taugen? Wie soll es denn dann weitergehen?

Man sah dem Professor deutlich an, daß tief in seinem Inneren ein Kampf zwischen Einsicht und Ohnmacht im Gange war. Einerseits bewies ihm das Chaos in der Welt klar, daß die heutigen Systeme nichts taugten. Andererseits aber gehörte er zu dem System und war bisher als sein überzeugter Verfechter tief darin verstrickt, so daß es für ihn geradezu einer Selbstverneinung gleichgekommen wäre, die neue Denkweise anzunehmen.

D: Die bestgemeinte Hilfe nützt wenig, wenn sie die Betreffenden von einer Abhängigkeit in eine andere bringt. Genau das machen aber die heutigen Systeme, allen voran die Psychologie, die mit dem bißchen Hilfe, die sie leisten, seiltanzähnliche Kapriolen vollführen, um sich und dem Rest der Welt zu beweisen, daß sie unentbehrlich seien.

Der Mensch braucht jedoch Methoden für sich selber, damit er aus sich selbst heraus Freiheit von der Abhängigkeit erlangen kann. Mit dem gegenwärtig vorhandenen Bewußtsein ist es ihm zwar möglich, zu lernen oder umzulernen, aber immer nur mit der Kapazität, die ihm zur Verfügung steht. Wenn das neu zu Erlernende für den Betreffenden aber zu schwer ist, dann erzeugt es statt einer Befreiung einen neuen Druck und damit einen Eindruck im Bereich des seelischen Gefüges.

Somit ist verdeutlicht, daß derjenige, der den Menschen eine Veränderung zumutet, große Geschicklichkeit mitbringen muß, um nicht neue belastende Eindrücke zu erzeugen. Außerdem sind die Lernprozesse ja immer auch von der Fähigkeit und dem Wissen des Lehrenden abhängig.

Dazu kommt noch – was Sie allerdings nicht betrifft –, daß die meisten Psychotherapeuten viel zu wenig vom Körper und seiner Bestimmung verstanden haben. Hier müssen wir deshalb nochmals anführen, daß jeder Mensch, der nicht das Optimale für seine körperliche und geistige Gesundheit tut, eine Bombe in sich trägt, deren Zündschnur brennt und die irgendwann in irgendeiner Art von Krankheit explodieren wird. Bei denjenigen hingegen, die sich der Notwendigkeit der körperlichen und geistigen Gesundheit bewußt geworden sind, sind alle Zündschnüre gelöscht, und sogar die Reparatur eventueller Schäden ist in Gang gesetzt.

Es ist wirklich eine Tragödie, daß man aus den Reaktionen des Körpers und der Seele, die nichts anderes als Schreie nach einem anderen Verhalten sind, eine Wissenschaft gemacht hat, die sogar laut ihrer eigenen Erfahrungen total am Kern der Sache vorbeigeht und deswegen zwangsläufig in der Sackgasse landen muß.

Sie ist beispielsweise darauf bedacht, den Menschen normal zu machen, in der irren Meinung, daß das heutige degenerierte Verhalten der Menschheit der Normalzustand sei. Seit Menschengedenken gab es aber immer wieder Individuen, die anders als die Massen durch höhere Erkenntnisse ein wunderbares gottgefälliges Leben nach Gottes Gesetzen vorlebten, wie z. B. Franz von Assisi, Joseph von Copertino, Therese von Avila oder Therese von Konnersreuth. Leider wurden die Massen jedoch bis auf den heutigen Tag immer von Wölfen im Schafspelz gegen sie aufgehetzt bis hin zu ihrer Vernichtung, wie z. B. bei Johanna von Orléans, Erich Como, Giordano Bruno und vielen bekannten und unbekannten anderen.

Wenig später erhoben dieselben Hetzer sie dann aber zu Symbolen des richtigen Lebens, leider jedoch nur zu Symbolen, zu Bildern an der Wand, zu Statuen am Wege. Im Bewußtsein der Massen dauerten sie allenfalls als Erinnerungsfetzen fort. Man betrachtete sie als Vorbilder der richtigen Verhaltensweise, doch als ein unerreichbar hohes Ziel blieben sie an ihren Plätzen hängen oder stehen. Aber trotzdem, wie man sie auch immer sehen mag, sind und bleiben sie richtige Beispiele des korrekten gottgefälligen Lebens.

In diesem Zusammenhang ist nur zu hoffen, daß die Menschen dieses Mal rechtzeitig, solange Maharishi Mahesh Yogi noch unter uns weilt, sein Wesen und seine Aufgabe an der Welt erkennen, um sich von ihm direkt zum menschenwürdigen Leben lenken zu lassen. Er ist zur Zeit der einzige Meister des Wissens, dessen Wissen widerspruchslos im Einklang mit dem Leben und den Naturgesetzen steht. Er ist der Seher des Vereinheitlichten Feldes, das die Grundlage für die Vielfalt der Existenz darstellt und ihr ewige Ordnung verleiht. Das von ihm Gesehene ist mehr, als bis jetzt jemals von irgend jemandem erkannt worden ist.

Aus diesem Grund kann uns Maharishi das eigentliche, normale menschliche Leben vermitteln, denn er lebt es uns seit 35 Jahren vor, wie ich selbst an mir erfahren habe. Fast Tag und Nacht ist er unermüdlich dabei, den Menschen den der Verheißung entsprechenden und menschenwürdigen Himmel auf Erden zu schaffen. Jetzt ist es an der Zeit, daß jeder einzelne ihm folgt und das Joch des in die Sinnlosigkeit führenden Lebens abwirft. Es ist einfach notwendig, endlich zu erkennen, daß man das Leben eigentlich dazu bekommen hat, um sich zu höherem Dasein zu entwickeln, und nicht, um in der Gosse der Unwissenheit dahinzuvegetieren.

Die unbestechliche Logik der vorgebrachten Argumente und vor allem das Wissen, das bei ihm selbst bereits zu widerspruchslosen eigenen Erfahrungen geführt hatte, entzogen dem Widerstand des Professors eigentlich den Boden unter den Füßen. Und doch konnte und wollte er sich nicht geschlagen geben, denn in ihm schwebte eine Erfahrung wie der Schatten eines Raubvogels, der ihn in den Reizzustand eines Angegriffenen versetzte.

Jetzt war ihm nämlich endgültig klar geworden, daß Duschane aus der geistigen Ecke der Transzendentalen Meditation kam. Die bitteren Erfahrungen, die er mit seiner Familie und seiner gesamten Verwandtschaft wegen dieser Meditation gemacht hatte, waren für ihn unumstößliche Beweise dafür, daß dieser Mann trotz seiner vielen Erfahrungen und seinem zweifelsohne korrekten Wissen über die Zusammenhänge auf einem gefährlichen Irrweg sein mußte, auf den er sich in keiner Weise selbst begeben wollte.

Ein bißchen wehmütig dachte er an die Hilfe und die Einsichten, die er ihm in so kurzer Zeit hatte zukommen lassen, und plötzlich tat es ihm leid, daß ausgerechnet er in die Fänge der Transzendentalen Meditation geraten sein mußte. Er wünschte sich eine günstige Gelegenheit, um ihn aus diesem Unheil zu befreien.

Angesichts dieser so heiklen Situation vergrub er seinen Kopf in den Händen, und so entging ihm das sanfte Lächeln, das um Duschanes Mund spielte.

P: Was haben Sie eigentlich mit Maharishi zu tun? Sie zitieren ihn dauernd auf so eine erhabene und anhebende Weise.

Ich habe da ganz andere Erfahrungen mit der sogenannten Transzendentalen Meditation und ihrem Meister gemacht.

D: Herr Professor, per Zufall kam mir vor Jahren ein Buch von ihm, der Kommentar zur Bhagavad-Gita, in die Hände. Ich las es und sah die Widerspruchslosigkeit seiner Sprache und seines Denkens.

Wissen Sie, egal von welchem Schriftsteller, Philosophen oder Wissenschaftler ich bis dahin etwas gelesen hatte, fast auf jeder zweiten Seite fand ich Widerspruch um Widerspruch. Zu meiner Enttäuschung mußte ich feststellen, daß die größte Mehrzahl der Autoren aller literarischen Gattungen nicht um des Inhalts und noch weniger um der Wahrheit willen schreiben; mit ihrer von Gott gegebenen Fähigkeit modellieren sie vielmehr Worte und Sätze kunstvoll zu einem meist hohlen, inhaltslosen Kunstgebilde.

Es geht ihnen in keiner Weise darum, die Wahrheit in Worte zu kleiden, sondern sie machen aus Worten ein buntschillerndes Kleid und lullen den Leser so in phantastische Bilder der Illusion ein, ohne den kleinsten Funken der Einsicht, daß sie die Sprache dabei eigentlich mißbrauchen. Sie vernebeln damit nämlich sein Bewußtsein, anstatt ihm klare Sicht um das Leben zu verschaffen. Eine solche Handhabung der Sprache muß zwangsläufig zu Widersprüchen oder völlig inhaltsleeren Phrasen führen.

Die Sprache ist uns aber gegeben, um Inhalte und Verständnisse zu vermitteln, und die Aufgabe der Literatur ist es zunächst einmal, den Menschen durch Weisheit Wahrheiten um das Leben und die Existenz mitzuteilen.

Das Herz durch Schönheit und Harmonie zu erfreuen und auf diese Weise zur Entwicklung der Menschen beizutragen, obliegt der Kunst. Leider hat man heute auch die Kunst in den Bereich der Aussage gedrängt, der eigentlich die Aufgabe der Literatur ist, und dafür Schönheit und positive Gefühle vernachlässigt und sogar in ihr Gegenteil verkehrt. Die Literatur wiederum legt in ihrem Bestreben, literarische Kunst zu sein, fast alles Gewicht auf die Schönheit der Sprache und vernachlässigt dafür die Aussagen und Inhalte oder verdreht sie sogar.

Eine Verirrung ohne gleichen und ein Betrug am Leser! Denn mit literarischer Kunst hat das nicht das geringste zu tun, so groß ihre Popularität auch sein mag. Wirkliche literarische Kunst entsteht, wenn Schönheit und Ausgewogenheit der Sprache mit präziser Übermittlung von Lebenswahrheiten zusammenkommen. Wenn jeder Bereich seine wundervolle Aufgabe bis auf das Feinste erfüllt, dann werden sie gemeinsam Träger und Ausdruck der eigentlichen Wahrheit, wie es bei dem kleinen Büchlein von Maharishi, dem Kommentar zur Bhagavad-Gita, der Fall ist, dem Gesang des Höchsten, wie er sie so schön in seiner Einleitung nannte.

Bis auf dieses Büchlein von Maharishi legte ich daher alle Bücher wegen der in ihnen enthaltenen Widersprüche beiseite. Sie müssen mir doch beipflichten, daß eigentlich derjenige Vorrang zu lenken und zu führen haben sollte, dessen Wissen zu nichts, aber auch zu gar nichts im Widerspruch steht.

P: So wie ich Sie bisher verstanden habe, wollen Sie, daß die Menschen zu ihrer eigentlichen Freiheit gelangen. Und jetzt empfehlen Sie solch einen merkwürdigen Guru, der meines Wissens nach nur darauf bedacht ist, auf dem Buckel seiner Anhänger reich zu werden?

D: Herr Professor, egal wo Sie sich mit dieser Art der Einstellung über Maharishi bestückt haben, Sie haben sie weder direkt von seinem Wissen und noch weniger von ihm selbst. Denn in dem Augenblick, wo Sie Verbindung zu seinem Wissen bekommen, werden Sie sehen, daß es die Grundlage bildet, um selber eigene Erfahrungen zu machen. Das unterscheidet ihn und seine Weisheit deutlich von den bisherigen Führern und Ratgebern, die dem Menschen ihre eigenen Erfahrungen als den Weg und das Ziel untergejubelt haben.

Wir sollten niemanden – und das ist für jeden Menschen gültig – nach Informationen aus zweiter oder dritter Hand beurteilen, sondern nur aufgrund persönlicher Erfahrung mit der betreffenden Person selbst.

T: Ich möchte noch einmal auf den vorhin angesprochenen Normalzustand zurückkommen. Was macht denn nun konkret einen normalen Menschen aus? Gibt es Deiner Ansicht nach heute überhaupt normale Menschen?

D: Der Normalzustand des Menschen ist die Erleuchtung, die ständige Erfahrung von Gott. Seine ersten Anzeichen zeigen sich in der Liebe einer Mutter zu ihrem Kind, in der wahren Liebe zwischen Mann und Frau.

Die Grundlage aber für die Realisierung des Normalzustandes ist die unaufhörliche Sehnsucht, der Unwissenheit zu entrinnen. Das kann man nur, wenn man bei Gott Zuflucht sucht.

P: Ich kann mir beim besten Willen nicht vorstellen, daß jeder Mensch heilig sein kann. Mit Erleuchtung sind doch nur einige auserwählte Heilige gemeint, und vollkommen kann sowieso nur einer sein, und das ist Jesus Christus.

D: Warum nur Er? Dann sind Sein Kommen und Seine Aussage: *"Ich bin Euer Bruder, und wir sind eins im Vater"* doch eine glatte Lüge und die Aufforderung: *"Werdet so vollkommen wie der Vater im Himmel!"* nur eine leere Floskel.

Sein Kommen, Herr Professor, und Seine wunderbare Lehre stellen aber eine unumstößliche Wirklichkeit dar. Wir müssen alle vollkommen werden, so wie Er; denn dafür war Er uns das wunderbarste Beispiel, für nichts anderes. Nur die Vollkommenen haben Einlaß in den Himmel, die Unvollkommenen müssen erst vollkommen werden.

T: Nach dem, was Du da sagst, ist Vollkommenheit das gleiche wie Erleuchtung?

D: Nein, Thomas. Erleuchtung ist die fortwährende Erfahrung von Gott und gleichzeitig eine der Stufen auf dem Weg zur Vollkommenheit. Vollkommenheit dagegen ist die endgültige Einheit mit Gott.

Wir sollten uns klar darüber sein, daß das Nervensystem des menschlichen Körpers gerade so erschaffen ist, daß es die Vollkommenheit physisch verwirklichen kann und sogar muß. Daher ist es falsch und eine Verleumdung von Christus, den Menschen seit 2 000 Jahren weiszumachen, daß nur Er vollkommen sein kann, wo Er doch kam, um allen Menschen Vollkommenheit zu vermitteln. Seine wunderbare Größe und unendliche Güte liegen ja gerade in der Aufhebung des Leidens und der Unwissenheit, was gleichbedeutend ist mit der Vervollkommnung jedes einzelnen.

T: Wenn das so klar und unmißverständlich ist, wie kommt es dann, daß die Idee der Vollkommenheit jedes einzelnen im Bewußtsein der Menschheit so sehr verwässert worden ist? Und wie kommt der Herr Professor zu seiner Aussage, daß niemand anderes vollkommen sein kann als nur Jesus Christus?

D: Thomas, sehr einfach: Solange die Menschen dumm und unvollkommen sind, können sie so manipuliert werden, wie es dem Teufel paßt. Werden sie aber vollkommen, so verliert er seine Macht über sie, genau wie es uns von den Versuchungen Jesu in der Wüste berichtet wird. Nur weil Er vollkommen war, hatte der Teufel damals keine Macht über Ihn. Also müssen auch wir vollkommen werden, damit das Negative keine Macht mehr über uns hat. Nur damit werden wir Christi wunderbare Lehre würdigen.

Diese verheerende Verneinung der Vollkommenheit jedes einzelnen hat furchtbare Auswirkungen nach sich gezogen. Denn wenn wir nicht vollkommen werden können, dann wird das Leid ewig fortdauern. Das war auch der Trick des Teufels und das Versagen der religiösen Institutionen der ganzen Welt, die aus eigener Schwäche und falscher Bescheidenheit die Aufforderung, vollkommen zu werden, falsch interpretiert und so dem Teufel die Chance eingeräumt haben, die Menschheit ins Chaos zu stürzen.

Diejenigen aber, die Christus ernst genommen haben, erfuhren das Heil und machten die Erfahrung, daß Vollkommenheit tatsächlich möglich ist. Der einzige Unterschied zwischen den Massen und den Heiligen besteht somit darin, daß sie Seine Aufforderung ernst genommen haben, und der Rest der Welt nicht.

Und wer ist dieser sagenhafte Rest der Welt? Ich, Du, er, Sie, wir. Ist es nicht so, daß wir mit unserem eigenen Ego und unseren eigenen Vorstellungen unserer Vervollkommnung im Wege stehen und sogar der der anderen?

Ein Schatten huschte gleich einer Wolke über das Gesicht des Professors. Seine Erinnerung vergegenwärtigte ihm für Bruchteile von Sekunden die lieblichen Gesichtszüge seiner Frau, die er verlassen hatte, weil er mit der Art nicht zurecht kommen konnte, wie sie und seine Kinder sich ihre Entwicklung zu Gott vorstellten.

Wie ein Bildnis der Wirklichkeit erschienen sie kurz vor seinen Augen, und eine unbeschreibliche Sehnsucht nach seiner kleinen Indianerin, die er vor knapp 40 Jahren bei einer Reise nach Peru kennengelernt und geheiratet hatte, ergriff ihn. Damals hatte sie ihn mit einer würdevollen Geste ihrer Ahnen zum Häuptling ihres Herzen erhoben.

Plötzlich umschloß ein Krampf wie eine graue Hand sein Herz, und wie ein unendliches Echo schwang ein Schmerz in seinem Bewußtsein.

P: Die Welt ist wirklich total verfahren. Wo gibt es heute noch Liebe, wo gibt es noch Harmonie zwischen Mann und Frau? Das ganze Leben ist doch ein einziger Krampf und Kampf,

murmelte er mehr zu sich selbst als zu den anderen.

D: Die Verbindung zwischen Mann und Frau ist der lebendige Ausdruck eines Naturgesetzes, das den Fortbestand der Menschen sichert. Gleichzeitig ist sie aber auch die deutliche Bestätigung, daß Einheit möglich ist. Geht man aus wirklicher Liebe eine Beziehung ein, so hat man den kürzesten Weg gewählt, um mit Gott eins zu werden. Geschieht es dagegen aus bloßer Willkür, so kommt es zu den fragwürdigsten Erfahrungen, die mit der ursprünglichen Bestimmung der Ehe nichts zu tun haben.

Wir sehen auch hier, daß alles wunderbar vorbedacht ist, um unsere Entwicklung am leichtesten zu gestalten. Wenn man einen Partner nicht aus wirklicher Sehnsucht nach Gott und aus wahrer Liebe wählt, dann wäre es besser, nicht zu wählen. Es ist besser, alleine zu Gott zu gehen, als durch Disharmonie mit dem Partner den Weg zu Gott aus der Sicht zu verlieren. Grundsätzlich sollte der Mensch sein Leben nicht an falsche Propheten und noch dümmere Moralprediger verschleudern, sondern natürliches Verhalten an den Tag legen, was in diesem Fall bedeutet, in Liebe mit einem Partner eine Ehe zu führen.

Aus der irren Einstellung *Friede, Freude, Eierkuchen* eine Ehe zu fristen, *bis daß der Tod Euch scheidet*, ist nichts anderes als ein Fluch zu einem qualvollen Leben. Dafür ist die dornenvolle Geschichte der letzten Hunderte von Jahren ein Beweis, wo sich Paare aus den merkwürdigsten Gründen und Aspekten entschieden haben und bis heute entscheiden, eine Ehe einzugehen. Bald stellt sich dann jedoch heraus, daß es nicht Liebe war, sondern nur irgendein Mittel zum Zweck, und die Folge ist eine Produktion von Stressen und Aggression, die die Erdenatmosphäre bis auf den heutigen Tag in einen schmutzigen Nebel der Lieblosigkeit einhüllt. Und das alles, *bis daß der Tod sie scheidet*.

Dazu kommen noch etliche sinnlose Rücksichtsnahmen. Es darf ja um Gottes willen nicht nach außen dringen, denn was würden die Nachbarn und Verwandten sagen, wenn sie erführen, daß man sich im Grunde genommen nicht versteht und schon gar nicht liebt! Und dann die Angst vor dem Alleinsein, ohne jegliches Vertrauen, daß es Gott gibt! Das für sich ist bereits Zeichen einer unausgesprochenen Verneinung des Lebens.

Ein viel größerer Segen wäre es, die Ehepartner bei der Schließung der Ehe eindringlich zu belehren, sich sofort zu trennen, wenn sie merken, daß sie nicht zusammenpassen, um der Welt weniger Streß und Aggression zuzumuten. Sie sollten sich nicht durch den geistlosen Spruch *Was Gott zusammenfügt, das darf der Mensch nicht scheiden* in die Irre leiten lassen, denn es ist eine infame Verleumdung und Lästerung Gottes, Ihm zu unterstellen, daß Er unheilbringende Ehen schließe. Die Menschen schließen solche Ehen aus Unwissenheit und irgendwelchen anderen Gründen. Was hat Gott damit zu tun?

P: Ich habe meine Frau vor einigen Jahren verlassen, als sie nicht mehr zu mir paßte. Doch dadurch habe ich nichts gewonnen. Die Suche verleitete nur dazu, die Frauen zu wechseln wie Hemden.

D: Das ist sehr schlimm. Eine Frau ist etwas so Wunderbares, Unvorstellbares. Bedenken wir, daß Sie, daß ich, daß wir durch die Frau erst entstanden sind. Darum gebührt der Frau – und damit meine ich jeder Frau – die höchste Ehre, Ehrerbietung und Dank; denn Gott erschuf sie als die Verkörperung des Fortbestandes des Lebens. Neun Monate trägt sie das zukünftige Leben in aller Behutsamkeit und Liebe unter ihrem Herzen, um es dann der Entwicklung auf der Erde in aller Reinheit, in Demut vor Gott zu übergeben.

Und da gibt es Religionen, die in ihrer krankhaften Phantasie die schmutzige Geschichte erfunden haben, Eva sei eine Sünderin, und die es für nötig hielten, Maria "unbefleckt" empfangen zu lassen. Das können nur Männer hineingedichtet haben, die eine krankhafte Beziehung zu Frauen haben, denn alles, was Gott erschafft, ist vollkommen, unbefleckt und ohne Sünde.

Gott hat Mann und Frau erschaffen, auf daß sie Vater und Mutter für die Nachkommenschaft in diesem wunderbaren Erdenparadies werden. Ehren wir also Seine Schöpfung in Demut, verbeugen wir uns vor der Frau–Mutter und geben der negativen Betrachtung und Fehldarstellung in unserem Herzen keine Chance, egal, aus welcher dunklen Ecke sie auch kommen mag.

Es ist ohnehin absurd, was die Frau unter der Knechtschaft des Mannes seit Tausenden von Jahren und noch jetzt in fragwürdigen Gesellschaften zu erleiden hat. Gott erschuf sie als die schönste Blüte des Lebens, und es gibt Kulturen, in denen die Männer ihr aus krankhafter Eifersucht vorschreiben, sich zu vermummen, so daß gerade noch die Augen zum Sehen frei sind, und selbst da werfen sie noch einen durchsichtigen Schleier über Gottes wunderbare Schöpfung. Die merkwürdigen Vorstellungen der Männer, die sich nie im Auftrag Gottes, sondern immer nur in Seinem Namen die schlimmsten Dinge erlaubt haben, sind ein deutlicher Beweis dafür, daß sie der wahren Liebe sehr, sehr fern sind.

T: Befürwortest Du die vielen Scheidungen, die heute stattfinden?

D: Wenn man nicht zusammenpaßt – und das wissen die Partner aus eigener Erfahrung am besten – dann ist der Welt mehr gedient, wenn man sich trennt, und jeder für sich ein friedlicheres Leben gestaltet als bisher.

P: Das ist aber ein sehr heikler Punkt. Es gibt doch in jeder Partnerschaft Dinge, die die beiden Partner aneinander lernen müssen. Wenn sie sich trennen, um diesen Lektionen zu entgehen, dann erleben sie bei ihren nächsten Partnerschaften unweigerlich wieder dieselben Probleme, was ich an zahlreichen Beispielen aus meiner psychologischen Erfahrung belegen kann.

D: Dieser Punkt wird nur dann heikel, wenn die Partner mit Zwang versuchen, allein zuliebe irgendeines Lernprozesses eine vermeintliche Harmonie herzustellen oder aufrechtzuerhalten.

Wenn hin und wieder Meinungsverschiedenheiten entstehen, dann sind das kleine Wolken, die der Wind der Liebe bald vertreibt oder die die Sonne des Glücks auflöst. Wenn aber ein Grau, ein anhaltendes Grau die Partner knechtet, dann ist es höchste Zeit, daß sie Einsicht üben und sich um des Friedens der Welt willen friedlich trennen.

P: Die Erfahrung besteht aber nun einmal, daß sich Leute trennen, eine neue Beziehung eingehen und feststellen, daß sie wieder genau die gleichen Probleme haben.

D: Das ist richtig, aber spätestens dann sollten sie merken, daß man durch schon erlebtes und durchgemachtes Chaos keine harmonische Ehe gestalten kann.

Es wird gut sein, daß solche Menschen eine längere Weile an sich selber arbeiten, um festzustellen, was sie für ihr Leben überhaupt als Ziel betrachten. Sicherlich wird sie das Warten läutern, klüger machen und ihnen dadurch helfen, nicht noch einmal dieselben Fehler im Leben zu begehen.

P: Wie verhält es sich jedoch, wenn Kinder aus solch einer Verbindung hervorgegangen sind?

D: Wenn die Partner klug genug sind, dann werden sie sich im Einvernehmen miteinander einigen und den Kindern in Ehre und Demut dienen. Ohne eigene egoistische Besitzansprüche werden sie die Kinder bei dem Elternteil belassen, der ihnen die besten Voraussetzungen geben kann. Denn es ist sicherlich besser, daß sie es bei einem Partner gut haben, als daß sie in einer furchtbar disharmonischen Ehe aufwachsen.

Sind die Partner jedoch nicht klug, dann werden sie, solange sie leben, die Folgen ihrer Dummheit zu tragen haben, an sich selber und an ihren Kindern, denen sie die Grundlage des Lebens zerstört haben.

P: Das mag zwar richtig sein, ist aber doch keine Lösung!

D: Sie haben recht, Herr Professor, und bestätigen gleichzeitig, wie notwendig es ist, daß die Menschen endlich lernen, durch ein gesundes Leben harmonisches Verhalten zu kultivieren, das in jedem Fall die Grundlage für die Lösung aller Probleme sein wird.

P: Meiner psychologischen Erfahrung nach ist bei etwa 80% der unglücklichen Ehen sexuelle Unzufriedenheit im Hinterstübchen des Bewußtseins eine Hauptursache der Eheprobleme.

Deswegen würde mich interessieren, wie Sie die Sexualität einstufen. Nach Freud ist sie die Hauptantriebskraft des Menschen.

D: Als Beschreibung des gegenwärtigen Verhaltens der Menschen mag Freud diesbezüglich nicht unrecht gehabt haben. Außerdem war er durch eigene Erlebnisse wohl selber so sehr in die Triebe verstrickt, daß er gar nicht anders konnte, als sie als die Ursache vieler psychischer Probleme und letzten Endes als etwas Niedriges zu betrachten. Es ist jedoch eine Entwürdigung und Verleumdung des Lebens, zu glauben, daß es nicht etwas Besseres, Edleres und vor allem Natürlicheres gibt als solch eine Einstellung.

Doch egal, was bisher darüber gedacht und geschrieben worden ist, wir wollen uns allein nach der Gesetzmäßigkeit des Lebens richten. In uns sind die natürlichen Reaktionen und Signale noch immer eingebettet, auch wenn wir sie durch unser unnatürliches Verhalten verschüttet haben. Wir müssen sie nur wieder beleben, und dann werden sie auch wieder nach dem Ursprungsprinzip funktionieren. Deswegen essen wir, wenn wir Hunger haben, trinken wir, wenn wir Durst haben, schlafen wir, wenn wir müde sind, und stillen wir unser Verlangen nach dem Partner, wenn es sich meldet. Auch hier ist jedoch noch einmal zu betonen, daß allzuviel ungesund ist.

T: Dann müssen wir aber auch hier wie vor drei Tagen beim Essen zuerst einmal klären, wie man eigentlich zwischen Hunger und Appetit unterscheidet, und wann das natürliche Maß überschritten wird.

D: Zunächst wollen wir einmal betrachten, wo sich falsche Angewohnheiten eingeschlichen haben. Danach wird es ein leichtes sein, abzustecken, wo Appetit und wo ein gesundes, natürliches Verlangen vorliegen.

Allerdings gibt es auch eine kleine Abweichung von der Nahrungsaufnahme. Da die Menschen nämlich unter einem enormen Defizit an

Aufmerksamkeit und Streicheleinheiten bewußt oder unbewußt förmlich leiden, ist es hier nicht nur zulässig, sondern sogar unerläßlich, dem Partner uneingeschränkt Appetitanreger in Form von Zärtlichkeiten zu vermitteln.

Alle Aufmerksamkeit, alle Achtung und Zuwendung dem Partner gegenüber sind wunderbare Anreger und Vorbereiter für eine herrliche, köstliche Mahlzeit, die den beiden ein wunderbarer Genuß und gleichzeitig eine hungerstillende Erfahrung sein wird. Den sogenannten "Höhepunkt" aus Lüsternheit heraufzubeschwören ist ein Narrenvorgang und kultiviert sogar in Bälde eine Abneigung gegen den Partner. Jeder Mann hat erfahren, daß dabei etwas in ihm verbrennt, so daß er sich zwingen müßte, weiter nett und zärtlich zu sein. Daher ist es enorm wichtig, Hunger zu haben und ihn sogar zu kultivieren, indem man das Essen hinausschiebt, denn so wird man kaum die Gefahr der Abtötung der Beziehung und der Gefühle eingehen.

Schon bei den verwendeten Begriffen sehen wir die große Verwirrung in diesem Bereich. Der eigentliche Hauptakt, das Hauptspiel des gemeinsamen Lebens, nämlich das gegenseitige Zukommenlassen aller Aufmerksamkeit, aller Zärtlichkeit, aller Achtung und Zuwendung wird als "Vorspiel" degradiert und hastig als kleiner, unwichtiger Happen flüchtig übersprungen. Das angebliche Ziel, das mit allen Tricks und Methoden geradezu krampfhaft angestrebt und als "Höhepunkt" aufgebauscht wird, ist dagegen der eigentliche Abschluß, bei dem alles zu Ende ist.

Wir sollten auch hier einfach wieder zur Natur zurückkehren, denn diese Art von Kurzzeitweckerbeziehung hat die Gefühle der Frau auf das unnatürliche Gehabe des Mannes zusammenschrumpfen lassen, und deshalb kann sie meist nicht anders, als dem Mann zuliebe gefühllos dabei zu sein. Die Frau ist von Natur aus genau wie eine Blume, die sich durch die ansteigende Wärme der Sonne öffnet. Sie braucht zu ihrer Lebensqualität die Erweckung der Gefühle, und das kann nicht mit einer Vergewaltigung stattfinden, sondern nur in einem unendlich langsamen und einfühlsamen Zeitlupentempo.

Jeder Mann, der sich auf so etwas Kostbares einläßt, wird selbst in dieser Köstlichkeit baden und erkennen, was ihm bisher in seiner Ungeduld entgangen ist. Denn in diesem Erlebnis beginnt die wahre Beziehung zwischen Mann und Frau, und da gibt es weder Vorspiel, noch Hauptspiel, geschweige denn einen Höhepunkt, sondern ein ewig erfüllendes Spiel des verwirklichten Lebens.

Der eigentliche Hunger dem Partner gegenüber sollte der unersättliche Hunger nach der wirklichen Speise des Lebens sein, Zärtlichkeit, Achtung und Aufmerksamkeit. Dann wird die Beziehung zu einer ewigen Mahlzeit, die die höchste Befriedigung und Erfüllung im Leben bringt.

T: Was ist aber, wenn niemand da ist, mit dem man sein Verlangen stillen kann? Das kann unter Umständen ja zu abnormem Verhalten und sogar zu Verbrechen führen.

D: Schon aus Deiner Frage ist ersichtlich, wie dringend es ist, daß die Menschen beginnen, im Sinne der vollkommenen Gesundheit zu leben. Denn gerade auf diesem Gebiet hat die Degeneration des Körpers verheerende Folgen, da sie mitgebrachte erbbiologische Verunstaltungen zu einem enorm verdrehten Verhalten ausarten läßt, anstatt regulierend auf sie einzuwirken.

Für Menschen, die keinen Partner haben, ist in jedem Fall körperliches und sexuelles Fasten angezeigt, das im Bereich der Gesundheit und der Gefühle mit Sicherheit wieder zu einem harmonischen Ablauf führt.

Ist ein Mensch sexuell abnorm, dann sollte er sich erst recht das bisher beschriebene natürliche Verhalten aneignen: weg von Aufputschmitteln, wie Alkohol, Zigaretten, Kaffee, Schwarztee, weg von Fleisch, Fisch, Eiern und Pilzen. So wird jeder oder jede Betroffene bald merken, daß der Sinn des Lebens in viel Höherem besteht als in dem unnatürlichen Verhalten Frauen oder Männern gegenüber.

T: Was meinst Du damit?

D: Die Beziehung zwischen Mann und Frau besteht doch fast nur noch aus Sex und materiellen Bindungen, ohne daß den meisten dies bewußt wäre.

Der bisherige körperliche und geistige Zustand führte die Menschen zu ihrem heutigen Fehlverhalten, wo Lieblosigkeit, Ungeduld und mangelnde Zeit füreinander als immer normaler angesehen werden. Wollen wir dem Leben jedoch mehr abgewinnen, so müssen wir diesen Zustand verändern, indem wir unserem Körper eine bessere Gesundheit bieten. Nur solche besseren Voraussetzungen werden es uns ermöglichen, andere, höhere Erkenntnisse zu bekommen und unserem Leben mehr Würde und Erfüllung zu verleihen.

T: Ist es eigentlich natürlich, sexuelles Verlangen zu haben, wenn man alleine ist?

D: Sexuelles Verlangen wird natürlicherweise durch die Gegenwart des Partners, der einem körperlich und seelisch entspricht, stimuliert. Alles andere ist eine Entgleisung aus dem natürlichen Verhalten, wird aber durch die Wiedererlangung der körperlichen und geistigen Gesundheit zur Harmonie zurückgeführt.

P: Wenn das die eigentliche Natürlichkeit ist, dann kommt unsere gesamte Gesellschaft in ihrem gegenwärtigen Verhalten dem nicht einmal ansatzweise nahe. Und was bisher darüber gesprochen und geschrieben worden ist, ist sogar meilenweit davon entfernt.

D: Alles, wovon man zuviel macht, bringt anstatt Harmonie Disharmonie und Erkrankung. Das sollte sich jeder Mensch ganz genau merken.

Ab jetzt gehört es daher zu unserer heiligsten Pflicht, uns und unsere Kinder die vorhin genannte Erziehung des Lebens genießen zu lassen. Daraus wird sich auf einfache Weise eine wunderbare Gesellschaft entfalten, wo jede Partnerschaft mit Liebe gekrönt wird und das Leben eines jeden einzelnen mit wirklichem Glücklichsein.

Der Sexualität ist dabei die großartige Aufgabe beschieden, das Fortbestehen der Menschheit auf dieser Erde zu sichern. Haben wir große Achtung vor dieser wunderbaren Einrichtung und ziehen sie nicht in Schmutz und Dreck. Denn der Schöpfer hat sie ersonnen, nicht als Geißel, sondern zum Wohle und Fortdauern der Menschheit, auf daß wir durch unsere Kinder eine bessere Zukunft verwirklichen als bisher.

T: Wenn ich Dich richtig verstehe, dann bist Du bestimmt auch gegen Empfängnisverhütungsmittel, die ja die Sexualität von der Fortpflanzung der Menschheit quasi abkoppeln.

D: Ja, denn sie stellen noch ein unnatürliches, lebenswidriges Verhalten zu all den bereits bestehenden dar.

Verhütungsmittel zu benutzen kultiviert förmlich die Lüsternheit und Hemmungslosigkeit gegenüber der wunderbaren Einrichtung Gottes, der Sexualität, und wir haben ja schon betont, daß allzuviel immer ungesund ist.

Von den meisten ist außerdem erfahren worden, daß all die Verhütungsmittel, und wenn sie als noch so harmlos präsentiert werden, der Gesundheit gefährlich sind. Die mit ihnen verbundenen zum Teil massiven Eingriffe in den Hormonhaushalt des Körpers und in das psychische Gefüge stellen eine Entwürdigung des Menschen dar.

Außerdem ist eine Beziehung, die der Bequemlichkeit des einen oder anderen Partners zuliebe solch eine Unnatürlichkeit erzwingt, keine gesunde Beziehung im Sinne des Lebens. Letzten Endes betrügen sich die Menschen, die so etwas zulassen, auch selbst; denn wenn Gott will, daß eine Seele in die Beziehung hineingeboren wird, dann geschieht das trotz aller Abwehr. Wie die Seele aber angenommen und empfangen wird, entscheidet darüber, wie gesund und wohl sie sich fühlen wird und ob sie die bestmöglichen Voraussetzungen für ihre Entwicklung erhält oder nicht.

Beginnen wir also, uns eine würdige Beziehung untereinander anzueignen, und sie wird uns mit noch ungeahnten angenehmen Überraschungen im Zusammenleben mit dem Partner belohnen. Ich weiß, daß eine Kraft darin wohnt, die jedem unendliche Bereicherung bringen kann. Es lohnt sich wirklich, das unnatürliche Gehabe abzulegen, denn wie ich bereits erwähnt habe, ist jeder Partner für sich eine wunderbare Schöpfung, eine paradiesische Blume, und so sollten nicht wegen der Bequemlichkeit des Mannes die Frauen die Leidtragenden sein oder umgekehrt.

T: Das klingt ja fast wie in der Kirche: jegliche Freude am Geschlechtlichen ist verpönt, und Verhütungsmittel sind eine Sünde, denn: *Seid fruchtbar und mehret Euch!*

Wie willst Du das bei der heutigen Bevölkerungsexplosion denn rechtfertigen?

D: Thomas, mir scheint, daß auch Du dem Einfluß dieser kirchlichen Denkweise noch stark unterworfen bist. Denn sonst wäre es Dir nicht möglich, meine Aussagen so verdreht zu interpretieren.

Der von Dir zitierte Einwand ist ein Extrem aus dem verklemmten Denken der bisherigen Moralprediger, das leider bis heute die kirchlich-moralische Erziehung prägt. Neben der Sexualität wurde sogar der Körper des Mannes oder der Frau als etwas Schmutziges dargestellt, das am besten vom Kopf bis zu den Fußspitzen bedeckt sein sollte. Sich Gottes Schöpfung aber zu schämen und sie gar als schmutzig zu betrachten, ist ein klares Zeichen des Verirrung.

Die Gegenbewegung dazu hat nun zu dem heutigen anderen Extrem geführt, in dem die wunderbare Beziehung zwischen Frau und Mann aus tiefer Unwissenheit auf eine sehr oberflächliche, nichtssagende, von Lust und Ausschweifung geprägte Ebene gestellt worden ist.

Extreme sind jedoch äußerste Enden und nicht die gleichgewichtige, stabile Mitte der Dinge. Daher sind es sich die Menschen selber schuldig, ihre Beziehungen wieder auf der wertvollsten Stufe des Lebens zu entfalten. Was ich zu vermitteln versuche, ist nichts anderes als eine für je-den leicht erfahrbare bessere Beziehung als bisher. Meine Bitte, der sexuellen Beziehung höhere Werte zu geben, hat mit Gebot oder Verbot, mit Lust, Sünde oder Verklemmtheit nicht das Geringste zu tun, sie ist nur eine Erinnerung daran, daß man es versäumt hat, dieser heiligen und wundervollen Einrichtung des Schöpfers die ihr gebührende Achtung entgegenzubringen und sie so zu nehmen und so zu genießen, wie es ihrer Natur entspricht.

Auch die angesprochene Überbevölkerung hat ihre wirkliche Ursache zum größten Teil in der Maßlosigkeit und im Mißbrauch des Sexuellen. Wieviele Kinder werden heute in einem durch Alkohol oder ähnliche Aufputschmittel enthemmten Zustand gezeugt! Solchem Verhalten und vielen anderen üblen Angewohnheiten schreibe ich die Überbevölkerung zu.

Wenn man aber ein gesundes Leben führt und in Einsicht und Erhabenheit ein höheres Ziel vor Augen hat, dann werden daraus ein ganz anderer Wille, ganz andere Erkenntnisse und ein ganz anderes Verhalten dem Partner und der Umwelt gegenüber erwachsen. Diese Erde hat viel Platz, selbst bei einer zehnfachen Bevölkerungsexplosion, wenn die Menschen sich körperlich und geistig der Urschöpfung hingeben.

Bedenke immer nur, Thomas, daß Gott allmächtig ist. Wenn wir Ihm entgegenleben, dann gewinnen wir Seine unumschränkte Unterstützung, dann wird jeder unendlich reich an inneren Gütern, und keinem wird von außen her etwas fehlen.

P: Hat die Sexualität nicht noch einen anderen Sinn als nur die Fortpflanzung? Es gibt doch einige spirituelle Richtungen, wie z. B. Tantra und die Bhagwan-Sekte, die sexuelle Praktiken als den Weg zur Erleuchtung betrachten.

T: Bhagwan kann man doch vergessen. Einige Bekannte haben mir erzählt, wie das bei ihm so lief. Er hatte sich aus der Tantra-Philosophie und aus einem Sammelsurium verschiedener anderer Ansichten seine eigene Lehre zusammengebastelt und begann dann in Puna, die Menschen durch Anpreisung von Gruppensex zu enthemmen. Das ging auch alles bestens, seine Anhänger tauschten sich sexuell untereinander aus, als ob es nichts wäre, und waren begeistert von ihm. Alle priesen ihn in den höchsten Tönen als den Meister und den Vorausseher der Gegen-wart schlechthin. Bis AIDS aufkam — da mußte er seinem Rudel plötzlich Keuschheit gebieten, und der ganze leichtfertige Partnertausch hatte ein Ende.

Somit lüftete dieser winzige, kleine Virus seine Unwissenheit um das Leben. Dennoch war es ihm gelungen, aus seiner Philosophie viel Geld und Publicity zu schlagen. Noch mehr Publicity erhielt er jedoch, als sich seine Anhänger noch zu seinen Lebzeiten um seinen Reichtum Mord, Totschlag und Intrigen lieferten. Jetzt wollte man ihn aber in keinem Land dieser Welt mehr haben, und schließlich las man, daß er in Indien an den Folgen einer schweren Krankheit gestorben war.

D: Ja, *an ihren Taten werdet Ihr sie erkennen*.

Wir sehen, auf welch verschiedenartige Art und Weise die Menschen das Leben durch eine falsche Brille betrachten und damit verändern. Aus Unfähigkeit und Schwäche sind sie für die eigentliche Natürlichkeit blind geworden und stellen in ihrer maßlosen Verblendung neue Theorien, Systeme und sogar Religionen auf, um legal bei ihrem Irrtum bleiben zu dürfen. Hier sind wir wieder Zeuge einer erbbiologischen Massenbelastung und -abnormität, die von Generation zu Generation zu solch einem kollektiven Unsinn ausgeartet ist.

Das alleine ist schon schlimm genug, daß aber durch solch ein verworrenes Verhalten gleichzeitig die wunderbare Lehre von Maharishi und damit die eigentliche Hilfe für alle Menschen vor der Öffentlichkeit in Mißkredit gebracht worden ist, kann man nur als wirkliche Tragik bezeichnen.

Aus diesem Grund bleiben wir erst recht bei der Natürlichkeit, was speziell in diesem Zusammenhang bedeutet, den wunderbaren Austausch zwischen Mann und Frau unschuldig wie Hunger oder Durst handzuhaben.

P: Ist das nicht eine kolossale Abwertung, die Sexualität mit Hunger gleichzusetzen?

Außerdem ist es doch von vielen Menschen erfahren worden, daß da sehr starke Energien im Spiel sind. Könnte man sich die nicht zunutze machen?

D: Herr Professor, das ist keine Abwertung der Sexualität, vielmehr zeugt Ihr Vorwurf von einer Geringschätzung des Vorgangs der Nahrungsaufnahme.

Er ist als eine der heiligsten Handlungen zu betrachten, als die Reinigung des Tempels Gottes. Handhaben wir die Nahrung wie besprochen, dann werden alle Energien gleichzeitig entfaltet und als etwas unendlich Großes, Ganzes gebündelt, das wir selbst sind. Deshalb ist es keine Abwertung, sondern eine Würdigung, die Sexualität diesem Vorgang gleichzustellen, aus dem wir auch das natürliche Verhalten der Sexualität gegenüber ableiten können.

So ist es in jedem Fall ein Irrtum, über das Sättigungsgefühl hinaus zu essen, in der Meinung, eine besondere Stärke zu erlangen. Woher Energie und Gleichmut, verbunden mit einem angenehmen Gefühl der Zufriedenheit, wirklich kommen, das erfahren wir, wenn wir mit Hunger essen und aufhören, wenn es am besten schmeckt. Dieses Gefühl lassen wir nur meist leider durch ständige Überlastung des Magens, bzw. durch ständige sexuelle Überreizung, gar nicht aufkommen und vertun damit die wunderbare Gelegenheit, wahrzunehmen, wo die Energie eigentlich ihren Ursprung hat.

Nur ein harmonischer Stoffwechsel ist fähig, grobe Energie in feinste zu transformieren, die die eigentliche Grundlage dafür bietet, höhere Bewußtseins- und Gefühlsebenen zu erlangen. All die besonderen Verhaltensweisen um Energie hier und Energie dort sind wieder nichts anderes als die uns wohlbekannte Fehlansicht, vor lauter Bäumen den Wald nicht zu sehen. Ein gesunder Körper funktioniert so wunderbar, daß alle Gefühle, auch das sexuelle, nicht ein separater Weg, sondern ein unersetzlich kostbarer Teil des Gesamten sind.

P: Aber irgendetwas muß Sexualität doch mit Religion zu tun haben. Warum gibt es sonst das Zölibat für Priester, und warum haben sonst die Heiligen keusch gelebt?

D: Das Zölibat rührt von einem gestörten Verhältnis zu dieser wunderbaren Einrichtung Gottes her, und es gibt nichts Unnatürlicheres, als den von Gott erschaffenen Funktionen einen Zwang aufzuerlegen und sie gar negativ zu sehen, was auf jeden Fall in eine Sackgasse und niemals zu Gott führt.

Dieser Zwang versucht, die Betroffenen sozusagen zu einem Schritt auf die siebte Stufe zu vergewaltigen, obwohl sie physiologisch und psychisch nicht einmal in der Lage sind, die erste Stufe zu besteigen. Das haben die sogenannten Priester mit der ihnen aufgezwungenen Keuschheit selber noch am deutlichsten erfahren.

Die Heiligen, Herr Professor, haben die siebte Stufe dagegen auf natürliche Weise durch gottgefälliges Leben erlangt. Ihr Verhalten in diesem Zustand ist jenseits jeglicher Zwänge, und das ist jene Ebene, wo das Verlangen, das nach dem Sexuellen stattgefunden hat, in ein ewiges Sättigungsgefühl der vollkommenen Befriedigung in der Glückseligkeit mit Gott mündet.

Die meisten Menschen können sich eine solche Beziehung zum Leben leider überhaupt nicht vorstellen, denn fast alles wird heute aus dem Blickwinkel der Sexualität betrachtet. Dadurch hat auch eine erschreckende Entwertung der Liebe stattgefunden. Begegnen sich zum Beispiel Menschen aus All-Liebe heraus sehr freundlich, so wird ihnen sofort eine Absicht unterstellt, nach dem Motto: "Der oder die will was von mir". Ganz besonders findet diese Entwürdigung bei einer Begegnung zwischen einem Mann und einer Frau statt.

Tatsächlich sind die meisten Menschen aus Fehlerziehung und schlechten Erfahrungen in der armseligen Haltung, daß sie nur dann zu jemandem freundlich sind, wenn sie etwas von ihm wollen. Wir brauchen uns deshalb gar nicht zu wundern, daß die, die es ehrlich miteinander meinen, frustriert sind, da sie dauernd Enttäuschungen erfahren müssen.

P: Demnach unterscheiden Sie zwischen Liebe und Sexualität?

D: Ja, Herr Professor, die Liebe sollte die eigentliche Grundlage des Lebens und damit die Grundlage für alle Handlungen und Beziehungen unter den Menschen sein.

Wenn wir Sexualität ohne Liebe vollziehen, dann begeben wir uns in die unnatürliche Welt der Lüsternheit, und wir haben schon erwähnt, daß allzuviel immer ungesund ist. Lust ist ausgeartete, überspannte und überzogene Sexualität. Verlangen jedoch ist jene natürliche Sehnsucht, von der wir eben gesprochen haben, und die im Einklang mit dem Partner und in Liebe Erfüllung findet.

Wir sehen hier einen ganz deutlichen Unterschied: Verlangen kann in Liebe mit dem Partner gestillt werden, Lust nie. Lüsternheit, die aus Lust abgeleitet wird, ist in sich selbst ein unnatürliches Verhalten.

P: Wenn man Sie so hört, dann könnte man fast meinen, man könnte alle Menschen lieben.

D: Gehen wir der Sache doch auf den Grund! Wieviele Menschen lieben Sie, Herr Professor?

P: Naja, was soll ich darauf sagen?

Ich glaubte, meine Frau zu lieben, aber ich habe mich von ihr getrennt. Meine Kinder sind erwachsen und brauchen keine Liebe mehr von mir. Und sonst ...

Schlagartig erfaßte ihn eine unaussprechliche Sehnsucht, das Verlorene zurückzugewinnen, und nach einer kurzen Pause fügte er mit belegter Stimme leise hinzu:

P: Eigentlich kann ich bei niemandem von Liebe sprechen.

D: Tatsächlich ist es für den heutigen Menschen, der in der Isolation des eigenen Gefängnisses hinter schwer verriegelten Wohnungstüren mit den ausgeklügeltsten Alarmanlagen lebt, kaum vorstellbar, alle Menschen zu lieben. Und trotzdem ist es möglich. Wir brauchen uns nur die wunderbarsten Vorbilder der Vergangenheit und der Gegenwart ins Gedächtnis zu rufen, die uns die All-Liebe vorlebten und vorleben, auch wenn sie unmöglich erscheint. Also ist sie erreichbar, doch nur auf der Grundlage der vollständigen körperlichen und geistigen Gesundheit.

A propos Isolation, sie hat eine schreckliche Krankheit mit sich gebracht, nämlich die Einsamkeit und das Einsamsein bis zur bitteren Neige. Aus ihr gibt es nur einen Ausweg: die Gründung von Großfamilien im Sinne von Ayodhya. Die vorhandenen Altenheime sind doch nichts anderes als in Trostlosigkeit eingehüllte Haltestellen des Todes ohne jegliche Hoffnung. Es ist deprimierend, daß es uns bei all dem Fortschritt nicht gelungen ist, würdigere und lebensbejahendere Stätten für die zu schaffen, die wir selber einmal werden. Wie kurzsichtig und beschränkt müssen wir alle sein, daß wir so etwas unbeschreiblich Wichtiges außer acht lassen! Keiner darf sich daher wundern, wenn er selbst eines Tages an solch einer vorübergehenden Haltestelle landet und ohne die Fürsorge, die nur die wirkliche Liebe bieten kann, dahinvegetiert.

Nichts gegen Versorgung, die Menschen brauchen aber liebevolle Fürsorge, und das gilt nicht nur für die ältere Generation. Leider hat die schon zu lange andauernde Isolation zu einer unnatürlichen Denkweise geführt, die bereits zu einem Sprichwort geworden ist: *Alt und Jung tut nicht gut*. Was für ein Verlust für die Beziehungen in der Welt, wo drei harmonisch zusammenlebende Generationen wunderbar bestätigen könnten, daß *aller guten Dinge* drei sind.

Betrachten wir einmal eine solche Großfamilie, die aus drei Generationen besteht, die im Einklang mit dem Naturgesetz zusammenleben. Die alten Menschen stellen ihren Kindern und Enkeln ihren gesamten Erfahrungsschatz zur Verfügung und sind die ruhenden Pole der Großfamilie, die aus der Stille des Lebens heraus allen die Grundlage für die Entwicklung zum Schöpfer bieten und aufrechterhalten. Aus Dankbarkeit und tiefer Zuneigung sorgen ihre Kinder in Liebe für sie und sind glücklich darüber, daß die Großeltern für die Enkelkinder eine Entwicklungsstütze sind und ihnen gleichzeitig die Möglichkeit bieten, zu lernen, wie sie eines Tages an ihren eigenen Eltern handeln sollten. Damit wären wir in einem vollkommenen Kreislauf des Lebens auf dieser Erde, einer gesunden Großfamilie, wo sich die Großeltern außerdem, wenn sie sich um die Enkel kümmern, nicht einem Alterungs- sondern einem Verjüngungsprozeß unterziehen.

Es ist nur zu wünschen, daß die Menschen lernen umzudenken, denn so wie es bis jetzt gelaufen ist, ist es mehr als schlimm. Viele Ältere bringen es nicht fertig, die Zügel aus der Hand zu geben, und damit machen sie den Jüngeren das Leben unnötig schwer. Aus diesem Grund ist die Jugend wiederum frustriert, und zu ihrer krankhaften egoistischen Einstellung, die sie von ihren Eltern gründlich übernommen haben, gesellt sich noch eine Abneigung ihnen gegenüber.

Es ist schrecklich, daß beide Seiten sich so weit in ihrem Denken entwürdigt haben, daß es schon normal geworden ist, die Großeltern im gegenseitigen Einverständnis zur Haltestelle auf den Tod zu bringen. So fährt der gegenwärtige Generationszug mit Volldampf auf einer defekten Brücke, und alle übersehen in ihrer Blindheit ein Warnsignal nach dem anderen.

Das Gesagte fand einen tiefen Widerhall im Herzen des Professors. Erinnerungen an die Träume mit seiner Frau belebten und bestätigten die Aussage von Duschane mit ihrer Sehnsucht, der Welt eine andere Zukunft in Aussicht zu stellen.

P: Ihre Darstellung eben über den Kreislauf des Lebens und die Großfamilie ist wirklich ein wunderbares Märchen. Ich gäbe sonst etwas dafür, daß dieses Märchen für die Menschheit Wirklichkeit wird.

D: Ist es nicht so, Herr Professor, daß, wenn einer beginnt, einen Traum zu träumen, der Traum für ihn langsam zur Wirklichkeit wird? Und wenn immer wieder neue Menschen hinzukommen und gemeinsam am Strang des Lebens ziehen, um diesen Traum Wirklichkeit werden zu lassen, dann ist es doch gar nicht so weit bis dahin, wo auch dieses Märchen sich verwirklicht.

P: Gott gebe es!

Eine tiefe Ergriffenheit hatte sich seiner Gefühle bemächtigt. Schweigend stand er auf und ging hinaus, und erst nach einer langen Weile kam er zurück.

P: Ich bin ziemlich erledigt. Mir ist zumute, als ob ich vor meinem eigenen Grab stehe. Wenn ich mein Leben betrachte, dann weiß ich nicht einmal, ob ich es bin, der im Grab liegt, oder meine Ansichten oder meine Vergangenheit. Vielleicht bin ich auch das Grab selbst.

Das, was Sie sagen, ist wie ein wunderbares Märchen, von dem wohl die ganze Welt seit undenklichen Zeiten träumt. Für jeden ist es irgendwo klar, daß dieser Wahnsinn in der Welt aufhören muß, und doch steckt jeder im Nebel seiner eigenen Unzulänglichkeiten und Gewohnheiten und wagt es nicht einmal, diesen Traum zu Ende zu träumen, geschweige denn, Wirklichkeit werden zu lassen.

Auch ich, obwohl ich eigentlich das Wissen und die Einsicht habe, bin tief darin verstrickt und machtlos, auch nur einen Schritt in eine andere Richtung zu tun. Ich möchte zwar gerne, aber irgendwie kann ich immer noch nicht daran glauben, daß das Chaos einmal ein Ende haben wird.

Diese innere Ohnmacht ist für mich das Problem meines Lebens, und ich weiß nicht, ob es überhaupt lösbar ist. Das ist eine unendliche Last für mich und auch für die Menschen um mich herum.

D: Herr Professor, ich denke, da können wir sehr zuversichtlich sein, denn glücklicherweise sitzen wir ja in einem Boot, und damit muß das Boot die Last tragen.

Alle drei mußten herzhaft lachen, was für den Professor wieder eine Bestätigung dafür war, daß es nicht notwendig ist, im Sumpf des eigenen Denkens stecken zu bleiben. Seine Bedrücktheit war verflogen, wie wenn dunkle Wolken den Sonnenstrahlen plötzlich ihre Freiheit wiedergeben.

T: Mich läßt die Erfahrung, die Du uns vorhin aus Deiner Kindheit erzählt hast, irgendwie noch nicht los. Ist es wirklich möglich, einfach so mirnichts-dir-nichts den Körper zu verlassen?

D: Das ist ein von Tausenden und Abertausenden von Menschen erfahrenes Naturgesetz.

Im Mittelalter wurden mit dieser Gabe begnadete Menschen als Hexen und Ketzer verbrannt, denn wenn man voll bewußt den Körper verläßt, dann sieht man alles und ist für die anderen doch unsichtbar. Das war für die Priester, Inquisitoren und Machthaber eine ernsthafte Gefahr, da sie sich auch laut geschichtlicher Berichte mehr tierisch als priesterlich benahmen und, von Lust und Gier getrieben, im Verborgenen die gemeinsten Dinge taten. So stellten sie in ihrer teuflischen Gesinnung diese wunderbare Gabe als Pakt mit den Dämonen dar, wodurch es ihnen als Beherrscher der Massen ein leichtes war, solche gottbegnadete Menschen als Ketzer und Hexen auf den Scheiterhaufen zu bringen. Noch Johanna von Orléans fiel neben vielen anderen diesem Wahnsinn zum Opfer, und selbst heute spukt er im verworrenen Bewußtsein der meisten Menschen weiter.

Solche Erfahrungen sind Zeichen, daß etwas anderes normal ist, als wie sich die Menschen heute benehmen und was sie für normal halten. Wieviele Kinder, wieviele Jugendliche, wieviele Menschen haben unter dem heute sogenannten Normalzustand zu leiden, weil ihnen andere und schönere Erfahrungen zuteil werden! Von den Massen werden sie aber als Spinner abgetan und aus demselben Grund von den Psychologen als psychisch krank eingestuft und behandelt, nur weil diese selbst solche Erfahrungen nicht kennen.

P: Gut! Meinungen sind nun einmal relativ, und über Erfahrungen kann man sich streiten oder auch nicht. Daß aber alle unnormal sein sollen, und nur einige wenige Außenseiter normal, das ist doch überhaupt nicht akzeptabel.

D: Ob relativ oder absolut, es sollte uns klar sein, daß eine Hündin nie Katzen gebären und noch weniger ein Vogel einen Tiger ausschlüpfen lassen wird. Da, wo die Naturgesetze ganz klare und deutliche Vorschriften für unsere Verhaltensweise setzen, sollten wir sie befolgen, denn sie sind von Gott gegebene Maßstäbe eines Normalzustandes, da sie die vollkommen widerspruchslosen Bausteine der absoluten Wahrheit des Lebens sind.

Nur diejenigen jedoch, die Gott erfahren haben, haben auch die Wahrheit gesehen und sind kompetent, uns die Naturgesetze so zu vermitteln, daß wir durch sie fehlerfrei zu Gott geführt werden. Nur sie und nicht die Machthaber und noch weniger die Massen können darüber entscheiden, was für den Menschen normal ist.

Der Normalzustand ist vollkommene Gesundheit, vollkommenes Glück, das mit Glückseligkeit in die Verbindung zu Gott mündet und somit Produkt unseres Verhaltens unserer Natur und Gott gegenüber ist. Immer gab es einige wenige, die uns ein menschenwürdiges, normales Leben vorgelebt haben, wie z. B. Krishna, Buddha oder Christus. Doch immer wurden sie von den Massen als außergewöhnlich betrachtet und daher nicht als Maßstab angenommen. Und trotzdem sind diese Außenseiter die wirklich Normalen, denen wir unbedingt folgen müssen.

Stellen Sie sich vor, Herr Professor, daß irgendwo die Lebensdauer der Menschen seit Generationen nur 15 Jahre beträgt, so daß das Leben mit der Pubertät zu Ende ist. Wird nun aber plötzlich jemand 30 oder älter und damit erwachsen, so weicht er von der Norm ab und gilt als unnormal oder außergewöhnlich. Dabei wissen wir ja, daß tatsächlich alle anderen, die nur die Pubertät als höchste Entwicklungsstufe erreichen, unnormal sind.

Genauso geht die Verneinung des wirklich Normalen seit Tausenden und Abertausenden von Jahren vor sich. So sind heute bei den meisten Menschen leider viele, eigentlich normale Mechanismen der Seele verkümmert, vor allem auch die feinste Sensorik und Feinfühligkeit, die uns ermöglicht, durch das Ertasten und Erlauschen die Harmonie zwischen außen und innen herzustellen.

Ich sagte bereits, daß jede Zelle im Körper, egal welche Aufgabe sie auch hat, mit zusätzlichen Signalmechanismen ausgestattet ist, die anzeigen, in welchem Zustand sie sich jeweils befindet. Diese Signale, gebündelt in ein Gefühl nach außen und nach innen sind in ständiger Wechselbeziehung tätig, und obendrein halten sie einen wunderbaren Mechanismus aufrecht, den man oft als siebten Sinn bezeichnet, der aber bei den meisten Menschen nicht mehr in Ordnung ist. Dabei handelt es sich um einen wunderbaren, sensorisch hochempfindlichen Empfänger. Wenn er vollständig intakt ist, dann kann uns durch seine Funktion, selbst wenn wir sonst körperlich und seelisch noch nicht ganz entwickelt sind, eine andere Kraft lenken, die Kraft der allmächtigen Natur Gottes.

T: Ist das identisch mit dem, was man in den Religionen als »Führung Gottes« bezeichnet?

D: Ja, Thomas, wenn dieser Mechanismus intakt ist, dann können wir geführt werden, sogar zum höchsten Ziel. Es ist aber noch eine weitere Voraussetzung notwendig, daß wir es nämlich zulassen und nicht wie die meisten Menschen die Mechanismen als etwas Unnormales ignorieren und abtun oder gar der Einbildung verfallen, wir bräuchten keine Führung. Damit landen wir nur im Abgrund unserer eigenen Unwissenheit.

Dabei haben die allermeisten in ihrem eigenen Leben bereits Beispiele für solche Führung erfahren.

Der Mensch denkt, und Gott lenkt

Mein erstes Erlebnis mit dieser Führung hatte ich mit etwa 12 Jahren. Damals schickte mich meine Mutter zum Brunnen, damit ich Wasser hole. Ich tat das gerne, weil es mich immer faszinierte, wie man mittels der Hebelkonstruktion mit wenig Aufwand Wasser aus dem Brunnen hochziehen konnte.

So verrichtete ich hurtig die Aufgabe, zog den Eimer mit Leichtigkeit heraus und hörte im selben Augenblick meine Mutter rufen. Ich tat einen Schritt zurück und rief: "Ich komme!"

In diesem Augenblick löste sich plötzlich das Gewicht vom anderen Ende des Balkens, an dem die Stange mit dem Eimer befestigt war, und der Balken zerschellte dicht neben mir an der Brüstung des Brunnens.

Ich sah ein Entsetzen im Gesicht meiner Mutter, und ich selbst war kreidebleich geworden, denn hätte sie mich nicht gerufen, dann hätte mich der Balken wie erst einige Tage zuvor einen Nachbarn erschlagen.

Eine weitere Episode erlebte ich mit 14 Jahren, als ich meine ältere Schwester bei ihrer Arbeit in einer Hemdenfabrik besuchen durfte.

Die Menschen dort waren eigenartig grau, fast leblos. Ich fragte einen, wie lange er da an seinem Platz schon arbeitete, und er versetzte mir den Schreck meines Lebens. "35 Jahre, tagaus, tagein," kam es nämlich freudlos als Antwort. Das war für meinen Drang und meine kindliche Vorstellung von Freiheit eine schreckliche Erfahrung. 35 Jahre!

So lief ich ein bißchen bedrückt weiter zwischen den vielen arbeitenden Menschen umher und kam zu einem offenen Lastenaufzug. Durch den Schacht blickte ich nach unten, wo die Frauen gerade Stoffballen hineinstapelten, und bald kam der Aufzug hoch, schwebte an mir vorbei, und gab die Sicht auf das, was unten geschah, völlig frei. Es war so interessant, daß ich fasziniert über der Brüstung hängen blieb und mich an dem geschäftigen Treiben im unteren Stock erfreute.

Doch plötzlich zog mich eine für mich unerklärliche Macht zurück, gerade als der Aufzug mit voller Last wieder nach unten kam. Mit einem Lufthauch spürte ich ihn an meinem Gesicht vorbeigleiten, und bei der Vorstellung, in welcher tödlichen Gefahr ich mich eben befunden hatte, wurde mir schwarz vor Augen.

Noch heute danke ich Gott, so oft ich daran denke, daß die Mechanismen in mir trotz meiner damaligen Unwissenheit auf dem Wachstum zu Ihm intakt waren, so daß Seine Natur mich lenken konnte.

P: Für mich sind das nicht mehr als zwei glückliche Zufälle, die Sie aus verständlicher Dankbarkeit als höhere Führung interpretieren.

Wo, bitteschön, ist denn da wirklich höhere Führung?

D: In der Mutter, Herr Professor, in der Stimme der Mutter. Ich war ein ihr ergebener Sohn, und es gab keine Aufgabe, die ich nicht hurtig erfüllt hätte, um meiner geplagten Mutter das Leben leichter zu machen. Sie hatte bis dahin niemals Anlaß dazu gehabt, meinen Fleiß zu kritisieren. Also rief sie buchstäblich aus heiterem Himmel, aus dem Himmel, der mein Leben retten wollte.

Sicherlich pflichte ich Ihnen bei, daß es zwei, fünf, meinetwegen zehn Zufälle hintereinander geben kann. Daß aber seitdem mein ganzes Leben aus von mir zugelassener Führung besteht, das kann man nicht mehr so einfach als Zufall bezeichnen.

Übrigens müßte unsere Begegnung hier Ihrer Darstellung nach auch ein Zufall sein.

Der Professor brach mit einer heftigen Handbewegung seinen eigenen Gedankengang ab.

P: Im Grunde genommen ist es Unsinn, was ich da rede. Das ist nur eine Abwehr und Unsicherheit in mir. Irgendwie fällt es mir immer noch schwer, zu akzeptieren, daß ich einem Menschen begegnet bin, der wirklich Gott verbunden ist, nicht nur auf so eine dilettantische und oberflächliche Weise, wie ich es bisher bei den anderen und bei mir selber erlebt habe.

Und dann fügte er halblaut mehr zu sich selbst hinzu:

P: Wie kann man nur so ungläubig sein, obwohl man sich selber immer danach gesehnt hat, so eine Art des Lebens zu verwirklichen! Einfach unfaßbar!

In sein Bewußtsein drängten sich die Bilder jener stürmischen Nacht, in der ihn das kostbare Kerzenlicht aus dem dunklen Schlund des Verderbens in Schnee und Kälte herausgeführt hatte. Und dann wieder die Erinnerung an jenes "weiter!"

P: Hatten Sie eigentlich mit meiner Rettung etwas zu tun?

D: Wenn es um Rettung geht, dann hat nur das Licht, das Licht des Lebens etwas damit zu tun. Wir haben jedoch alle auf dieser Erde weitläufig und unmittelbar eine Verbindung miteinander und mit allen Erlebnissen und Erfahrungen. Das ist ja das Wunderbare, daß wir von vornherein eine herrliche große Familie sind.

Beruhigt, daß Duschane es nicht verneinte, und doch ein wenig enttäuscht, daß er es nur geschickt umschrieb, schaute der Professor auf die Uhr.

T: Wie spät ist es denn? Meinem Magen nach müßte es Zeit für unseren Mittagsspaziergang sein.

P: Ja, Sie haben recht.

D: Vorher können wir aber noch schnell gemeinsam das Mittagessen vorbereiten.

Duschane ging zu seinem Rucksack und holte zwei Sellerieknollen hervor. Er gab sie den beiden anderen zum Waschen und Schnippeln, während er selbst Wasser und Getreideschrot in den kleinen Kochkessel füllte. Dann hängte er ihn behutsam an einer Kette im richtigen Abstand über das Feuer im Kamin und gab schließlich noch den kleingeschnittenen Sellerie dazu.

D: So, jetzt kann es in Ruhe vor sich hin quellen, und wir haben reichlich Zeit für einen schönen Spaziergang.

Sie machten sich fertig und gingen über die zerklüftete Felslandschaft in Richtung Westen.

P: Es ist wirklich enorm, welch angenehme Reaktion im ganzen Körper ausgelöst wird, wenn man sich mit Hunger bewegt. Das artet direkt in Freude aus!
Früher wurde ich immer ungehalten und fast jähzornig, wenn ich Hunger hatte. Meine Nahrung verschlang ich dann mit Gier und machte mich dadurch noch unausstehlicher, als ich schon war.
Eine großartige Erfahrung!

T: Und Ihre Depressionen, Herr Professor?

P: Quatsch, Thomas, wir haben doch eben erfahren, woher die Depressionen kommen. Wozu sollten wir darüber noch weitere Diskussionen führen?
Die Ursache steht fest, also heißt es jetzt, danach zu handeln und zu leben.

Mit einem sanften Stoß an Thomas' Rippen bekräftigte er seine große Freude, diese Erfahrung machen zu dürfen.

P: Und wenn ich in meinen Jahren mit diesem neuartigen Wissen so gut zurechtkomme, dann ist Ihre Sorge völlig unbegründet, daß es Jahrhunderte bis zu seiner allgemeinen Verbreitung dauern wird. Für die heutige jüngere Generation wird es doch noch viel leichter sein.

T: Ja, Sie haben recht, die eigene Erfahrung darf man wirklich nicht unterschätzen.

D: Und vor allem sollte man sie immer zulassen.

T: Hoffentlich haben wir auch zu Hause die Kraft und die Ausdauer, diese Art des Verhaltens fortzuführen.

P: Da sprechen Sie mir aus dem Herzen. Hier führt und unterstützt uns immerhin die gesamte Situation und das unmittelbare Wissen. Wie aber wird es im grauen Alltag aussehen?

D: Auch nicht viel anders, Herr Professor. Wir machen nichts aus einer fanatischen Gesinnung heraus, aber wir versäumen auch niemals, immer wieder einen Anlauf zu nehmen, neu zu beginnen. Irgendwann einmal wird es uns dann gelingen, ständig bei der wunderbaren Sache zu bleiben.

Der Professor sah, daß Thomas eigenartig schmunzelte.

P: Naja, Sie lachen. Ihnen als junger Mann wird es sicherlich leichter fallen als mir, immerhin funktioniert in der Jugend das Gedächtnis besser, um das Wissen zu behalten.

In diesem Augenblick fiel ihm etwas Seltsames auf. Es war eigentlich völlig trocken, kein Schnee mehr, so daß der Abstieg ins Tal mit Leichtigkeit möglich war. Doch trotz so vieler Eigenartigkeiten, die auf ihn eingestürmt waren, merkte er, daß sich ein leichter Schmerz bei dem Gedanken einstellte, daß dieser Aufenthalt einmal ein Ende haben würde.

Als sie wieder in die Hütte zurückkamen, duftete es bereits würzig nach Sellerie.

P: Mmm, herrlich! Sie scheinen zaubern zu können.

D: Ich habe doch gar nichts gemacht! Die wirkliche Kunst des Kochens besteht aus Geduld, Hingabe und richtiger Planung, damit die Nahrung sich selber für uns aufschließen kann.

Alle drei setzten sich zu Tisch, und Duschane servierte die Suppe. Dann schloß er die Augen, und Thomas und der Professor vernahmen voller Ergriffenheit, wie er ein wunderschönes Tischgebet sprach.

D: *In Deiner Fülle, oh Herr,*
Voll Deiner Gnade,
Auf daß wir eins werden mit Dir
Und so Deine Schöpfung erfüllen und verherrlichen,
Danken wir Dir von ganzem Herzen.
Mit all unserer Liebe zu Dir,
In aller Verehrung Deines Segens,
Empfangen wir Deine Gabe, so wie sie zu uns kam.
Unsere Nahrung ist Dein Segen, und in Deinem Dienste
Empfangen wir alles in Dankbarkeit, oh Herr.

Hier endet das vierte Kapitel des ersten Buches des Ayodhya-Veda, des Gesangs des unstillbaren Verlangens der Seele nach Einheit, der uns wie ein sicheres Boot aus der Verworrenheit zu dem Ufer unserer Sehnsucht führt, wo wir eins mit Gott werden.

Mögen die Stürme durch ihr Brausen noch so gewaltige Unruhe stiften, mögen Donner und Blitz ungeheure Zerstörung verursachen, mögen die Wolken sich gleich der Finsternis verdunkeln, so ist all das doch nicht von Dauer.

Denn man sagt, daß die Stürme Veränderung bringen, daß ein Gewitter die Luft reinigt, und daß die Wolken, mögen sie sich auch noch so verdichten, nur die Sonne verdecken, nicht aber löschen. Wisse, daß hinter ihnen die wunderbare Sonne scheint, so wie die Liebe Gottes in den Herzen aller Menschen darauf wartet, gelebt zu werden, und daß ein Sturm der Sehnsucht kommen wird, der das Netz der Unwissenheit, das die Seele gefangen hält, hinwegfegt, um ihr freie Bahn auf dem erhabenen Pfad zu Gott zu gewähren.

Höre nie auf zu hoffen, verharre in Geduld, der Sturm ist unterwegs, um das Licht des Lebens freizulegen. Bedanken wir uns und beten wir um die Kraft und die Geduld, um demütig auf die Dinge zu warten, die da kommen.

5. Die Formel des Lebens

In tiefster Demut verbeuge ich mich vor Dir, oh Leben, denn all Deine Vielfalt ist ein Zeichen, daß Gott den Menschen nicht vergessen hat;

vor Dir, oh Sonne, denn Dein Licht nährt in uns die Sehnsucht, daß es ein anderes Licht und ein anderes Ziel gibt;

vor Dir, lieblicher Frühling, der uns ewig daran erinnert, einen neuen Beginn machen zu dürfen;

vor Dir, ewige Natur, und vor Deinem Wachstum, das unser eigenes ist.

Zutiefst verbeuge ich mich vor jener kleinen Blume, die – zart und sanft wie ihre Blütenblätter – doch in ihrer Sehnsucht selbst den dicksten Asphalt durchbricht, um das Licht und die Wärme der Sonne zu schauen;

vor all den Zeichen, die den Menschen aus der Verblendung zum wahren Licht lenken;

vor den wirklichen Meistern des Lebens, die uns immer wieder in ihrer vollendeten Weisheit den Schlüssel geben, mit dem wir das Tor zu unserem Selbst und damit zum Himmel aufschließen können.

Der Professor stand auf und sah, daß die beiden anderen schon beim Kamin saßen.

P: Jetzt habe ich doch tatsächlich wieder geschlagene zwei Stunden geschlafen! Hoffentlich habe ich bei Eurer Unterhaltung nichts Wichtiges versäumt.

T: Nein, nein, ich bin auch eben erst aufgestanden.

P: Na, da bin ich ja beruhigt!

Er setzte sich bequem zu ihnen und beobachtete eine Weile das Schlängeln der Flammen im Kamin und das Schwirren der Funken. Man sah ihm an, daß er sich gut fühlte, daß ihn aber irgendetwas beschäftigte.

P: Ich würde gerne Ihre Bemerkung von vorhin nochmal aufgreifen, daß wir alles in Frage stellen sollten.

Wenn wir wirklich alles in Frage stellen, dann bedarf es doch eines völlig neuen Beginns. Wie soll das bei dem bestehenden Chaos aber möglich sein, und vor allem wohin soll es gehen, wo doch wirklich schon alle Richtungen begangen worden sind? Wieviele große Führer der Menschheit sind schon unter leichteren Umständen gescheitert!

Umso mehr interessiert es mich, wie Sie sich die Zukunft vorstellen.

D: Es ist eigentlich sehr einfach. An der kleinen Episode mit Christus haben wir gesehen, daß ein einziger Mensch, der in sich Vollkommenheit erlangt hat, genügte, um Ordnung im Chaos zu schaffen. Und wie jeder einzelne die Grundlagen für seine eigene Vollkommenheit schafft, das haben wir in den letzten Tagen ja ausführlich besprochen.

T: Ja, das ist schon klar: In einem gesunden Körper sind alle Voraussetzungen gegeben, damit die Seele sich wohlfühlt. Sie befreit sich vom Schlamm, ...

Aber wie eigentlich? Deine Analogie im Zusammenhang mit der Psyche war ja sehr schön: der Topf Wasser, in dem sich Schlamm abgelagert hat. Das klare Wasser zu seiner Reinigung holen wir aus der Quelle oder aus dem Wasserhahn, aber woher sollen wir das klare Wasser für den Geist und die Psyche holen? Spätestens da hinkt der Vergleich doch.

D: Das klare Wasser, Thomas, kann nur aus dem Urgrund der Dinge kommen, aus dem Kreislauf allen Lebens.

Wenn wir einmal betrachten, wo die Quellen auf dieser Erde ihren Ursprung haben, dann werden wir ihn immer da finden, wo sie einmünden, im Ozean. An diesem Beispiel erkennen wir auch noch ein weiteres wunderbares Prinzip des Lebens: Mag nämlich noch so viel Schmutz im Ozean landen, aus ihm steigt immer vollkommen gereinigtes Wasser empor, fällt dann irgendwo als Regen nieder und wandert ungeachtet jeglicher Hindernisse wieder zu seinem Ursprung zurück.

Also kann nur ein Impuls aus dem Absoluten jene Reinheit sein, die dem klaren Wasser im Topf gleichkommt.

P: Das ist wunderschön ausgedrückt, aber genauso abstrakt wie die nicht weniger schön dargebrachten Abhandlungen der Philosophen, Theologen, Dichter usw. Sie alle haben sich bemüht, mit dem Ozean, wie Sie es so schön ausdrücken, eins zu werden oder aus ihm die Reinheit zu schöpfen. Daß das einzelnen mehr oder weniger gelungen ist, will ich nicht abstreiten, doch wenn wir Ihrer Aussage nach alle auserwählt sind, wie sollen wir Normalbürger es dann schaffen?

D: An dieser Betrachtungsweise sehen wir ein kleines Unglück. Die einzelnen, die diese Erfahrungen gehabt haben, waren nämlich zweifelsohne wunderbare Beispiele. Leider hat man sie jedoch als Maßstab für alle betrachtet, und da dieser Maßstab fast für alle zu groß war, hat man ihn von vornherein als nicht passend abgetan.

Der Weg des Lebens kann aber nur individuell begehbar sein. Denn jeder Mensch, da er ein Individuum ist, hat sein eigenes Maß, das ihm dazu dient, präzise Optimales für seine Entwicklung zu tun. Dieses Maß besteht darin, bei der Stufe zu beginnen, auf der man sich gerade befindet.

Es wird gut sein, daß wir jedem Individuum Ehre erweisen und auch gleichzeitig die Möglichkeit geben, aus sich selber heraus Stufe für Stufe empor zum Ziel zu schreiten.

P: Dann interessiert es mich brennend, wie und auf welche Weise ich in mir selber erfahren kann, auf welcher Stufe ich mich gerade befinde und welches die nächste für mich ist. Denn Sie sagen ja, daß es nicht unerheblich ist, genau darüber Bescheid zu wissen.

D: Die Natur des Menschen ist unnachahmbar, die Natur des Geistes ist grenzenlos. Darin liegt die Chance, den Weg unserer Entwicklung mühelos dort wiederaufzunehmen, wo es für unsere Individualität am förderlichsten ist.

Es ist nicht notwendig, intellektuell darüber zu spekulieren, auf welcher Stufe wir uns gerade befinden, denn da unser Geist, Herr Professor, aus dem Stoff besteht, aus dem alle Dinge hervorkommen, weiß er genau, wo er beginnen sollte und wo lang es geht. Und wie ich bereits erwähnt habe, gibt sowieso er den ersten Impuls.

Der Ursprung ist es, der die korrekte, unverfälschte Information über die Vollkommenheit in sich birgt, also heißt es für uns, ihn als allererstes zu erreichen. Unser Geist hat nun dieselbe Natur wie der Ursprung, und daher müssen wir ihm nur erlauben, die Heimreise anzutreten. Die richtige Richtung findet er durch seine Sehnsucht ganz von selbst.

Hat ein Pferd zum Beispiel den ganzen Tag auf dem Feld seine Arbeit verrichtet, und läßt man es frei, so galoppiert es mit voller Kraft, auch wenn es die letzte ist, in den erholungbringenden Stall. Ist ein Mensch in Gefangenschaft, und selbst wenn er dort mit den schönsten Annehmlichkeiten des Lebens umgeben ist, wo wünscht er sich hin? Nach Hause.

Lesen wir das schönste Buch, gefesselt von seinem Inhalt, und kommt dabei rein zufällig unsere Lieblingsmelodie an unser Ohr, so wandert die Aufmerksamkeit unseres Geistes doch zu ihr, mit der uns wunderbare Erfahrungen verbinden.

Es ist die Natur des Geistes, sich immer von dem Angenehmeren angezogen zu fühlen. Das ist auch der Grund dafür, daß der Geist rastlos umherschweift, aber nur weil er sucht. In dem Augenblick, wo er den Ursprung und damit die größtmögliche Zufriedenheit und Glückseligkeit gefunden hat, hört seine rastlose Suche auf.

P: Jetzt bin ich aber gespannt, was dabei herauskommt.

D: Die Technik, Herr Professor, nur die Technik, und zwar die richtige Technik wird unserem Geist jene schnelle Heimreise ermöglichen, nach der er sich seit dem Verlust seiner Heimat sehnt.

Eine Ahnung läßt ihn die unmöglichsten Dinge erfinden, weil er spürt, daß er sich vom Ursprung so weit entfernt hat, daß ihm nur eine Technik den schnellen Weg nach Hause ermöglichen kann. Aus diesem Grund widmete er sich der Forschung, erfand alle Arten von Maschinen, Computer, Kernspaltung, verwickelte sich in die tollsten technischen Dinge, stets in der Hoffnung, es sei das Richtige. Doch immer wieder mußte er einsehen, daß das alles ihn weder befriedigte noch glücklich machen konnte. Vielmehr mußte er zu seiner unendlichen Enttäuschung noch tiefere Verstrickungen bis hin zum heutigen Chaos erfahren.

Dies ist auch der Grund, warum er unstet von einem Gedanken zum anderen, von einem Aspekt des Lebens zum anderen wandert. Er sucht die verlorene Heimat. Wie ich schon sagte, nur eine Technik kann ihm helfen und ein Impuls aus dem Gefilde seines Ursprungs.

P: Nun spannen Sie uns doch nicht so lange auf die Folter! Wie sieht diese Technik denn nun aus?

D: Diese erhabene Technik für den Geist, Herr Professor, ist ein wunderbarer Vorgang der Mühelosigkeit, wie er durch das Prinzip der Hebelwirkung so schön dargestellt werden kann. Bemühen sich 500 Menschen vergeblich, einen Felsen zu bewegen, so ist es mit einer geeigneten Hebeltechnik selbst einer erheblich geringeren Anzahl doch möglich, das zu schaffen.

Solch einer Technik bedarf der Geist, die ihn mühelos Impulse aus den Tiefen des Ursprungs als zarte Ideen erfahren läßt, und die damit in ihm die Erinnerung wachruft, wo sein Zuhause eigentlich ist.

P: Sind das diejenigen Impulse, die in der Sehnsucht nach Gott vorhanden sind?

D: Die Sehnsucht nach Gott ist eher eine Ahnung, daß all das, was ein Individuum umgibt, nicht das wahre Gesicht des Lebens ist. Der Impuls jedoch, der dem Geist durch die Technik gegeben wird, ist mehr als eine Ahnung. Er ist ein direkter Kontakt zum Ziel, das wir aus der Sicht verloren haben.

P: So wie Sie das beschreiben, scheint es wunderbar und einfach zu sein. Ich beginne fast, ein Stück zu vertrauen, daß es möglich sein wird, dem Chaos in der Welt Einhalt zu gebieten.

Aber bitte, fahren Sie fort, uns mehr darüber zu berichten!

D: Zunächst einmal ist es notwendig, aber auch sehr interessant, zu untersuchen, welche endgültigen Qualitäten solch eine Technik haben muß, damit sie alle Voraussetzungen bietet, um jedem Individuum auf dieser Erde die Möglichkeit zu vermitteln, mühelos den Weg nach Innen zu gehen.

Die Betonung liegt auf »jedem Individuum«, denn diese Technik soll und darf nicht die Technik der Begabten, die Technik der Auserwählten, die Technik der Elite sein, sondern die Technik jedes einzelnen auf dieser Erde: vom Shudra, der niedrigsten Kaste in Indien, bis zum Raja, dem König, und den Brahmanen, der höchsten Kaste. Nach unserer Art zum Ausdruck gebracht: für den einfachsten Arbeiter und für den Präsidenten oder König, und vor allem für den Gesunden und für den Kranken. Zweifelsohne kann nur eine solche Technik die richtige sein.

T: Irgendwelche Fähigkeiten muß diese Technik aber doch voraussetzen.

D: Das ist richtig, aber nur diejenige, die jedem Inidividuum sowieso zugrundeliegt, und zwar das Denken, normales, einfaches, unkompliziertes Denken. Denn die Technik muß unkompliziert sein, wie soll sie sonst jeder Mensch zum Wohle seiner eigenen Entwicklung ohne Schwierigkeiten ausüben können?

Und da wir bei der Entwicklung sind, muß die Technik auch unumgänglich zum Ziel führen, zum endgültigen Ziel, und damit meine ich Vollkommenheit für jeden Menschen. Also muß sie so einfach sein, daß sie sich auf natürliche Weise der Natur des Geistes bedient, um ihn mit seinem Ursprung eins werden zu lassen.

P: Aber Sie haben doch erwähnt, daß nur die Sehnsucht nach Gott notwendig ist, um Ihn zu verwirklichen. Oder habe ich das mißverstanden?

D: Nein, Sie haben das durchaus nicht mißverstanden, nur kommt es hier darauf an, wie stark die Sehnsucht ist. Denn von ihrer Stärke und Stetigkeit hängt die Verbindung ab.

Dies können wir uns an einer Analogie wunderbar veranschaulichen. Wollen wir in der Dunkelheit ein Objekt ausfindig machen, so bedürfen wir eines Werkzeuges, zum Beispiel einer Taschenlampe. Genauso verhält es sich mit unserem Geist, der sich in der Dunkelheit des Lebens verfangen hat und schon zu lange darin aufhält. Auch für ihn ist ein Werkzeug unerläßlich, unser Körper. Was bei der Taschenlampe der Akku ist, der Energiespender, das ist im Körper der Stoffwechsel. Ist der Akku intakt, so leuchtet die Birne mit voller Kraft und produziert einen Lichtstrahl, der die Verbindung zu dem angestrahlten Objekt darstellt. Die Birne in der Taschenlampe ist beim Menschen das Herz, dessen Gefühl es alleine möglich ist, die Verbindung zu Gott zu entsenden. Die inneren Mechanismen der Birne sind die sensibelsten und auch die unersetzlichsten Teile in der Taschenlampe, um Licht zu produzieren. Noch unendlich viel sensibler und feiner sind jedoch die Mechanismen in unserem Herzen.

Wenn der Akku, der Stoffwechsel, nun schwächer wird, dann wird auch die Verbindung schwächer, bis hin zu ihrem Zusammenbruch. Als Erinnerung bleibt zunächst nur ein Glimmen der Birne zurück, eine zarte Sehnsucht im Herzen. Dies ist ein kostbarer Hinweis für den Benutzer der Taschenlampe, für unseren Geist, daß sein Werkzeug noch reparabel ist, und daß es notwendig ist, den Akku schleunigst wieder aufzuladen, bevor er völlig zusammenbricht und die ganze Taschenlampe nutzlos wird. Tut er dies rechtzeitig, so beginnt die Birne wieder zu strahlen, und die Verbindung ist wiederhergestellt.

Das zarte Glimmen der Birne ist jene nicht auszulöschende Sehnsucht, an der der Geist erkennt, wie notwendig es ist, einen intakten Körper und Stoffwechsel zu kultivieren, um der Birne – dem Herzen – volle Leuchtkraft zu verleihen und so eine direkte Verbindung zu Gott zu bekommen. Denn nicht mit den Augen sieht man die wahren Dinge des Lebens, sondern mit dem Herzen.

Wenn dem Geist einmal ein Licht aufgegangen ist, dann setzt er alles daran, um das entdeckte Ziel nie mehr aus der Sicht zu verlieren. Also tut er alles Erdenkliche, damit seine Taschenlampe – der Körper – vollständig intakt ist und ihm so die optimale Grundlage bietet, um die kostbare

Verbindung aufrechtzuerhalten. Denn verfällt der Körper in Krankheit, so wird ihm höchstens eine Erinnerung, ein immer schwächer werdendes Glimmen, aber keine Verbindung zurückbleiben.

T: Hier hinkt Dein Vergleich aber, denn in so einem Fall braucht man bei der Taschenlampe nur den Akku auszuwechseln.

D: Großartig, Thomas, Deine Bemerkung ergänzt den Vergleich sogar noch. Wenn unser Akku, unser Körper, unser Stoffwechsel, nämlich ausgelaugt ist und gar kaputt geht, so reißt unsere Entwicklung abrupt ab, und wir müssen vielleicht sehr lange warten, bis wir einen neuen Akku, einen neuen Körper, bekommen. Und das nur deswegen, weil wir unachtsam mit dem Tempel unserer Seele umgegangen sind.

Irgendwann einmal bekommen wir sicherlich einen neuen, aber wann? Daher sollten wir es nicht eine Sekunde versäumen, unseren Körper im höchsten Stand der Gesundheit zu erhalten.

T: Ja, eigentlich hast Du das schon so oft gesagt, aber irgendwie entgleitet es einem doch immer wieder.

D: Es kann einem nur solange entgleiten, bis der Geist es als sein wirkliches Ziel erkannt hat. Es ist nämlich immer der Geist, der sich für ein Ziel entscheidet und mit seinem Denken an dieses Ziel Sehnsucht im Herzen erzeugt. Ist dieses Gefühl einmal hergestellt, dann arbeitet die gesamte Biochemie des Körpers daran, es aufrechtzuerhalten. Funkt der Körper nun aber wegen Krankheit dazwischen, so entsteht die große Gefahr, daß auch das Gefühl in sich zusammenfällt.

Hier sehen wir deutlich die kolossale Abhängigkeit des Körpers, des Tempels der Seele, und des denkenden und fühlenden Geistes, aus der sich die Notwendigkeit von vollkommener körperlicher Gesundheit ergibt, damit der Geist seine eigentliche Natur verwirklichen kann, eins mit dem Herzen zu werden. Dieses so lebenswichtige Prinzip ist bis heute leider völlig außer acht gelassen worden.

Wenn wir Ärger gehabt haben und unser Geist mit dem Denken darin verfangen ist, so ärgern wir uns weiter. Also erzeugt das Denken in jedem Augenblick eine Aktivität in der Gefühlswelt und somit im Stoffwechsel.

Verstrickt sich der Körper andererseits in Krankheiten, so vergewaltigt er förmlich über den Stoffwechsel und das Gefühl den Geist, mit seiner Aufmerksamkeit bei seinem krankhaften Zustand zu bleiben. So ist die Verbindung zu Gott nicht möglich, und es bleibt vielleicht höchstens das schwache Glimmen der Sehnsucht zurück.

Daher muß uns bewußt werden, wie wichtig es ist, daß das Denken aus dem Ursprung des Geistes kommt, denn nur das gewährleistet einen harmonischen Ablauf des Lebens. Die Katastrophen, die aus falschem Denken herrühren, sehen wir an der erkrankten Menschheit. Damit die Sehnsucht nach Gott nicht ein schwaches und wirkungsloses Glimmen bleibt, muß der Geist die Richtung zu seinem Ursprung erhalten, und dazu bedarf er der richtigen Erinnerung an ihn.

Damit sind wir wieder bei der Technik für den Geist, und wir sehen, daß es ausschließlich eine geistige Technik sein muß, um seine Rastlosigkeit zu beenden, indem sie ihm die Idee des richtigen Ziels gibt.

P: Das ist ja wunderbar. Dann ist das positive Denken, das man leider viel zu wenig anwendet, genau das richtige.

D: Ja, Herr Professor, in der Tat. Doch leider ist das Denken vom Bewußtseinszustand des Geistes jedes einzelnen abhängig. Millionen von Menschen plagen sich seit Tausenden von Jahren, zwingen sich sogar, positiv zu denken, doch es ist jedem nur so gut möglich, wie frei und rein sein Bewußtsein ist.

Nehmen wir ein Beispiel: ein negativer Impuls kommt in uns hoch. Wir bemerken ihn erst, wenn er schon da ist, und dann ist es zu spät, um ihn ins Positive umzuwandeln. Ist die Fernzündung einer Bombe einmal ausgelöst, dann kann man es nicht mehr rückgängig machen.

Deswegen geht es mir hier darum, dem Geist seinen Ursprung zu vermitteln, wo die Impulse geboren werden, auf daß sie da von vornherein ihren giftigen Stachel entzogen bekommen.

T: Wie steht es denn mit Yoga, Autogenem Training oder der in der Anthroposophie Rudolf Steiners praktizierten Eurythmie?

Wenn die Technik, von der Du sprichst, rein geistig sein muß, dann sind alle diese dynamischen und passiven Methoden, über den Körper den Geist zu beeinflussen, wohl ein Schuß ins Leere, oder?

D: Thomas, ich bewundere Deine Kombinationsgabe sehr, doch so dramatisch ist es nicht.

All diese Methoden bringen einen ein Stück weiter, wenn man die Fähigkeit besitzt, sie richtig anzuwenden. Sie entfalten jedoch keine Fähigkeiten, das Ziel des Lebens anzusteuern.

Das sieht man am deutlichsten bei dem heute weit verbreiteten Autogenen Training oder ähnlichen Beschäftigungsarten. Die meisten schaffen es nicht, andere schaffen es bis zum Schlaf, und die übrigen, die etwas mehr darin sehen, hatten die Fähigkeit schon davor, ihren Körper zu entspannen. Nur haben sie sich eben durch das Autogene Training oder ähnliche Methoden erst darauf besonnen, daß sie diese Fähigkeiten schon immer besaßen.

Yoga ist in diesem Zusammenhang jedoch völlig mißverstanden und total falsch interpretiert worden. »Yoga« wurde als »Joch« verstanden, um dem Körper und dann über ihn dem Geist etwas aufzuzwingen. Yoga ist jedoch die wahre Natur der Einheit aller Dinge, Yoga ist die Weisheit und das Wissen, das aus dem Relativen zum Absoluten führt. Im richtig verstandenen Yoga sind die körperlichen Übungen nur ein winziger Teilaspekt.

T: Oh je, wenn schon Yoga so mißverstanden worden ist, kann es dann überhaupt eine einfache, unkomplizierte Technik geben, die all die vielen Voraussetzungen mitbringt, um das sagenhafte Ziel zu erreichen?

P: Da muß ich Ihnen aus meiner Erfahrung mit vollem Herzen beipflichten. Vielleicht herrscht deswegen auf diesem Gebiet so ein maßloses Durcheinander, weil man einem nicht existierenden Phantom nachjagt.

D: Nun, dann verfolgen wir den Vorgang weiter, und wir werden rein logisch sehen, daß es aufgrund der Gesetzmäßigkeiten des Denkens eine solche geistige Technik geben muß. Denn jeder Mechanismus, jedes Organ trägt die Fähigkeit der Regeneration in sich, also sicherlich auch der Geist.

Wie alles im Leben hat auch das Denken zwei Enden.

P: Moment, das verstehe ich nicht. Daß ein Faden zwei Enden hat, und daß ein Weg zwei Enden hat, ist mir begreiflich, aber das Denken?!

D: Es ist ganz einfach. Ein Weg hat zwei Enden, eins, an dem wir beginnen zu gehen, und das andere, zu dem wir gehen wollen. Genauso entsteht ein Gedanke irgendwo und führt irgendwo hin. Das zeigt deutlich, daß das Denken zwei Enden hat.

Dementsprechend gibt es automatisch auch zwei Denkweisen, eine, die nach außen führt und Energie verbraucht, und eine, die wieder nach innen zu ihrem eigenen Ursprung führt und dort Energie erhält. Die nach außen gerichtete Denkweise haben wir bereits in Ausgiebigkeit ausgekostet und ausgelebt, und ihr Ergebnis war und ist das Chaos. Also haben wir hier das falsche Ende verfolgt, das uns vom Ziel des Lebens entfernt.

Jetzt müssen wir endlich jenes Ende ansteuern, das zum Ziel führt, also die Denkweise, die den Geist nach innen bringt.

P: Das macht man doch schon seit Tausenden von Jahren in der Philosophie, der Mystik, der Theologie u. ä.

D: Sehen Sie, Herr Professor, jetzt sind wir auf der richtigen Fährte.

Wenn wir einen Laut, sagen wir »Thomas«, aus voller Kraft hinausschreien, so ist das ein vergröberter Zustand dieses Wortes »Thomas«. Es liegt jedoch in der Fähigkeit unseres Geistes, dieses Wort zu verfeinern, indem wir es etwas leiser, und immer leiser bis hin zum Flüstern aussprechen. Und dann kann der Geist diese Verfeinerung sogar noch fortsetzen, indem er das Wort nur noch denkt, und immer entspannter denkt — und dann ist Sense.

Doch wir sind immer noch beim Denken, und daran sehen wir, daß die von Ihnen aufgeführten Denkarten bis auf seltene Erfahrungen einer noch weiteren Verfeinerung dieses Vorgangs gescheitert sind, mangels des Wissens und der Einsicht um die zwei Enden des Denkens. Denn da, wo wir beim Denken stehengeblieben sind, muß es noch weiter gehen. Und es geht tatsächlich noch weiter.

T: Jetzt erst begreife ich, was das mit diesen zwei Enden des Denkens auf sich hat.

Also brauchen wir nichts anderes als eine geistige Technik, die das Denken weiter verfolgt bis zu seinem feinsten, subtilsten Ende, seinem Ursprung.

D: Siehst Du, Du hast des Rätsels Lösung gefunden, die uns all das Komplizierte, all das Aufwendige, all das scheinbar Unerreichbare wie eine Seifenblase zum Zerplatzen bringt.

An der Stelle, wo es für den Geist weitergehen sollte, ist das sagenhafte Loslassen angebracht und kein Denken; denn jegliches weiteres Denken an dieser Stelle ist nur Denken und bleibt auf der Ebene des Denkens. Hier brauchen wir eine Formel, und jetzt sind wir wieder bei jener kleinen Geschichte aus 1001 Nacht: *Sesam, öffne Dich!* Wenn es nicht »Sesam« ist, dann ist es nur Denken, und wir bleiben in der dunklen Höhle unseres Verhängnisses sitzen.

P: Ist das Denken an Gott diese Formel?

D: Das Denken an Gott ist zweifelsohne besser, als an etwas Unwichtiges und Vergängliches zu denken. Doch das Denken wie bisher – egal, woran man denkt – stellt keinen Weg dar, sondern nur eine Beschäftigungsart für den Geist, die, wenn sie zu einseitig und extrem betrieben wird, sogar zu erheblichen geistig-psychischen Verhaltensstörungen führen kann, wie uns die Lebensgeschichten vieler berühmter Denker leider aufzeigen.

Außerdem stellen die von Ihnen erwähnten großen Philosophen, Theologen usw. eine Elite dar, die ein so kompliziertes Denkgebäude errichtet haben, daß es normalen Menschen höchstens als spanisches Dorf vorkommt. Wir aber brauchen eine Technik, die jedes Individuum auf der Ebene seines Denkens zu dem Ursprung des feinsten Denkens führt, also über das Denken hinaus in den Bereich des Ursprungs.

Hier an dieser Stelle ist es außerdem wichtig zu bemerken, daß das »Sesam, öffne Dich!« nur für jenen speziellen Berg galt. Auch bei den Menschen ist es notwendig, daß jeder individuell bei seiner eigenen Denkweise beginnen kann, den Weg zum anderen Ende, zum Ursprung, zu gehen.

Wenn an Gott zu denken des Rätsels Lösung wäre, dann hätten all die Menschen, die an Gott denken und gedacht haben, schon längst ihr Ziel erreicht, und wir hätten zweifelsohne eine andere Welt. Daß das jedoch nicht der Fall ist, liegt eben daran, daß das Denken zwei Enden hat, und daß wir uns noch immer am groben Ende aufhalten. Also müssen wir jetzt endlich dem anderen Ende nachgehen.

T: Wenn wir uns über das Denken hinausbewegen sollen, dann ist es klar, daß wir etwas anderes als das Denken benutzen müssen.

Ist die Technik also vielleicht eine Art von Musik?

D: Na, dazu wollen wir am besten zunächst einmal untersuchen, wie weit uns die Musik bringen kann.

Musik braucht an allererster Stelle ein intaktes Gehör. Demnach sind diejenigen von vornherein arm dran, die keine Beziehung zur Musik haben oder sie gar nicht hören können.

Die großen Komponisten aller Musikgattungen bewiesen uns, daß sie etwas Großartiges mit ihren Fähigkeiten gehört oder wahrgenommen haben, doch blieben sie selber auf der Ebene der erschaffenen Musik. Sie hatten zweifelsohne einen Draht zu der unendlich feinen göttlichen Sphärenmusik und besaßen auch die Gabe, ihr auf der groben Ebene einen ihrem Bewußtsein entsprechenden Ausdruck zu verleihen. Wieweit sie jedoch ihr Bewußtsein dadurch zum Göttlichen entwickelt haben, ist bei den manchmal tragischen Lebensgeschichten der berühmten Musiker mehr als fraglich.

Wir sehen also, daß uns selbst die Berühmtesten, die wir vielleicht nie sein werden, zwar eine Welt des Genusses der Musik eröffnet haben, aber keinen Weg zu Gott.

Generell können wir sagen, daß alles, was auf der Ebene eines oder mehrerer Sinnesorgane geschieht, nicht dasjenige sein kann, das uns zum anderen Ende des Denkens führt, denn es bleibt auf der Ebene der Wahrnehmung. Sicherlich hat die Musik ihren Charme und kann einen Menschen bis zu gewissen Ebenen des schöneren Denkens und Empfindens führen, aber nicht weiter. Denn das »weiter« ist von der richtigen Technik oder Fähigkeit jedes einzelnen abhängig, über die Musik, über den Geschmack, über das Gesehene weiterzukommen.

P: Dann ist Kontemplation ...

D: ... nichts anderes, Herr Professor, als Denken auf verschiedene Art und Weise über verschiedene Arten und Weisen.

T: Was ist dann Konzentration?

D: Konzentration ist dem Konzentrationsstarken eine im Leben nützliche Sache, dem Konzentrationsschwachen bringt sie geistige und seelische Verkrampfung bis hin zu Kopfschmerzen, die in Leid ausarten. Auch sie ist von der Fähigkeit jedes einzelnen abhängig.

P: Sie lassen uns ja ganz schön rätseln. Aber ich glaube, ich weiß, worauf sie hinauswollen: wir sollten uns der gesamten Gedankenwelt entleeren.

D: Und dann stünden wir vor einem entleerten Ozean. Um den Ozean des Lebens auszuschöpfen, bräuchten wir aber unendlich viel Kraft, unendlich viele Leben, und was hätten wir dadurch gewonnen?

Vielleicht höchstens die Einsicht, daß wir uns geirrt haben, wie es uns die ehrbaren Meister der Zen-Meditation beweisen. Nach jahrzehntelanger harter und mühsamer Übung haben die meisten von ihnen müde Mundwinkel bekommen, die vielleicht aus Verzweiflung, das Ziel nicht zu erreichen, freudlos herunterhängen. Sie stellen zwar ernsthaft übende Personen dar, doch zu ernste, zu strenge und noch dazu unnahbare, wie so viele andere auch, die irgendetwas erfahren haben und den anderen vorgaukeln, am Ziel zu sein.

Eins aber sollten Sie wissen, Herr Professor: das Ziel, das ich meine, macht schon, wenn man ihm nur in der Ahnung nahe ist, nahbar, fröhlich und vermittelt eine wunderbare frische Prise von Glück für die anderen. An dem werden wir sie erkennen.

Fassen wir noch einmal alles zusammen: Die Technik ist rein geistig und sollte die natürliche Neigung des Geistes ausnützen. Dadurch daß sie sich seiner Natur bedient, ist sie einfach und leicht erlernbar für jedermann. Und vor allem bringt sie jedem sofortige Erfahrungen und die Zuversicht, daß man endlich das Richtige für seine persönliche Entwicklung bekommen hat. Außerdem muß die Technik den richtigen Namen verwenden, sonst öffnet sich der "Sesam" nicht.

Ist das aber alles erfüllt, dann öffnet sich der Weg nach innen von alleine, weil der Geist die Sperre zwischen der Ebene des groben Denkens und dem anderen Ende des feinen Denkens mit dem Losungswort aufgelöst hat. Somit ist der Weg nach innen frei. Genauer gesagt: wenn wir diese Meditation täglich ausüben, dann löst sie die bisherige Begrenzung unserer Bewußtheit auf und bringt uns dem Ziel immer näher.

P: Ich habe es fast befürchtet. Was Sie da beschreiben, paßt zu meiner tiefsten Enttäuschung haargenau auf die Transzendentale Meditation.

Daher kommt also Ihre schon öfter zum Ausdruck gebrachte Sympathie für Maharishi. Schade, wirklich schade!

T: Warum schade, Herr Professor? Anstatt daß wir uns gemeinsam freuen, sprechen Sie von Enttäuschung, wo wir doch eben konkret in aller Ausführlichkeit und Genauigkeit gemeinsam herauskristallisiert haben, was die richtige Technik der Meditation eigentlich ist?

Das verstehe, wer mag.

P: Junger Mann, ich werde Ihnen gerne alles erklären. Dann werden Sie sicherlich nicht mehr über mich enttäuscht sein.

Eine bedrückende Atmosphäre, ganz anders als noch vor ein paar Minuten, hatte in dem Raum Einzug gehalten. Hilfesuchend schaute Thomas zu Duschane hinüber, von wo ihm allerdings nur ein sorgloser Gesichtsausdruck begegnete.

D: Thomas, ich denke, es wird gut sein, daß unser gemeinsamer Freund uns im Vertrauen seine Geschichte erzählt. Denn keine der Techniken auf dieser Welt erfüllt die eben von uns gemeinsam erarbeiteten Voraussetzungen, außer die Transzendentale Meditation, kurz »TM« genannt. Sie bringt den Geist mühelos, ohne Anstrengung auf den erhabenen Pfad für die Heimreise.

Egal, was uns seine Geschichte auch enthüllen mag, ich denke, daß er sie uns nicht vorenthalten sollte.

Das in ein leichtes Grau gehüllte Gesicht des Professors drehte sich, geplagt von Erinnerungen, zu Duschane.

D: Ich bitte Sie, Herr Professor, erzählen Sie uns Ihre Geschichte.

P: Meine Geschichte ist aber alles andere als schön! Und dazu müßte ich fast mein ganzes Leben hier ausbreiten.

Nach den letzten Tagen weiß ich schon selbst gar nicht mehr, wo ich mich und mein verkorkstes Leben eigentlich einordnen soll. Wollen Sie mir wirklich zuhören?

Ein leises Bangen hatte seine Seele beschlichen, denn er wollte nichts auf der Welt sagen, was diese neugewonnene Freundschaft ins Wanken bringen könnte. Doch das Bedürfnis, Klarheit für sich zu gewinnen und die dunklen Schatten seines Lebens zu verlieren, war mächtiger.

Er schaute zu Thomas hinüber, als ob er ihn vor sich selber schützen wollte. Was er mit diesen beiden erlebt hatte, hatte er eigentlich als einen Heilprozeß empfunden, jetzt merkte er aber, daß es doch noch nicht zu einer vollständigen Heilung geführt hatte.

D: Ich denke, daß wir auf nichts Rücksicht nehmen sollten, egal, was Sie vorzubringen haben. Letzten Endes wird es sich als Unwissenheit oder als Wissenheit herausstellen, und daher ist es sowieso sinnlos auszuweichen, wo jetzt die Möglichkeit besteht, diesen beiden Prinzipien eine Chance zu geben, sich zu bereinigen.

T: Ich bin auch dafür. Falls es mich umhaut, dann wird eben das meine neue Wahrheit sein. Egal, was auf mich zukommt, es wird sich auf jeden Fall herausstellen, was für mich das Richtige sein wird. Und wenn selbst Duschane keine Bedenken hat, dann sollten Sie ruhig fortfahren.

P: Nun gut.

Wehmütiger Rückblick

Vor etwa 4 Jahren fand in unserer Stadt ein Vortrag über Transzendentale Meditation statt, zu dem mich meine damalige Frau und meine Kinder eingeladen hatten. Ich muß vorausschicken, daß ich damals keine besondere Lust hatte, zu einem Vortrag über einen Guru und seine Methoden zu gehen, und hoffte nur, daß mich dort niemand erkennen würde.

Er machte eine kurze Pause, sammelte die gesamten Begebenheiten in seinem Geist, holte hörbar durch die Nase tief Luft und fuhr fort:

Im Saal waren entgegen meiner Erwartung doch etwa 50 Leute. Alle waren gespannt, und da begann der Vortrag. Die Einführung wurde eigentlich erstklassig dargebracht, ich war sogar sehr erstaunt, wie dialektisch die Leute geschult waren. Die Systematik dieser Lehre überraschte mich, meine Stimmung des Mißmuts und des Mißtrauens war schnell verflogen, denn die Idee klang einzigartig, aber in keinster Weise unlogisch: Maharishi will die Transzendentale Meditation jedem einzelnen vermitteln, auf daß jeder einzelne sich dadurch bewußt zu besserer geistiger und körperlicher

Gesundheit bringe. Darüber, so der Referent, waren weltweit über 300 wissenschaftliche Untersuchungen durchgeführt worden, die bei unzähligen Versuchspersonen beste Erfolge erbracht hatten. Die wissenschaftliche Darbietung war meines Erachtens und meines Wissens nach widerspruchslos und exzellent, was sich beim Hinterfragen in späteren Diskussionen noch bestätigte.

Die Einzigartigkeit liege – wie Sie es auch gesagt haben – darin, daß, wenn jede einzelne Person meditiere, eine gesunde Familie, eine gesunde Gemeinde, eine gesunde Gesellschaft in einem Staat und, übertragen auf alle Staaten, eine gesunde Weltgemeinschaft entstehe. Und das alles sei erreichbar durch diese von Ihnen beschriebene Transzendentale Meditation, die beim Geist jedes einzelnen beginne und die ihn in die Ebene der tiefen Ruhe bringe, welche wiederum die Grundlage für die Gesundheit des Körpers liefere.

Bis dahin war ich voll von Begeisterung, denn die Bilder, die sich vor meinem Inneren gestalteten, waren einem Märchen gleich. Die Harmonie zwischen mir und meiner Frau war zwar einigermaßen "normal", doch meine Kinder machten mir, oder ich ihnen, Schwierigkeiten und Sorgen, so daß man nicht gerade von Ausgeglichenheit im familiären Leben sprechen konnte.

Der Referent gewann mich dann vollends, als er auf das soziale Verhalten überging, einem Teil des Einführungsvortrags. Maharishi, so zitierte er, habe gesagt: "Wenn zwei sich begegnen, und jeder will bekommen, dann geht jeder mit leeren Händen nach Hause. Doch wenn zwei sich begegnen, um dem anderen etwas zu geben, dann sind sie beide beschenkt und gehen nicht leer aus der Begegnung heraus." Ich hatte bis dahin noch nie so würdevolle Analogien über das Leben gehört, sie paßten in die Ahnung meiner Sehnsucht und erweiterten die wunderbare Vorstellung, wie es eigentlich in der Welt sozial zugehen könnte und sollte.

Auf die Frage, wie die Transzendentale Meditation um Gottes willen das Problem des Weltfriedens lösen wolle, kam ein Zitat, das sehr einleuchtend war:

"Maharishi war sich des gewaltigen Problems des Weltfriedens in aller Deutlichkeit bewußt. Er sagte:

'Viele große Kaiser, Könige, Feldherren, Politiker, Präsidenten haben dieses Problem zu lösen versucht, doch auf ihre Weise kann und konnte das Problem nie gelöst werden. Warum? Weil es einfach zu gewaltig und zu groß ist.'"

Und dann kam die in ihrer Einfachheit geradezu geniale Botschaft für die gesamte Menschheit:

"Maharishi zerstückelte dieses Problem auf so viele Teile, wie Individuen auf dieser Welt existieren, und begründete die Technik der Transzendentalen Meditation für das Individuum, auf daß sich jeder einzelne dadurch rundherum verbessere. Denn eine Welt, in der sich jeder einzelne glücklich und zufrieden fühlt, besteht aus glücklichen und zufriedenen Menschen. Nur damit – und das war einleuchtend – ist das gewaltige Problem des Weltfriedens aus der Welt zu schaffen."

Wir alle waren begeistert, besonders meine Kinder.

"Wenn es so etwas Gutes bringt," hörte ich meine Frau mir zuflüstern, "dann sollten wir auch daran teilnehmen."

Am nächsten Tag sollte eine zweite Einführung für diejenigen folgen, die Interesse gezeigt hatten, den TM-Kurs zu beginnen, der aus sieben Schritten bestand, zwei kostenlosen Einführungsvorträgen, einem persönlichen Interview und vier aufeinanderfolgenden Abenden, die einzuhalten unersetzlich war.

"Überall auf der Welt wird der Kurs mit dieser Struktur und in dieser Reihenfolge gelehrt." sagte der Referent, "Hält man sich nicht daran, dann kann man die Transzendentale Meditation nicht erlernen."

Alles war klar. Diese Gründlichkeit imponierte jedem Teilnehmer.

Am zweiten Abend erläuterte man uns die Funktion der Technik und ihre Mechanismen, dem Geist die Möglichkeit zu geben, zu seinem Ursprung zu gelangen. Daß jeder ein Mantra, einen Wortklang, bekommt, und daß dieses Mantra ohne Bedeutung ist und sein muß, um den Geist nicht auf der Ebene des Denkens gefangen zu halten, war für mich einleuchtend und sogar eine großartige Idee. Daß diese Mantras dazu noch von einem kompetenten Meister herstammen, war für mich sehr beruhigend.

Dieser Meister hatte noch genialere Ideen, um das Wissen bis in die weite Zukunft zu vermitteln, und zwar, einen geeigneten Schüler zum Meister zu machen, der dann wieder einen geeigneten Schüler sucht und ihn zum Meister ausbildet und damit eine zweifelsohne authentische und einzigartige Kette der richtigen Wissensübermittlung in Gang setzt.

Diesen Gedanken muß man sich einmal zu Ende denken. Wie präzise und weitsichtig sie damals gedacht haben! Einen Schüler für das Wissen zu suchen, ihn zum Meister des Lebens zu machen, was bedeutet, ihn das Wissen vollkommen erfahren zu lassen, ist eine umwerfende Art, das Wissen vollkommen unverfälscht der Zukunft zu übergeben. Ich mußte damals meine Begeisterung sogar willentlich bremsen.

Dann erzählte er noch, daß TM nur durch ein Ritual weiterzuvermitteln ist, zeigte uns das Bild von einer löwenähnlichen Gestalt, die er »Guru Dev« nannte, einem Meister in dieser langen Kette, dem direkten Meister von Maharishi.

Bis dahin war alles in Ordnung, wir bekamen Termine für den folgenden Samstag, meine Frau und meine Kinder begannen am Vormittag, für mich war es erst am Abend möglich, meinen Einführungstermin wahrzunehmen.

Am besagten Tag erfuhr ich, bevor ich selber zur Einführung ging, wie glücklich meine Familie war, daß sie begonnen hatte zu meditieren. Das stimmte mich sehr zufrieden. Fast ehrfürchtig nahm ich die drei Utensilien, die zur Einführung in die TM notwendig waren, und ging zu der angegebenen Adresse. Dort angekommen hatte ich ein persönliches Interview und wurde danach in den Einführungsraum gebeten.

Es war eigenartig, als ich den Raum betrat: eine brennende Kerze, ein aufgestelltes Bild, der Geruch von Räucherstäbchen. Das raubte mir, ob ich es wollte oder nicht, meine Begeisterung. Am liebsten wäre ich wieder rückwärts rausgegangen. Doch die gelassene Freundlichkeit des TM-Lehrers hielt mich von diesem Vorhaben ab, und schon war ich mittendrin. Nachdem er seinen Gesang und sein Ritual beendet hatte, vermittelte er mir das Mantra und lehrte mir die eigentliche Technik der TM.

Ich kann es gar nicht beschreiben, ich war so abgeneigt, so extrem skeptisch, und doch kenne ich keine Minute in meinem Leben, in der ich geistig und körperlich entspannter gewesen wäre als damals, nachdem ich nur 10 Minuten meditiert hatte. So einfach, so simpel und einfach war der Lehrvorgang, und so gewaltig die Auswirkungen.

Doch dann geschah etwas, was ich bis heute nicht auf die Reihe gebracht habe: ich bekam solch ein schlechtes Gewissen meinem religiösen Bekenntnis gegenüber, daß es mir fast schlecht wurde. Ich als Theologe machte so etwas mit!

Von da ab war alles dunkel.

Er machte erneut eine Pause, stand auf, reckte sich, als ob er Verkrampfungen lösen wollte, schaute durch das Fenster nach draußen, legte zwei Scheite Holz in den Kamin und setzte sich wieder zu den beiden.

T: Und was geschah weiter?

P: *Ich habe den Kurs trotz allen Flehens meiner Frau und meiner Kinder und des TM-Lehrers nicht fortgesetzt. Für mich war die Sache erledigt.*

In meine Vorstellung, durch meine christliche Gesinnung das Heil zu erfahren, paßte nichts dergleichen. Ich nahm mir vielmehr vor, alles zu unternehmen, um meine Familie aus diesem verheerenden Einfluß herauszuholen, was mir leider mißlungen ist. Zu groß war die Begeisterung, begleitet von ihren persönlichen Erfahrungen der tiefen Entspanntheit und des Glücklichseins, als daß ich darin hätte Erfolg haben können.

Je mehr ich mich in die Sache hineinsteigerte und sogar in der Öffentlichkeit gegen TM wetterte, desto schlimmere Folgen ereilten mich, was mein familiäres Leben betraf. Mein Sohn verließ sein wunderbares Studium, das ihm so leicht gefallen war, besuchte weitere Kurse, und was das Schlimmste war, bei meiner Frau fand er vollständige Unterstützung. Mich tröstete er mit einer erhabenen Geste:

"Papa, das Wissen ist im Bewußtsein strukturiert, und sicherlich ist auch das Glück für das Leben da zu finden."

So ein Blödsinn, das Wissen sei im Bewußtsein strukturiert! Egal, wo es strukturiert ist, es muß einem die Existenz bringen.

Ellenlange Diskussionen endeten immer mit dem Vorschlag:

"Geh hin, erlerne TM vollständig, meditiere, und dann wirst Du sehen, daß Du der Selbstherrliche, Arrogante und Überhebliche bist, und nicht wir. Für Dich hat nur Deine christliche Gesinnung Absolutheitsanspruch. Dabei übersiehst Du in Deinem selbstherrlichen Gebaren, daß Du – wie Deine Gesinnungsgenossen – dieselben Probleme seit Jahrzehnten mit Dir herumschleppst, und was noch schlimmer ist, daß sie sich vermehren, anstatt weniger zu werden. Was hast Du als Vater eigentlich gegen unser Glück?"

Einige Zeit später hängte auch noch meine Tochter aus heiterem Himmel ihren Beruf an den Nagel und gab ihre hoffnungsvolle Karriere als Chefsekretärin für nichts auf. Mit 25, wo andere schon eine eigene Familie haben, begann sie noch eine neue Ausbildung, und das ausgerechnet als Krankengymnastin, einem Hungerberuf gegenüber ihrem früheren Verdienst.

Auch darüber gab es endlose Diskussionen, nicht zuletzt mit meiner Frau, die sie gegen meine Ansicht voll darin unterstützte. Das war für mich zu viel, Thomas, die Ehe zerbrach und damit mein Leben. Und schuld an allem ist ...

D: ... daß Sie die Transzendentale Meditation nicht, wie Sie es eigentlich auch unterschrieben hatten, zu Ende gelernt haben. Denn wenn Sie den Kurs zu Ende gemacht hätten, dann hätten Sie Ihre persönlichen Erfahrungen gemacht, die Sie zweifelsohne zu der Erkenntnis und der Einsicht geführt hätten, daß die Transzendentale Meditation nichts anderes ist als die Technik für den Geist, die seine Rastlosigkeit in Zielstrebigkeit umwandelt.

P: Wollen Sie etwa behaupten, daß ich mir das alles nur eingebildet habe? Es liegt doch wohl auf der Hand, daß TM eine Religion oder ein Religionsersatz ist.

D: Herr Professor, TM, wie sie von Maharishi Mahesh Yogi in ihrem Ursprung gelehrt wird, ist eine Entspannungstechnik und weiter gar nichts.

P: Aber was soll dann diese Zeremonie, das Taschentuch usw.? Das sind doch typische Zeichen eines religiösen Kultes.

D: Dies ist am leichtesten zu erklären. Das Taschentuch stellt ein wunderbares Symbol für unser Nervensystem dar.

Duschane holte ein Taschentuch hervor, nahm zwei Enden und begann, sie in einander entgegengesetzte Richtungen zu drehen.

D: Sehen Sie, das ist das menschliche Nervensystem im gegenwärtigen Zustand. Es ist verdreht und noch dazu beschmutzt.

Üben wir nun zweimal täglich die Transzendentale Meditation aus, so bewirken wir durch das Loslassen des Geistes mittels dieser Technik das Entwickeln des Verwickelten. Fahren wir regelmäßig mit der Meditation fort, dann findet ein wunderbarer Reinigungsvorgang statt: All die Unebenheiten, Falten und Verschmutzungen des Nervensystems werden auskorrigiert und entfernt. Auf diese Weise wird unser Nervensystem so sauber und glatt wie ein glattgebügeltes oder neugekauftes Taschentuch.

Was die Blumen betrifft, die Sie ebenfalls mitbringen mußten, so ist es wunderbar, für die Kostbarkeit, die man an diesen Tagen bekommt, ein kleines Aufmerksamkeitsgeschenk darzubringen.

Das Obst schließlich, das dritte Mitbringsel, beruht auf der uralten Tradition der Meister. Weil sie kein Geld und keine Güter annahmen, schickte sich jeder, der so eine Kostbarkeit wie die Meditation bekommen hatte, dem Meister mit Nahrung zu dienen. Und da sie sich von den Früchten dieser Erde ernährten, brachte man ihnen aus Dankbarkeit Früchte dar. Es ist in diesem Vorgang nichts enthalten, was im Leben nicht in Wirklichkeit vorkommt.

P: Gut, wenn Sie das so erklären, dann ist daran nichts auszusetzen, doch mittlerweile habe ich sämtliche Informationen über die ganze Sache eingeholt, und Sie werden kaum widerlegen können, daß die Puja*, die Einführungszeremonie, vor allem der darin enthaltene Gesang, die reinste Anbetung ist, mit Verbeugung, Anrufung von Götternamen und ähnlich typisch religiösen Ritualen.

* »Puja« sprich: »pudscha«, mit »dsch« wie in engl. »joy«

Vor allem findet das alles vor einem Bild statt, und bei uns heißt es nun einmal ganz klar und deutlich: *Du sollst keine anderen Götter neben mir haben*. Maharishi läßt sich ja sogar selbst als »Seine Heiligkeit« titulieren.

D: Ich sehe, daß Ihre Information aus der Betrachtung eines in Verbitterung befindlichen Geistes stammt. Schenken Sie mir bitte Ihre Aufmerksamkeit, dann werden Sie sehen, welch ein wunderbarer Vorgang bei der Einführung in die Meditation stattfindet, der mit religiösen Ritualen nicht das geringste zu tun hat.

Schwingungen und Wellen sind heute so vielseitig untersucht worden, vom Gröbsten bis zum Feinsten, daß sie über jeden Zweifel erhaben sind. Und wir haben auch bereits darüber gesprochen, daß der Geist eines Codeworts bedarf, eines Klangs, der die genau passende Resonanz hervorruft, die ihm die Richtung nach innen vermittelt. Diese Wortklänge, Herr Professor, die von dem wirklichen Meister der Weisheit und des Lebens ausgesucht worden sind, sind die kostbarsten Schwingungen für unseren Geist. Sie haben absichtlich keine Bedeutung, denn jegliche Bedeutung hält den Geist vor jener beschriebenen Stelle auf der Ebene des Denkens fest.

In diesem Zusammenhang ist die Puja-Einführungszeremonie jener wunderbare Vorspann der Wortklangschwingungen, der die Schwingungsatmosphäre für die Übergabe des persönlichen Mantras oder Wortklanges erzeugt. Sie erzeugt sozusagen den Humus für einen zu legenden Samen und ist noch dazu ein widerspruchsloser Vorgang der Dankbarkeit gegenüber jener Güte der Meister, die über Tausende von Jahren das Wissen von Meister zu Meister bis zum gegenwärtigen Meister Maharishi übergeben haben, auf daß jeder Mensch die individuelle Chance bekomme, aus dem Wirrwarr seiner eigenen Unzulänglichkeiten herauszugelangen.

Wem sonst, Herr Professor, hätten Sie jene kostbaren Entspannungsminuten für Ihren Geist und Körper zu verdanken gehabt als der kleinen Zermonie? In ihr ist alles enthalten, damit jeder Neumeditierende die Meditation vollkommen und richtig erlernt, wie Maharishi es dem TM-Lehrer gegeben hat.

In der Perfektion ihrer Weitergabe ist sie damit gleichzeitig eine Versicherung in sich. Jeder TM-Lehrer, aber auch jeder, hat nämlich auf Eidesstatt versprochen, diesen Vorgang heilig zu halten, das bedeutet unverfälscht zu lassen, so daß er die Technik der Transzendentalen Meditation an die Neumeditierenden vollkommen unverändert weitergibt.

Die Dankbarkeit, die daraus erkennbar ist, mit Verbeugung und allem Drum und Dran, geht somit nur den TM-Lehrer etwas an. Er ist dankbar dafür, das kostbare Wissen an jeden einzelnen vergeben zu dürfen. Wie Sie sich erinnern werden, waren Sie selbst bei dieser Zeremonie auch nur zugegen und in keiner Weise in sie mit einbezogen.

Davon abgesehen ist es wunderbar, daß in dieser Welt noch eine echte Dankbarkeit stattfindet, egal wo, aus welchem Bereich oder aus welchem Grund.

T: Kommen in dieser Zermonie nun Götternamen vor oder nicht?

D: Das mit den Göttern ist eine merkwürdige Sache. Zunächst einmal wird gesagt, daß es gar keine Götter gibt, und dann wird unterstellt, daß es sie doch gibt. Was ist eigentlich richtig? Gibt es andere Götter oder nicht? Und wenn es sie gibt, dann garantiert mit dem Einverständnis des allmächtigen Gottes. Dann haben sie sicherlich auch genauso ihre Existenzberechtigung und Aufgabe in diesem Universum wie wir auf dieser Erde. Denn es gibt nichts, was ohne Kontrolle und Wissen des allmächtigen Gottes geschieht.

Als weitere Frage ergibt sich dann, welche Götter die besseren sind. Oder verkörpern Götter immer das Gute? Denn Dämonen verkörpern ja angeblich das Böse, böse Götter gibt es nicht.

Was ist denn falsch daran, daß andere Menschen von ihnen erkannte Götter anbeten oder verehren? Es ist doch allgemein bekannt, daß beispielsweise im Hinduismus eine viel differenziertere Vorstellung von Gott vorhanden ist als bei uns. Für die Hindus gibt es einen Hauptgott, der wiederum viele Namen hat: Rama, Krishna, Vishnu, oder andere. Alle weiteren, die sie erfahren haben, sind Halbgötter, sozusagen Vasallen, Minister des allmächtigen Gottes, die in Seinem Auftrag ihre Aufgabe in dem unendlichen Meer der Naturgesetze im Universum erfüllen.

Es ist nahezu infam, eine andere Kultur zu diskriminieren, indem man nur einen Bruchteil von ihr und ihrer wundervollen Weisheit und Tradition vermittelt, um ein total falsches Bild entstehen zu lassen, das unweigerlich zu Abneigung und Verachtung dieser Kultur gegenüber führen muß. Ein wirklich an Krishna Glaubender würde seines Gottes wegen nie Krieg führen, denn er ist sich bewußt, daß alles, was er tut, ihn Gott näherbringt oder von Ihm entfernt. Er weiß, daß jede Handlung, die er an anderen tut, ihn selbst ereilen wird. Also käme er gar nicht auf die Idee, Krieg im Namen seines Gottes zu führen, um eigene Ziele zu verwirklichen.

In der Puja – das kann ich Dir versichern, Thomas – werden die Meister der unendlichen Weisheit gepriesen und angerufen. Daß nun für einen Inder ein Meister gleich einem Gott ist, ist doch nichts Schlimmes. Er sieht in dem Göttlichen nur das Göttliche. Immerhin steht auch bei uns geschrieben: *Werdet so vollkommen, wie der Vater im Himmel vollkommen ist*. Wenn alle Menschen das Göttliche in ihren Mitmenschen sehen würden, dann wäre die Erde bald von Göttern bewohnt und nicht von auf Krieg und Chaos versessenen Menschen.

Betrachten wir andererseits die Wochentage in der deutschen Sprache. »Freitag« ist zum Beispiel eine ganz deutliche und ewige Anrufung der Göttin Freya aus dem Altgermanischen, die Gnade, Barmherzigkeit und Liebe verkörpert, »Donnerstag« des Gottes des Donners, Thor, des Gottes der Krieger und der Befreier aus der Knechtschaft. Was für ein Frevel, diese ehrbaren unchristlichen Götter anzurufen, die aber alle Gutes verkörpern! Jeder Deutschsprachige ruft somit pro Woche mindestens fünf Götter an, ob er es weiß oder nicht, und da regt man sich auf, wenn sich ein TM-Lehrer in Demut gegenüber den Meistern, die uns wirklich ein unendlich kostbares Wissen weitergereicht haben, bei ihnen bedankt. Das ist ein deutliches Zeichen unerhörter Ignoranz.

Die Krone der Mißachtung ist jedoch, sich darüber zu erbosen, daß man Maharishi »His Holiness« nennt. Daraus ersieht man, wie blind diejenigen sind, die wegen dieses Titels eine Hetzjagd und Verfolgung veranstalten. Sie sind genauso blind, wie diejenigen, die damals Christus wegen Seiner Verbindung und Seinem Einssein mit Gott verfolgt und verurteilt haben. »Holiness« ist im Englischen verwandt mit »whole« – ganz – und drückt nichts anderes aus als etwas Heiles und somit Heiliges. Was werden diejenigen sagen, wenn sie irgendwann in ihrem bis jetzt kläglichen Bewußtsein erfahren und erkennen, daß Maharishi wirklich heilig ist, heil, ganzheitlich, ein vollkommener Weiser? Natürlich werden sie dann klein beigeben mit der allüblichen dämlichen Entschuldigung: "Ja, das hätte ich nicht gedacht." Aber warum um Gottes willen die verneinen, die durch ihr gereinigtes Bewußtsein Maharishi als heilig sehen?

Übrigens sollte man einen Menschen aufgrund seiner Taten und Handlungen für heilig halten, und nicht – wie es bis jetzt oft gehandhabt worden ist – aufgrund irgendwelcher politischer Gesichtspunkte oder mit fragwürdigen Absichten, um dann die Heiliggesprochenen doch wieder abzusetzen, wenn sie nicht mehr in die aktuelle kirchenpolitische Situation hineinpassen. Es ist nahezu albern, daß jemand, der selbst nicht heilig ist, es sich anmaßt, andere heilig zu sprechen oder als unheilig abzusetzen.

Daher ist es absurd, etwas dagegen zu haben, daß ein Mensch, der sein Lebtag nur Gutes getan und Heil verbreitet hat, als heilig betrachtet wird. Maharishi dient der Welt und dem Weltfrieden auf wunderbarste und heilsamste Weise, seit er unter uns ist. Somit ist er über jeden Zweifel erhaben, weil er jedem einzelnen lehrt, den Frieden in sich zu erschließen. Das gab es noch nie.

Obendrein kann ich Dir berichten, daß Maharishi uns niemals aufgefordert hat, ihn »His Holiness« zu nennen. Das kommt aus denjenigen heraus, die ihn so sehen. Warum Maharishi dafür in negatives Licht stellen? Damit sind wir wieder bei der Mißachtung anderer Kulturen, in denen es selbstverständlich ist, Menschen aus dem spirituellen Bereich als »heilig« zu betiteln, und wo jeder, der sein ganzes Leben Heil und Güte verbreitet, ganz automatisch wie bei uns als Heiliger gilt.

Doch für sogenannte Christen gilt wahrscheinlich ein Inder, ein Guru, nichts, obwohl Gandhi, der wahre und verwirklichte Christ, es aufs Brillanteste vorgelebt hat, daß Güte und Friede auch woanders möglich sind.

P: Sie betonen aber doch selbst die Einzigartigkeit von TM. Das ist für mich ein ganz deutlicher Absolutheitsanspruch und damit alleine schon ein Beweis, daß TM eine Religion ist.

D: Das wäre so, wenn es stimmen würde. Da wir aber gemeinsam auf die logischste und systematischste Weise nach der Technik, nach der Formel gesucht haben, die der Entwicklung aller Menschen gerecht werden kann, muß ich Ihren Einwand ablehnen.

Die Transzendentale Meditation nimmt nur in Anspruch, das zu sein, was sie ist, nämlich die geistige Technik, die dem Geist auf einfachste und angenehmste Weise die schon erwähnte Reise zu seinem Ursprung ermöglicht. Genauso wenig wie Wasser Schuld daran trägt, daß es H_2O ist, trägt die Transzendentale Meditation Schuld daran, daß sie die einzige Technik ist, die das leistet.

Wie oberflächlich ist eigentlich die allgemeine Vorstellung von Religion, wenn sogar Sie als Experte die Transzendentale Meditation wegen eines harmlosen Rituals in diese Kategorie einordnen? Religion ist doch unendlich viel mehr als ein bloßes Ritual. Das ist wirklich genauso geistlos, Herr Professor, wie wenn ein Wilder sieht, wie ein Chemiker in seinem Labor mit allerlei Ampullen und Reagenzgläsern hantiert und experimentiert, und sich deswegen durch nichts von der Ansicht abbringen läßt, daß es sich dabei um ein höchst religiöses Ritual mit Geisterbeschwörung etc. handeln muß.

Wir sehen deutlich, wie der Schein trügen kann. Wenn der Chemiker sagt, daß es nichts Religiöses ist, dann glaubt man ihm, wenn aber ein TM-Lehrer sagt, daß es nichts Religiöses ist, dann glaubt man ihm nicht, weil man ihm nicht glauben will.

P: Gut, vielleicht haben ich und sogar die öffentlichen Medien aus Mücken einen Elephanten gemacht und einen unnötigen Sturm im Wasserglas entfacht. So, wie Sie alles erklären, hat es absolut seine Gültigkeit und verdiente sogar noch unbedingt große Unterstützung.

Was mir aber nach wie vor konkret zuwiderläuft, ist das viele Geld drumherum, von den recht üppigen Einführungsgebühren bis zu den angeblich unbedingt nötigen kostspieligen weiterführenden Kursen, die sich garantiert nicht jeder leisten kann. Wenn die TM als Technik auch für alle zugeschnitten ist, so sind es aber garantiert nicht die Gebühren, die man für sie bezahlen muß. Da spätestens ist sie doch die Technik der Elite. Wie kann das in Ihrem Sinne sein?

D: Herr Professor, 1958 kam Maharishi nach San Francisco, und es gibt genügend Zeitungsberichte und andere Belege dafür, daß er in seiner unendlichen Güte die Technik anfangs umsonst vergeben hat.

Doch bald merkte er, daß die Menschen verrückter waren als gedacht. Nach dem Motto: *Was nichts kostet, taugt nichts* vertrauten sie nicht einmal ihren eigenen Sinnen und Gefühlen. Somit zwang ihn die Bevölkerung geradezu, TM kommerziell zu verbreiten, und das war letztlich auch mein großes Glück und das Glück all derer, die bis heute weltweit die Transzendentale Meditation erlernen durften. Denn wann hätte ich TM erlernen können, wenn es umsonst weitergereicht worden wäre? Wer hätte sich schon ohne Entgelt die Mühe gemacht, uns diese Kostbarkeit nach Europa zu bringen und hier für sie zu werben?

Die Einführungsgebühren sind übrigens immer nach dem Einkommen gestaffelt, und die ganze Familie mit allen Kindern unter 18 ist darin eingeschlossen. Rentner, Studenten und Hausfrauen haben stets nur die Hälfte der normalen Gebühr bezahlt. Daran sehen Sie bereits, daß alles maßlos aufgebauscht und mutwillig in ein falsches Licht gerückt worden ist.

Außerdem dauert der Einführungskurs in TM zwar nur 4 Tage, beinhaltet aber eine dreimonatige und nach Wunsch sogar längere Nachbetreuung mit lebensfördernden und interessanten Themen des Wissens. Wenn heute andererseits irgendwo in Deutschland ein Fernseher kaputt geht, dann steht morgen bereits ein nagelneuer da; wenn ein Auto einen kleinen Kratzer bekommt, ist eine Reparatur für DM 3000,— oder mehr eine Selbstverständlichkeit. Wenn aber Kratzer im Geist und Risse im Körper, dem Tempel der Seele, einer Reparatur bedürfen – und das tun sie in aller Dringlichkeit – dann beginnt der Mensch auf einmal, sich zu Lasten seiner Gesundheit einzuschränken. Es ist wirklich zutiefst beschämend, daß ihm materielle Dinge mehr bedeuten.

Was die von Ihnen erwähnten weiteren Kurse betrifft, so ist es doch in jeder Branche eine Selbstverständlichkeit, sich fortzubilden, wenn man in seinem Wissen weiterkommen will, egal was es kostet. Genauso verhält es sich erst recht bei diesem kostbaren und wirklich lebensfördernden Wissen. Hier sucht man mutwillig, der TM auf unseriöseste Art und Weise etwas Negatives anzudichten und gleichzeitig die Leute, die solche Kurse belegen, zu entmündigen. Seriösen und verdienten Bürgern, die TM begonnen haben, zu unterstellen, sie wüßten nicht, was sie tun, ist doch geradezu eine Verleumdung.

Über die Preise wird beispielsweise berichtet, daß der TM-Lehrer-Kurs DM 20000,— kostet, ein Wucherpreis! Daß er aber 12 Monate dauert und daß im Preis die Unterkunft mit Vollpension in einem Luxushotel für 8 Monate eingeschlossen ist, wird verschwiegen. Abgesehen von der Tatsache, daß das Wissen, das man auf solchen Kursen erhält, wirklich von unbezahlbarer Kostbarkeit ist, zeigt eine fundierte Information, daß die Preise sehr reell und den objektiven Leistungen mehr als angemessen sind. Eine Aus- oder Fortbildung in anderen Bereichen, vor allem in der Psychologie, kostet demgegenüber unverhältnismäßig viel mehr.

Außerdem muß man – entgegen all der Fehlinformation – zu jeglichen weiterführenden Kursen ausdrücklich zugelassen werden. Daß bereits so viele Bewerber abgelehnt worden sind, weil sie die geforderten Bedingungen nicht erfüllten, wird ebenfalls mutwillig verschwiegen. Es ist aber ein deutliches Zeichen dafür, daß es TM am wenigsten um das Geld geht.

Auch der Vorwurf, Maharishi bereichere sich durch seine Kurse, konnte nur durch Verleumdungswillen oder völlig unzulängliche Information über die Tatsachen entstehen. Seit 35 Jahren – und das belegen all die unzähligen von ihm gemachten Audio- und Videobänder – ist er die meiste Zeit des Tages und sogar der Nacht mit der Strukturierung und Verbreitung des kostbaren Wissens beschäftigt. Wenn man sich nur ein wenig mit seiner Weisheit befaßt, dann erkennt man bereits, daß all das, was ihm zugedichtet wird, infam ist. Wozu braucht solch ein wunderbarer Weiser Geld für sich selbst, außer um so schnell wie möglich die Transzendentale Meditation rund um die Erde zu verbreiten?

Ich habe alle Kurse, die zur Verfügung standen, belegt, und ich sage Ihnen, daß dieses Wissen unbezahlbar ist, selbst wenn es Milliarden kosten würde. Denn das, was ich bekommen und erfahren habe, kann mit Recht als ein Wunder bezeichnet werden.

Entschleiertes Bewußtsein

Im Jahre 1960 arbeitete ich, wie es das Leben so wollte, bei der Müllabfuhr in einer süddeutschen Stadt. Eines Tages – es war Sperrmülltag, und wir hatten alle Hände voll zu tun, da die Leute unsinnig viel auf der Straße abgestellt hatten – kamen wir gegen Mittag in ein Villenviertel, wo neben vielerlei für meine Begriffe wertvollen Hausrats große Bücherstapel zur Abholung bereitstanden.

In der wenigen Zeit, die wir hatten, wühlte ich die Bücher durch, um etwas Brauchbares für die Erweiterung meiner Deutschkenntnisse zu finden. Dabei fiel mir ein kleines Büchlein mit der Aufschrift »Schopenhauer« auf, einem in meiner Heimat bekannten und an allen Schulen beliebten Philosophen.

Mit den mir zur Verfügung stehenden Sprachkenntnissen entzifferte ich den Inhalt, und obwohl ich mich davor noch gewundert hatte, wie verrückt die Leute sein mußten, daß sie so viele Kostbarkeiten wegwarfen, kam ich nach einer Weile zu dem Schluß, daß sie richtig gehandelt hatten, sich dieses Büchleins zu entledigen. Was ich darin nämlich enträtselt hatte, war für mich eine sprachliche Akrobatik, die weder Sinn noch Gehalt in sich trug, ein unverständlicher philosophischer Unsinn.

Wie manche Dinge im Leben, so geriet auch dieses Erlebnis in Vergessenheit. Einige Jahre danach erlernte ich die Transzendentale Meditation, und wiederum knapp zwei Jahre später führte mich ein Zufall in eine Großstadtbibliothek, wo eine eigenartige Überraschung auf mich wartete. Es war kaum zu glauben, aber dort fiel mir dasselbe kleine Büchlein von Schopenhauer wieder in die Hände.

Ich las darin und wunderte mich selber, wie leicht mir das Verständnis des Gelesenen nun fiel. Jetzt entdeckte ich aber sogar, daß der Autor sich inhaltlich in einigen Betrachtungen geirrt hatte, und was das Erstaunlichste war, ich konnte mehrere grundlegende Widersprüche bei ihm aufzeigen.

In diesem Augenblick hatte ich das Gefühl, als ob bei mir ein Vorhang aufgegangen war, der mich von meinem eigentlichen Selbst getrennt hatte. In mir war eine wunderbare Veränderung vor sich gegangen.

Dieses Büchlein und sein Inhalt wurden mir zum Beweis, daß die Transzendentale Meditation neben der Gesundheit das gesamte Wesen des Menschen entfaltet. Aus tiefer Dankbarkeit und geradezu aus einem schlechten Gewissen heraus, für diese so kostbare Sache eine solch unangemessene Bezahlung geleistet zu haben, ließ ich meinem TM-Lehrer noch nachträglich für meinen Einführungskurs einiges zukommen.

Dennoch war ich mir bewußt, daß TM eigentlich durch nichts zu bezahlen ist. Dabei war das erst der Anfang der wunderbaren Erfahrungen, die danach kamen und bis heute noch kommen. Ich muß mich immer wieder wundern, daß die Leute sich in ihrer Unwissenheit das Recht nehmen, Millionen solcher Menschen wie mich einfach zu verleugnen und zu verneinen, als ob wir gar nicht existierten. Doch wir existieren, Herr Professor! Sie werden es doch nicht etwa bestreiten.

P: Das nicht, aber es gibt genügend Menschen, die seelisch labil waren und durch TM zu Schaden gekommen sind. Das war auch der Grund dafür, daß TM vor der Öffentlichkeit als Sekte dargestellt wurde, und daß man vor ihr warnt.

D: Ich sagte Ihnen bereits, was Sie sicherlich auch nicht bestreiten können, daß Ihre Betrachtung aus Verbitterung heraus stattfindet, und daß all diese Verfolgungs- und Verleumdungskampagnen gegen TM auf derselben oder auf noch viel schlimmeren Grundlagen des Geistes beruhen: Unwissenheit, Haß, Neid, Angst um Macht, Angst, in der eigenen Nichtigkeit aufgedeckt zu werden, und nicht zuletzt auf der Angst, die Menschen könnten dahinter kommen, daß die religiösen Institutionen der Welt weder etwas getaugt haben noch jemals etwas taugen werden, wenn sie so weitermachen wie bisher.

Denn wenn einer beginnt zu meditieren, dann nimmt er das Geschick seines Lebens und seiner Entwicklung zu Gott selber in die Hand. Er geht, wie Jesus von Nazareth es geboten hat, nach innen, wo das Himmelreich des allmächtigen Gottes ist. Alles Bisherige hat die Menschheit nach dem Motto: "Nur die Dummen lassen sich leicht lenken" in Unwissenheit und Abhängigkeit belassen.

P: Also auch noch Selbsterlösung!

D: Ja, Herr Professor, im wahrsten Sinne des Wortes. Denn niemand kann den Menschen erlösen von seinen eigenen Stressen, Verspannungen und seinem falschen Verhalten, von seinem eigenen Drang zum groben Ende des Denkens und seiner Verworrenheit, außer der Mensch selbst.

P: Aber es heißt: *Ich bin der Weg und die Wahrheit und das Leben; niemand kommt zum Vater außer durch mich.*

D: Ja, das ist wunderbar. Und wo ist der Weg, die Wahrheit und das Leben außer im Inneren des Menschen?

Reden wir nicht darüber, sondern folgen wir dieser erhabenen Weisheit. *Niemand kommt zum Vater als durch mich.* Das ist der wunderbarste Hinweis, den die Nachmenschheit erhalten durfte.

Duschane nahm ein Stück Papier und zeichnete ein Wagenrad.

D: Sehen Sie, Herr Professor, dieses Rad versinnbildlicht das Relative und das Absolute. Das Absolute ist die Achse des Lebens, der Existenz, die Nabe um sie ist jenes sagenhafte Gottesbewußtsein, das Christus gehabt hat. Sie ist in unmittelbarem Kontakt mit dem Schöpfer. Diese Speichen verdeutlichen die unzähligen Wege, die von außen nach innen führen.

Am äußersten Punkt, im Relativen, ist man Gott am fernsten. Doch will ein Moslem, ein Christ, ein Hinduist, ein Buddhist eins mit Gott werden, so muß er sich zuerst einmal durch In-sich-Gehen der Nabe bewußt, Christus-Gottes-bewußt werden, und dann ist der Weg zur Einheit mit Gott frei. Denn Seine wunderbaren Worte: *"Niemand kommt zum Vater als durch mich"* bezogen sich darauf, Sein Bewußtsein zu erlangen.

Damit ist gleichzeitig erklärt, daß es den Menschen aller religiösen Richtungen möglich sein wird, aus eigener Hingabe an Gott irgendwann christusbewußt zu werden. Spätestens dann werden sie sich dieser wunderbaren Wahrheit des Meisters von Nazareth, der Gebote von Allah, der wunderbaren Lehre des erleuchteten Buddha bewußt werden.

Jetzt, Herr Professor, in dieser Generation ist dem Menschen aus der Gnade Gottes heraus etwas Wunderbares widerfahren. Jedem einzelnen steht nämlich in der Transzendentalen Meditation eine wunderbare individuelle Technik zur Verfügung, um seinen persönlichen Weg einfach, mühelos und ohne Anstrengung zu gehen und innerhalb seiner Lebensspanne dieses hohe Ziel zu erreichen, unbeirrt aller bisherigen Unwissenheit.

Also sehen wir hier nur ein klägliches falsches Verständnis, das sich im menschlichen Denken eingeschlichen hat, und weiter nichts. Wir wollen es nicht einmal ernst nehmen und schreiten weiter.

P: Nach Ihren Worten führt TM also zu Gott. Damit widersprechen Sie sich aber selbst, denn das heißt, daß TM doch eine Religion ist.

D: Guter, guter Freund! Religion ist ein Weg, aber was nützt ein Weg, wenn er unbegehbar ist? Das gegenwärtige Verhalten der Menschheit ist ein deutlicher Beweis dafür, wie wenige überhaupt Anstalten gemacht haben, ihren religiösen Weg zu begehen. Es scheint, daß es für sie ein verlorener Weg ist.

TM ist nun nichts anderes als ein Hilfsmittel, das bei jedem die Erinnerung an seinen religiösen Weg weckt und ihn überhaupt erst begehbar macht. Also ist TM keine Religion, sondern ihr kostbarer Diener, der jeder religiösen Richtung zur Verwirklichung ihrer eigenen höchsten Ziele verhilft.

Außerdem ist sie eine Technik, das Ziel wichtiger zu nehmen und sich nicht mit den Nichtigkeiten am Wegrand aufzuhalten.

T: Ist TM jetzt gefährlich oder nicht?

D: TM ist in keinster Weise gefährlich, doch allzuviel ist immer ungesund. Es mag vorgekommen sein, daß einige Menschen nicht strikt befolgt haben, was ihnen bezüglich der Ausübung der Transzendentalen Meditation aufgetragen worden ist. In ihrer ersten Euphorie, weil es ihnen so wunderbar tat, versuchten sie vielleicht in eigener Regie, zu lange in diesem herrlichen Zustand zu verweilen, haben sich dadurch übersensibilisiert und sind etwas nervös geworden.

So hat letzten Endes jeder die Erfahrung gemacht, daß der herrliche Zustand allein dadurch zustande kommt, daß man TM so ausübt, wie man es von seinem TM-Lehrer gelernt hat, d. h. morgens und abends je 20 Minuten Meditation und sonst die normale Tagesaktivität. Wenn jemand TM nicht so ausübt, dann macht er keine Transzendentale Meditation, sondern irgendetwas selbstgebasteltes anderes.

Was diejenigen betrifft, die angeblich zu Schaden gekommen sein sollen, so muß es sich dabei wieder um eine Verleumdung handeln, denn wenn eine psychisch instabile Person die Transzendentale Meditation erlernen möchte, so muß sie ihre Krankheit in dazu vorgesehenen Interviewformularen angeben und noch zusätzlich das Einverständnis von ihrem Arzt oder psychologischen Betreuer mitbringen. Dann erst kann sie TM beginnen, doch nur bei speziell dafür ausgesuchten TM-Lehrern, die die nötige Betreuung zu ihrer Genesung gewährleisten können.

Alles was außerhalb dieses Vorgangs abgelaufen sein mag, war falsch und kann in keiner Weise der TM angekreidet werden. Ich selber habe das Glück gehabt, solche Menschen betreuen zu dürfen, die eine wunderbare Genesung und Befreiung aus ihrem Nebel erfahren haben.

P: Wenn dem wirklich so ist, warum hat dann das Bundesverwaltungsgericht die TM als jugendgefährliche Sekte verurteilt?

D: Wie alt waren Ihre Kinder, Herr Professor, als sie TM begannen?

P: 25, 23 und 16. Wieso fragen Sie das?

D: Weil es ein typisches Beispiel ist.

Wenn wir uns die Mühe machen, die winzige Zahl von Jugendlichen, die TM begonnen haben, zusammenzutragen, dann kommen wir selbst mit bestem Willen auf nicht mehr als 4%, die übrigens nur mit schriftlicher Erlaubnis der Eltern beginnen durften, und vielleicht etwa auf 3%, die mit den Eltern zusammen begonnen haben. Das dürfte kaum ausreichen, um TM als Jugendsekte abzustempeln, es sei denn, Sie beziehen die Tatsache mit ein, daß TM-Meditierende im Laufe ihrer Praxis biophysiologisch und geistig immer jünger werden.

P: Sind es wirklich nicht mehr?

D: Herr Professor, die meisten, die in TM eingeführt wurden, haben aufgrund irgendwelcher Gebrechen, Krankheiten, Beschwerden oder Leid nach TM als Strohhalm gegriffen. In diese Kategorie fallen aber nun einmal die wenigsten Jugendlichen.

Eines jedoch sollte uns allen bei dieser Sache klar sein, daß die Wahrheit nämlich vor den Menschen vertuschbar sein mag, vor Gott aber nicht. Dieses Urteil beweist wieder, wie kritiklos die Massen sind und wie obrigkeitshörig, obwohl die gesamte Geschichte zeigt, daß die Obrigkeit sich immer geirrt hat, immer fehlgeurteilt hat.

Gehen wir von Christus aus, der unbarmherzig durch ein legales staatliches Gerichtsurteil unter Pontius Pilatus zum Tode verurteilt wurde. Auch die gesamte Verfolgung der Mystiker und Heiligen erfolgte aufgrund legaler Urteile der Inquisition der Kirche und des Staates. Und nicht zuletzt sind die gnadenlose Verfolgung Andersdenkender im dritten Reich und in kommunistischen Regimen sowie die gesamte heutige verwirrte Politik in aller Welt deutliche Beweise, daß die Obrigkeit sich irrt und sich zur Rechtfertigung ihrer Handlungen sogar der Rechtssprechung bedient.

P: Moment, Moment, heute leben wir in einem demokratischen Rechtsstaat, in dem die Rechtsprechung von der Politik getrennt ist.

D: Herr Professor, das TM-Urteil beweist, daß das nur zum Schein so ist, und daß die Rechtsprechung auch bei uns beeinflußbar ist.

Sonst hätte dieses verleumdende Urteil nie stattfinden können. In Deutschland haben Bösgesinnte bei diesem Urteil ihre schmutzigen Finger im Spiel gehabt, denn in vielen anderen Ländern der Welt ist die Transzendentale Meditation ein angesehenes und wunderbares Hilfsmittel zur Herstellung der Gesundheit aller Bürger. Dies wurde 4 Jahre zuvor sogar in Deutschland vom Oberverwaltungsgericht in Münster bestätigt, das in seinem damaligen Urteil der Bundesregierung ihre Verleumdungskampagne gegen die Transzendentale Meditation verbot. Durch dieses korrekte Urteil bekamen einige, die eigentlich im Namen Christi lieben sollten, Angst um ihre Macht und ihre Position und schickten sich an, eine schamlose Intrige zu spinnen. Durch ihren Einfluß wurde Revision eingelegt, und es gelang ihnen tatsächlich, im 20. Jahrhundert sogar in einer rechtsstaatlichen Demokratie wieder ein Gericht dazu zu bringen, das Gute zu verurteilen.

Durch dieses Fehlurteil hat sich die deutsche Rechtssprechung leider selber ein Armutszeugnis ausgestellt. Denn wo kann noch einen Deut begründet werden, daß TM gefährlich ist, wenn Millionen von Menschen weltweit aus eigener Erfahrung bezeugen, daß sie wunderbare Auswirkungen hat?

Auch hier, egal aus welchem Grund auch immer, hat sich die Obrigkeit mit ihrer Verleumdungskampagne und mit ihrem Urteil geirrt. Dafür ist mein ganzes Leben ein zu deutlicher Beweis.

Wahre Hilfe

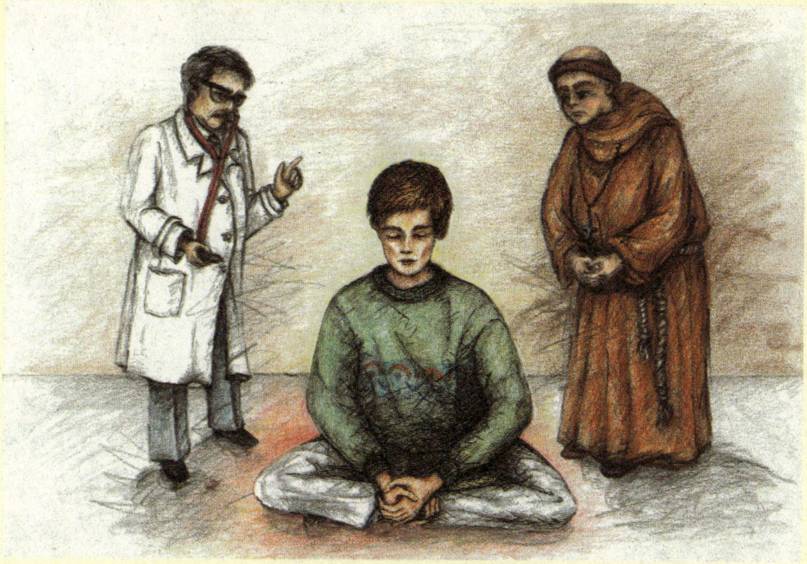

Vor Jahren ereilte mich ein Schicksal, mit dem ich nicht fertig werden konnte. Es war so hart, daß mir alles im Leben sinnlos und grau erschien, und ich wurde nervlich so zermürbt und labil, daß ich oft sogar an Selbstmord dachte.

Diesem Zustand entsprechend wurde auch mein Körper sehr krank. Wie es sich bei einer eingehenden Untersuchung herausstellte, hatte ich vier Magengeschwüre, die mein behandelnder Arzt mit den verschiedenartigsten Methoden und mit allen möglichen Arten von Medikamenten vergeblich zu kurieren versuchte.

Ohnmächtig und verzweifelt suchte ich nach einem Ausweg. Da erinnerte ich mich, daß ich einige Jahre zuvor einer Frau begegnet war, die mir von der Transzendentalen Meditation erzählt hatte und die mir dringend nahegelegt hatte, TM zu erlernen, da es gesund und intelligent mache. In meiner damaligen Überheblichkeit oder meinem jugendlichen Leichtsinn hatte ich diesen kostbaren Ratschlag leider in den Wind geschlagen, da ich mich ja sowieso gesund fühlte. Intelligent zu werden hatte mich da schon eher reizen können, doch mein Interesse war letztlich an der Interessenlosigkeit meiner damaligen Frau und meiner Bekannten zerschellt, die mir sogar davon abrieten.

Jetzt aber, wo ich bei meinen 170 cm Körpergröße nur noch 45 kg wog, wurde ich mir meiner ausweglosen Situation drastisch bewußt. Daher erwachte in mir aus reinem Selbsterhaltungstrieb so mächtig wie noch nie zuvor der Wunsch, die Meditation zu erlernen. Denn jetzt brauchte ich sie nicht nur wegen der Intelligenz, die sich in einem kläglichen Zustand befand, sondern wegen meines Gesundheitszustands, der mich an den Rand des Grabes gebracht hatte.

Doch leider hatte ich noch eine große Hürde zu überwinden, und das war mein religiöses Bekenntnis. Ich war mir sehr unsicher, ob sich die Meditation damit vereinbaren ließ. Aus diesem Grund ging ich zur "Hochburg" der Theologie und Theologenausbildungsstätte nach Frauenberg bei Fulda, einem alten Kloster, und wollte mich bei den Franziskanern vergewissern und belehren lassen. Ich hatte sogar das Glück, einen Domprediger zu Fulda für dieses vertrauensvolle Gespräch zu bekommen.

Nachdem ich ihm alles erzählt hatte, sagte er:

"Mein Junge, das ist ein Irrweg, denn dieses Gedankengut stammt aus der Vielgötterei und aus dem Kult der Dämonen. Wehe dem, der sich mit dem Teufel einläßt! Vergiß das alles und bete um Hilfe und die Gnade des Herrn, und auch ich werde Dich in mein Gebet einschließen."

Noch mehr als bisher erschlagen und hoffnungslos verließ ich das Kloster. Jetzt war mir alles klar.

"Du mußt sterben," sagte ich zu mir selbst.

Doch die Worte jener Frau, TM mache gesund und intelligent, drängten sich wie von einer unsichtbaren Macht geschoben immer wieder als ein Fünkchen Hoffnung in mein Bewußtsein. Und je mehr ich mich mit dem Gedanken an den Tod abfand, umso mehr erzeugten jene Worte in mir die Sehnsucht, es doch einmal zu versuchen.

Es war ein schwerer Kampf für mich, und ich weinte tagelang. Denn ich hatte auf dieser Erde noch unlösbare Verpflichtungen meinen kleinen Kindern gegenüber, denen ich meine Hilfe und meine Liebe nicht einfach so entziehen konnte. So spürte ich in mir, getragen durch die Erinnerung an jene Frau, daß ich es wenigstens versuchen sollte. Doch bei den Dämonen Hilfe zu suchen für das Heil, ... ? Dieser Konflikt wurde für mich ein fast unlösbares Problem, zumal da ich alles andere ausgeschöpft hatte, um meine Gesundheit wiederzuerlangen. Ich betete inbrünstig, las Tag und Nacht in der Bibel und den heiligen Schriften, aber es half nichts.

Schließlich rang ich mich doch dazu durch, mich mit dem "Teufel" einzulassen, wie der Domprediger es genannt hatte, um bei ihm Hilfe zu holen. Schon eine Woche später ergab sich für mich glücklicherweise die Möglichkeit, die Transzendentale Meditation zu erlernen, und bereits bei der Einführung in diese wunderbare Technik erfuhr ich dasselbe, was Sie, Herr Professor, bei Ihrer Einführung erfahren hatten, eine unvergleichliche Ruhe und Leichtigkeit. Ich war so entspannt, daß mir vor Freude, so etwas erfahren zu dürfen, die Tränen unaufhörlich flossen.

Von da ab wußte ich, daß ich gesund werden würde, daß ich diese Welt nicht verlassen mußte und für meine Kinder noch weiter Sorge tragen durfte. Es war kaum durch Worte zu beschreiben: meine Hoffnungslosigkeit verwandelte sich in Hoffnung, die Ausweglosigkeit in Zuversicht, die Verzweiflung in Vertrauen, die Heimatlosigkeit in das Gefühl, die richtige Heimat des Menschen gefunden zu haben – Gott. Diese Einführung wurde für mich zur Geburt der wahren Religion in mir selbst und erzeugte in mir eine Flut von Glückseligkeit.

Ich wurde gesund, entgegen des damaligen Urteils des Dompredigers zu Fulda und des heutigen falschen Urteils des Bundesverwaltungsgerichts. Deswegen sage ich, daß ich der Beweis bin, daß die anderen sich in ihrem Urteil über TM irren.

Mein Gott, was hätte ich mir ersparen können, wenn ich damals nicht so arrogant gewesen wäre und mich nicht dazu noch von meinen angeblich so "klugen" Bekannten hätte beeinflussen lassen. Ich hätte damals schon, gerade um intelligenter zu werden, mit TM beginnen sollen!

Ein halbes Jahr später hatte ich mein Gewicht wieder und ging voll Freude zu jenem Arzt, der versucht hatte, mich zu kurieren, und dem ich dafür eine beträchtliche Summe bezahlt hatte.

Er sah mich und sagte: "Wunderbar, die Medikamente haben also endlich doch gewirkt."

"Nein, Herr Doktor, Meditation, Transzendentale Meditation, hat mir geholfen."

"Das ist Einbildung," entgegnete er ziemlich schroff.

Ich dachte damals, dieser Mann sei nicht normal, denn er hatte an mich so viele Medikamente verkauft, nicht aber die nach seinen Worten wirkliche Hilfe, die Einbildung. Denn auch wenn es Einbildung war, Hauptsache, sie hatte geholfen. Doch es war keine Einbildung, sondern die Wirklichkeit, die diesem armen Doktor sehr fern war.

Am nächsten Tag ging ich ins Kloster, um dem Domprediger zu berichten, daß all das, was er mir gesagt hatte, nicht stimmte und nicht eingetroffen war, sondern daß diese Meditation die wunderbarste Hilfe für jeden Menschen ist.

Als er mich sah, freute er sich sichtlich über meine gesunde Erscheinung. Ich hatte mein Körpergewicht wieder und vor allem mein Gleichgewicht, das ich bis dahin noch nie in meinem Leben gehabt hatte.

"Na, sehen Sie, junger Mann, das Beten und die Gnade Gottes haben Sie gesund gemacht."

Ich versuchte umzulenken, aber da half nichts, als direkt mit der Sprache herauszukommen:

"Nein, Ehrwürden, ich war bei den Dämonen und habe die Transzendentale Meditation erlernt, und allein dadurch bin ich gesund geworden."

Als ich dies sagte, wurde er blaß vor Erregung.

"Und da wagst Du es, Du Unglückseliger, noch hier zu erscheinen, um damit unsere Religion und diese Stätte religiöser Besinnung zu beschmutzen!"

Da verstand ich nichts mehr. Ein Mensch, Ende 70, sein ganzes Leben lang Theologe und eine namhafte Persönlichkeit auf diesem

Gebiet, begegnete mir mit solch einem Verhalten, obwohl er selber Zeuge meiner Krankheit und meines Gesundwerdens war. Da konnte doch etwas nicht stimmen! Und auf einmal tat dieser Mensch mir leid. Das Grau um seine Gestalt und um all die Gestalten, die da herumliefen, war ständig da, nur nach außen von der Mimik geschickt als ein würdevolles Benehmen dargestellt. Und das war es! In diesem Augenblick wurde mir klar, daß da etwas verkehrt sein mußte. Denn das Heil kommt von Gott, und das Grauen vom Teufel.

Ich schickte mich, diese graue Gestalt schleunigst zu verlassen.

So wurde ich kirchlich heimatlos, Herr Professor, und überall, wo die Menschen erfuhren, daß ich TM ausübe, hat man mich immer wie einen Aussätzigen und einen Verräter an der Kirche behandelt. Obwohl sie selber alle in unsägliches Leid und in Krankheit verwickelt sind, wettern sie unaufhörlich, nur weil die Obrigkeit ihnen Vorschriften macht, wie sie zu denken und zu handeln haben.

Ich blieb aber trotzdem bis auf den heutigen Tag dabei, und es gab und gibt nichts Wertvolleres für die gesamte Menschheit als die von Maharishi begründete Transzendentale Meditation. Seine Weisheit ist kein leeres Versprechen wie alles Bisherige, sondern gibt uns konkrete Erfahrungen, die uns bestätigen, daß geistige und körperliche Gesundheit für jeden möglich und erreichbar ist.

P: Ich bin sehr beeindruckt, und wenn ich das mit den Erfahrungen meiner Frau und meiner Kinder vergleiche, dann muß ich bestätigen, daß es fast dieselben sind.

Doch für mich sind das trotzdem Einzelfälle, und ich kann mir nicht vorstellen, daß sich unsere höchsten Gerichte ein Urteil einfach so aus den Fingern saugen. Wenn sie das Urteil fällen, daß man vor TM warnen darf, dann werden sie schon ihre Gründe dafür gehabt haben.

D: Herr Professor, Ihnen kann doch nicht unbekannt sein, daß auch bei uns ein Urteil von der Geschicklichkeit des Klägers und von der Fähigkeit oder Unfähigkeit des Verteidigers abhängt. Die Geschichte zeigt doch, daß es eine große Rolle spielt, wie geschickt man die Anklage präsentiert, so daß die Richter dieser oder jener Darstellung Vertrauen schenken.

Einer geschickten Verteidigung ist es heutzutage sogar möglich, für einen Verbrecher einen Freispruch zu erringen, was unzählige Fälle belegen.

Zudem spielen gerade heute so oft Sachverständige und Gutachter die entscheidende Rolle bei der Urteilsfindung. Das wird auch der Grund dafür sein, daß solch ein falsches Urteil über die Transzendentale Meditation überhaupt möglich war. Denn in diesem Fall kann einer, der die Meditation nicht selbst ausprobiert hat und sie gar nicht kennt, nicht im geringsten ein Urteil über sie abgeben. Auch die Meinung der Sachverständigen ist aus derselben Unwissenheit gebildet worden. Sie haben von TM gehört, doch selber hat sie keiner ausgeübt. Und diejenigen, die sie ausgeübt haben und ausüben, wurden ja gar nicht gefragt; oder wenn, dann einseitig nur solche Fälle wie Sie zum Beispiel, Herr Professor, der aus falscher religiöser Sicht TM bis aufs Messer verurteilt und verfolgt hat, obwohl er persönlich sogar gute Erfahrungen damit hatte.

Dem Professor wurde es ziemlich mulmig zumute. Er spürte deutlich, daß er an Grenzen gelangt war, die sich seinem Verständnis und Überblick entzogen.

P: Das ist ja alles schön und gut, doch aus Sorge um meine Kinder und meine Familie habe ich einigen größeren und kleineren Zusammenkünften von TM-Leuten beigewohnt. Was ich da zu Gesicht bekam, war zwar ein wunderschönes Ziel, aber eingehüllt in ein Schauspiel, das zu diesem Ziel paßte wie die Faust aufs Auge. Denn die meisten Leute, selbst um Maharishi, sind entweder übergewichtig oder magersüchtig und blaß, bar jeglicher Zeichen von körperlicher und geistiger Gesundheit, von Harmonie ganz zu schweigen.

Ihre Beschreibungen, Duschane, und Ihre Erscheinung könnten mich überzeugen, aber doch nicht die blassen, kraft- und saftlosen Gestalten, die ich vor einiger Zeit bei einem großen Symposium in Holland selber gesehen habe. Und ich sage Ihnen, vom Gefühl her hat es mich dort gefroren.

D: Ich denke, es ist sehr leicht, darauf eine Antwort zu geben. Die von Ihnen aufgeführten Beispiele sind eine winzige Minderheit gegenüber jenen, die in der Stille diese wunderbare Kostbarkeit zum Wohle ihrer eigenen Entwicklung und zum Wohle der Menschheit genießen. Wo Weizen geerntet wird, gibt es nun mal auch etwas Spreu.

P: Sie haben aber doch behauptet, TM mache alle glücklich, gesund und intelligent. Wieso kommt es dann, daß so viele TM-Leute krank sind und sogar an den primitivsten Zivilisationskrankheiten der heutigen Zeit sterben, wie Krebs, Herzinfarkt, multipler Sklerose usw.?

D: Sie haben uns erzählt, Herr Professor, daß Ihre Tochter ihren Beruf gewechselt hat. Warum sie ihn gewechselt hat, haben Sie uns nicht erzählt.

P: Naja, in jedem Beruf gibt es Schwierigkeiten und Dinge, die einem nicht passen. Aber das ist doch noch lange kein Grund, einen so herrlichen und erfolgreichen Beruf einfach zu kündigen.

Aber was soll das überhaupt? Wollen Sie meiner Frage etwa aus dem Weg gehen?

D: Nein, in keiner Weise, aber Ihnen als Vater muß es aufgefallen sein, daß ihr Beruf Ihre Tochter nicht glücklich gemacht hat.

P: Ich bin in meinem Beruf auch nicht immer glücklich, und doch schmeiße ich ihn nicht einfach hin.

D: Jetzt glaube ich, daß Sie Ihre Tochter gar nicht verstanden haben.

Sie hat begonnen zu meditieren, und ihr Geist vermittelte ihr das richtige Denken. Dadurch gewann sie die für sie richtige und gesunde Erkenntnis, daß dieser Beruf nichts für sie war. Das herrliche Mädchen folgte diesem Impuls und fand ihr Glück in einem scheinbar weniger attraktiven Beruf.

P: Das habe ich wirklich überhaupt nicht begriffen. Wie kann weniger glücklicher und zufriedener machen?

D: Weil sich ihr Nervensystem, ihre Psyche und ihr Körper in der neuen Aufgabe wohler fühlten als bisher. Davor war sie eine Marionette, die Untertanin eines Diktators, was ihrem Wesen total entgegengesetzt war und sie nur unglücklich und depressiv machte, trotz des vielen Geldes. Der neue Beruf eröffnete ihrem Körper und ihrer Psyche jedoch bessere Voraussetzungen, die sie gebraucht hat, um sich wohlzufühlen und glücklicher zu sein.

P: Stellen Sie sich einmal vor, sie ist auch noch aufs Land gezogen, wo wir in der Stadt ein wunderbares Haus haben. Und meine Frau war dazuhin noch mehr bei ihr als zu Hause. Das ist doch wirklich nicht normal.

D: In Ihrer Sicht vielleicht, aber aus der Sicht Ihrer Frau und Ihrer Tochter ist es ein Normalwerden. Sie hat schlicht und einfach erkannt, daß das Sitzen im klimatisierten und noch dazu verrauchten Büro zwar viel Geld bringt, die geistige und körperliche Gesundheit jedoch zerstört. Also flüchtete sie förmlich, und das hat ihr das Leben gerettet.

Warum ist es denn falsch, sich zu verändern? Man darf doch sein Leben retten, auch wenn es nicht ins Klischee der bestehenden gesellschaftlichen Normen paßt.

Im Schwarzwald erlebte ich eine weitaus weniger erfreuliche Geschichte als die Ihrer Tochter.

An der Kreuzung des Lebens

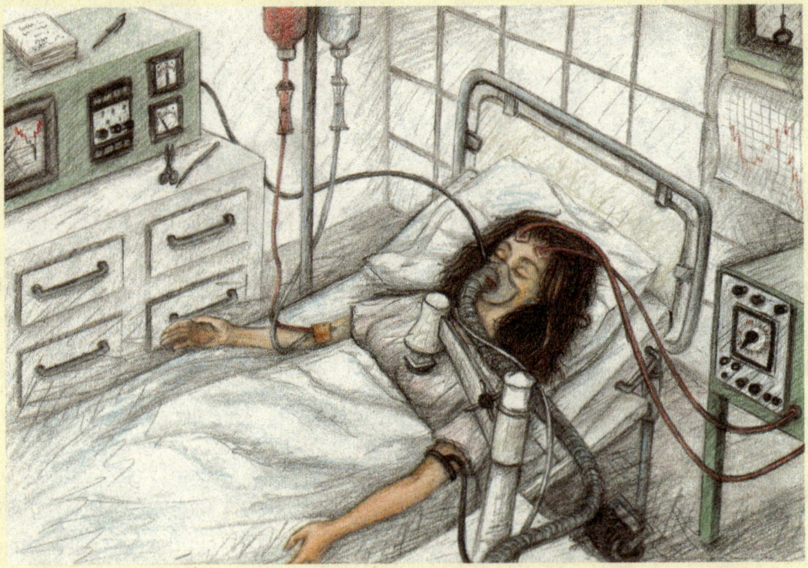

Damals war ich intensiv damit beschäftigt, den Menschen das Wissen um das Leben zu vermitteln. Ich hielt Vorträge und machte die Öffentlichkeit darauf aufmerksam, daß die Erde unter der Verschmutzung stöhnt, daß die Äcker tot sind, ihrer Natürlichkeit beraubt, daß die Gewässer durch die viele Chemie, die man ihnen zumutet, übersättigt und vergiftet sind, daß das Grundwasser abgesunken ist, weil man die Biotope zugunsten des Profits der Landwirtschaft vernichtet, die Erde asphaltiert und kanalisiert, und somit die Hälfte des Regens in die Flüsse abgeführt wird, ohne das Grundwasser aufzufüllen. Den naturbewußten Bauern lehrte

ich die Rückkehr zum natürlichen Landbau und der Allgemeinheit das natürliche Verhalten für sich selbst.

Bei all den vielen Aktivitäten begegnete ich einer jungen Frau, die dem Leben gegenüber sehr aufgeschlossen, dabei aber in Handlungen verstrickt war, die ihrer Gesundheit abträglich waren. Ich sah das, machte sie sogleich darauf aufmerksam und bat sie, davon abzulassen, denn die Angewohnheiten, die sie pflegte, konnten ihr lebensgefährlich werden. Ihr unregelmäßiger Lebenswandel, zu wenig Schlaf und ihr Übergewicht, das von zu vielem und falschem Essen herrührte, waren die Hauptgründe für diese Gefahr.

Sie schätzte meine Meinung zwar sehr, aber doch nicht genug, um sie ernst zu nehmen. Als Sozialpädagogin mit einer sehr christlichen Einstellung war sie wie viele andere auch der irren Meinung, daß ihre guten Taten an den Mitmenschen vor Gott ihre schlechten Angewohnheiten aufheben würden. Dabei war ihr nicht klar, daß die guten Taten zwar das Wachstum der Güte im Bereich des sozialen Verhaltens, nicht aber die Genesung des Körpers bewirken.

Außerdem meditierte sie regelmäßig zweimal am Tag und hatte sogar Fortgeschrittenentechniken. Dies würde ihrer Ansicht nach schon ausreichen, um die negativen Auswirkungen ihrer schlechten Angewohnheiten und ihres falschen Verhaltens zu neutralisieren.

Doch die Dinge in ihrem Leben und ihr Zustand änderten sich rasch. Eines Tages sah ich an ihrer Aura, daß ihr Unterleib einen verworrenen dunklen Fleck aufwies, und bat sie nochmals eindringlich, ihre Umgebung und vor allem ihre Angewohnheiten ihrem Leben zuliebe aufzugeben. Sie erwiderte, daß es schon nicht so schlimm sein könne, und erinnerte mich nochmals daran, daß sie ja regelmäßig meditiere. Ich war sehr traurig, daß sie so uneinsichtig war. Denn tagtäglich bekam sie durch TM in sich wunderbare Impulse, die sie aber leider intellektuell so verdrehte, daß sie ihre Gewohnheiten beibehalten konnte.

Zwei Tage später wurde ich von ihren Bekannten angerufen, daß sie mit einem lebensgefährlichen Darmverschluß infolge einer Darmverschlingung auf der Intensivstation liege und sofort operiert werden mußte.

Natürlich besuchte ich sie sogleich. Sie war sehr schwach, machte sich aber offensichtlich selbst Vorwürfe und flüsterte mir zu:

"So ist es, wenn man nicht hören will. Jetzt muß ich fühlen. Mein Gott, war ich blöd, so eine konkrete Warnung von Dir in den Wind zu schlagen! Es ist wohl nur recht und billig, daß ich meine Quittung bekommen habe. Muß ich jetzt sterben?"

"Wenn Du ganz brav bist," scherzte ich, "dann brauchst Du diese Welt noch nicht zu verlassen."

"Auch wenn Du Spaß machst, will ich es Dir ab jetzt glauben."

Ihre tiefe Einsicht über ihr falsches Verhalten erzeugte in ihr die Kraft zum Leben. Sie änderte sofort ihre falschen Angewohnheiten, verließ die unheilvolle Umgebung und Gesellschaft und wurde bald gesund. Jetzt nach 13 Jahren ist sie eine herrliche Mutter von fünf Kindern, die alles tut, um dem Leben und der Evolution zu dienen.

Sehen Sie, Herr Professor, warum noch einige TM-Leute krank sind und gar an Krankheiten sterben? Im Gegensatz zu Ihrer wunderbaren Tochter, die dem Impuls für ein besseres Leben gefolgt ist, bleiben andere nämlich trotz der Impulse, die durch TM tagtäglich erzeugt werden, stur und mutwillig aus irgendwelchen dummen Gründen bei ihren falschen Angewohnheiten, bis zur bitteren Neige.

Der Mensch hat nun einmal seinen meist ihm unheilbringenden freien Willen. Damit haben wir hier, entgegen der Behauptung, daß TM abhängig und willenlos mache, leider die Bestätigung, daß die Meditierenden ihren Willen vollständig frei anwenden können, auch wenn es zu ihrem eigenen Schaden ist.

Wir haben schon herausgestellt, daß das bisherige Leben, das voller falscher Voraussetzungen ist, verändert werden muß. An Ihrer Tochter und an Millionen anderen haben wir erfahren, daß TM als eine wunderbare Unterstützung für solche Veränderungen wirkt, indem es ständig Impulse erzeugt, die in die richtige Richtung weisen. Doch wenn der Mensch diese wunderbaren Impulse nicht umsetzt, weil ihm seine Angewohnheiten wichtiger erscheinen, obwohl sie ihn kaputt machen, dann kann man nichts tun als warten, was da kommt.

Erinnern Sie sich nur an den Impuls vom besseren Wohnen und Leben, den ich Ihnen vorgestern gab. In Ihrem Bewußtsein haben Sie ihn sofort umgesetzt, und daher war es für Sie sonnenklar, daß Sie Ihr Prunkhaus in der Stadt liquidieren werden, um fortan in einem Lehmhäuschen zu leben. Für Sie wird diese Handlung richtig sein, doch die anderen werden sagen, daß Sie irgendwo in den Bergen auf den Kopf gefallen sind und dadurch eine Macke bekommen haben.

Sie bekamen den Impuls durch mich, Ihre Tochter erfuhr den Impuls durch TM in sich selber. Doch letzten Endes kam auch der Impuls, den Sie von mir bekommen haben, durch TM, denn durch TM ist er in mir wachgerufen worden, und so konnte ich ihn an Sie weitergeben. Es ist eine wunderbare Wahrheit, die dem Wissen zugrundeliegt.

Ich denke, jetzt wird Ihnen die gesamte Situation besser verständlich sein. Aber hier bietet es sich vielleicht an, daß Sie uns kurz berichten, wie es Ihrer Tochter und Ihrer Frau jetzt geht.

Wieder vergrub der Professor fast schon wie aus Gewohnheit das Gesicht in seinen Händen. Er versuchte, sich vorzustellen, wie es seiner Tochter ergehen mochte, und vor allem seiner Frau, und plötzlich fühlte er einen Schmerz, den er nicht einmal definieren konnte. War es Einsicht, Sehnsucht oder einfach nur ein unerfüllbarer Wunsch?

Unmittelbar, wie von einer unsichtbaren Macht materialisiert, sah er in seinem Bewußtsein in aller Deutlichkeit das liebliche Gesicht seiner Frau vor sich. Dieses Gesicht war von so unbeschreiblicher Geduld geprägt, daß es ihn fast erschreckte.

Ruckartig öffnete er die Hände, um das Bild einzuordnen, doch da war es schon weg. Von Sekunde zu Sekunde sah man eine eigenartige Veränderung in seinem Gesicht, und am Ende wirkte er wie ein erschrockenes Reh.

P: Es tut mir leid, aber ich kann Ihnen jetzt nichts berichten, ich bin viel zu sehr durcheinander, und außerdem fehlt mir die Kraft.

Schleppend ging er zum Kamin und setzte sich auf einen Schemel. Er blickte starr in die schlängelnden Flammen, und ein Strom von Tränen floß unaufhörlich aus seinen Augen.

Sein ganzes Gebaren und seine Großartigkeit von vorhin waren zusammengebrochen durch das Bild seiner Frau, das in seiner Erinnerung immer noch als ein zarter Schemen sichtbar war. Er sah alles, vor allem auch das, was er verloren, was er versäumt und was er seiner Umgebung angetan hatte.

P: Oh Gott, hilf mir!

flüsterte er für sich. Er spürte einen gähnenden Abgrund, den er durch seine eigene Sturheit selbst aufgerissen hatte, zwischen sich und seiner Sehnsucht auf der einen Seite sowie seiner Frau und seinen Kindern auf der anderen.

Nach einer langen Weile gesellte er sich wieder zu den beiden am Tisch.

T: Ich möchte in dieser Situation keineswegs taktlos sein, aber jetzt will ich doch endgültig erfahren, was TM wirklich ist.

Die einen üben es aus und kommen nicht voran, die anderen üben es aus und kommen voran, einige beginnen es und hören auf, und noch dazu viele, die meinen, daß sie so etwas gar nicht brauchen. Ein Kuddelmuddel ohne Gleichen. Daraus soll einer schlau werden!

D: Wenn Du mir die Zeit gibst, auf einmal so viele Fragen zu beantworten, dann mache ich es gerne.

Die Transzendentale Meditation ist eine rein geistige Technik, sozusagen ein Fahrzeug für den Geist, oder noch besser: sie vermittelt dem Geist die Erinnerung, auf deren Pfaden er wieder seine Natur erreichen kann. Sie ist eine einfache Entspannungstechnik, die ihm aus dem bewußten Denkbereich heraus den Impuls gibt, das andere Ende des Denkens anzusteuern, nämlich den Ursprung des Denkens.

Diejenigen, die es so ausüben, wie sie es bei ihrem TM-Lehrer gelernt haben, ohne jegliche eigene Manipulation, werden, solange sie leben, nur positive Erfahrungen machen. Sie erfahren zweimal täglich 20 Minuten lang eine Entspanntheit und Erholung, wie sie nicht einmal in sechs- bis achtstündigem Schlaf möglich ist.

Was wir während der Meditation tun müssen, ist so unendlich einfach: in normaler Sitzhaltung in einem bequemen Stuhl die Meditation ausüben, aber nur nachdem wir sie von einem Lehrer für TM erlernt haben. TM kann man sich nicht einfach aus Büchern anlesen oder schnell auf dem Markt kaufen oder von einem wohlwollenden Freund eben in die Tasche gesteckt bekommen. Und gerade das ist es, was bei der TM erhebend ist, das hundertprozentige Lehr- und Einführungssystem. Jeder einzelne erlernt die Meditation vollständig seinem Wesen entsprechend. Daher kann man sie und wird man sie auch nie in einer Gruppe erlernen können.

Maharishi lehrt die Transzendentale Meditation in einem wunderbaren Zusammenhang: Unser Geist, der bisher nur das Nach-Außen kannte, bekommt durch TM die Idee, sich nach innen zu orientieren, und es gibt keine Kultur, die das Nach-Innen-Gehen nicht als göttlichen Weg bezeichnet. Zuerst einmal zu sich selbst, und dann zum Ursprung aller Dinge! Nach unserer Tradition zum Ausdruck gebracht: *Das Himmelreich ist inwendig in Euch.*

Somit ist TM die einfachste, leichteste und müheloseste Methode, nach innen zu den Schätzen in uns selbst zu gehen. Sie ist die reinste Formel für den Geist, die unmittelbar bei der Schöpfung als Sicherheit im Bewußtsein verankert worden ist, damit die Rückkehr aus dem Relativen zum Ursprung jederzeit angetreten werden kann.

Nicht unerheblich ist es zu erwähnen, daß die Wirkungen der Transzendentalen Meditation durch einfachste Meßmethoden belegbar sind, was jeder schon durch das Messen des Blutdrucks oder die Beobachtung des Hautwiderstandes bei sich selbst tun kann. Daher gibt es auch kaum eine Universität auf der Welt, die keine Forschungen über TM durchgeführt hätte. Durch diese in den letzten 30 Jahren weltweit vorgenommenen fundamentalen Untersuchungen wurden ihre Wirkungen so hieb- und stichfest wissenschaftlich nachgewiesen, daß sich auch die Frage gänzlich erübrigt, ob sie einer Religion zugehört.

Immer wieder wurde gefunden und belegt, was jeder Meditierende sowieso erfährt, daß nämlich die Entspannung durch diese Technik das sagenhafte Loslassen des Geistes wirklich stattfinden läßt und ihn zu einer Erfahrung bringt, von der die Menschheit schon seit einer Ewigkeit träumt, der Verwirklichung des Selbst im Christusbewußtsein, dem Einklang mit Gott.

TM benützt ein Mantra – *im Anfang war das Wort*. Diese Mantras, Wortklänge, haben absolut authorisierte Meister des Lebens, die sagenhaften Weisen, durch alle Zeiten für die Ausübung der Meditation ausgesucht. Sie haben keine Bedeutung, und da sie die vollkommenen Urschwingungen sind, vermitteln sie unserem Geist die Mühelosigkeit des Weges nach innen.

Ja, die Transzendentale Meditation ist in der ganzen Reihe gebastelter Meditationsarten sozusagen die reine Formel für unseren Geist, so wie H_2O die reine Formel für Wasser ist, CO_2 für Kohlendioxid usw. Es ist doch klar, daß man nur mit reinem Wasser waschen kann. Zwar gibt es auch rotes Wasser, blaues Wasser, grünes Wasser, mit denen man mit Sicherheit ebenfalls waschen kann, doch keinesfalls so, daß das Gewaschene weiß wird. Da unser Nervensystem jedoch mit unendlich vielen nicht dahingehörenden Substanzen belegt und verschmutzt ist, braucht es nicht zusätzlich noch eine Färbung, sondern eine vollständige Reinigung, die nur durch TM, das H_2O für den Geist, möglich sein kann. Das Nervensystem muß wieder zu seiner ursprünglichen Form gereinigt werden, auf daß die Seele eine vollkommen in Harmonie versetzte Biochemie bekommt, und die Gefühlswelt in Einklang mit allen äußeren und inneren Dingen gelangt.

T: Dann ist das also der Vorgang, den Du uns beschrieben hast, bei dem der Geist den ersten Impuls setzt und damit gleichzeitig die Wiederherstellung der körperlichen Gesundheit einleitet?

D: Wir sehen, Thomas, wie wunderbar sich ein Puzzlespiel zusammensetzen läßt, wenn alle Teile vorhanden sind. TM war das fehlende Teil in unserem bisherigen Leben, ohne das der Geist stets nach außen gerichtet ist, und sowohl körperliche als auch geistige Gesundheit Utopie bleiben. Daher muß es jeder seinem Verhalten hinzufügen, wenn er in seiner evolutionären Entwicklung weiterkommen will. Meditiert man regelmäßig zweimal am Tag 20 Minuten, dann wird alles, was man auf der Ebene des natürlichen und gesunden Verhaltens dem Körper gegenüber tut, auf wunderbarste Weise vollständig unterstützt.

Die Auswirkung der Meditation ist so großartig, daß jeder, der sie ausübt, schon nach einem halben Jahr spontan sein ungesundes Verhalten ändert und vielen schädigenden Angewohnheiten den Rücken kehrt – es sei denn, er entscheidet sich willentlich dagegen. Darüber hinaus wird durch TM auch jene wunderbare Entwicklung in der Biochemie unseres Körpers eingeleitet, von der wir heute morgen gesprochen haben, die alleine es uns ermöglichen wird, Hoffnung, Zuversicht, Vertrauen, Glück und Liebe zu produzieren. Aus diesem Grund kann bei Meditierenden das so lebenswichtige Hoffnungsfeld auch nie mehr zusammenbrechen.

Das ist TM, ein kostbares Geschenk aus der unendlichen Tradition der vollkommenen Weisheit.

T: Das klingt mir aber alles sehr langwierig. Man muß wohl zuerst durch harte Zeiten hindurch, bevor man etwas Positives bemerkt?

D: Thomas, langwierig ist es in keiner Weise. Vielleicht ist es für jemanden, der es noch nicht ausgeübt hat, schwer vorstellbar, doch das ist mit jeder unbekannten Frucht so. Erst beim Hineinbeißen weiß man, wie sie schmeckt.

Gerade dafür ist der Herr Professor doch ein kostbares Beispiel. Trotz seiner Widerstände, seines Aufbäumens und eines heillosen Wirrwarrs, das in ihm bei der Einführung in die Meditation stattfand, erfuhr er eine noch nie dagewesene körperliche und geistige Entspanntheit. Somit steht fest, daß von vornherein jede Meditation tiefere Entspanntheit und größere Frische bringt als selbst der Tiefschlaf, ob man daran glaubt oder nicht.

Da die allgemeine Erfahrung in der Welt sowieso schon beweist, daß der Schlaf heute nicht mehr ausreicht, um all die Eindrücke und die Überbelastung unseres Nervensystems auszugleichen, bedarf es der Transzendentalen Meditation also umso dringender. Sie ist unerläßlicher Bestandteil im Kreislauf des Lebens: Man meditiert in der Früh und vermittelt dem Körper und Geist damit Energie und Ausgeglichenheit für den ganzen Tag, falls der Schlaf es nicht geschafft hat. Am Abend meditiert man nochmals, damit eventuelle Überbelastungen und negative Eindrücke dem Schlaf vorweggenommen werden.

Durch diese Reihenfolge wird die Physiologie des Schlafes entlastet, der Schlaf beginnt, endlich tief und erholsam zu sein, und bietet dem Körper somit die Möglichkeit, sich zu regenerieren. Jede Mutter hat erfahren, daß ein tiefer, erholsamer Schlaf ihr Kind am schnellsten gesund macht, so krank es auch sein mag. Also findet die schnellste Regeneration für den Körper im gesunden Schlaf statt, der sich durch TM schon nach ein bis zwei Wochen einstellt. Das war auch die Erfahrung der ersten Meditierenden im Westen.

Die Schlafenden

Vor etwas mehr als 30 Jahren begab sich ein Weiser in den Wilden Westen. Die sanfte Ermahnung seines vollkommenen Meisters in sich tragend, er solle der Welt die Weisheit der Tradition vermitteln, landete er in einer großen, von Wolkenkratzern vollgespickten Stadt, San Francisco.

Aus der Stille des Himalaya kommend, kam er sich wie in einem Zirkus vor. Das bunte Treiben und die Straßen, auf denen Menschenmassen und Autos in alle Richtungen strömten, schienen endlos zu sein. Jetzt wurde ihm klar, warum sein Meister ihm aufgetragen hatte, in den Wilden Westen zu gehen. Denn sicherlich war es bitter notwendig, dem Wirrwarr Einhalt zu gebieten und die Menschen persönlich dazu zu bringen, um Gottes willen einmal stehen zu bleiben. Sie schienen nämlich alle von einer schrecklichen Krankheit geplagt zu sein, keine Zeit zu haben.

Nach einiger Mühe gelang es ihm, publik zu machen, daß er gekommen war, um allen Menschen etwas Kostbares zu geben, eine Methode, sich zu entspannen, um dem Leben größeren Sinn als das endlose Durcheinander zu verleihen. Daraufhin kamen ein paar aus ihrer Einsamkeit herausgetriebene ältere Damen und Herren, die *von seiner Sprache und seinem herrlichen Wesen so verzückt waren, daß sie allesamt begannen zu meditieren. Denn das war ja auch sein Angebot gewesen.*

Nach einigen Tagen zeigten sie sich alle begeistert: Der eine hatte seine Kopfschmerzen verloren, der andere seine Magenschmerzen, und am Ende stellten sie alle beglückt fest, daß ihr Schlaf so wunderbar und erholsam geworden war.

"Oh Gott," dachte Maharishi und stellte gleichzeitig mit Bedauern fest, wie tief die Menschen gesunken waren. Er war gekommen, um ihnen den Stein der Weisen in aller Würde zu übergeben, die endgültige Weisheit um das Leben, und vor allem die Technik zur Selbsterfahrung dieser Kostbarkeit, eine Technik, um wach zu werden; und sie gingen mit dieser Technik in die entgegengesetzte Richtung, sie schliefen.

Doch schon nach drei, vier Wochen zeigten alle, die begonnen hatten, die ersten Anzeichen des Wacherwerdens.

T: Diese Leute konnten durch TM also besser schlafen. Genau solch ein Bild hat man ja gemeinhin von Meditierenden: sie sind ruhig, gelassen, ohne Impulse, geradezu phlegmatisch und sogar weltfremd.

Das ist nicht unbedingt das Ziel, das ich für mein Leben anstrebe.

Duschane lachte herzhaft.

T: Wieso lachst Du?

D: Thomas, es ist köstlich, wie Du mich einfach übersehen hast. Ich bin ein Meditierender. Bin ich phlegmatisch, träge oder weltfremd?

T: Nein, nicht im geringsten, ich habe Dich aber noch nie meditieren sehen. Sie etwa, Herr Professor?

P: Nein, ich auch nicht.

D: Meine Herren, auch wenn Ihr es nicht gesehen habt, ich habe keine einzige Meditation ausgelassen. Dazu ist für mich jede Meditation viel zu kostbar.

Nur, um Euch nicht unnötig zu belasten, habe ich meine Abendmeditation auf die Zeit verlegt, als Ihr schon geschlafen habt, und bin vor Euch aufgestanden, um meine Morgenmeditation zu verrichten.

P: Das ist ja geradezu unglaublich.

D: Aber möglich, wenn der Mensch die Meditation ernst nimmt.

Außerdem hast Du mich, Thomas, in der Sturmnacht sehr wohl meditieren sehen. Ich saß hier am Tisch vor der Kerze, erinnerst Du Dich?

T: Ah ja, das stimmt!

Da hast Du meditiert? Du hast doch ganz normal mit geschlossenen Augen am Tisch gesessen. Ist das Meditieren? Ich habe immer gedacht, man muß dabei die Beine im Lotussitz oder wenigstens im Schneidersitz verschränken.

D: In der Meditation kommt es darauf an, daß der Körper entspannt ist, angenehm und bequem so gelagert, daß nirgends in ihm ein Zwang stattfindet.

Es gibt einige Leute, doch das sind wenige, die die Stellung des Lotus- oder Schneidersitzes zwanglos einnehmen können. Die meisten aber, die glauben, unbedingt in einer solchen Stellung meditieren zu müssen, weil sie angeblich die Meditationsstellung ist, quälen sich nur fürchterlich damit ab.

Das ist ein Humbug, denn die Meditation ist eine Sache des Geistes in einem entspannten Körper. Wir wissen doch, Thomas, daß der Körper, sobald er sich nicht wohlfühlt, die Aufmerksamkeit des Geistes auf sich lenkt, wodurch der Weg nach innen bereits gescheitert ist. Darüber hinaus holen sich die meisten, die ihren Körper in komplizierte Stellungen zwingen, die schrecklichsten Knie- und Hüftleiden und gehen an der richtigen Meditation meilenweit vorbei, was sehr schade ist.

Was Deine Frage betrifft, ob man phlegmatisch und weltfremd wird, da brauchst Du nichts zu befürchten. TM macht lebensnah. Da das Nervensystem sich reinigt, reagiert ein Meditierender nämlich auf alles ganz normal, sogar besser und schneller. Gleichzeitig nähert er sich jedoch der Selbstgenügsamkeit und dem Zustand des Wunschlos-Glücklich-Seins und wird daher nicht mehr von den Reaktionen vereinnahmt. Darüber gibt es genügend beschriebene Erfahrungen aus der Forschung über TM.

T: Heißt das, daß ein Meditierender keine Wünsche mehr hat? Dann wird das Leben doch langweilig.

D: Bei jedem Meditierenden entwickelt sich das Wunschprogramm so, daß es eine immer sinnvollere Voraussetzung für seine Entwicklung bietet. Alle Wünsche, die sinnlos nach den Sternen greifen, kommen gar nicht mehr auf.

Gerade das ist ein großer Schritt, den jeder macht, denn Wünsche sind die Ursache der Wunscherfüllung, und es steht außer Frage, daß es besser ist, wunschlos glücklich zu sein, wie wir aus einer kleinen Geschichte ersehen können.

Unpassende Wunscherfüllung

Es ergab sich, daß auf der Seidenstraße am Rande der berühmt-berüchtigten Wüste Taklamakan eine lange Karawane unterwegs war. Sie bestand aus vielen Pferden, Reitern, Ochsenkarren, Kamelen und einem kunterbunten Gewirr von Menschen. Helfer, Knechte, Kaufleute und reiche Herren waren auf dem Weg zum Ziel aufeinander angewiesen. Abends saßen sie am Lagerfeuer, wo sie auch schliefen, und am nächsten Morgen in aller Früh brach die Karawane wieder auf, um, noch bevor die sengende Sonnenglut sie voll erreichte, im schützenden Schatten der nächsten Oase zu sein.

Auf dem beschwerlichen Weg durch die Sanddünen lief ein Pferdeknecht schwer beladen mit allerlei Gepäck hinter seinem Herrn her, der auf einem schönen rotleuchtenden Araberpferd ritt. Seit Beginn der Reise beseelte ihn nur ein Wunsch: auch ein Pferd zu haben. Dieser Gedanke ließ ihn weder bei Tag noch bei Nacht in Ruhe.

Da geschah es, daß das Pferd seines Herrn, eine Stute, am hellichten Tag beim Aufbruch der Karawane ein Fohlen zur Welt brachte. In den ersten Lebensstunden war es jedoch noch zu schwach, um selbst durch die Wüste laufen zu können, und so rief ihn sein Herr zu sich und befahl ihm:

"Nimm das kleine Pferd und trage es!"

Dem armen Kerl blieb nichts anderes übrig, als die Erfüllung seines eigenen Wunsches anzunehmen und zusätzlich zu seinem schweren Gepäck auch noch das Fohlen zu tragen.

Den Rest des Weges verbrachte er mit ständigem Jammern und Wehklagen über sein noch schwereres Schicksal:

"Oh göttliche Mutter, ich wünschte mir ein Pferd, aber Du hast mich gründlich mißverstanden."

Der Arme hatte noch immer nicht kapiert, daß sein Wünschen die Ursache der Wunscherfüllung war, und daß er diesen Wunsch besser nicht hätte haben sollen.

In der Logik des Lebens ist es nun einmal so: Der Schöpfer ist ein unendlich gütiger Vater, und daher werden alle unsere Wünsche erfüllt. Da sie nicht alle auf einmal erfüllt werden können, bedarf es der Zeit, und so kommt es, daß die Wunscherfüllung stattfinden kann, wenn es uns an einer späteren Stelle in unserem Leben gar nicht mehr gelegen ist, oder wo es gar zu Katastrophen und Unglücken kommen kann.

Daraus ergibt sich, wie wichtig es ist, nur den einen Wunsch zu haben, mit Gott eins zu sein. Denn alle anderen Wünsche stehen zwischen uns und Ihm.

Was die Transzendentale Meditation nun dabei bewirkt, ist außergewöhnlich. Das Nach-Innen-Gehen ist nämlich nichts anderes als eine Kontaktaufnahme mit dem Feld der Naturgesetze, die für die Erfüllung unserer Wünsche verantwortlich sind, insbesondere von den Wünschen, die im Einklang mit den Naturgesetzmäßigkeiten stehen. Wir erhalten somit umgehend ein klares Echo, das uns besagt, ob das, was wir in den Wald hinausgerufen haben, für uns und unsere Entwicklung förderlich war oder nicht.

Das Außergewöhnlichste, was ich in meiner Beobachtung an mir selber und unzähligen anderen feststellen durfte, übersteigt jedoch alle bisherigen Vorstellungen. TM ist nämlich neben einem unendlich schnellen Reinigungssystem eins der präzisesten und umfassendsten Korrektursysteme unserer Erbbiologie. Dadurch ist das Ende der sogenannten Erbsünde für alle Zukunft besiegelt.

Es ist unumgänglich, daß die Menschen den Zustand der Selbstgenügsamkeit und Bescheidenheit anstreben und ihre Wünsche, die zwischen ihnen und Gott stehen, schleunigst in Einklang mit den Naturgesetzen bringen. Vor allem sollten sie mehr darauf sehen, welcher Wunsch den anderen förderlich ist und nicht nur ihnen selbst. Wünschen wir alle den Himmel auf Erden für die ganze Menschheit, so wird er auch kommen.

P: Demnach sind Wünsche Feinde auf dem Weg der menschlichen Entwicklung?

D: Ja, wenn die Wünsche sinnlos sind, oder wenn sie uns so vereinnahmen, daß Leiden daraus entsteht. Am schlimmsten sind dabei böse Wünsche, die wir an andere schicken. Sie werden – weil es unsere Wünsche waren – irgendwann einmal auf dem Weg unseres Lebens auf uns zurückkommen.

Die Wünsche aber, die den anderen nur Gutes wollen und die im Einklang mit der eigenen Entwicklung stehen, sind wie eine Schmuckgirlande, die das Leben umrahmt und die durch ihren Duft noch evolutionäre Förderung vermittelt. Ein Leben ohne Wünsche ist physisch nicht möglich, es ist wie das Essen ohne Salz, fade, langweilig und unerträglich. Da hast Du recht, Thomas.

Es ist schon enorm, welche Vorstellungen über Meditation und Meditierende aus Unwissenheit in den Köpfen herumspuken. Daher wird es wohl notwendig sein, die Qualitäten einmal aufzuzählen, die in den Menschen entfaltet werden, die regelmäßig die Transzendentale Meditation nach Maharishi ausüben und alle Veränderungen unschuldig zulassen:

Sie erfahren täglich das Feld des reinen Bewußtseins und werden mehr und mehr in ihm gegründet. Daher werden sie offen, liebevoll, zuvorkommend, immer verzeihend, nie nachtragend; sie verurteilen nie, egal, welche Untat vorliegt; sie werden erhaben über Intrigen; sie nehmen sich nie das Recht, Negativität zu verbreiten, egal woher sie stammt; sie werden großzügig und immer hilfsbereit; sie werden immer bestrebt sein zu helfen und sind dafür Tag und Nacht bereit, den Menschen das kostbare Wissen um das Leben zu vermitteln; ihre Logik wird klar und zielgerichtet; ihre Gedanken und Handlungen werden kreativ; sie treffen klare und präzise Entscheidungen, aber immer zum Wohle des anderen und ihrer Umgebung; sie werden vorausblickend; ihre Geduld wird unerschütterlich und unerschöpflich; ihr Zugang wird direkt; sie werden unendlich wachsam; aus ihren Gedanken, ihren Handlungen und ihrer Sprache strahlt das verwirklichte Leben; sie werden immer zuversichtlich sein; aus ihrer Einfachheit fließt die Weisheit der Naturgesetze; ihre Gegenwart entzieht der Negativität und feindlicher Gesinnung den Nährboden; ihr Benehmen wird bereichernd, und ihre Nähe nährt mit der Weisheit, die sie jedem zugänglich machen; sie meistern das Leben in jeder Situation so fördernd, daß sie wie Humus Nahrung für ihre Umgebung werden; sie werden flexibel und anpassungsfähig; sie werden sanftmütig, aber gleichzeitig stark; ihre Persönlichkeit wird beeindruckend und attraktiv; ihre Überzeugung wird unerschütterlich; alle werden glücklich mit ihnen sein; sie werden vom Leben und den Naturgesetzen voll unterstützt; sie nähern sich mehr und mehr der vollkommenen körperlichen und geistigen Gesundheit.

An diesem letzten Punkt kann man sogar objektiv erkennen, wie weit der Betreffende in seiner Entwicklung vorangeschritten ist. Wie schnell sich jeder einzelne jedoch entwickelt oder entfaltet, und welche Qualitäten zuerst sichtbar werden, ist immer individuell. Daher ist es sinnlos, sich mit anderen vergleichen zu wollen oder sie sogar nachzuahmen.

Das Schlimmste ist jedoch der Selbstbetrug, sich einzubilden und den anderen vorzumachen, man sei weiter entwickelt als man in Wirklichkeit ist. Jeder sollte sich eines merken: Vor anderen kann man vieles verstekken, vor Gott und vor sich selber aber nichts.

T: Aus Deiner Beschreibung sehe ich, daß TM etwas Kostbares, etwas Herrliches sein muß.

Warum hören dann aber einige trotzdem wieder damit auf? Haben sie es falsch gelernt oder nicht verstanden?

D: Thomas, am Erlernen der Transzendentalen Meditation liegt es auf keinen Fall, denn es gibt nirgends einen einfacheren Lehrvorgang als das symbolische Übergeben der Erinnerung für den Geist, den Weg nach innen anzutreten. Ich nenne es absichtlich »Übergeben«, denn es ist nichts anderes, als in Erinnerung zu rufen, was sowieso seit eh und je die Natur des Geistes ist. Daher kehren die meisten, die begonnen haben und die zwischendurch aufhören, sowieso irgendwann zu ihrer guten Erfahrung zurück.

Dafür, daß aber überhaupt einige wieder mit TM aufhören, kann man verschiedene Gründe angeben. So gibt es leider Menschen, die die Transzendentale Meditation beginnen, dann jedoch in die Meinung verfallen, es sei eigentlich nichts für sie. Sie behalten die Idee, dichten wegen ihres verdorbenen Geschmacks noch etwas Eigenes hinzu, vermanipulieren sich so selbst und kommen nicht weiter. Irgendwann hören sie dann ganz auf und schieben alles der TM in die Schuhe.

Die allgemeine Erfahrung zeigt aber, daß alle, die glauben, mit TM schlechte Erfahrungen zu machen, es entweder nicht so ausüben, wie sie es gelernt haben, oder sich auf irgendeine Weise gegen Impulse wehren, die ihr durch TM wachgewordener Geist ihnen vermitteln will.

Weiterhin gibt es solche, die sich schnell mit TM helfen, ihre konkreten Beschwerden loszuwerden, dann jedoch wegen angeblichen Zeitmangels wieder aufhören und TM nur immer wieder einmal benützen, wenn sie meinen, es nötig haben.

Der häufigste Grund aufzuhören ist aber leider der unselige Druck der Öffentlichkeit. Die Menschen beginnen aus einer unschuldigen Sehnsucht heraus und stellen rasch fest, daß die Transzendentale Meditation für ihre körperliche und geistige Gesundheit die größte Hilfe leistet. Daß sie dabei ein größeres Wachwerden ihrer Religion gegenüber verspüren, macht sie noch umso glücklicher. Getragen von dieser neuen Erfahrung rennen sie zu ihrem Pfarrer – genau wie ich zu meiner Zeit –, um ihm zu berichten, wie wunderbar das ist, und stoßen dort leider Gottes auf einen eisernen Vorhang. Solchen Menschen wird permanent mit verleumderischen und verdrehten Informationen solange ins Gewissen geredet, bis sie sich nach einiger Zeit, in der sie noch heimlich meditieren, aus Verzweiflung entweder von der Kirche abwenden oder sich der falschen öffentlichen und kirchlichen Meinung beugen und sich völlig von der Transzendentalen Meditation distanzieren.

Das ist einer der häufigsten Gründe, warum viele trotz ihrer wunderbaren eigenen Erfahrungen mit TM aufhören. Es ist deprimierend, wie weit die Obrigkeit die Menschen gängelt und die Menschen der Obrigkeit hörig sind.

Am schlimmsten gefährdet ist jedoch die Gruppe derjenigen, die von TM gehört haben, es aber von vornherein ablehnen, in der irren Meinung, sie bräuchten zu ihrem vermeintlichen Glück nichts – und das ist leider die Mehrzahl. Um sie sollte man sich ernsthafte Sorgen machen; denn obwohl die meisten von ihnen an ihren Eltern und Großeltern und vor allem an der erkrankten Gesellschaft sehen, an welchen Abgrund die Lebensweise führt, die auch sie praktizieren, merken die Armen nicht, daß dasselbe auch auf sie zukommt.

P: Aber diejenigen, die gegen TM sind, dürfen doch wohl auch ihre Meinung haben, denn schließlich hat darauf jeder Mensch ein Recht.

D: Das ist schon in Ordnung, Herr Professor. Nichts über die persönliche Meinung jedes einzelnen, doch persönliche Dinge sollte man bekanntlich für sich behalten.

Eine Meinung wird in dem Augenblick unpersönlich und sogar gefährlich, wenn man sie als objektive Wahrheit hinstellt, um andere damit zu manipulieren.

P: Es muß aber doch wohl erlaubt sein, die Menschen, die einem anvertraut sind, zu warnen, vor allem, wenn es um religiöse Fragen geht.

D: Informieren, Herr Professor, neutral informieren.

P: Wir sind Christi Lehre aber schuldig, daß sie rein gehalten wird.

D: Die Geschichte weist auf, daß Christus und die Kirche grundsätzlich zwei verschiedene Dinge sind, die miteinander zu tun haben können oder auch nicht. Ich möchte Ihnen in Erinnerung rufen, daß Christus nicht gekommen ist, um zu verfolgen und zu verurteilen, sondern damit die wunderbare Idee verwirklicht wird, sogar unsere Feinde zu lieben.

Diejenigen jedoch, die TM in Mißkredit ziehen, verhalten sich nicht anders als irregeführte Religionsarten, die die Andersdenkenden vernichten. Es gibt genügend Berichte von Priestern und Mönchen, die es gewagt haben, selbst erst einmal die Transzendentale Meditation auszuprobieren, und die damit wunderbare Erfahrungen gemacht haben und noch dazu in ihrer religiösen Gesinnung sichtlich gewachsen sind. Doch weil sie diesen Versuch wagten, wurden sie verfolgt und sogar exkommuniziert. Ist das vielleicht die Art, Christi Lehre reinzuhalten?

P: Man muß doch die eigene Religion verteidigen dürfen!

D: Durch Vorleben der heiligen Wahrheit, aber nicht mit Gewalt, Verleumdung und Niederträchtigkeit.

P: Aber Christus hat doch nun einmal gesagt: *“Ich bin der Weg und die Wahrheit und das Leben ...”*

Thomas rang seine Hände.

T: Gott bewahre, Herr Professor, verschonen Sie uns doch bitte mit dieser alten Leier! Die haben wir doch wirklich schon zur Genüge abgehandelt.

D: Thomas, laß es gut sein! Wenn wir das unterbinden, ist nichts gewonnen. Hinter diesen Aussagen stecken gewaltige Denkmuster, die im Lauf der Jahre tiefe Eindrücke verursacht haben und nicht so mir-nichts-dir-nichts abzutun sind.

P: Ganz unrecht haben Sie wirklich nicht, Thomas, aber es stimmt schon, was Duschane sagt. So viele Jahre habe ich mich in diesen Gleisen bewegt, daß es mir unendlich schwer fällt, davon abzukommen. Umso mehr freue ich mich, endlich einen Gesprächspartner gefunden zu haben, mit dem ich meine diesbezüglichen Probleme vielleicht lösen kann.

Verstehen Sie, **ich** möchte darüber Klarheit gewinnen, und hier sehe ich eine für mich einmalige Chance. Immerhin habe ich Sie von Anfang an gewarnt, daß ich eine harte Nuß bin.

Soweit bin ich mittlerweile ja überzeugt, daß die Transzendentale Meditation selbst keine Religion ist, für die anderen Religionen aber als Grundlage dienen kann. Worüber wir bisher jedoch noch nicht gesprochen haben, sind die Philosophie und das Weltbild, die hinter TM stehen, und die ich beim besten Willen nicht in Einklang mit meiner christlichen Gesinnung bringen kann. Ist Maharishi nicht doch Überbringer einer neuen Religion, wie Krishna, Buddha und Christus, die Sie immer in einem Atemzug mit ihm zitieren?

D: Maharishi bringt auf keinen Fall eine neue Religion, denn es liegt garantiert nicht in seiner Absicht, noch eine Religion zu den vielen schon bestehenden zu gesellen. In den Religionen dieser Welt sind alle Ansätze, alle Ideen und das Wissen mehr oder weniger bereits vorhanden. Was ihnen fehlt, ist die Erfüllung, und genau die bringt Maharishi durch die geistige Technik der Transzendentalen Meditation.

Das Weltbild, Herr Professor, das Sie angesprochen haben, ist ein vollkommenes Weltbild, das in jeder Religion vorzufinden ist, dort jedoch leider verzerrt und verfälscht. Das ist aber nicht weiter schlimm, denn auf dem Weg der Verwirklichung aus der eigenen Kultur und religiösen Gesinnung heraus wird jeder sowieso alles erfahren, was im Einklang mit Rama, Krishna, Allah, Gott ist.

Ich weiß aus meiner Erfahrung, daß es eines Tages dazu kommen wird. In dem Augenblick, wo die Menschen ihr Antlitz zu Gott wenden, weg von Kriegen, Kampf und Gewalt, wird jeder das Licht der Heiligen aus seiner Kultur zu Gesicht bekommen, das ihn direkt zur Einheit mit seinem Gott führen wird.

Betrachten wir aber den von Ihnen so häufig zitierten Ausspruch Christi noch einmal näher. Wir sehen hier nämlich ein großes und weitverbreitetes Mißverständnis um das Wissen und um Seine wunderbare Lehre.

Er ist der Weg, die Wahrheit und das Leben. Aber da fehlt doch etwas, Herr Professor: der Mensch; er ist es, weshalb Gottes Sohn kam. Denn in Seinem Kommen lag ein Vorhaben mit dem Menschen. Welches Vorhaben? Ihm ein Beispiel zu sein, was auch unersetzlich war. Wie jeder einzelne zum Christus wird, ist in Seiner Lehre enthalten und in der Aufforderung an die Menschen, den Weg, der Er selber war, zu begehen. Dazu muß Er ihnen aber auch eine Methode gegeben haben, um den Weg zu begehen. Christus ist zwar der Weg, der Mensch muß ihn jedoch beschreiten. Und an dieser Stelle fand wohl eine Übertragungslücke statt.

Der Meister aller Meister kam, lehrte die Menschen, ihre Feinde zu lieben, war unendlich barmherzig, und dabei sollte Er es belassen haben? Nein, Herr Professor, aus Seiner tiefsten Güte und Barmherzigkeit heraus mutete Er ihnen sicherlich nicht den Dornenweg zu, sondern lehrte sie, auf leichteste Weise den Weg zum Vater zu begehen. Dieser Weg führt unmittelbar nach innen, denn Er lehrte, daß das Himmelreich inwendig in uns ist. Also lehrte Christus seinen Jüngern damals Transzendentale Meditation, und so erlöste Er die Menschen von ihrem bisherigen Leid und ihren furchtbaren Irrwegen.

Damit steht fest, daß der Mensch sich selber verwirklichen muß, will er von all den Plagen, Negativitäten, erbbiologischen Belastungen und Sünden erlöst werden. Jeder einzelne muß den Weg begehen, der zweifelsohne Christus ist. Er ist das Licht, das am Ende des Weges die Richtung bestimmt, und das ewige Leben, das Er sicherlich dem Menschen als Geschenk sein wollte.

P: Das ist wirklich zu viel. Christus hätte TM gelehrt!

D: Ja, Herr Professor, egal, wer den Menschen die leichteste Methode vermittelt, nach innen zum Ursprung ihres Seins zu gelangen, er lehrt Transzendentale Meditation, denn er lehrt ihnen die Formel für den Geist, die ihn nach innen führt.

Ob jemand in Afrika oder in England H_2O entdeckt, heute oder vor Tausenden von Jahren, es ist immer dasselbe. Die Formel, Herr Professor, nicht die Benennung der Formel ist hier gemeint. Deshalb können auch nur die Blinden Absolutheitsanspruch erheben, in der irren Meinung, sie könnten die Formel des Lebens einfach verneinen.

Wenn die Kirchen dieser Welt von besseren, klügeren und vor allem von Gott und Christus zugewandteren Köpfen geleitet würden, dann hätten Gott, Allah und Christus ihnen schon längst zugeflüstert, daß jede Kirche ihren Anvertrauten durch die Transzendentale Meditation den wunderbarsten Dienst erweisen könnte, wenn sie TM als Mittel zur Verbesserung der körperlichen und geistigen Gesundheit benutzen würde.

In ihrer Gottabgewandtheit sind sie jedoch blind für solch eine herrliche Hilfe an der Bevölkerung und schaffen in ihrer Ignoranz sogar noch Schlimmeres an denjenigen, die bei der Suche nach Hilfe in der TM Zuflucht gefunden haben. Denn mit ihrer negativen Beeinflussung bringen sie alle durcheinander, die mit TM gute Erfahrungen haben und gleichzeitig an der wunderbaren Lehre Christi hängen.

Dabei ist es jetzt klar, daß es weder an Christi Lehre liegt noch an denen, die TM begonnen haben, sondern immer an denjenigen, die meinen, Angst um ihre Positionen haben zu müssen, wenn die Menschen eine bessere Verbindung zu Gott bekommen als die Verblendeten selbst. Die Verfolgung der Mystiker und Heiligen, die zweifelsohne eine bessere Verbindung zu Gott hatten als die Obrigkeit, ist ein Beweis hierfür.

P: Sie haben ja völlig recht. Ich habe selbst zu oft gesehen und am eigenen Leibe erfahren, welche verheerenden Mißstände in der Kirche vorhanden sind, welcher Kampf und Neid um Positionen intern in der Amtskirche stattfinden, und welche Machtgier sie in allen gesellschaftlichen Richtungen entfaltet hat. Es ist beschämend, daß jemand, der eine andere Erkenntnis oder eine andere Meinung als die der Kirche äußert, die uns ja eigentlich von Liebe predigt, mit allen Mitteln niedergeknüppelt wird.

Nicht zuletzt durch unser Gespräch bin ich jetzt wirklich zu der Erkenntnis gelangt, daß Christus und Seine eigentliche Kirche bis auf den heutigen Tag schamlos mißbraucht worden sind. Daher bin ich der Meinung, daß sie dringend von innen heraus bereinigt und regeneriert werden muß, wozu es – wie Sie richtig aufgezeigt haben – unumgänglich ist, bei allen Kirchenmitgliedern ein anderes Bewußtsein, Christusbewußtsein, zu beleben.

Ihr Christusbild, Duschane, ist das wahre Bild des Erlösers, und ich schäme mich förmlich für mich und all die bisherigen Repräsentanten Seiner Kirche, die dieses Bild und vor allem Seine Lehre dem eigenen Ego zuliebe fast bis zur Unkenntlichkeit verunstaltet haben. Mein Verhalten der TM gegenüber war tatsächlich falsch und unchristlich, und es ist jedem dringend nahezulegen, die Verfolgung, Verneinung und Verleumdung zu verwerfen. Sie haben vollkommen recht, Christus lehrte Liebe, Vergebung, Barmherzigkeit, und niemand darf sich anmaßen, die anderen in Seinem Namen zu verfolgen und zu verurteilen.

Bis dahin stimme ich mit Ihnen bedingungslos überein. Daß aber Christus TM gelehrt hätte, steht nirgends in den Büchern. Was in den Büchern steht, ist vielmehr das Beten, allem voran das *Vater Unser*.

T: Oh je, ich muß mich jetzt wohl auf einen nachträglichen Religionsunterricht gefaßt machen. Oh göttliche Mutter, ich wünschte mir das Wissen um Gott und die Welt, aber Du hast mich gründlich mißverstanden.

Der Professor und vor allem Duschane mußten über diese Pointe herzlich lachen.

D: Thomas, so schlimm wird es nicht werden, denn wo immer wir auch ansetzen, wir werden Beispiele des unkorrekten Wissens und der verschwommenen Ansichten über Christus und Gott finden.

Vergib uns unsere Schuld, wie auch wir vergeben unseren Schuldigern, ... So heißt es doch im *Vater Unser*. Was drückt dieser Satz aber aus? Rein sprachlich ist er eine deutliche Aufforderung, fast ein Gebot an den allmächtigen Gott, uns ja unsere Schuld zu vergeben, denn wir vergeben ja unseren Schuldigern auch. Gott sollte sich also an unserem Verhalten orientieren!

Wenn man schon betet, sollte es dann nicht besser heißen: *Vater, gib uns die Einsicht und die Kraft, unseren Schuldigern vergeben zu können und sie in Deinem Sinne von ganzem Herzen zu lieben*?

So spricht man seit Hunderten von Jahren etwas vor sich hin, ohne sich bewußt zu sein, was man da eigentlich leiert. Sehen Sie, Herr Professor, wenn schon das Gebet aller Gebete hinkt, was kann dann von dieser Art des Betens erwartet werden?

P: Herrgott, daß sie auch immer recht haben müssen! Aber leider ist es tatsächlich so. Daß mir das noch nie aufgefallen ist!

T: Das liegt wohl an unserem vernebelten Bewußtsein, Herr Professor.

Seien wir froh, daß Gott sich trotz unseren Betens seit Generationen kein Beispiel an uns nimmt!

P: Stimmt ja alles, aber eigentlich wollte ich auf etwas ganz anderes hinaus, nämlich auf das Gebet als individuelles, persönliches Gespräch mit Gott. Ich denke, daß es einem genauso viel bringen kann wie TM, unter Umständen sogar mehr.

D: Worauf beziehen Sie sich dabei? Auf sich selbst wohl garantiert nicht.

P: Gut, ich bin ein schlechtes Beispiel, aber die Mystiker und die Heiligen haben ihre wunderbaren Gebete sogar niedergeschrieben, und dagegen ist doch nichts einzuwenden, oder? Sie berichten von einer wunderbaren Zwiesprache mit Gott.

D: Ja, Sie sagen es: die Mystiker und die Heiligen. Aber was ist mit Ihnen und mit all den Milliarden anderen, die den Bewußtseinszustand der Mystiker und Heiligen nicht haben und hatten?

Guter Freund, der Bewußtseinszustand jedes einzelnen bestimmt seine Verbindung zu Gott. Von seiner Reinheit hängt es ab, wie stark jedes Gebet belebt und in eine innere Zwiesprache verwandelt werden kann. Die innere Zwiesprache von anderen als Gebet nachzupappeln, ist nicht mehr als das Dreschen von leerem Stroh, wie es die Geschichte der Menschheit seit Tausenden von Jahren beweist.

P: Sie haben aber doch selber heute mittag ein Tischgebet gesprochen.

D: Kein Gebet, Herr Professor, sondern im Grunde genommen nur eine bescheidene Danksagung, die ich von Maharishi aus seinem wundervollen Buch *Die Wissenschaft vom Sein und die Kunst des Lebens* gelernt habe.

Natürlich ist es inspirierender und schöner, wunderbare Gebete zu lesen, als inhaltslose Bücher, Krimis und Schundromane. Auch die Gebete der Mystiker sind jedoch nichts anderes als eine demütige Danksagung und Lobpreisung des Herrn für die ihnen zuteil gewordene Erfahrung. Damit sind sie zwar Beispiele und Beweise dafür, daß die Verbindung zu Gott möglich ist, aber keine Mittel oder Wege.

Darin liegt ein großer Irrtum und eine große Verwechslung. Denn nur in einem vollkommen klaren und stillen See ist eine tiefgründige Sicht möglich. Verschmutztes Wasser im See macht die Sicht aber trübe, auch wenn man von außen eimerweise klares Wasser, sprich: Gebete der Mystiker o. ä., hineinschüttet. Die Reinigung kann nur von innen kommen, also muß der Körper gesund werden, auf daß er dem Herzen zur Einheit mit dem Geist verhelfen kann, wodurch die Einheit der Seele mit Gott überhaupt erst möglich wird.

Wenn wir das Gebet jedoch als Vorgang der Einkehr betrachten wollen, dann werden wir immer wieder feststellen, daß die eigentliche Einkehr eine bestimmte Fähigkeit voraussetzt. Jegliches Gebet kommt nämlich zunächst nur bis zu der Stelle, wo der Geist einer Technik oder einer Fähigkeit bedarf, um die Ebene des Denkens zu verlassen. Es gibt nun Menschen, denen die Fähigkeit angeboren ist, diese Ebene mühelos mit sanftem Denken zu überschreiten – das steht außer Zweifel –, dann ist ihnen aber die Transzendentale Meditation angeboren, denn das ist der mühelose Weg, jene Schwelle ohne Anstrengung zu passieren, um die Erfahrung mit der Transzendenz zu machen.

P: Ich kenne so viele Fälle von Menschen, die durch Leiden Gotteserfahrungen gehabt haben, abgesehen von einigen Mystikern und Heiligen, denen die Gnade dadurch widerfahren ist.

Also ist Leiden auch ein Weg zur Transzendenzerfahrung?

D: Christus kam, um das Leid aufzuheben, dem Leiden ein Ende zu bereiten. Daß es Berichte gibt, nach denen Menschen durch Leiden für sie außergewöhnliche Erfahrungen gehabt haben sollen, kann man nicht abstreiten. Trotzdem ist das Leiden aber eine Geißel der Menschheit.

Wie es zu solchen Aussagen überhaupt kommt, kann ich Ihnen sehr einfach erklären. Ein Mensch, der mit Gott verbunden ist und doch den Unsinnigkeiten des Lebens frönt, ist nämlich in einem wahnsinnigen Zwiespalt. Überwiegt irgendwann das Sinnlose in seinem Leben, so wird die Verbindung zu Gott in ihm vollständig verschüttet. Das geht solange, bis Krankheiten und Leid gnadenlos und unbarmherzig zugreifen, was jedoch nichts anderes ist als ein ohnmächtiger Schrei der Seele an den Geist, der dadurch irgendwann zur Besinnung kommt: "Oh Gott, was habe ich aus meinem kostbaren Leben gemacht!"

Dieser Aufschrei ist ein Zeichen dafür, daß die verschüttete Verbindung zu Gott wieder als Erinnerung in den Vordergrund rückt und so einen Umkehrprozeß stattfinden läßt. Der vorherige Zwiespalt wird durch diese Erkenntnis beseitigt, und der Betreffende ist zum ersten Mal frei von jeglicher Belastung, frei für Gott. Er fühlt sich federleicht, göttlich, ein Gefühl, das er als Gotteserfahrung interpretiert und darstellt. Dabei war es nur die beglückende Befreiung aus dem Griff der Sinnlosigkeit und des Leidens.

Das gleicht einem, der wahnsinnig friert und irgendwann die Idee bekommt, daß Wärme ihn von diesem Frieren befreien könnte. Das ist zwar ein erquickender, befreiender Gedanke für ihn, aber noch lange nicht die direkte Erfahrung der Wärme.

Selbst dieser Gedanke ist jedoch schon eine Errettung. Umso unverständlicher ist es, Herr Professor, daß die Menschen weiter in der Kälte frieren, fern von Gott.

P: Aber diese Beispiele zeigen doch auch eine Umkehr durch Leiden.

D: Ja, Herr Professor, die Umkehr fand statt, Gott sei Dank. Der Weg zu Gott steht jedoch noch bevor.

Das Leiden ist der entfernteste Punkt vom Glück und damit von Gott. Deswegen kam Christus, um diesem sinnlosen Unheil ein Ende zu machen. Es ist nun einmal nicht möglich, im Zustand des Leidens, der Krankheit oder des Verderbens eins mit Gott zu werden. Denn um zu Gott zu gelangen, müssen wir zuallererst das Leid hinter uns lassen, dann muß der Körper gesund werden, damit die Biochemie Glück und Liebe produzieren kann, und erst dann wird es uns überhaupt möglich sein, mit Gott Verbindung aufzunehmen, um wie Christus eins mit Ihm zu werden.

Wenn Christus das Leiden für notwendig gehalten hätte, dann hätte Er zuerst gelitten und wäre dann eins mit Gott geworden. Da Er aber zuerst mit Gott eins war, erübrigt es sich, auch nur einen einzigen Gedanken an das Leiden zu verschwenden. Oder wollen Sie etwa unterstellen, daß man, wenn man eins mit Gott ist, mit dem Allmächtigen, Ewigen und Glückseligen, noch leiden kann? Was wäre das denn für ein Gott!

Es muß uns klar werden, daß es sich anders verhält, so wie es auch möglich ist, zu erkennen, daß Feuer heiß ist, ohne sich die Hand zu verbrennen. Es besteht die dringende Notwendigkeit, daß die Menschen sich einen anderen Weg wählen als das Leiden, das sie bereits seit Tausenden von Jahren nicht zum Ziel gebracht hat und nie zum Ziel bringen wird. Denn Millionen Menschen stehen am Abgrund des Leidens, fallen hinein und haben trotz all dem nicht die Erkenntnis umzukehren. Das sehen wir deutlich am Chaos dieser Welt.

Die von Ihnen Erwähnten sind nur eine geringe Minderheit, die es glücklicherweise schaffen, kurz vor dem Abgrund umzukehren und sich auf Gott zu besinnen. Sehen Sie daher nicht gerade auch hier die dringende Notwendigkeit der Transzendentalen Meditation, die allen Menschen ohne Leid und Schmerz die Augen öffnet, vor diesem Abgrund umzukehren? Denn der Abgrund der Menschen liegt in ihnen selbst, er ist ihr Nach-Außen-Gehen. Wegen ihrer Unwissenheit um den Weg nach innen sind sie vergänglichen Dingen verfallen, ohne sich dessen bewußt zu sein.

Die Transzendentale Meditation ist aber nun einmal, wie ich es Ihnen beschrieben habe, die einfachste Art, sich selbst eine Chance zu geben, mit der Zeit die eigene Sicht zu verändern. Ich habe persönlich so oft die Erfahrung gemacht, daß Menschen, die ihre Religion total vernachlässigt und sogar verneint hatten, durch die Ausübung von TM wieder zu ihr fanden. Was kann einem Schöneres passieren, als in der Wiege der eigenen Kultur und Religion wieder Geborgenheit zu finden?

P: Trotzdem denke ich, daß das Leiden nicht einfach so abgetan werden kann. Opfer vor Gott zum Beispiel sind doch unersetzlich – da sind wir uns wohl einig – und Opfer sind nun einmal immer mit Verlust verbunden und erzeugen damit Schmerz und Leid. Somit gehört das Leiden doch zur Entwicklung des Menschen.

D: Was Opfer betrifft, Herr Professor, sind wir uns wirklich einig. Opfer zu bringen ist des Menschen edelste Tat und eine natürliche Neigung in ihm. Ist beispielsweise ein Kind in Lebensgefahr, dann ist es doch das Selbstverständlichste für die Mutter und den Vater, daß sie dem Herrgott ihr eigenes Leben anbieten, um das des Kindes fortdauern zu lassen.

Ja, Herr Professor, Opfer, aber die richtigen. Richtige Opfer bedeuten ein vollkommenes Darbringen des ergebenen Herzens und haben damit weder etwas mit Verlust noch mit Leiden zu tun.

Wäre es nicht edel, wenn die Christen beginnen würden, wahre Opfer zu tun, indem sie zum Beispiel darauf verzichten, Tiere zu töten; indem sie bei jeder Mahlzeit mit Hunger essen und damit ein heiliges Fasten einleiten, anstatt einmal in der Woche heuchlerisch statt einem Tier einem Fisch das Leben zu nehmen; indem sie den Magen nur zu ¾ füllen und sich nicht sinnlos vollstopfen, um am Ende doch nur Krankheiten und damit einen Abfall von Gott zu ernten; indem sie jeden Tag zweimal 20 Minuten opfern, um durch Transzendentale Meditation nach innen zu gehen, anstatt sie sinnlos nach außen zu vergeuden?

Wir sehen, welchem Irrtum und welcher Unwissenheit die Menschen im Namen des Edelsten von Nazareth frönen.

P: Ja, Sie haben recht, eine furchtbare Erbsünde lastet auf der Menschheit wie ein Fluch, und die Menschen werden damit nicht fertig. Es ist deprimierend.

D: Ja, Herr Professor, es ist wirklich deprimierend, daß die Menschen Unwissenheit für bares Wissen nehmen. Doch haben Sie keine Sorge, die Erbsünde ist nicht unbesiegbar, so sehr sie auch als eine schreckliche Last die Menschheit zu erdrücken scheint.

Es gibt eigentlich gar keine Sünde außer der, die der Mensch gegenwärtig selber begeht. Natürlich spielt da die erbbiologische Belastung durch Eltern, Großeltern usw. mit eine Rolle, die ihm alle Fehler, aber auch alle guten Seiten vererben. Das hat man aus mangelndem Verständnis als »Erbsünde« hochgespielt. Dabei handelt es sich im Grunde genommen wirklich um nichts anderes als um eine erbbiologische Belastung, deren jeder Mensch sich durch besseres gegenwärtiges Verhalten in seinem Leben mit Leichtigkeit entledigen kann.

Hierfür ist die Transzendentale Meditation eine wunderbare Hilfe, da sie alle erbbiologischen Fehlfunktionen auskorrigiert. Die besondere Chance liegt dabei darin, daß sie schon Kinder ab dem vierten Lebensjahr spielend und mühelos ausüben können, weil sie an ihr Alter vollkommen angepaßt wird. Die Erfahrung bestätigt damit eindrucksvoll die Einfachheit der Transzendentalen Meditation und ihre fördernde und reinigende Wirkung auf das Wachstum. Sie bringt sogar noch viel mehr. Jeder Meditierende beendet nämlich die endlose Kette des erbbiologischen Weiterreichens von Fehlern und Mängeln und beginnt eine neue Kette des erbbiologischen Weiterreichens von positiven Werten und Qualitäten bis hin zur Vollkommenheit.

T: Hat Erbsünde eigentlich etwas mit Karma oder Schicksal zu tun? Mit diesen Begriffen wird überall so wahllos herumoperiert, daß man sich überhaupt nicht mehr auskennt.

D: Grundsätzlich, Thomas, heißt es, die Dinge in ihrer ursprünglichen Form zu sehen, so, wie sie im Einklang mit den Naturgesetzen des Schöpfers funktionieren.

Die sogenannte Erbsünde ist nichts anderes als das zu allen Zeiten falsche Verhalten der Menschen an sich selbst, an ihrem Leben und ihrer Gesundheit sowie ihr unnatürliches Benehmen der Natur und Gott gegenüber. Das haben wir ganz konkret über die Erbbiologie und die Erziehung von unseren Vätern als Erbe bekommen: ihr krankhaftes Verhalten, das bei uns zu Krankheiten führte, ihr schwaches Verhalten, das bei uns zu Schwäche führte, ihr gottloses Verhalten, das bei uns zu Gottlosigkeit führte, und alles nur deswegen, weil wir uns genau wie sie falsch ernähren und falschen Dingen im Leben frönen und dienen.

Wie durch jedes andere Verhalten ziehen wir auch dadurch Reaktionen auf uns, die jedoch nicht unabwendbar sind; denn Fehler, die wir begehen, können wir zum Glück auch korrigieren. Nur müssen wir rechtzeitig damit beginnen, sonst vermitteln wir dasselbe Fehlverhalten als Erbsünde an unsere Nachkommen weiter.

Anders ist es beim Karma. Karma ist Handlung, unsere unmittelbare Handlung dem Leben, den Mitmenschen und der Schöpfung gegenüber. Die Fehler, die wir in diesen Bereichen begehen, senden wir unwiderruflich aus und können leider nur auf die Reaktion warten. Kommen wird sie bestimmt; doch wann sie kommt, entzieht sich unserer Bestimmung, da wir ja nur ein Feld in Schwingung gebracht haben, das alles übermittelt, aber auch gnadenlos auf uns zurückbringt, was wir hinausgesandt haben.

Das, was auf uns zurückkommt, nennen wir »Schicksal«. Es ist jedoch nichts anderes als die Erfüllung unserer eigenen Handlung, die Erfüllung unseres Karmas, nach dem Grundprinzip der Harmonisierung und Gerechtigkeit des Lebens: *Wie ich in den Wald hineinrufe, so hallt es zurück; was ich gesät habe, das werde ich ernten.*

Zu allen Zeiten haben die Menschen mit ihrem eigenen Schicksal gehadert, denn keiner konnte sich bis jetzt mit all dem, was ihm manchmal aus heiterem Himmel widerfahren ist, abfinden. Dieses Nicht-Annehmen der Dinge, die wir selber verursacht haben, hat jedoch auf der Erde und im gesamten Universum zu einer Anhäufung von nicht neutralisiertem Karma geführt und mußte zwangsläufig im heutigen Chaos der Welt enden.

Doch gerade dieses Chaos ist die Ursache für das Eingreifen der Rechtschaffenheit. Die Weisheit von Maharishi war unerläßlich, denn nur sie und die Transzendentale Meditation beinhalten in sich die Löschmechanismen des persönlichen und kollektiven Karmas. Ein Mensch, der nach TM meditiert, kultiviert außerdem ohne jeglichen Zwang einen natürlichen Kontakt zu seiner unmittelbaren Umgebung und sogar zu seinen Ahnen. Dadurch ist es ihm möglich, auf unschuldige Weise deren Karma mitzulöschen. Ob er sich dessen bewußt ist oder nicht, ist nicht einmal wichtig, denn nur die Verbindung ist hier maßgebend. Somit arbeitet er zwangsläufig jeden Tag an der Reinigung der Erde und des Universums von dem dunklen Karma, das die Menschen aus Unwissenheit um die richtige Handlung als einen grauen Nebel erzeugt haben.

P: Wissen Sie, daß Sie mich da von einem Alptraum befreien? Denn ich muß offen zugeben, daß es mir bisher absolut nicht möglich war, die Erbsünde irgendwo einzuordnen. Ich fühlte mich ihr immer hilflos ausgeliefert, von dem Gedanken beherrscht, daß Sünder bestraft werden. Manchmal bin ich darüber fast verzweifelt.

D: So geht es unendlich vielen Menschen, die in ihrer wunderbaren Sensibilität unter dieser Last stöhnen und sogar zerbrechen, die eigentlich gar keine Last ist. Und das nur deshalb, weil keiner dahintergeblickt hat, worum es in Wirklichkeit geht.

Daher ist es äußerst wichtig, allen jungen Menschen zu lehren, daß die Erbsünde von Anfang an falsch interpretiert und gesehen worden ist. Sie ist nichts anderes als eine fehlgesteuerte Erbbiologie, die jeder bei sich und für sich mit ein bißchen Umstellung im Leben schnell bereinigen kann.

Mit dieser Sinnlosigkeit Schluß zu machen, hat mir TM unendlich geholfen. Dazu möchte ich Euch gerne ein weiteres kleines Beispiel aus meinem Leben erzählen. Denn wenn TM selbst mich von meinem früheren erbärmlichen körperlichen Zustand und meiner geistigen Verworrenheit auf den heutigen Zustand gebracht hat, dann hat jeder andere hundertmal bessere Chancen, sich dadurch noch schneller als ich aller Gebrechen und jeglicher Unwissenheit zu entledigen.

Wie im Märchen

Vor vielen Jahren galt in Deutschland genau wie heute das für die Deutschen wahrscheinlich alleingültige Prinzip: Wer nicht schwarz auf weiß vorweisen kann, daß er etwas ist, der taugt trotz der besten Begabung nichts. Es ist egal, was man wirklich kann oder ist, Hauptsache, irgendjemand hat bescheinigt, daß man irgendwann einmal etwas konnte oder war.

Diese Erfahrung mußte auch ich machen. Ich brachte zwar viele Geschicklichkeiten mit, konnte sie aber nirgends anders anwenden als im Straßenbau, als Landknecht oder bei der Müllabfuhr.

Nachdem ich jedoch die Transzendentale Meditation begonnen hatte, regte sich in mir der unstillbare Wunsch, einen Beruf zu erlernen und somit meine Tauglichkeit auch bescheinigt zu bekommen. Getragen von dieser Idee und diesem Wunsch faßte ich eines Tages den Entschluß, eine Masseurausbildung zu machen. Der Grund für meine Wahl war schlicht und einfach der, daß diese Ausbildung nur ein Jahr dauerte. Mehr wäre für mich nämlich in meiner damaligen finanziellen und familiären Situation gar nicht denkbar gewesen.

So begab ich mich zum Arbeitsamt, um mich beraten zu lassen. Doch die kundigen Leute dort unterzogen mich zuerst einmal einem psychologischen Eignungstest und bescheinigten mir daraufhin, daß meine Intelligenz schon an der richtigen Stelle zur Anwendung komme, als Bauarbeiter oder Landknecht. Für mehr reiche es nicht aus, erklärten sie mir mit Bedauern.

Vielleicht können Sie sich vorstellen, Herr Professor, wie es mir zumute war, eine Bescheinigung in meinen Händen zu halten, daß ich intelligenzmäßig für nicht mehr tauglich war als für einfache Arbeiten. Das war schrecklich. Ich habe zwar nie etwas gegen einfache Arbeiten gehabt und ich habe sie auch immer gerne verrichtet. Daß ich aber für nichts weiteres fähig sein sollte, ließ mir keine Ruhe.

So ging ich auf eigene Faust von einer Masseurschule zur nächsten, stellte mich vor und wurde tatsächlich überall als nicht geeignet abgelehnt, da ich nur vier Klassen Grundschule hatte.

Eins tat ich jedoch, ich folgte konsequent dem weisen Rat meines TM-Lehrers und ließ keine einzige Meditation aus. Denn er hatte damals gesagt: "Denke daran, daß steter Tropfen den Stein höhlt."

So gab ich nicht auf und landete zuletzt in einer Schule in einer größeren Stadt, deren junger Direktor Gefallen daran fand, daß ich trotz der vielen Ablehnung noch immer den Mut hatte, weiterzusuchen. Er gab mir für 14 Tage einige Unterlagen zur Vorbereitung für eine Aufnahmeprüfung mit, die ich dann auch ohne Schwierigkeiten bestand.

Nach der Aufnahme kamen auf mich jedoch erst die eigentlichen Schwierigkeiten zu. Meine familiären Verhältnisse verlangten von mir nämlich jeden Monat eine beachtliche finanzielle Unterstützung. Wenn ich aber den ganzen Tag zur Schule ging, dann konnte ich nichts verdienen. Also hatte ich die Idee, nachts zu arbeiten.

Wer sucht, der findet, und so fand ich eine Arbeit als Kellner in einem Nachtlokal. Jede Nacht von 10 Uhr bis 4 Uhr in der Früh verrichtete ich diese Arbeit mit großem Widerstreben, weil dort alle wie die Schlote rauchten und sich nicht selten sinnlos betranken. Tagsüber war ich in der Schule.

So ging das ein ganzes Jahr. Ich schleppte mich von der Arbeit zur Schule und von der Schule zur Arbeit, mehr in Trance als bewußt. Denn bald machte sich ein enormes Schlafdefizit bemerkbar. Eins jedoch habe ich trotz aller vorhandenen Schwierigkeiten nicht ein einziges Mal versäumt, zweimal am Tag 20 Minuten zu meditieren. Diese 40 Minuten versetzten mich trotz des ungeheuren Schlafmangels wenigstens einigermaßen in die Lage, tagsüber die Schule mitzumachen.

Doch die theoretischen Vorträge der Dozenten über Physiologie, Anatomie und andere Fächer hatten auf mich dennoch eine sehr einschläfernde Wirkung. So schlief und verschlief ich den gesamten Fachunterricht und leider auch viele andere wichtige Dinge. Für die Lehrer war ich eine Sorge und letzten Endes auch keine Sorge mehr, da es jeder bald aufgegeben hatte, sich um mich zu kümmern. Ihre Mühe zerbrach an meiner offensichtlichen Teilnahmslosigkeit.

Das dauerte bis zum Ende des Jahres, als die Abschlußprüfungen stattfanden. Vor der Prüfung saß ich in einer Ecke mit geschlossenen Augen und meditierte, trotz der Turbulenz und des Stresses, die die anderen in ihrer Prüfungsangst und Erregung um mich herum erzeugten.

"Mann, seine Nerven müßte man haben," äußerten sich einige Schüler.

Die Fachlehrerin aber, die unter ihnen war, erwiderte nur trokken: "Er hat allen Grund, ruhig zu sein. Er fällt sowieso durch, ob er ruhig oder unruhig ist."

Eigenartigerweise berührte mich diese Bemerkung gar nicht, obwohl sie sehr schwerwiegend war.

Und da wurde ich auch schon zur Prüfung aufgerufen. Zu fünft saßen wir an einem Prüfungstisch, ich war in der Mitte.

"Mensch, ausgerechnet der Obermedizinalrat muß uns prüfen!" flüsterten sich meine Mitprüflinge erschrocken zu.

Dann begannen aber bereits die Fragen. Der erste wurde gefragt, er wußte die Antwort nicht, der zweite gab irgendetwas von sich, und dann war ich an der Reihe. Ich wußte die Antwort.

Dieses Spiel wiederholte sich viermal, während der Professor *immer erstaunter abwechselnd mich und seine Akten anschaute, bis er die Prüfung schließlich unterbrach. Alle Lehrer wurden einberufen, um Rechenschaft darüber abzulegen, warum ich lauter Sechsen hatte, hier aber die brillantesten Antworten zu geben wußte. Damit wollte er sich nicht einfach so zufrieden geben.*

So berichteten die Lehrer verlegen über mein Verhalten während des Unterrichtsjahres, und auch ich mußte mit meiner Geschichte herausrücken, die ich eigentlich hatte verheimlichen wollen. Denn es war verboten, diese Schule ganztätig zu besuchen und gleichzeitig einer Arbeit nachzugehen.

Nachdem er sich meinen Bericht aufmerksam angehört hatte, gab mir der Obermedizinalrat von Mitleid und Hochachtung ergriffen die Abschlußnote »Gut«. Weder er noch die Lehrer konnten sich erklären, woher ich das Wissen für die Prüfung eigentlich hatte, wo meine Leistungen doch die ganze Zeit mehr als gering gewesen waren.

Ich aber wußte es. Das war eine meiner schönsten Erfahrungen mit der Transzendentalen Meditation, die meinem Bewußtsein solch eine Entspanntheit vermittelt hatte, daß es selbständig und mir unbewußt trotz meiner körperlichen Ohnmacht das Wissen aufnahm und speicherte. Außerdem hielt sie mich so entspannt, daß die Wiedergabe des Wissens ebenfalls mühelos vor sich ging.

Damit war sonnenklar, daß die Bescheinigung des Diplom-Psychologen vom Arbeitsamt nur seinem eigenen Bewußtsein entsprang, und ich somit zum konkreten Beweis dafür geworden war, daß die Intelligenz dem Menschen nicht einfach in die Wiege gelegt wird, und damit hat sich's, sondern daß das in die Wiege Gelegte ein mitgebrachtes Gut ist, das jeder Mensch durch die regelmäßige Ausübung der TM bis ins Unermeßliche entfalten kann.

P: Ihre Geschichte beeindruckt mich wirklich ungemein. Aber trotzdem kann ich mich des Gedankens nicht erwehren, daß es sich bei Ihnen doch um einen außergewöhnlichen Einzelfall handelt, den man in keiner Weise verallgemeinern kann.

T: Herr Professor, ich bitte Sie um Gottes willen! Nicht schon wieder ...

D: Wunderbar, Herr Professor, ausgezeichnet! Ich bin ein Einzelfall. Vielleicht ist das wirklich die Erklärung.

Aber wie bin ich, bitteschön, zu diesem Einzelfall geworden? Durch die Transzendentale Meditation. Vom tiefsten Punkt meines verworrenen Lebens und meiner Intelligenzlosigkeit brachte mich TM zum jetzigen Bewußtseinszustand, nichts anderes als TM.

Und ich bilde in keiner Weise eine Ausnahme, denn das Phantastische dabei ist, daß alles, was sich in mir entfaltet hat, von Maharishi vorausgesagt wurde: "Beginnt ein Mensch zu meditieren, so ordnet sich sein rastloser Geist, und auf dem Weg nach innen erschließt er die unermeßliche Intelligenz des Lebens. Somit wird das Leben auf eine würdige Ebene gebracht."

Es war also kein willkürlicher Vorgang, sondern eine aufgezeigte und vorausgesagte Entwicklung von meinem Beginn mit TM bis jetzt, ein Wachstum der urnatürlichen Intelligenz, die eigentlich jedem Menschen zugrunde liegt.

Thomas sah, wie der Professor erneut Luft holte, und fiel ihm ins Wort.

T: Herr Professor, jetzt fehlt nur noch, daß Sie sich von neuem über all die vergangenen Dinge aufregen, die Sie irgendwann einmal mit irgendwelchen TM-Leuten mitgemacht haben, und die Ihnen offenbar keine Ruhe lassen, weil Sie ihnen zu große Bedeutung schenken.

P: Thomas, was ist denn falsch daran, daß ich da meine Einwände habe? Wenn ich unseren Freund hier mit den anderen vergleiche, die ich kennengelernt habe, dann kann ich nicht anders, als immer wieder Einwände bringen.

Sie können leicht reden, Sie haben diese Leute ja nicht erfahren. Wenn Sie sie aber einmal erleben, dann werden Sie selbst sehen, welches Schauspiel da vor sich geht. Sie benehemen sich alle so heilig, überirdisch und unnahbar und vor allem so allwissend, daß es einem schlecht werden könnte. Dabei scheinen sie überhaupt nicht wahrhaben zu wollen, wie lächerlich sie eigentlich wirken.

Zu diesem Gehabe gesellt sich auch noch eine fürchterliche Arroganz, begleitet von einem völlig unsozialen Benehmen. Man kann mit ihnen wirklich kein vernünftiges, soziales, menschliches Gespräch führen, ohne eine spitze Bemerkung ernten zu müssen, daß es Zeitverschwendung sei, über Probleme zu reden.

Ich habe das alles ja nur als Außenstehender mitbekommen, doch mein Sohn mußte direkt am eigenen Leibe erfahren, wie empfindlich und nachtragend diese Leute selbst auf die kleinste Kritik reagieren.

D: Hier, Herr Professor, haben wir wieder ein typisches Beispiel für das, was wir vorhin in diesem Zusammenhang bereits besprochen haben, wie man nämlich mit dem Intellekt alles in jede x-beliebige Richtung drehen kann, je nach dem Bewußtseinszustand der betreffenden Person.

So wie Krishna, Buddha und Christus oft mißverstanden worden sind, so ergeht es leider auch Maharishi. Manche scheinen geradezu mit Gewalt bestrebt zu sein, seine wunderbare Weisheit mit ihrem Intellekt in ihre Richtung zu verdrehen, um ihr bisheriges Verhalten nicht ändern zu müssen und es sogar vor den anderen noch rechtfertigen zu können.

Maharishi hat der Menschheit in ihrem gegenwärtigen Leid nur vor Augen gehalten, daß die Probleme auf der Ebene der Probleme immer unlösbar bleiben. Einige haben daraus jedoch unverständlicherweise für sich die Lehre gezogen, daß man vor der Lösung von Problemen auf der Ebene der Sprache förmlich flüchten müsse, und leben sogar danach.

Es verhält sich aber ganz anders. Wenn ein Mensch beginnt zu meditieren, dann wird er klarer und kann den anderen besser aus ihren Verstrickungen heraushelfen. Wenn alle meditieren, dann ist es daher umso leichter und schneller möglich, auch auf der Ebene der Sprache Probleme zu lösen, indem man den anderen hilft, die Ebene ihrer Probleme zu verlassen. Dazu ist Kritik an falschem Verhalten und falschen Handlungen jedoch nicht nur notwendig, sondern sogar unerläßlich, um dem anderen wie in einem Spiegel sein Fehlverhalten und gleichzeitig das richtige Verhalten vor Augen zu führen. Leider ist Kritik in den Kreisen der modernen Psychologie weithin als etwas Verwerfliches verbannt worden. Ohne gesunde Kritik bleibt jedoch jeder ewig in seinen Fehlern sitzen, in der irren Meinung, daß er alles richtig mache.

T: Kann man denn nicht auch von alleine, ohne schmerzhafte Kritik darauf kommen, daß man etwas falsch macht?

D: Grundsätzlich ja, doch wann?

Wenn man nicht irgendwo für sich alleine lebt, dann schädigt man die anderen unaufhörlich mit seinem Fehlverhalten, bis man selber endlich darauf kommt, daß man an sich etwas verändern müßte. In einer Gesellschaft hat deshalb jeder, der eine bessere Übersicht über die Fehler der anderen hat, auch das Recht, sie zum Besseren zu belehren. Und diejenigen, die Fehlhandlungen begehen, sollten sich besinnen, daß Fehler nie zum Ziel führen.

Nur wer an kritisierten Fehlern krampfhaft festhalten will, empfindet Schmerzen. Alle, die bereit sind zu lernen, begrüßen gesunde Kritik dagegen als unendlich kostbar, als eine Erinnerung an etwas, was sie selber verloren haben. Mit »gesunder Kritik« meine ich dabei, daß derjenige, der kritisiert, frei von jeglichen Einflüssen wie Wut, Erregung, Haß, Boshaftigkeit, Verbitterung o. ä. ist. Denn Kritik aus solch einem Zustand der eigenen Verstrickung in die Probleme des anderen bedeutet nur, in das schon lodernde Feuer noch Benzin hineinzuschütten. Daher ist sie genauso verwerflich, wie von vornherein jegliche Kritik abzulehnen.

Ihre Erlebnisse und das von Ihnen angesprochene Verhalten sollten Sie deshalb in keiner Weise abschrecken, denn es liegt nun einmal in der Natur des Heils, daß ihm zuerst die Heilbedürftigen folgen. Betrachtet man alle Religionsgründer und Heiligen und ihre Geschichte, dann könnte man sagen: *Die Lahmen und die Blinden folgten ihnen zuerst, die Schwachen und die Kranken und die von Mühsal Beladenen.* Es ist auch richtig so, daß diejenigen der Weisheit zuerst folgen, die das Heil am notwendigsten brauchen. Die Schwäche dieser Menschen, Herr Professor, ist aber leider auch die Ursache dafür, daß sie sich die winzigsten Funken ihres eigenen Fortschrittes gleich selber vor dem Rest der Welt als Glorienschein aufsetzen.

Sehen Sie, daß Sie hier recht und unrecht haben? Recht, daß Sie kritisieren, was Ihrem Sohn widerfahren ist, Unrecht, daß Sie versäumen, Kritik an sich selbst zu üben.

Warum sind Sie in Ihrem Sinn für Aufrichtigkeit Ihrem Sohn nicht gefolgt? Warum haben Sie nicht noch Hunderte solcher Aufrichtiger und geistig Klarer wie Sie und Ihren Sohn an sich gezogen und dann Maharishi geholfen, die Lahmen, Blinden und Kranken zu führen? Was bleibt Maharishi denn anderes übrig, als sich von den Blinden, Lahmen und Trägen, die seine Größe wenigstens erkannt haben, helfen zu lassen, auch wenn es lahm geht und manchmal blind?

Uns jedoch interessiert nur die wunderbare Lehre von Maharishi, die nicht in einem einzigen Buchstaben von der wahren Lehre Christi abweicht, und nicht diejenigen, die wie zur Zeit von Krishna, zur Zeit von Buddha, in der Zeit von Christus immer ihr persönliches Gehabe wichtiger nahmen als das lebensrettende Wissen der Meister des Lebens.

Aber an ihren Taten erkennen wir sie ja, an ihrer Herzlosigkeit, Kälte, Rücksichtslosigkeit, Unversöhnlichkeit und fehlenden Hilfsbereitschaft. Solche Individuen scheinen nun einmal immer ihre Erfüllung darin zu finden, andere durch ihre Intrigen zu Fall zu bringen. Doch *was man sät, das wird man ernten*. Nur *das hallt zurück, was man in den Wald hineinruft*.

Zu allen Zeiten wurde der Menschheit von Gott wahre Führung gegeben, aber Gottes Verneinern ist es bis auf den heutigen Tag leider gelungen, die Massen irrezuführen. So berichtet die Geschichte, daß vor 5000 Jahren von Bösgesinnten alles Erdenkliche versucht wurde, um Krishnas Vorhaben zu vereiteln, die Erde von Unheil zu säubern. Buddha erging es nicht anders, und die Geschichte von Jesu Verfolgung ist geradezu die Offenbarung des Negativen. Von Seiner Geburt bis zu Seinem Weggehen von dieser Erde wurden Ihm Verfolgung nach Verfolgung in einer unbarmherzigen Hetzjagd zugemutet. Und von wem? Von denjenigen Kräften, die später in Seinem Namen auftraten und alle Heiligen und Mystiker verfolgten und vernichteten, wo sich ihnen die Möglichkeit bot.

Die wirkliche Tragödie jedoch liegt im Kollektivbewußtsein der Menschheit, die, obwohl es geschichtlich aufs genaueste aufgezeichnet worden ist, daß die Vertreter der Religionen so viel Chaos geliefert haben, immer noch nicht sieht, woher der Wind weht.

P: Aber gerade auch nach Ihren Schilderungen von Maharishis Größe und Weisheit ist es mir völlig unverständlich, warum so etwas sogar in TM-Kreisen stattfinden kann.

D: Herr Professor, wir bekommen die Transzendentale Meditation, um uns zu reinigen. Jeder Meditierende ist sich bewußt, daß er sich reinigen muß, doch der eine hat mehr, der andere weniger zu bereinigen. Die, die es noch nicht geschafft haben, die wunderbaren Eigenschaften zu entfalten, von denen wir vorhin gesprochen haben, haben einfach noch einen viel zu großen Berg abzutragen. Bei ihnen ist es dringend angebracht, daß wir ihnen durch unsere Liebe, unsere Geduld und unser Verständnis für ihre schwere Situation helfen, mit ihrem großen Berg fertig zu werden.

Dazu kommt noch, daß die gegenwärtige TM-Organisation leider zu über 90% aus Intellektuellen besteht, die von vornherein schon kopflastig ausgerichtet sind. Ihnen scheint es noch viel schwerer zu fallen, ihr Herz zu entfalten, denn ihr Intellekt verführt sie immer wieder dazu, ihre Herzqualitäten total zu ignorieren. Einige sind sogar so intellektuell, daß sie meinen, man könnte mit dem Intellekt Liebe erzeugen. Das ist aber ein gewaltiger Irrtum. Der Intellekt kann keine Liebe erzeugen, er kann sie in etwa beschreiben, doch niemals empfinden, denn er macht höchstens 10% der gesamten Funktion der Seele aus.

P: Ja, ich erinnere mich an den Informationsvortrag über TM, den ich damals angehört hatte. Dort wurde uns auch erklärt, daß wir gegenwärtig nur 5 – 10% unseres geistigen Potentials nutzen. Durch TM können wir angeblich die vollen 100% entwickeln.

Das heißt doch, daß der Intellekt ...

D: Genau darin, Herr Professor, liegt ein sehr großer und weit verbreiteter Irrtum, nämlich das geistige Potential mit dem Intellekt gleichzusetzen.

Wir haben doch ausführlich erklärt, daß der Intellekt ein Funktionsmechanismus des Geistes ist, aber nur einer von vielen. Wenn er jedoch überwiegt, dann verwirrt er die Entwicklung und erzeugt eine Illusion, eine Fata Morgana, die es gar nicht gibt. Außerdem neigt jeder Kopflastige eigenartigerweise dazu, den kostbarsten Tempel, den der Schöpfer für seine Seele erschaffen hat, seinen Körper, zu vernachlässigen, und das ist die größte Gefahr der Verwicklung.

Was durch TM entwickelt wird, ist das, was dem Leben gefehlt hat, nicht der Intellekt, sondern die Intelligenz, und das ist jene Urkraft, die alles in der Schöpfung hundertprozentig vollkommen funktionieren läßt. Durch die Verbindung mit dieser Intelligenz bekommen wir einen hundertprozentig entwickelten Geist und ein hundertprozentig entwickeltes Herz, die zu einer zweihundertprozentigen Einheit verschmelzen, wodurch die Seele endlich ihre eigene Natur leben kann.

Das ist mit 100% geistigem Potential gemeint und nicht die Verirrung des Intellekts, die zweifelsohne der Grund ist, warum einige von Maharishis Anhängern mit ihrer Entwicklung Schwierigkeiten haben.

Dazu möchte ich Ihnen noch eine kleine Geschichte erzählen.

Das Mißverständnis

Buddha, der Erhabene, lehrte seinen Schülern:
"Vertrauen auf Gott ist die höchste Grundlage unserer Entwicklung. Wer dies in sein Herz aufgenommen hat, der wird nie vom Pfad der Rechtschaffenheit abweichen. Er wird aus dem Kreislauf der Geburten und Tode zum ewigen Dasein mit dem Schöpfer befreit."

Jeder seiner Schüler prägte sich diese Kostbarkeit ein, so gut es ihm möglich war.

Da ergab es sich eines Tages, daß sich in der Nähe des Maharaja-Palastes ein wildgewordener Elephant losriß, gerade als die Schüler von Buddha durch diese Gegend streiften und mildtätige Gaben für ihr tägliches Brot sammelten. Von überall her hörten sie Rufe, und sie sahen, wie die Menschen aus Angst um ihr Leben in alle Richtungen flüchteten. So suchten auch sie schnell das Weite, bis auf einen, der wie angewurzelt stehen blieb. Er dachte an die Worte des Meisters: "Wer auf Gott vertraut, dem passiert nichts," und ignorierte daher alle Warnungen der Wächter, die vergeblich aus Leibeskräften schrieen, daß er fliehen solle.

So war es kein Wunder, daß der rasende Elephant ihn übel zurichtete. Zum Glück gelang es den Wächtern jedoch mit Müh' und Not, sein Leben zu retten, und sie brachten den völlig Verstörten zu Buddha.

"Oh Meister, Du hast doch gesagt, daß einem nichts passieren kann, wenn man nur fest auf Gott vertraut. Dieser Lehrsatz hat sich bei mir aber nicht erfüllt. Der Elephant hatte wohl keine Achtung vor Gott."

"Hast Du Gott nicht gehört?" fragte Buddha.

"Nein, Herr."

"Wieso nicht, Du Unglückseliger, er schrie Dir doch durch den Mund der Wächter aus Leibeskräften zu, zu fliehen."

Wir sehen hier, wie sehr einem der Intellekt einen Streich spielen kann. Jeder normale Mensch, sogar der größte Einfaltspinsel, wäre auf die Warnungen der Wächter hin einfach weggerannt.

Letztendlich hat uns die einseitige Betrachtung der Welt aus dem Bereich des Intellekts das heutige Chaos beschert. Doch trotz oder gerade wegen der negativen Begebenheiten ist und bleibt es für uns wichtig, das Ziel nicht aus den Augen zu verlieren. Leider ist es nämlich auch bei Maharishi so, daß einige sich nur das aus seiner Lehre herauspicken, was ihrem Intellekt in den Kram paßt. Solchen Intellektuellen sollte dringend geraten werden, so zu leben, wie wir es in den letzten Tagen besprochen und teilweise schon erfahren haben. Zum Beispiel ist es gerade für sie unerläßlich, regelmäßig dreimal am Tag eine halbe Stunde Dauerlauf zu machen, damit die Stresse, die die Transzendentale Meditation im Nervensystem löst, durch die körperliche Bewegung verbrannt und herausgeschwitzt werden. So werden sie in ihrer Entwicklung schneller aus ihrer intellektuellen Verstrickung zur Natürlichkeit, Unschuld und zur Liebe gelangen.

Jetzt dürfte es klar sein, warum die Frau auf der Intensivstation nicht auf ihre Impulse geachtet hat, daß es aber eine bewundernswerte und herrliche Leistung Ihrer ehrbaren Tochter, Herr Professor, und Ihres Sohnes war, den Impulsen in ihrem Herzen Folge zu leisten.

Außerdem wird es verständlich, warum diejenigen, die meinen, intellektuell lieben zu können, jene Handlungen vollführten, die Ihnen und

Ihrem Sohn so zu schaffen machten. Sie sollten wir aber am wenigsten als Vorbilder für unser persönliches Leben und unsere Entwicklung nehmen; denn es ist klar, daß solche Menschen sich geirrt haben und sich irren. Doch trotz allem entwickeln auch sie sich durch die Reinheit von Maharishis Lehre weiter.

Mir schufen solche Personen ebenfalls Hindernisse, an denen ich jedoch meine Sehnsucht und meine Aufrichtigkeit Gott gegenüber messen konnte. Ihre Handlungen an mir waren also jene kleinen Hügelchen, die mir eine Trainingsmöglichkeit boten, sie mit noch größerer Leichtigkeit zu überwinden, ohne sie zu zerstören. Ich nahm sie in Liebe mit in meine evolutionäre Entwicklung auf, und meine Erfahrung lehrte mich, daß mein Ausharren dem Ziel gegenüber auch ihnen geholfen hat. Ihre regelmäßige Ausübung der Transzendentalen Meditation führte sie schließlich doch zur Einsicht und ermöglichte es ihnen, sich aus ihrer intellektuellen Verfangenheit zu befreien, ihre Herzensqualitäten zu entfalten und damit dem eigentlichen Zweck des Lebens zu dienen.

Sehen Sie, Herr Professor, wenn auch Sie, wie Ihr Sohn das zweifelsohne bereits tut, das Ziel in Ihrem Herzen sehen, dann werden Sie diese winzigen Hügel kaum von ihm abbringen können. Daran hapert es bei den meisten Menschen, sie wehklagen über die kleinsten Steinchen auf ihrem Weg. Geben wir Nichtigkeiten, die weder im Einklang mit der Liebe noch mit dem Leben stehen, um Gottes willen keine Bedeutung, sondern schreiten wir weiter, vorbei an all den Stolpersteinen und Hügeln zur Einheit mit Gott. Das Ziel ist nicht mehr so weit.

Ein viel größeres Problem für uns alle stellen die heutigen Führer und Politiker dar, die nicht meditieren. Die, die führen, haben nämlich eigentlich die unsagbar große Pflicht, ein gottgefälliges Leben vorzuleben, ein Modell zu sein. Wenn sie irritierten Impulsen folgen, dann sind ihre Handlungen wirr und führen zu einem Chaos, wie wir es gegenwärtig in der Welt haben. Daher ist ihre Verantwortung unbeschreiblich groß. Bisher hat jedoch noch niemand in Betracht gezogen, daß sie aufgrund ihrer erbbiologischen Belastungen gar nicht in der Lage sind, dieser großen Verantwortung gerecht zu werden. Denken Sie nur an die Erbbiologie aller heutigen Königshäuser, deren Vorfahren durch Mord, Totschlag und Gewalt über andere an die Macht und zu Reichtum gekommen sind. Außerdem haben sie beim Essen schon immer in einem Überdruß und Überfluß geschwelgt, den sich der Rest der Bevölkerung erst seit wenigen Jahrzehnten überhaupt leisten kann.

Und dann die ganzen Politiker, die nur durch Ellbogenmentalität zu ihren Positionen kommen konnten. Mit solchen Voraussetzungen werden sie nie Frieden auf dieser Erde schaffen können. Sie handeln und entscheiden gemäß dem, was sie sind, und keiner merkt, daß es ihnen nicht anders möglich ist, weil sie in ihrem Bewußtsein nicht mehr zur Verfügung haben. Denn wenn sie mehr zur Verfügung hätten, würden sie garantiert den Menschen auch mehr offenbaren.

P: Das ist ja wirklich schrecklich, aber wie recht Sie haben!

Manchmal kommt es mir so vor, als ob der Friede allen egal ist. Sonst wäre es doch schon längst irgendwie möglich gewesen, auf dieser Erde den Frieden für alle Völker zu verwirklichen.

D: Sie sehen, Herr Professor, wie sich alles verwickelt hat. Die politischen Führer sind stolz auf ihre Taten und ihre Vergangenheit, auch wenn sie noch so grausam war; die Oberhäupter der religiösen Institutionen machen den Menschen aus ihrem beschränkten Bewußtsein heraus Vorschriften, wie sie an Gott und Christus zu denken haben, und zerstören damit die natürliche Entfaltung jedes einzelnen zu Gott; und all das wird durch das heutige Schul- und Ausbildungssystem noch einzementiert, damit ja die nächste Generation dieses Beispiel fortlebt.

In jedem Land erhält die Jugend als "Krone" ihrer Ausbildung und des Erwachsenwerdens beim Militärdienst eine gründliche Ausbildung im Töten. Und wen? Sogenannte "Feinde". Ist aber der Sohn einer Mutter ein Feind, der Bruder einer Schwester, der Geliebte einer Braut? Ist der von Gott erschaffene Mensch, unser Bruder im Herrn, ein Feind? Das Volk hat keine Feinde, hat es nie gehabt, die Machthaber erzeugen in ihrer unersättlichen Gier nur Feinde für sich selbst, und die Jugend des Volkes muß dann ihre Köpfe für sie herhalten, während sie sich selber in Bunkern verschanzen und von dort aus mit dem Leben der Bevölkerung Schach spielen.

Dafür wird schon im Geschichtsunterricht in der Schule die Grundlage geschaffen. Hier werden unsere Kinder von klein auf in diesem Sinne manipuliert. Sie lernen, wie und wann man Kriege geführt hat, wieviele Tote es in den Schlachten gegeben hat, und das Schlimmste dabei ist, daß man ihnen sogar beibringt, stolz auf all das zu sein.

Daß hinter den ganzen Zahlen aber Menschenschicksale und unsägliches Leid stehen, wird ihnen überhaupt nicht bewußt gemacht. Doch Leiden gehört ja sowieso zum Leben, wie ihnen im Religionsunterricht zusätzlich noch eingebläut wird. Durch den allüblichen Kult um Jesu Leiden am Kreuz, der sowieso bereits alle Grenzen übersteigt, wird den Kindern aber höchstens Mitleid mit dem armen Jesus anerzogen und niemals Liebe zu Ihm. Durch solche falsche Erziehung ist die wahre Verbindung zu Gott verloren gegangen, die jedoch unerläßlich ist, um Gotteserfahrungen zu machen.

Wirkliche Gotteserfahrung macht friedfertig, gesund und geistig klar, so daß negative, lebenszerstörerische Handlungen einfach nicht mehr möglich sind. Daran erkennen wir, wie arm die Welt an Gottesverbindung tatsächlich ist. Denn wenn nur 1% der Menschen in der Welt die wahrhaftige Verbindung zu Gott hätten, dann würde sich der wunderbare Satz von Jesus erfüllen: *"Wenn Ihr Glauben hättet wie ein Senfkorn, so würdet Ihr zu diesem Maulbeerfeigenbaum sagen: 'Entwurzle dich und pflanze dich ins Meer,' und er würde Euch gehorchen."*

Damit wäre das Chaos in dieser Welt also beendet. Somit ist der gegenwärtige Zustand der Menschheit der eindeutige Beweis für mangelnde Gottesverbindung, erst recht bei den religiösen Führern. Ihre Machenschaften haben sie geschickt im Namen von Christus hinter der Religion versteckt, haben dabei aber vielleicht noch mehr als die Politiker zum Chaos dieser Welt beigetragen. Der Weise von Nazareth sah das bereits voraus, denn Sie kennen ja sicherlich den Ausspruch: *"Wahrlich es werden viele kommen und in meinem Namen predigen. Glaubet ihnen nicht, denn es sind Wölfe im Schafspelz."*

P: Das bezieht sich doch genau auf Maharishi und all die anderen Gurus.

D: Oh wie Sie sich irren, lieber Herr Professor. Denn von denen predigt kein einziger im Namen von Christus.

Wer hat denn in Seinem Namen verfolgt, heilige Kriege angezettelt und geführt, Zwang über andere ausgeübt, Kreuzzüge, Inquisition, Intrigen, bis auf den heutigen Tag alles in Seinem heiligen Namen?

Es wird aber sogar berichtet, daß Er weiter gesagt hat: *"Es werden viele zu mir sagen: 'Herr, Herr, haben wir nicht in Deinem Namen geweissaget? Haben wir nicht in Deinem Namen viele wunderbare Werke getan?' Dann werde ich zu ihnen sprechen: 'Ich habe Euch noch nie gekannt; weichet alle von mir, die Ihr in meinem Namen Übles schaffet.'"*

Also sind die, die in Seinem Namen predigen, Wölfe im Schafspelz, oder?

P: So habe ich das noch nie betrachtet.

D: Das glaube ich Ihnen gerne, denn man hat sich schon so sehr daran gewöhnt, das für bare Münze zu nehmen, was die Obrigkeit als richtig darstellt.

P: Wie recht Sie eigentlich haben! Aber wie soll es dann Ihrer Meinung nach mit den Religionen weitergehen?

D: Das Vorhandensein einer Vielzahl von Religionen ist nichts anderes als ein deutliches Zeichen der Uneinigkeit über Gott und den Weg zu Ihm. In dem Augenblick, Herr Professor, wo die Menschen in ihren Herzen eins mit Gott werden, erübrigt sich jegliche religiöse Institution und auch jede Religion; denn die Gründung einer Religion dient ja gerade dazu, die Menschen zu Gott zu führen.

Je mehr Religionen es gibt, desto deutlicher ist es daher, daß die Menschen fern von Ihm sind. Also ist es höchste Zeit, daß die Menschen sich Ihm zuwenden, aber alle Menschen. Dann verschmelzen ihre Religionen in dem einem Gedanken, Gott zu verwirklichen. Und so, nur so wird die Wahrheit zur gelebten Wirklichkeit, und alle Religionen, alle Sekten und Gruppierungen werden endlich ihre wahre Erfüllung finden, indem sie in einer Lobpreisung des allmächtigen Gottes aufgehen.

Solange es Religionen und keine Verbindung zu Gott gibt, und solange die Menschen ihre eigene Religion besser finden als die der anderen, werden Kriege und Chaos weiter die Welt peinigen. Also sollte man der Welt, der Mutter Erde und seinem eigenen Leben zuliebe mittels der wunderbaren, einfachen Technik der Transzendentalen Meditation nach innen gehen, und dann wird es sehr bald nur noch Meditierende geben, die innerhalb ihrer eigenen Kultur und in ihrer eigenen religiösen Gesinnung die Erfüllung und endlich die Einheit mit Gott finden werden.

Neben all den Millionen, Herr Professor, die die TM bereits tagaus, tagein regelmäßig ausüben, sind ich und sicherlich auch Ihre Familie ein Beweis dafür, wie schnell so eine Entwicklung durch TM möglich ist.

P: Was Sie da sagen, klingt ja sehr schön, was aber zum Beispiel Therese Schulte in ihrem sehr aufschlußreichen Buch berichtet und kommentiert, ist das genaue Gegenteil Ihrer Aussage. Sie vergleicht Maharishi mit Luzifer, der die Menschen mit dem Licht hinters Licht führen will.

D: So ein unlogischer Unsinn, Herr Professor. Träger und Besitzer des Lichts ist nur Gott, und wer Licht trägt, erhellt die Dunkelheit und befreit von Unwissenheit.

Luzifer existiert in den Köpfen derjenigen, die ihn erfunden haben, und für die er so wichtig geworden ist. Nach dem Motto: *Und die Geister, die ich rief, ...* sind sie ihn bis auf den heutigen Tag nicht mehr losgeworden. Er ist nur eine Erfindung aus einer verworrenen Sicht, genau wie die Behauptung, die Frau sei eine Sünderin, oder der Mensch brauche Leid, um glücklich zu sein.

Hier haben wir erneut ein ganz deutliches Beispiel dafür, wie das Negative vorgeht – es bekämpft. Es bekämpfte Krishna, es bekämpfte Buddha, es bekämpfte Christus, es bekämpft Maharishi. Die Meister aber bringen Liebe, und das ist der Beweis, daß diese arme Frau sich einfach irrt und sich solange irren wird, bis sie sich weiterentwickelt hat und die Dinge nicht aus dem Blickwinkel von Luzifer, sondern im Lichte der Liebe sieht. Wer in dem Bewußtseinszustand des erfundenen und erdachten Luzifer und Satan ist, der sieht und denkt nämlich auch so.

Also, welche Geister wir auch anrufen, sie umgeben uns, und wir sind ihrem positiven oder negativen Einfluß ausgesetzt. Geben wir endlich dem Positiven den Vorrang, und wir werden sofort die Kraft gewinnen, dem Negativen keinen Einlaß in unsere Herzen mehr zu gewähren. Haben wir den Mut, unsere eigenen Erfahrungen zu machen und ihnen zu vertrauen, und lassen wir uns kein schlechtes Gewissen von geistig Verirrten erzeugen, die nur Anhänger für ihre verdrehte Philosophie suchen, die ihnen selber nicht das Geringste gebracht hat. Gute Erfahrungen kommen von guten Dingen, schlechte Erfahrungen von schlechten Dingen.

T: Herr Professor, ich möchte jetzt doch noch einmal ganz konkret auf TM zurückkommen. Ich hoffe, Sie haben nichts dagegen.

Was ich für mich aus der bisherigen Unterhaltung herausgehört habe, ist, daß die TM-Technik eine unbeschreibliche Kostbarkeit darstellt, daß die TM-Lehrer aber ganz normale Menschen und keine Übermenschen sind.

Ist es trotzdem gewährleistet, daß jeder TM-Lehrer, auch die, die charakterlich offenbar keine Leuchten sind, TM korrekt weitergeben können?

D: Das ist eben die Größe von Maharishi. Er hat das Erlernen der Transzendentalen Meditation sozusagen absolut narrensicher gemacht. Gerade die von manchen so mutwillig ins falsche Licht gerückte Puja-Einführungszeremonie ist nämlich die Gewähr, daß jeder neue Meditierende TM unverfälscht so bekommt, wie Maharishi es sich gedacht hat. Diese symbolische Übergabe hat mit der Persönlichkeit des Lehrenden nicht das Geringste zu tun.

Wir können das damit vergleichen, daß ein Mensch uns einen Diamanten überreicht. Es handelt sich immer um einen Diamanten, egal, ob die Person charakterlich hoch oder niedrig, ein Präsident oder ein Tellerwäscher, ein König oder ein Bettler ist. TM ist die wunderbare Lehre von Maharishi, egal, wie der TM-Lehrer aussieht oder was er darstellt. Er ist der Überreicher des kostbarsten Diamanten, den es gibt.

T: Und wo kann man das erlernen?

D: In allen Großstädten und bereits in vielen kleineren Städten in Deutschland und in aller Welt sind TM-Center eingerichtet, in denen man die Transzendentale Meditation zu jeder Zeit erlernen kann.

Vor einiger Zeit habe ich für mich aus Büchern über TM und aus Telefonbüchern eine kleine Liste von TM-Centern im deutschsprachigen Raum zusammengestellt. Ob sie noch alle bestehen und ob alle Daten korrekt sind, kann ich allerdings nicht garantieren, denn es liegt doch schon etwas zurück.

Geschwind holte er aus seinem Brustbeutel eine ziemlich abgegriffene Liste hervor und legte sie auf den Tisch.

Thomas betrachtete sie einige Zeit.

TM-Center im deutschsprachigen Raum

Deutschland

Stadt		Straße	Telefon
06114	Halle	Richard-Wagner-Str. 48	0345/21431
		Kontakt:Frankfurt	069/524921
08066	Zwickau-Klaue	Kontakt:Regensburg	0941/26771
19059	Schwerin	Kontakt:Lübeck	0451/76814
10963	Berlin	Tempelhofer Ufer [illegible]3/24	030/2[illegible]59324/5
12165	Berlin	Schü[illegible] 7	030/7[illegible]19990
14057	Berlin	Lietzense[illegible] 8	030/3211038
			/[illegible]25544
14129	Berlin	[illegible]	030/[illegible]14392
20144	Hamburg	Parkal[illegible] 20	040/[illegible]6989
			[illegible]3450
20148	Hamburg	Rothenbaumchaussee 26	040/452080
21077	Hamburg	Heino-Marx-Weg 41d	040/7606396
21379	Scharnebeck	Eichenweg 13a	04136/8310
22087	Hamburg	Hartwicusstr. 4	040/2207877
22117	Hamburg	Archenholzstr. 12	040/7328316
22175	Hamburg	Pezoldtwiete 14	040/6435186
22303	Hamburg	Preystr. 4	040/2700697
23552	Lübeck	An der Mauer 142a	0451/74375
23570	Lübeck-Travemünde	Leegerwall 23	04502/73253
23815	Geschendorf	Dorfstr. 31	04553/730
24105	Kiel	Holtenauerstr. 63	0431/569492
24106	Kiel	Knivsberg 14	0431/337569
24113	Kiel	Christianistr. 10-12	0431/64622
24534	Neumünster	Am Teich 11-12	04321/44441 /44555
24768	Rendsburg	Aalborgstr. 38	04331/23638
24860	Böklund	Satruper Str. 23	04623/812
24941	Flensburg	Am Friedenshügel 11	0461/54425
25938	Övenum	Dörpstraat 8, Insel Föhr	04681/2185

Wichtiger Hinweis!

Die Erfahrungen vor allem der letzten Zeit haben endgültig gezeigt, daß die bestehende TM-Organisation nicht an der selbstlosen Hilfe für die Bevölkerung im Sinne von Maharishi, sondern nur an Geld und Psychomacht interessiert ist. Daher distanzieren wir uns von allen ihr zugehörigen Adressen und warnen vor ihrer Benutzung.

Wo jeder die echte TM nach Maharishi kostenlos erlernen kann, erfahren Sie bei der Adresse auf der Rückseite dieses Buches.

Die Autoren

26123	Oldenburg	Sonnenstr. 14a	0441/85868 /2256
26160	Bad Zwischenahn- Bloh	Bloher Landstr. 35	0441/69482
26409	Wittmund	Am Markt 34	04462/6789
26506	Norden	Zuckerpolderstr. 54	0431/16152 04402/7262
26789	Leer	Reimerstr. 17	0491/14785
27476	Cuxhaven	Hermann-Daur-Weg 41	04721/48925
27726	Worpswede	Postfach 1224	04792/3459
28209	Bremen	Parkstr. 97	0421/341314
28779	Bremen	Ringofenstr. 58	0421/602216
29227	Celle	Südfeld 12	05141/83345
29451	Dannenberg	Münzstr. 7	05861/1564
30169	Hannover	Bürgermeister-Fink-Str. 15	0511/806151 /889656
31134	Hildesheim	Güntherstr. 2	05121/131585
31832	Springe	Am kleinen Berge 14	05041/62482
33098	Paderborn	Borchener Str. 4	05251/72367
33165	Lichtenau- Asseln	Zur Egge 43	05295/1609
33615	Bielefeld	Wittekindstr. 53	0521/130263
34119	Kassel	Aschrottstr. 2	0561/18161
35398	Gießen	Unterer Hardthof 29	0641/61179
37073	Göttingen	Theaterstr. 16	0551/46525
37242	Bad Sooden- Allendorf	Am Kirschenrain 8a	05652/1800
38159	Vechelde	Sonnenberger Ring 16	05300/6167
40476	Düsseldorf	Frankenstr.	0211/466483
40479	Düsseldorf	Duisburgerstr. 133	0211/4910217
40883	Ratingen	Habichtweg 19	02102/67020
41169	Mönchen- gladbach	Ginsterweg 14	02161/55337
41334	Nettetal	Dohrstr. 12a	02153/730964
42349	Wuppertal	Emanuel-Felke-Str. 17	0202/472034
42369	Wuppertal- Ronsdorf	Im Saalscheid 6	0202/469735
44652	Herne	Gustav-Hegler-Ring 37	02325/47329
44879	Bochum	Am Hedtberg 65	0234/412363 /412364

45127	Essen	Maxstr. 11	0201/23187
48145	Münster	Staufenstr. 10	0251/34544
48147	Münster	Falgerstr. 27	0251/25271
48149	Münster	Waldeyerstr. 46	0251/892359
48167	Münster	Altehof 22	0251/619885
49143	Bissendorf	Am Berg 13	05402/8483
49525	Lengerich	Lönsweg 19	05481/7867
49661	Cloppenburg	Wilhelm-Busch-Str. 1	04471/81218 /5654
50667	Köln	Breite Str. 130	0221/249771 /231923
50667	Köln	Breite Str. 115	0221/2578001
50672	Köln	Kaiser-Wilhelm-Ring 6-8	0221/124633 /685931
50858	Köln	Gertrudenhofweg 8	0221/483057
50859	Köln	Dachsweg 43	0221/504295
51107	Köln	Erlöserkirchstr. 14	0221/862218 Fax: 341154
52070	Aachen	Elsa-Brandström-Str. 2	0241/151296 0032/8785/1132
53119	Bonn	Rotkehlchenweg 20	028/669119
55585	Norheim	Lembergblick 1	0671/46094 Fax: 46058
56130	Bad Ems	Am Robert-Kampe-Sprudel	02603/2220
56154	Boppard-Buchenau	Meisenweg 4	06742/4412
56459	Brandscheid-Westerburg	Im Waldhaus	02663/6268
56841	Traben-Trarbach	Parkschloß Bad Wildstein	06541/7050 Fax: 7050120
57635	Weyerbusch	Parkstr. 24	02686/8382
58093	Hagen	Emster Str. 47	02331/53281
59229	Ahlen	Stettiner Str. 18	02382/73188
60323	Frankfurt	Staufenstr. 36	069/727193
60323	Frankfurt	Grüneburgweg 55	069/727672
60329	Frankfurt	Wiesenhüttenstr. 17	069/231750
60389	Frankfurt	Friedberger Landstr. 312	069/5962856
60431	Frankfurt	Schenkendorfstr. 24	069/524921
61348	Bad Homburg	Am Elisabethenbrunnen 1	06712/44000

61350	Bad Homburg	Heidweg 31	06712/81248
61462	Königsstein	Öhlmühlenweg 7	06174/23789
61462	Königsstein	Am Eichkopf 16	06174/4033
63589	Linsengericht	Birkenhainerstr. 15	06051/68954 069/5970109
64283	Darmstadt	Nieder-Ramstädter-Str. 5A	06151/425542
64342	Seeheim	Weedring 5	
64380	Roßdorf	An der Fuchshütte 62	06154/8646 069/2380925
65185	Wiesbaden	Rheinstr. 39	0611/564777
66111	Saarbrücken	Futterstr. 15	0681/397076 06898/294567
66130	Güdingen	Fechingerstr. 9	0681/871627 /54969
66978	Leimen	Waldfischbacher Str. 21	06397/363 Fax:06333/5303
67227	Frankenthal	Bensheimer Ring 1	06233/6186
67227	Frankenthal	Heidelberger Ring 21	06233/63114
67240	Bobenheim-Roxheim	Theodor-Storm-Str.1	06239/6390
67251	Freinsheim	Dr.-Lehmann-Str. 16	06353/8011
67657	Kaisers-lautern	Am Vogelgesang 25	0631/61235
69121	Heidelberg	Mühlingstr. 29	06221/472561
69151	Neckargemünd	Neckarsteinacherstr. 44	06223/71388
70178	Stuttgart	Hohenzollernstr. 46	0711/7289808
70736	Fellbach-Schmieden	Blumenstr. 12	0711/5180822
70839	Gerlingen	Eibenweg 20	07156/24163
71032	Böblingen	Schurwaldstr. 14	07031/225491
71634	Ludwigsburg	Imbröderstr. 10	07141/922815
72072	Tübingen	Kurze Str. 5	07071/74132
72074	Tübingen	Scheefstr. 45	07071/52958
72108	Rottenburg	Konrad-Adenauer-Str. 40	07472/42364 /42413
72108	Rottenburg	Konrad-Adenauer-Str. 40/17	07472/7819
72160	Horb	Elsterweg 16	07451/3506
72766	Reutlingen	Robert-Koch-Str. 21	07121/47422
72793	Pfullingen	Schloßstr. 3	07121/77166
72818	Mägerkingen	Im Vogelsang 21	07124/2236
73033	Göppingen	Öchslinstr. 30	07161/23322
73655	Plüderhausen	Spittelberg 1	07181/82770

73732	Esslingen	Kastanienweg 31	0711/372022
74072	Heilbronn	Zehentgasse 25	07131/80387
74078	Heilbronn-Frankenbach	Panoramaweg 22	07131/484781 07731/42826
74613	Öhringen	Röntgenstr. 28	07941/3233
74613	Ohrnberg	Ruckhardtshauserstr. 7	07948/7550
75239	Eisingen	Waldpark 1	07232/8263
76133	Karlsruhe	Amalienstr. 63-65	0721/27053 Fax:27004
76337	Waldbronn	Fuchsweg 8	07243/68334
76530	Baden-Baden	Werderstr. 26	07221/38100
76571	Gaggenau-Sulzbach	Anton-Fischer-Str. 34	07225/2438
77815	Bühl	Hauptstr. 79	07223/22934
77887	Sasbachwalden	Breitenbrunnen	07841/6820 Fax:23122
78464	Konstanz	Beethovenstr. 12	07531/68886
78628	Rottweil	An der Halde 31	0741/7103
78713	Schramberg-Sulgen	Sulgauer Str. 2	07422/6777
79104	Freiburg	Rötebuckweg 27	0761/52700
79263	Simonswald	Bergstr. 27	07683/896
79400	Kandern-Wollbach	Nebenauer Str. 5a	07626/511
80333	München	Augustenstr. 79	089/522036 /522037
80435	München	Weitlstr. 31	089/3138433
82284	Grafrath	Hubertusstr. 10	08144/7693
82343	Pöcking	Hindenburgstr. 36	08157/7155 /7152 Fax: 7068
82362	Weilheim	Blumenstr. 14	0881/62398
83512	Wasserburg	Heisererplatz 1	08071/3775
84524	Neuötting	Bräuhausstr. 19	08671/71976
85098	Großmehring/Ingolstadt	Adalbert-Stifter-Str. 22	08407/617
85221	Dachau	Bergstsr. 3	08131/79627
86150	Augsburg	Maximilianstr. 12	0821/39734 08236/1268
86505	Münsterhausen	Hauptstr. 34	08281/3478
86899	Landsberg	Stoffener Str. 3	08191/5200

88276	Berg	Weiler Halde 16	0751/48994
88444	Ummendorf	Manlichstr. 19	07351/24821
89075	Ulm	Riedleinweg 4	0731/56297
89522	Heidenheim	Silberbergstr. 50	07321/44502
90425	Nürnberg	Großreutherstr. 129	0911/356630
90429	Nürnberg	Hochstr. 33	0911/261090
90762	Fürth	Luisenstr. 3	0911/773906
91301	Forchheim	Pautzfelderstr. 31	09191/31128
93047	Regensburg	Am Römling 8	0941/52769
93049	Regensburg	Prüfeninger Str. 3	0941/22712
93444	Kötzting	Ziegelgasse 10	09941/8887
95138	Bad Steben	Engelmannstr. 7	09288/7587
96163	Gundelsheim	Fischerstr. 4	0951/43210
96450	Coburg	Pilgramsroth 78	09561/18279
97082	Würzburg	Gertraud-Rostosky-Str. 36	0931/884321
99092	Erfurt	Kontakt:Bad Sooden-Allendorf	05652/1800

Schweiz

1203	Genève	Avenue Wendt 56	022/7333142
3012	Bern	Hochbühlweg 3	031/238908
6006	Luzern	Kapuzinerweg 9	041/367669
6377	Seelisberg	Pilgerheim	043/313938 Fax:313948
6900	Lugano	Via al Monte Bre 9	
8640	Hurden	Hurdnerstr. 20	055/486496 055/483968
8808	Pfäffikon	Churerstr. 18	055/486496
9240	Uzwil	Waldhofstr. 16	07351/2812

Österreich

1010	Wien	Biberstr. 22/2	0222/5127859
4010	Linz	Graben 21B	0732/278681
4910	Ried i. I.	Bahnhofstr. 19	07752/86622
5020	Salzburg	Wolf-Dietrichstr. 13	0662/882326
6020	Innsbruck	Vögele-Bichl 34	0512/818573 Fax:419215

6330	Kufstein	Weidach 11	05372/65445
6900	Bregenz	Mariahilfstr. 55	05574/23838
8720	Knittelfeld	Europastr. 2	03512/6279
9020	Klagenfurt	Tulpenweg 4	04227/84196
9500	Villach	Quergasse 7	04242/57765

Luxemburg

1371	Luxembourg	137 Val Ste Croix	00352/444802

Italien/Südtirol

38012	Meran	Montaniweg 3/B	0437/211102
38014	Burgstall	Kirchweg 15	0473/291062
39100	Klobenstein/ Ritten	Mittelberg 33	0471/356560
39100	Bozen	Europaallee 63	0471/934988
38028	Schlanders	Vezzan 51	0473/742519
38020	Rabland/ Partschinc	Saring 35	0473/98176

T: Oho, das ist ja eine ganze Menge!

Was ist ein eigentlich ein TM-Center, ist das ein Büro oder eine öffentliche Institution wie eine Schule, oder ist es so etwas wie ein Ashram?

D: Weder – noch. Die bisherigen TM-Center sind eigentlich noch eine Notlösung, bis die Bevölkerung verstanden hat, was sie durch die Transzendentale Meditation eigentlich bekommen hat.

Bis jetzt sind es notdürftige Einrichtungen, häufig in Privaträumen von TM-Lehrern, die sich wirklich freuen und nur darauf warten, TM lehren zu dürfen. Man kann sie ohne Bedenken zu jeder Zeit in Anspruch nehmen, außerdem ist jegliche Information über TM sowieso kostenlos und unverbindlich.

Da das wirkliche Wissen um die Naturgesetze und die Natur des Menschen in den TM-Centern seinen Sitz hat, sollten sie eigentlich als schöne, große Kulturgebäude der Schmuck jeder Stadt, jeder Gemeinde sein. Die Verwirklichung dieser wunderbaren Vorstellung Maharishis, die die Kostbarkeit seines Wissens jedem einzelnen rasch zugute kommen lassen wird, hängt allerdings vom Volk, von jedem einzelnen von uns ab.

Thomas machte sich einige Notizen aus der Liste und gab sie an Duschane zurück.

T: Meine Eltern und meine Schwester sind gut dran, doch bei mir in der Nähe ist leider nichts dabei.

D: Das ist auch kein Problem. Für den gesamten deutschsprachigen Raum gibt die *Gesellschaft zur Förderung von Maharishis Vedischer Wissenschaft in Deutschland* in Schledehausen gerne Auskunft.

Ihre Adresse ist: SAMHITA, Am Berg 13, D–49143 Bissendorf, Tel. 05402/7227 oder 8483, Fax 05402/8738.

Dort kannst Du jederzeit anfragen, wo Du bei Dir in der Nähe TM erlernen kannst. Sie werden Dir sicherlich gerne weiterhelfen.

P: Thomas, Sie wollen sich also wirklich auf dieses Abenteuer einlassen? Ich habe zu Hause ein ganzes Regal von aufklärender Literatur über TM. Die sollten Sie vorher vielleicht gründlich lesen. Ich stelle sie Ihnen gerne zur Verfügung.

T: Wieweit hat Ihnen diese Literatur geholfen?

Eigentlich würde es mich mehr interessieren, Ihre Familie kennenzulernen.

D: Herr Professor, es ist wirklich schade. Sie haben sich da ganz schön etwas eingehandelt. Sie sind in einen Kreislauf der Meinungen, Fehlinformationen, Beeinflussungen und Vorurteile geraten, der für einen aufrichtigen Menschen und vor allem für einen Wissenschaftler völlig unwürdig ist.

Von wem stammen denn eigentlich Ihre Informationen? Ist es nicht normal, daß man sich über die Kunst des Backens beim Bäcker Auskunft holt, über die Chemie beim Chemiker, über Mathematik bei einem Mathematiker und über TM bei einem TM-Lehrer? Wenn jemand etwas über Chemie gelesen hat, dann ist er deswegen doch noch lange kein Chemiker!

Es ist einfach beschämend, daß manche sich das Recht nehmen, die Negativität, die ihnen gerade in den Kram paßt, hemmungslos weiterzureichen, ohne sich vorher selber zu überzeugen, was eigentlich dran ist. All diejenigen, die gegen TM gewettert haben, haben in sich eine Feindschaft dagegen erzeugt, und Feindschaft gegen irgendjemanden auf dieser Welt ist immer eine negative Eigenschaft. Vor allem beweisen diejenigen durch ihr eigenes Unglücklichsein, daß sie im Unrecht sind.

Ausgerechnet Sie, Herr Professor, haben sich in so etwas verrannt, wo Ihre Familie doch so wunderbare Erfahrungen mit der Transzendentalen Meditation gemacht hat, und nicht zuletzt auch Sie selbst.

Wachen Sie um Gottes willen endlich auf, denn:

Was war, ist vorbei

Irgendwo in Indien lebte ein großer Weiser, der aus irgendeinem Grunde gelobt hatte, nie ein weibliches Wesen zu berühren. Seinem Gelübde treu lebte er lange Jahre in der Einsamkeit, bis eines Tages ein junger Mann zu ihm kam, dem die Weisheit, die Gelassenheit und der Gleichmut des Meisters gefielen. Er wurde sein Schüler und gelobte ebenfalls, nie mehr einer Frau seine Aufmerksamkeit zu schenken.

So zogen sie tagaus, tagein von Dorf zu Dorf und lebten in Bescheidenheit und Demut ihr Leben.

Eines Tages, es war die Zeit des Monsunregens, befanden sie sich nicht weit von einer Ortschaft, als plötzlich ein fürchterlicher Wol-

kenbruch niederging, der die staubige Straße im Nu in einen Matschsee verwandelte. Zum Glück fanden die beiden Zuflucht unter dem Dach eines Hauses.

Als der Regen vorüber war, kam ein wunderschönes Mädchen heraus, das die herrlichsten Kleider trug und mit einer Blumengirlande geschmückt war. Als sie des Matsches gewahr wurde, rang sie ihre Hände und schaute sich hilflos um.

"Mein Gott, wie soll ich unbehelligt zum Fest kommen, ohne meine Kleider zu beschmutzen?" und ihre Augen füllten sich mit Tränen.

Der Meister, ergriffen von Mitleid, ging zu ihr, bat sie um Erlaubnis, nahm sie auf seine starken Arme und trug sie wortlos zu dem Haus, wo das Fest bereits im Gange war. Dann kehrte er zu seinem Schüler zurück, und sie setzten ihren Weg schweigend fort.

Wie bisher zogen sie durch die Lande, Woche für Woche, Monat für Monat, doch dem Schüler ging das Ereignis mit dem Mädchen nicht aus dem Sinn. Er, sein Meister, sein Vorbild, hatte das Gelübde gebrochen. Das ließ ihm einfach keine Ruhe.

Nach drei Monaten wurde es ihm zuviel, seine Enttäuschung über die Handlung des Meisters weiterhin mit sich zu schleppen. So nahm er sich vor, ihn endlich darauf anzusprechen.

"Meister, vergib mir bitte, aber ich muß Dich etwas fragen. Ich habe nach Deinem Beispiel gelobt, nie eine Frau zu berühren. Doch Du hast damals jenes Mädchen in Deine Arme genommen und mindestens 50 Meter weit getragen. Das begreife ich nicht."

Der Meister schaute ihn an, und dieselbe Güte und Sanftmut gingen von ihm aus, die den Schüler dazu gebracht hatten, ihm überhaupt zu folgen.

"Ja, ich habe sie getragen. Aber ich ließ sie dort stehen, und Du trägst sie noch immer."

Obwohl es eigentlich klar ist, daß nicht die Vergangenheit und auch nicht die Zukunft, sondern die Gegenwart der Ausdruck des bewußten Lebens ist, schleppen die Menschen beharrlich längst vergangene Dinge mit sich herum.

Doch es gibt kaum etwas Vergangenes, das die Gegenwart bereichern könnte, denn die Gegenwart ist die Chance des fortwährenden Wachstums. Daher gleichen alle, die durch die Brille der Vergangenheit sehen, Menschen, die versuchen, vor Jahren verfaulte Früchte wieder auf die Bäume zu binden, nur weil sie sich an deren guten Geschmack erinnern, anstatt die Früchte der Gegenwart zu pflegen zum Wohle ihres jetzigen Genusses.

Lassen wir die Vergangenheit dort stehen, wo wir sie erlebt und damit erledigt haben, und wir werden eine ungeheure Last ablegen, ohne die wir Wunderbares bewirken werden. Mit »Last« sind dabei schöne Erlebnisse gleichermaßen gemeint wie Fehler, die wir an anderen und an uns selbst begangen haben. Das Schöne aus der Vergangenheit ist nämlich nur eine zarte Idee, daß die Gegenwart unbelastet noch schöner sein kann; und wer sich die Fehler der Vergangenheit als Maßstab setzt, der leugnet für sich und andere die Möglichkeit, sich weiterzuentwickeln und die Fehler abzulegen.

Sie, Herr Professor, tragen viel zu viele Dinge mit sich, die Ihre gegenwärtige Entfaltung und Befreiung vom Leid förmlich zunichtemachen. Gleichen Sie nicht dem Schüler, der eigentlich selbst gar keine konkrete Erfahrung mit dem Mädchen gemacht hat? Nur als Zeuge einer Sache, die sich seinem Verständnis sowieso entzog, belastete er sich mit seinen Vorurteilen monatelang.

Wäre es nicht an der Zeit, den Mut zur eigenen Erfahrung zu haben, um dem Geist die Chance zu geben, dem eigenen Bewußtsein korrekte Bilder zu vermitteln?

"Ich ließ sie dort stehen, und Du trägst sie noch immer."

T: Das gefällt mir unheimlich. Ich sehe jetzt bei mir selber, welchen Mist ich aus der Vergangenheit mit mir herumschleppe.

D: Oh Thomas, nicht nur Du. Die heutige Gegenwart besteht eigentlich nur aus vergangenem Unsinn, und es ist höchste Zeit, daß jeder Mensch beginnt, diesen wahnsinnigen Unrat abzulegen, ihn vergangen sein zu lassen.

In dem Augenblick, wo wir es geschafft haben, die gesamte Vergangenheit abzulegen, sind wir eigentlich erst frei für Gott. Die Sprache bestätigt es wieder: Gott ist nicht vergänglich und auch nicht zukünftig, sondern allgegenwärtig.

Bei diesen Worten stand der Professor auf, ging zum Fenster und schaute eine Weile gedankenverloren in die Ferne.

Das ganze Leben, das er bis jetzt geführt hatte, schien tatsächlich wie Unrat durch das Sieb gefallen zu sein. Was aber war in dem Sieb geblieben? Einige Körnchen Erinnerungen und eine entflammte Sehnsucht, mit der er nicht viel anfangen konnte.

Wohin sollte es jetzt, in seinem Alter, mit ihm noch gehen?

P: Oh Gott, war ich ein Hornochse!

Wie verblendet war er gewesen, seine Familie im Stich zu lassen, die ihm immer beteuert hatte, daß sie ihn liebt! All das hatte er kopflos seinen starren Ansichten zuliebe in den Wind geschlagen.

Und jetzt, was war jetzt? Diese Begegnung in der Hütte hatte ihm die nackte Wirklichkeit enthüllt: ein paar Körnchen auf dem Sieb des Lebens. Was er bis jetzt verdrängt hatte, ließ er nun laufen, und die Bilder der Vergangenheit seines Lebens mit seiner Frau und mit seinen Kindern flossen mit dem Strom der Tränen, die aus seinen Augen rannen. Er sah zwar alles verschwommen, doch es war erfüllt vom Glück und der Geborgenheit in der Liebe seiner Familie.

Von tiefem Mitgefühl ergriffen, wollte Thomas zu ihm gehen, aber Duschane hielt ihn mit einem Zeichen davon ab, was er auch begriff. Denn selbst in seinen jungen Jahren hatte er diesen gewaltigen Zustand schon erfahren, sich selbst gegenüber zu stehen. Das sind Kräfte, die reinigen und heilen.

Nach einer langen, langen Weile drehte sich der Professor wieder in ihre Richtung, und ein Schimmer von Hoffnung leuchtete aus seinen noch mit Tränen gefüllten Augen.

P: Ich denke, es wird schon irgendwie weitergehen,

sagte er halblaut, als ob er sich damit selbst bestärken wollte, und setzte sich wieder zu seinen Freunden an den Tisch.

Nach einer Weile wandte er sich an Duschane.

P: Kann ich bei Ihnen TM wieder erlernen, oder bin ich dafür schon zu alt? Womöglich ist es für mich schon zu spät, und der Zug ist abgefahren?

D: Ich glaube kaum, daß Sie sich gegenwärtig wie ein Karren fühlen, der hoffnungslos im Dreck steckt, oder? Solange wir atmen, besteht immer eine Chance, und es ist nie zu spät. Im Gegenteil, es wird sogar immer dringlicher.

Wissen Sie, wenn man das Ziel des Lebens ohne Hilfe nicht bis zum dreißigsten Lebensjahr erreicht hat, wo die körperlichen und geistigen Kräfte voll zur Verfügung stehen, wie soll man es dann in der Verschleiß- und Abbauphase schaffen? Das ist so gut wie unmöglich. Also brauchen die Jungen TM als Hilfe, damit sie es wirklich schaffen, und die Älteren erst recht, denn wie sollen sie ohne Hilfe sonst das Ziel des Lebens erreichen?

Erinnern Sie sich noch an Ihr Mantra?

P: Ja, das werde ich meiner Lebtag nicht vergessen.

D: Dann kann ich Ihre Meditation überprüfen, aber es wird notwendig sein, daß Sie die Transzendentale Meditation vollständig erlernen. Denn Sie haben bei der Einführung zwar die Technik bekommen, doch die drei Tage, die Sie versäumt haben, beinhalten das vollkommene Wissen um die Technik, und wie man mit ihr umgeht.

Erleichtert, nicht abgelehnt worden zu sein, ergriff der Professor Duschanes Hände.

P: Sie können das doch machen! Sie sind doch TM-Lehrer, oder?

D: Ja, Herr Professor, ich bin TM-Lehrer.

T: Das ist ja großartig! Dann kann ich ja auch gleich mitmachen und TM von Dir lernen.

D: Langsam, langsam! Wenn ich den Herrn Professor überprüfe, dann stelle ich nur fest, ob er durch die Erinnerung an sein Mantra Erfahrungen macht. Macht er jedoch keine Erfahrungen, dann muß er neu eingeführt werden. Dazu fehlen uns hier aber die nötigen Utensilien und Gaben. Um TM korrekt zu lehren, brauchen wir nämlich bekanntlich Blumen, ein neues Taschentuch, Obst usw.

T: Es wäre aber so schön, hier in dieser Einsamkeit und dieser Atmosphäre TM zu beginnen!

D: Thommy, ich habe TM in einer Großstadt erlernt, wo beiderseits auf einer vierspurigen Straße pausenlos Lastautos vorbeidonnerten.

Natürlich ist es schöner, in so einer Atmosphäre diese Kostbarkeit zu bekommen. Aber letzten Endes kommt es darauf an, daß man sie wirklich bekommt. Und ohne Puja – das haben wir ja ausführlich erklärt – bekommt man TM nun einmal nicht.

T: Aber wie sollen wir das mit den drei Tagen denn machen?

D: Thomas, Du mußt vier Tage machen. Die drei Tage betreffen nur den Herrn Professor, wenn das Checking, die Überprüfung, positiv verläuft.

Doch Deine Frage ist trotzdem berechtigt. Heute mittag habe ich nämlich festgestellt, daß wir nur noch Nahrung für eine Mahlzeit haben. Also wird unser heutiges Abendbrot – ob wir es wollen oder nicht – unseren Aufenthalt hier beenden. Das Wetter ist ja auch wieder gut, so daß wir morgen in aller Früh den Weg ins Tal antreten können. Dort werden wir schon eine Möglichkeit finden, die drei Tage für den Herrn Professor durchzuführen.

Und an Thomas gewandt fuhr er fort:

D: Die Überprüfung der Meditation ist eine sehr persönliche Sache, und daher muß ich Dich bitten, uns beiden die Möglichkeit zu geben, für eine halbe oder dreiviertel Stunde alleine zu sein.

T: Kein Problem! Es ist ja noch eine Weile hell. Solange strolche ich einfach ein bißchen durch die Gegend.

Er zog sich seine Jacke an und ging beschwingt hinaus. Draußen tänzelte er leicht von einem Stein zum anderen und kletterte über die Felsen. Es war ihm noch klarer geworden, was dieses Wissen für ihn und vor allem für die Welt bedeutete, nämlich eine wirkliche Chance.

Leider waren sich die Menschen ihrer so wenig bewußt. Ein bißchen wehmütig dachte er an seine Mutter, eine unendlich arbeitsame Frau, aber verloren im Gewühl ihrer Arbeit und der Sorge um die Zukunft, geplagt von einer durch sie selbst erzeugten furchtbaren Nervosität. Sein Vater hielt seinen Kopf ebenfalls in seinen Tätigkeiten vergraben und ging am wirklichen Leben vorbei. Dabei hatten die beiden eine solide Existenz aufgebaut und völlig abgesichert. Somit wäre es für sie schon längst an der Zeit, nicht mehr so viel zu arbeiten. Sie mußten unbedingt dieses Wissen erhalten und TM beginnen. Und nicht nur sie, alle seine Freunde und Verwandte, und letztlich die ganze Welt.

Er war am Gipfel angelangt, und die erhabene Aussicht über die Berge und die Täler lenkte seine Aufmerksamkeit wieder auf die Gegenwart. Der gesamte Westen badete im Rotgold der untergehenden Sonne, die die ganze Bergwelt in ihren herrlichen Schein einhüllte.

Diesen unvergleichlichen Ausblick hatte er erst vor ein paar Tagen unter vollkommen anderen Bedingungen genossen. Es war wirklich kaum zu beschreiben, wie sich die Landschaft quasi über Nacht verändert hatte. Als sie das erste Mal hier oben waren, war das Tal von einem grauen Nebelmeer bedeckt, das die Sonnenstrahlen abhielt. Jetzt aber wurde es von der Sonne geradezu überflutet. Sein klarer Blick erkannte alle Einzelheiten, alle Konturen und Nuancen, und er glaubte sogar, das Läuten der Glocken aus dem Tal zu hören.

Das war tatsächlich keine Täuschung. Sein Lauschen erfaßte neben den Schwingungen der Glocken sogar geradezu den Ruf des Lebens. Die Freude, dies erleben zu dürfen, ließ in auf die Knie fallen. In Demut verbeugte er sich vor der Kraft, mit der die Sonne die Erde beleuchtet und erwärmt, und vor der mächtigen Wahrheit, die man nur in sich selber finden kann.

Er wünschte, daß alle Menschen erfahren würden, was er in diesem Augenblick empfand: die Erkenntnis, daß das Leben wirkliche Glückseligkeit ist. Man braucht nur die graue Masse oder die Dunkelheit, die das Bewußtsein umnebelt, wie Duschane es ausdrückte, abzustreifen, dann steht man vor der eigenen Wirklichkeit, und das ist das wahre Leben.

Er wußte nicht, wie lange er so verweilt hatte, doch die untergehende Sonne ermahnte ihn, daß es bald dunkel sein würde. In der Dunkelheit über die Felsen zur Hütte zurückzufinden, würde beschwerlich sein, dachte er und sprang daher rasch auf, um zurückzugehen.

Bereits nach einigen Minuten war er wieder beim Häuschen angelangt und vergewisserte sich durch das Fenster, ob er nicht störte. Da er Duschane am Kamin bei der Zubereitung des Abendbrots hantieren sah, trat er erfreut ein.

Der Professor saß ganz bequem und entspannt auf seinem Bett.

P: Thomas, bitte komm herein, Du störst nicht,

rief er ihm herzlich zu.

P: Ich hatte mir schon Gedanken gemacht, wo Du so lange bleibst.

Thomas schaute zu ihm hinüber.

T: Was ist denn mit Ihnen passiert?

Er war verblüfft, wie entspannt und abgeklärt das Gesicht des Professors war. Damit erübrigte sich auch die Frage, ob das Checking Erfolg gehabt hatte.

P: Thomas, Du guckst so erstaunt. Habe ich etwas Falsches gesagt?

T: Nein, nein, Herr Professor, heute mittag war mir nur aufgefallen, wie entspannt Sie beim Mittagsschlaf dalagen. Daß Sie jetzt aber noch viel entspannter aussehen, das hat mich einfach überrascht.

Da lachte der Professor herzlich und streckte Thomas die Hände entgegen.

P: Danke, Thomas, ich danke Dir wirklich. Doch ich fühle mich tatsächlich auch innerlich so, wie Du mich siehst.

T: Bewirkt das Checking so etwas?

P: Nein, das war die Meditation nach dem Checking.

Thomas erinnerte sich, wie er vor ein paar Tagen in jener Sturmnacht an derselben Stelle gestanden hatte, und wie ihm der bestimmende Ton in der Stimme des Professors sofort verraten hatte, woher er kam.

Jetzt aber stand er einem Mann gegenüber, der kaum noch derselbe zu sein schien. Nicht ein winziger Ton in seiner Stimme erinnerte mehr an den Hochschuldozenten jener Sturmnacht. Stattdessen Sanftmut, Freundlichkeit, und sogar das vertraute »Du«. Es war unglaublich. Die Meditation mußte etwas Wunderbares sein, wenn sie so etwas bewirkt.

D: Essen kommen!

hörten die beiden da eine prompte Einladung und begaben sich zu Tisch.

Beim Essen mußte Thomas den Professor immer wieder anschauen. Er konnte die Veränderung einfach noch nicht fassen. Wenn er ihn nicht selbst davor und jetzt erlebt hätte, würde er so etwas für ein Lügenmärchen halten.

Doch innerhalb dieser paar Tage hatte sich alles vor seinen eigenen Augen abgespielt: jene arrogante, befehlsgewohnte Art, dann die inneren Kämpfe, die der Professor durchgemacht hatte, sein ständiges Widersprechen, und nun so etwas! Kaum zu fassen.

Nach dem Essen spülten sie schnell ihre Teller und Löffel ab und setzten sich gemütlich vor den Kamin.

P: Weißt Du, Thomas,

begann der Professor zaghaft,

P: eigentlich wollte ich Dich in meiner bodenlosen Verbohrtheit von TM abbringen. Mir ist es selber unbegreiflich, welcher Teufel mich da geritten hat. Ich habe durch meine öffentliche Bekämpfung von TM eigentlich mich und mein Leben selbst bekämpft. Ich bin Pfarrer Haack aus München und den vielen anderen Sektenbeauftragten auf den Leim gegangen und habe ihren Haß, ihre Unnachsichtigkeit und ihren Verfolgungswahn zu meinem eigenen gemacht. Wie konnte ich nur so dumm sein!

Aber damals erschien mir alles, was man über TM erzählte, als wahr, und ich fühlte mich meiner christlichen Gesinnung gegenüber verpflichtet, TM im Keime zu ersticken. Was für ein Wahnsinn!

Duschane hat völlig recht, so ein Verhalten hat doch mit Christus, mit Seiner Liebe, Seiner Erlösung oder Seiner Lehre wirklich nicht das Geringste zu tun! Meine eigene Erfahrung habe ich ignoriert, und daher konnte ich zu gar keinem korrekten Urteil gelangen. Sogar meine Familie habe ich dieser bodenlosen Unwissenheit wegen geopfert. Mein Gott!

Deswegen verbeuge ich mich tief vor der Erkenntnis, was ein wahrer Christ eigentlich ist, die Du, Duschane, uns so kompromißlos geschildert hast. Jetzt weiß ich aus der Tiefe meines Herzens, daß ein wahrer Christ nicht raucht, keinen Tropfen Alkohol zu sich nimmt, vollkommener Vegetarier, Beschützer und nicht Vernichter des Lebens ist und immer die Möglichkeit sucht, im Einklang mit der Natur zu leben. Er liebt, verurteilt nie, er ist geduldig und erhaben, ...

Ich wiederhole ja geradezu die Qualitäten, die Du uns vorhin so schön geschildert hast. Aber es ist tatsächlich so, ich weiß es, ich weiß es ganz tief da drinnen.

Wenn ich an meine Vergangenheit denke, dann ekle ich mich fast vor mir selbst. Wie konnte ich mir das nur antun, Tiere zu töten und töten zu lassen, Geschöpfe Gottes, wo es doch schon im Alten Testament in der Genesis steht, daß der Herr den Menschen und Tieren die Pflanzen zur Nahrung gab! Ich war einfach ein bodenloser Ignorant, der sich alles so zurechtgelegt hat, wie es ihm gerade in den Kram paßte. So ein Irrsinn!

Innerhalb dieser einen Woche ist mir klar geworden, daß dieses ganze Leben falsch war, und nach dieser einen Woche vegetarischen Lebens fühle ich mich so herrlich, wie ich mich noch nie in meinem Leben gefühlt habe, geradezu als ob eine furchtbare Last von mir abgefallen ist. Dabei konnte ich es mir früher, als meine Familie es mir sogar unmittelbar vorlebte, nicht einmal im Traum vorstellen, so zu leben. So verkorkst war mein Denken!

Und dennoch war eine Korrektur möglich. Danke, Duschane. Ich muß ein harter Brocken für Dich gewesen sein.

D: Danken wir Maharishi, der die Lehre Christi und die Weisheit aller Meister wieder für uns belebt hat. Seine wunderbare Meditation ist unersetzlich.

Bedenken Sie, wo Sie jetzt ohne die Hilfe des korrekten Wissens stünden. Durch die Transzendentale Meditation wird förmlich der Einklang mit dem Leben kultiviert, und Einklang mit dem Leben heißt, das Leben gedeihen zu lassen und nicht zu zerstören.

T: Jetzt kapiere ich das erst! Die ganze Zeit habe ich mich gefragt, wie es der Geist denn schaffen soll, den Anfang zu machen und dem Körper die richtigen Impulse für seine vollkommene Gesundheit zu vermitteln. Er ist doch selbst meist vernebelt, umnachtet und verfangen in unzähligen Äußerlichkeiten. Das spürt wahrscheinlich jeder bei sich selbst.

TM ist also wie ein Wecker für den Geist, der ihn aus seinem Dornröschenschlaf wachrüttelt?

D: Nein, Thomas, ein plötzliches Wachrütteln ist viel zu grob. Bedenke nur, wie morsch das Schloß ist, und wie brüchig das gesamte Gefüge drumherum. Mit Gewalt und Rücksichtslosigkeit würde alles zusammenbrechen. Das haben wir schon bei der Psyche erwähnt.

Nein, TM ist wie die sanfte Vorgehensweise desjenigen, der den Weg zum Turm, in dem die verwunschene Prinzessin seit hundert Jahren liegt, genau kennt und sich aller Gefahren auf ihm voll bewußt ist. Es ist der sanfte Vorgang, jeden Balken, die gesamte morsche Statik behutsam zu erneuern, um sich dann Stück für Stück, Stufe für Stufe langsam dem Turm der Schlafenden zu nähern.

Würde man auf die morschen Treppen trampeln, so würde der gesamte Turm zusammenbrechen. Also muß zunächst einmal von Grund auf alles bis zur Turmspitze heilgemacht werden, sonst sind wir für die Prinzessin sogar eine Gefahr.

Das ist TM, Thomas, ein zur Genesung führender und gleichzeitig fortschreitender Weg zur Turmspitze unseres Daseins, wo wir mit einem sanften Kuß die Prinzessin, unsere Seele, zu ewigem Dasein erwecken.

Doch diese Erfahrung wirst Du sicherlich selber machen.

P: Jetzt fällt mir tatsächlich alles wie Schuppen von den Augen. Jener Schlauch mit klarem Wasser, von dem wir heute morgen gesprochen haben – das ist doch nichts anderes als TM, das uns aus der Tiefe des Seins das klare Wasser hochholt.

Da hatte ich ja ein ganz schönes Brett vor dem Kopf, und dabei ist es so offensichtlich: Man taucht in das reine Bewußtsein und holt es hoch. Dieser sanfte Vorgang spült den Schlamm aus uns heraus wie das klare Wasser in dem Topf. Ja, das ist die Analogie! Sie trifft den Nagel auf den Kopf.

Jetzt muß ich mich wirklich ernsthaft fragen, womit ich meine Zeit all die Jahre vergeudet habe, wenn die Erlangung von innerem Glück und von Zufriedenheit so einfach vonstatten geht.

Ich muß Dir wahrhaftig recht geben, obwohl ich das, was Du heute vormittag gesagt hast, für glatten Humbug gehalten habe. Es stimmt, es war wirklich unendlich schwer und langwierig, Professor zu werden, es hat mich Jahre gekostet, und eigentlich wollte ich dadurch Gott erreichen. Aber alles hat sich zu einem Berg aufgetürmt, der mich fast erdrückt hat, anstatt mich zu Gott zu bringen. Und jetzt muß ich all das auch noch wieder abbauen! Gott direkt zu erreichen, ist wohl wirklich viel einfacher.

Wenn es noch vor ein paar Tagen jemand gewagt hätte, zu behaupten, mein Leben bestehe aus Unwissenheit, dann hätte ich wegen einer solchen Unverfrorenheit einen Tobsuchtsanfall bekommen. Und dabei habe ich mir wirklich wie die meisten meiner Kollegen vieles vorgemacht, um in der Öffentlichkeit als etwas Besonderes zu gelten.

D: Ja, Herr Professor, Gott ist Maßstab der Wahrheit, nicht die menschliche Einbildung. Jetzt sind Sie wahrer Professor geworden, aus eigener Erfahrung bestückt mit der Erkenntnis, daß die Naturgesetze die Grundlage des Lebens bestimmen, und daß in ihnen die eigentliche Weisheit für die Menschen zu finden ist.

Sehen Sie, wie einfach es ist. Diese Erkenntnis entfachte in Ihnen Achtung und Ehrfurcht vor dem Leben. Der eigentliche Forschungstrieb wird damit nur aus der Sehnsucht bestehen, das Leben zu bestätigen, und wird immer evolutionär und lebenserhaltend sein. Wenn Sie jetzt lehren, dann werden Sie den Studenten die zwei Aspekte des Lebens, den inneren und den äußeren, vermitteln, die erkannte Grundlage und das praktische Wissen für das alltägliche Leben.

P: Es ist wunderbar, was Du – Verzeihung – was Sie mir da in Aussicht stellen, und ich werde alles tun, um dem wirklich nahe zu kommen.

Er machte eine kleine Pause und schluckte verlegen.

P: Aber ich habe noch etwas anderes auf dem Herzen, was mir schon seit einiger Zeit ein Anliegen ist. Vielleicht schickt es sich nicht, aber da wir schon so lange in dieser herrlichen Hütte in einem Boot sitzen und uns doch schon ein gutes Stück näher gekommen sind, schlage ich vor, daß wir uns duzen. Ich möchte Euch bitten, mich »Paul« zu nennen.

Man sah ihm förmlich an, wie froh er war, dieses von ihm selten gemachte Angebot über seine Lippen gebracht zu haben.

D: Ja, Paul, gerne.

Es ist wirklich so, daß das Leben und die Wirklichkeit um das Leben nicht außen, sondern nur innen auffindbar sind. In uns selbst ist das Himmelreich, in der Qualität des reinen Nervensystems, das uns zu der Quelle unseres Bewußtseins, zum reinen Bewußtsein, führen wird.

P: Es ist so merkwürdig. Seit Tagen fütterst Du uns mit solchen Aussagen, erst jetzt aber – wie wenn ein Schleier vor meinen Augen weggenommen worden wäre – sehe ich, daß es nicht nur Worte der Weisheit sind, sondern die Wahrheit selbst, die unumstößliche Wahrheit.

Bisher fühlte ich mich höchstens als ein ferner Zeuge oder Ahner, der dies alles wie hinter Glas als eine abstrakte, nie verwirklichbare Vorstellung vom Leben betrachtete, zwar vorhanden, doch unerreichbar. Ich war nie an ihr beteiligt; und jetzt fühle ich mich plötzlich, als ob ich ein Teil von ihr geworden wäre.

D: Genau das ist der Unterschied zwischen angelesenem Wissen und eigener Erfahrung, die den meisten Menschen leider fehlt.

T: Das erinnert mich an Dein Beispiel vom Labyrinth.

Demnach ist TM das Mittel, mit dem man sich aus dem Labyrinth der Verworrenheit erhebt und dadurch die Erfahrung der Freiheit gewinnt, eine vollständige Übersicht für die eigene Entwicklung?

P: Thomas, genau so fühle ich mich, wie einer, der aus einem Gefängnis endlich die Freiheit erlangt hat, weg von der beengenden Mauer des eigenen Zuchthauses zur Aussicht, zu einem Horizont der Weite, der Übersicht.

Als ich nach der Schule das Studium begann, fühlte ich mich so ähnlich, von den Schwingen des Wissens getragen. Doch dieses Gefühl und diese Erfahrung waren leider nur von kurzer Dauer. In Wirklichkeit wurde ich immer weiter in ein Gefängnis gedrängt, in eine Begrenzung, die mich fast das Leben gekostet hat.

Er faßte sich fast schon aus Gewohnheit ans Herz, hielt dann aber überrascht inne und begann, seinen Puls zu fühlen.

P: Eigenartig! Mein Herzstechen und meine Herzrythmusstörungen sind weg. Das ist doch nicht möglich!

Fassungslos schaute er die beiden anderen an. Erneut faßte er sich an die Herzgegend, wo er seine Herzschmerzen immer lokalisiert hatte, und dann an seinen Puls.

P: Vielleicht ist es auch nur eine Täuschung. Ich schlafe mal lieber darüber, um nicht voreilig zu sein.

D: Was Du da über Deine Erfahrung beim Studium erzählst, Paul, ist sehr treffend. So wie ein Gedanke hat nämlich auch die Wissenschaft zwei Enden, ein nach außen und ein nach innen gerichtetes. Es ist gut, erst dann nach außen zu forschen, wenn man vorher nach innen geforscht hat. Denn so wird man mit der Forschung nach außen umgehen können. Forscht man jedoch zuerst nach außen, so kommt das heraus, was wir tagtäglich in der Welt erleben: Angst und Schrecken vor einem Atomkrieg oder vor der Umweltzerstörung, die durch die Forschung nach außen erst hervorgerufen worden sind.

Ich bin in keiner Weise gegen Wissenschaft, wie Du mir des öfteren unterstellt hast, vielmehr bin ich ihr heißer Vertreter, doch nur der wahren Wissenschaft, die zuerst nach innen und dann nach außen forscht. In der wahren Wissenschaft werden die beiden Enden im Einklang mit dem Leben zusammengeführt, und damit ist TM die Grundlage für die Erfüllung der Forschung und der Wissenschaft schlechthin.

T: Was heißt eigentlich Forschung nach innen? Hat das etwas mit der Feinsensorik und dem siebten Sinn zu tun, mit dem Körper als Empfänger, wie Du es so schön beschrieben hast?

D: Eigentlich können wir das zunächst einmal gar nicht als Forschung bezeichnen, denn im Grunde genommen kann nur ein gesunder, klarer Geist Forschung betreiben, Forschung nach innen.

Was wir durch TM bewirken, ist die Genesung des Körpers und des Geistes, auf daß die wirkliche Forschung stattfinden kann, Forschung im Einklang mit den Naturgesetzen und nicht gegen sie. Denn solange wir einen kranken Körper und einen ohnmächtigen Geist haben, werden wir immer im Dunkeln tappen und eine zerstörerische Forschung betreiben. Sind wir aber gesund, dann wird es eine Forschung der Freude und Harmonie für alle, die zu unbegrenztem Erfolg für die gesamte Menschheit und nicht zu ihrer Zerstörung führt.

Soll der spektakuläre Fortschritt der Forschung der vergangenen Jahrhunderte weiter andauern und nicht zur Zerstörung des Lebens führen, dann ist es absolut unumgänglich, daß der innere Aspekt der Forschung, sozusagen die Erforschung des Bewußtseins, einen mindestens ebenso großen Stellenwert einnimmt.

Wir haben besprochen, daß in einem Empfänger, der nicht in Ordnung ist, nur ein heilloses Durcheinander empfangen werden kann. Durch regelmäßiges Ausüben der Transzendentalen Meditation wird nun aber die Koordination zwischen Geist und Herz in Harmonie versetzt, und der Körper wird ein unbeirrbarer Träger der gesamten Funktionen der Seele, die nicht zu Disharmonie, sondern zu Glück führen. Sein Empfang kann dann nicht mehr gestört werden, denn durch TM ist quasi ein automatischer Selbstregulations- und Feinstimmechanismus eingebaut.

T: Wenn ich mir das so überlege, dann scheint es wirklich, als ob TM bei allem, was wir in den letzten Tagen besprochen haben, das letzte, fehlende Puzzleteil zur Vollständigkeit des Lebens ist.

D: Ja, Thomas, wenn wir alles zusammenfassen, dann ist es tatsächlich so, daß TM dem Geist die wirkliche Erkenntnis vermittelt, daß alles in der Natur wächst, und nur der Mensch bis jetzt sein Wachstum behindert hat. Doch durch TM werden sich in jedem einzelnen alle Voraussetzungen für dieses Wachstum ganz automatisch wieder einstellen, ohne daß man sich irgendeinem Zwang aussetzen muß.

Als erstes wird der Geist eine wunderbare Gesundheit des Körpers anstreben, um dadurch die Möglichkeit zu bekommen, mit dem Herzen eins zu werden, auf daß die Seele endlich ihre Verwirklichung finde. Jeglichem Fehlverhalten, wie z. B. dem Genuß von Alkohol, Zigaretten, Drogen u. ä. wird er durch die Kraft aus TM sehr schnell ein Ende bereiten. Somit wird sich jeder ganz spontan im Einklang mit der Natur ernähren und dadurch jedes Ungleichgewicht beheben. Diese Harmonie wird sich auch auf alle anderen Bereiche ausdehnen, was dem Menschen dienlich sein wird, um seine Entwicklung zu unterstützen.

Wir sprachen von jener sagenhaften schöpferischen Pause, die überall da auftritt, wo die Harmonie mit den Naturgesetzen in Ordnung ist. Sie ist die Grundlage des vollkommenen Lebens auf dieser Erde und des menschlichen Seins, jene vollständige Verbindung zum Absoluten, durch die die kreative Intelligenz emporströmt, um dem Menschen die Verbindung zu seiner Bestimmung zu geben. Es handelt sich um jene Pause, in der sogar die Erleuchtung stattfindet.

Aus dieser Erkenntnis wird uns die Kraft erwachsen, nie mehr außer Atem zu kommen, nie mehr ohne Hunger zu essen, nie mehr Erschöpfung zu verspüren, denn der Schlaf wird uns jene sagenhafte Regeneration liefern, aus der uns unendlich viele Fähigkeiten erwachsen werden.

Der Großteil unseres Schlafes wird gerade aus der schöpferischen Pause bestehen, der Stille des Absoluten; denn TM kultiviert sie auf einfache und mühelose Weise.

Ein gesunder Körper wird dem Geist jene Qualitäten verleihen, die dazu führen werden, das Herz voll zu entwickeln, um eine vollkommene Grundlage für die Seele zu schaffen, die ihre eigentliche Natur, Liebe, leben wird.

Unsere Sinne werden in ihrer höchsten Qualität vereinigt der Seele dienen, um ihr den sicheren Weg zu vermitteln, eins mit Gott zu werden.

Es wird keine psychisch Gestörten, Geschädigten oder gar Kranken geben, denn der Geist, der durch die Transzendentale Meditation immer wieder seinen Ursprung erfährt, wird keiner Illusion mehr verfallen.

Angst vor dem Tod, überhaupt Angst wird daher durch All-Liebe unter den Menschen für immer abgelöst und verbannt, was den Eltern die Kraft geben wird, ihren Kindern ein wirkliches Vorbild zu sein. Diese Erziehung wird eine wunderbare Grundlage für die Zukunft schaffen, in der die Erde ihr Gleichgewicht wieder zurückbekommt, und wir wieder als ihre Kinder in ihrem Paradies leben werden.

So und nur so werden wir das Leben wieder zum normalen Leben anheben, frei von Irrtum, Krankheiten und Leiden.

T: Wenn das alles stimmt – und ich habe nicht den leisesten Hauch eines Zweifels mehr, daß es stimmt; denn dafür waren Deine Darlegungen und die Erfahrungen und Erkenntnisse, die ich durch sie in den letzten Tagen bereits gehabt habe, einfach zu überzeugend; außerdem habe ich in Paul ja ein Beispiel, das absolut frappierend ist – dann frage ich mich trotzdem, warum TM nicht mehr verbreitet ist, warum es nicht überall gelehrt und gefördert wird, und warum nur so wenige diese wunderbare Technik beginnen.

D: Es ist sehr einfach, dies zu erklären. Als Maharishi die Transzendentale Meditation brachte, erkannten die Menschen sofort, welche Kostbarkeit sie bekommen hatten, und so verbreitete sich TM in der ersten Phase wie ein Lauffeuer. In kürzester Zeit begannen viele, viele tausend Menschen zu meditieren, und alle erfreuten sich in höchstem Maße der wunderbaren Auswirkungen der Transzendentalen Meditation.

So blieb es nicht aus, daß die bisherigen Machthaber und Monopolbesitzer über die Menschen und ihre Geschicke merkten, daß das von ihnen beanspruchte Eigentum begann, sich selbständig zu machen. Da der eigene Erfolg und das eigene Glück jedes einzelnen immer gefährlich für die

Obrigkeit und ihre Macht sind, scheuten sie kein Mittel, um diesen Erfolg und dieses Glück zu zerstören. Denn die Einsicht jedes einzelnen, daß Gottesverbindung die persönliche Sache jedes Individuums ist, bedeutet die Entmachtung der religiösen Institutionen oder ihr Zusammenfließen in einer Religion, der Religion Gottes, die keiner Manipulation und erst recht keiner solchen Institutionen wie bisher bedarf.

Leider handelten die Machthaber aus tiefer Unwissenheit um das Leben. Denn eigentlich beweist die Geschichte zur Genüge, daß das, was hilft, auch den Machthabern helfen kann; daß das, was zerstört, jedoch auch die Machthaber zerstören wird. Anstatt das Flämmchen ihrer Abneigung und ihrer unsinnigen Machtgier bei sich selbst zum Ersticken zu bringen, entflammten sie das kleine Feuer in sich selber sogar zum öffentlichen Buschbrand, dem leider viele Menschen zum Opfer fielen. Wir sehen an Paul, wie sinnlos dieser Buschbrand ist.

Deshalb, Thomas, war Maharishis Kommen unersetzlich für die Welt. Es gibt ja genügend Menschen in höheren Positionen, die TM begonnen haben und die dadurch zu einer anderen Gesinnung gelangt sind. Sie rufen von Herzen zu wahrem Frieden und zu Harmonie auf, unterstehen aber leider nach wie vor den Machthabern, die das Wort »Friede« nur in ihrem Wahlkampf benützen und schon kurz nach der gewonnenen Wahl wieder zu ihrer verworrenen Politik zurückkehren. Deswegen kann der Friede auch gar nicht stattfinden, über den sie nur reden.

T: Dann ist also die Lösung, die Du für die Welt vorschlägst, daß jeder mit TM beginnt?

D: Ja, Thomas, es ist gut, selber in diese wunderbare Richtung zu gehen; es ist gut, sich auf die Entwicklung eigener Qualitäten zu verlassen, um den Himmel in sich selbst zu verwirklichen, und nicht zu erwarten, daß die anderen es für einen tun; es ist gut, daß jeder an dieser wunderbaren Zeitwende selber Anteil nimmt, was direkt bedeutet, der Paradiesfrucht persönlich ihren Geschmack abzugewinnen.

Jedem, Thomas, jedem gönne ich, daß er mittels dieser wunderbaren Technik seinen Himmel im Einklang mit Gott verwirklicht. Denn nur dadurch, durch eigene Erfahrung, wird man sich bewußt, daß es keine Seifenblase, kein unwirklicher Traum, sondern in sich erlebte Wirklichkeit ist.

T: Das ist aber ein langer Weg, 5 Milliarden Menschen davon zu überzeugen, daß sie TM beginnen sollten!

D: So scheint es, Thomas, aber kannst Du Dir vorstellen, daß wir im Moment mit über 1 000 km/h um die Erdachse gewirbelt werden? Sicherlich nicht, und doch ist es so.

Genauso sind wir inmitten einer rasenden Veränderung, der sich kaum jemand bewußt ist. 1975 rief Maharishi das Zeitalter der Erleuchtung für die ganze Menschheit aus. Damals jedoch gab es kaum einen von uns, der dies ernst genommen hätte. Vielmehr klärten wir Maharishi über die Mauer, den Kommunismus und die ganzen Negativitäten auf, um ihm die Düsterheit, in der sich die Welt befand, vor Augen zu halten.

Er aber lachte nur, und heute scheint es mir persönlich, daß sein Lachen und seine Unbeschwertheit über die Situation all die positiven Veränderungen, die seitdem stattgefunden haben, und die er präzise vorausgesagt hat, erst bewirkten.

Damals sagte er, daß die Mauer und der Kommunismus noch vor 1990 fallen würden. In meinen Vorträgen über TM habe ich es kein einziges Mal versäumt, diese Botschaft der Öffentlichkeit zu vermitteln. Zur gleichen Zeit wagte ich, diese Gedanken noch fortzusetzen, und aus meiner Sicht das Ende aller Herrschaftsregime und aller Gewalt vorauszusagen, das Ende des Kapitalismus und der ungleichen Verteilung der Güter dieser wunderbaren Erde, das Ende von Gier und Habgier sowie das Ende aller kirchlichen Institutionen. Die Menschheit wird in einer Religion vereinigt werden, der Religion der wahren Lehre von Jesus von Nazareth, die dieselbe Lehre ist, die uns Maharishi jetzt vermittelt, inmitten unserer schrecklichen Gegenwart. Er gibt uns die Chance, den Beweis zu erbringen, daß die Meister in der Vergangenheit nicht umsonst auf dieser Erde wandelten. Denn bis jetzt schien es, als ob ihr Kommen sinnlos war. Folgen wir ihnen also um Gottes willen endlich!

Es war kein Wunder, daß alle mein Vertrauen auf Maharishi als naive Gutgläubigkeit verlacht haben, denn wie ein entsetzlicher Alptraum trennte die Mauer ein Volk fast durch die Mitte ihrer Herzen. Der schreckliche Raubvogel der falschen kommunistischen Regime schwebte um die Welt, trug in seinen furchterregenden Krallen eine ungeheure atomare Bedrohung und suchte fortwährend seine Opfer. Es war kaum vorstellbar, daß dieses Ungeheuer einmal vom Himmel fallen sollte, ohne die Erde dabei zu zerstören.

Und doch behielt Maharishi recht. In diesem unendlichen Chaos rief er sogar den Himmel auf Erden aus, und das ist es, Thomas! Die breite Masse weiß gar nicht, wer Maharishi ist, und was er für die Welt bedeutet. Das

Negative, das sich der Menschen, die gegen ihn angehen, bemächtigt hat, ohne daß es ihnen bewußt ist, versucht, die Verwirklichung des Lebens zu blockieren, genau wie damals bei Jesus. Und genau wie damals kann man nur der Bitte des Meisters von Nazareth folgen, der in seiner Weisheit und unendlichen Güte sprach: *“Vater, vergib ihnen, denn sie wissen nicht, was sie tun!”* und ihr hinzufügen: *Aber bitte bringe sie zur Vernunft, auf daß die Erde endlich vom Unheil befreit werde!*

Alle Voraussagen und alle Ausrufungen, die Maharishi für die Menschheit getätigt hat, fanden übrigens vor aller Öffentlichkeit statt und wurden damit durch die Presse aktenkundig.

T: Ist Maharishi also ein Prophet?

D: Nein, Thomas. Maharishi ist der sagenhafte Weise am Ende der Kette der Meister der Vorzeiten.

Propheten haben immer irgendetwas gesehen, und das meiste, das sie gesehen haben, war leider Dunkelheit, häßliche, graue Dunkelheit in ihrem eigenen Bewußtsein. Dies haben sie dann als angebliche Offenbarungen der Nachwelt vermittelt: Weltuntergang, Apokalypse, Schrecken und Entsetzen.

Maharishi jedoch stand von Anfang an zwischen diesem Grauen und dem kommenden Himmel auf Erden, den er für die gesamte Menschheit ausgerufen hat. Die Meister der Weisheit verhalfen ihm, eine undurchdringliche Mauer zwischen der Vergangenheit und der Gegenwart zu errichten, auf daß sich die Zukunft für alle Menschen vorbereiten kann.

Nicht die Welt geht unter, wie es die Propheten meinten vorauszusehen, sondern die Schlechtigkeit, die fast zur Welt geworden ist. Sie ist dabei, dem Paradies, das die Welt eigentlich ist, Platz zu machen.

Die Menschen haben sich aber so sehr an das Grauen gewöhnt, daß sie die Welt trotz wunderbarer Veränderungen noch immer grau sehen. Die so sehr beklagte Mauer und die kommunistischen Diktaturen sind weg, doch jetzt klagen sie sogar noch mehr, ohne zu merken, wie sich eine wunderbare Wende anbahnt. Nur wenige der vielen unheilbringenden Schreckgespenster sind übriggeblieben, allen voran der Kapitalismus, der, erfüllt von alles zerstörender Machtgier, noch immer um die Welt schwebt. Es wäre wunderbar, wenn die Menschen selber wie beim falschen Kommunismus das Gespenst in sich neutralisieren und der Erde damit helfen, fortan in Frieden zu leben.

Wir sehen, daß die Propheten ähnlich dunkle Brillen trugen wie die meisten Menschen heute. Obwohl sie klüger als ihre Mitmenschen waren, sahen sie die Zukunft doch nur als Zerrbild und ließen sich davon sogar irreführen. Es wäre eine Entwürdigung des Lebens, Maharishi mit ihnen gleichzusetzen.

T: Wieso gab und gibt es dann soviele Propheten, Wahrsager, Kartenleger, Astrologen etc., die alle ähnlich Negatives voraussagen?

D: Thomas, denke an das alte Weltbild! Damals sahen auch alle die Himmelskörper als etwas Rundes, doch in ihrem beschränkten Bewußtsein machten sie daraus Kreisscheiben. Sie sahen ein bißchen Wahrheit, dieses bißchen Wahrheit war aber ein großer Irrtum.

So ist es mit allen, die nicht den von Maharishi ausgerufenen Himmel auf Erden für alle Menschen deutlich sehen. All die von Dir Aufgezählten sehen entsprechend ihrem Bewußtsein nichts anderes als winzige Teilaspekte einer Wahrheit und damit – wie ich schon sagte – doch einen großen Irrtum.

Die vollendete Wahrheit kann nur von einem vollentfalteten Bewußtsein gesichtet werden. Da Maharishi entgegen der Erwartung all der großen und kleinen Verwirrten den Himmel auf Erden für die Menschheit sieht und persönlich zu seiner Erschaffung gegenwärtig ist, ist er das reinste und das vollkommenste Bewußtsein der heutigen Welt.

Wir sehen, wie verheerend es sich bis auf den heutigen Tag ausgewirkt hat, nur einen Teil der Wahrheit zu sehen und ihn für die gesamte Wahrheit zu halten. Die Menschen, die nur eine Teilwahrheit sehen, sind eigentlich auf dem richtigen Weg, gehen aber nicht weiter, weil sie in der Meinung festgefahren sind, sie hätten die Wahrheit bereits gefunden. Für sie wäre es wirklich besser, in der Sackgasse der Unwissenheit zu landen, um dort konkret zu erkennen, daß sie auf einem Irrweg sind.

Aus meinem Bewußtsein heraus kann ich Dir sagen, daß die ganze Esoterik und die von ihr mitgebrachte Überschwemmung durch winzige Partikel der Wahrheit nur ein neuer Trick der Negativität ist, um die Menschen auf der Straße zur Wahrheit bei einer für sie individuellen Teilwahrheit festzunageln und so von einem gemeinsamen Weg zu Gott abzubringen. Denn nur Einheit macht stark.

Die sieben Ruten

In Lika, in den Bergen des Balkan, lebte ein Mann mit seiner Frau und seinen sieben Söhnen in Eintracht und Frieden, demütig vor Gott und dem Leben.

Eines Tages aber fiel ihm auf, daß einer seiner Söhne alles, was ihm unter die Finger kam, verjubelte. Das bereitete ihm große Schmerzen, und eine unsagbare Ratlosigkeit erfüllte ihn.

So kam der Tag der Kornernte. Trotz seiner Schmerzen bewunderte der Vater die Kräfte seiner Söhne, die vereint mit Leichtigkeit den Weizen von den Feldern heimholten. An der Tenne wurde er nach alter Art und Sitte von den Pferden gedroschen, und nachdem die Söhne das Stroh beseite geschafft hatten, schaufelten sie das Korn zusammen.

Als sie fast damit fertig waren, ging der Vater jedoch zu dem Haufen hin und begann, ihn auseinanderzuwerfen.

Die Söhne waren entsetzt.

"Vater, was tust Du da? Du hast doch gesehen, wieviel Mühe wir gehabt haben, um so weit zu kommen!"

Der Vater ließ von seinem Vorhaben ab und ging wortlos nach Hause.

Nachdem die Söhne das Korn wieder zusammengetragen hatten, gingen auch sie ins Haus und setzten sich mit ihrem Vater an den Abendtisch. Doch noch bevor sie mit dem Essen begannen, holte er sieben Ruten hervor und band sie zu einem Bündel zusammen. Einem nach dem anderen reichte er es seinen Söhnen und forderte jeden auf, es auseinanderzubrechen. Verständnislos gehorchten sie dem Vater und versuchten ihre Kräfte, doch keiner konnte die gebündelte Einheit zerstören.

So nahm der Vater das Bündel wieder an sich, nahm eine Rute heraus und zerbrach sie, dann eine zweite, eine dritte, eine vierte, und den Rest des Bündels gab er wieder seinen Söhnen.

Noch immer war die Einheit unzerbrechlich. Doch als der Vater danach die fünfte Rute herausholte, ließ bereits der erste Sohn die Einheit der zwei restlichen mit einem lauten Knall zerbersten.

Keinem der Söhne war das Verhalten ihres Vaters verständlich, außer einem. Von diesem Tag an kehrte er in das Bündel der unbesiegbaren Einheit zurück und schenkte seinem Vater damit seine verlorene Freude wieder.

Einheit macht unbesiegbar, auch wenn sie bis jetzt in negativem Sinne oft maßlos mißbraucht worden ist.

In dieser Geschichte erkennen wir aber noch weitere Prinzipien. Für die Unzerstörbarkeit des Bündels waren nämlich nicht alle Ruten, sondern sogar nur drei nötig. Dieses Phänomen hat Maharishi als ein wunderbares universelles Prinzip dargestellt und auf seiner Grundlage bereits 1960 vorausgesagt, was später als sein Effekt bekannt geworden und bis heute von vielen namhaften Wissenschaftlern aus aller Welt belegt worden ist. Es handelt sich um den berühmten 1%-Effekt, der besagt, daß sich in einer Gesellschaft bereits globale Veränderungen zum Positiven ergeben, wenn nur 1% der Bevölkerung regelmäßig die Transzendentale Meditation ausüben.

T: Ist das das Phänomen mit den Affen, von dem Du uns heute morgen erzählt hast?

D: Ganz genau, Thomas, und das ist gleichzeitig die Chance für unsere Welt. Denn deshalb brauchen wir nicht zu warten, bis 5 Milliarden Menschen meditieren.

Maharishi hat das sogar noch beschleunigt, indem er zu der TM ein Sonderprogramm vergeben hat, das sogenannte TM-Sidhi-Programm, durch das der Einfluß des Positiven sich noch potenziert.

P: Sidhis? Das habe ich schon von meiner Frau und meinem Sohn gehört. Was ist das eigentlich?

In diesem Zusammenhang sprachen sie auch immer vom "Fliegen". Was meint man denn damit?

D: TM ist eine Grundtechnik, die dem Geist seine inneren Werte erschließt. Diese inneren Werte tragen aber enorme Fähigkeiten in sich, die seit eh und je in Samenform im Wesen des Menschen angelegt sind. Diese Fähigkeiten, die den Menschen innewohnen, nennt man gesammelt »Sidhis«. Ihre Entfaltung bringt den Menschen auf seine ursprüngliche Ebene, das Leben im Einklang mit dem Naturgesetz.

Das In-Schwingung-Bringen der Sidhis, der inneren Werte, bewerkstelligt eine schnellere Reinigung des Nervensystems und eine schnellere Erschließung des reinen Bewußtseins, was den Alltag mit Glück erfüllt und dem Leben seine Würde verleiht. Im Grunde genommen eröffnet es eine Abkürzung für unsere eigene Entwicklung.

Was das Fliegen betrifft, Paul, so steht außer Frage, daß der Mensch in sich die Fähigkeit hat, die Schwerkraft der Erde aufzuheben und sich kraft seiner Urnatur in die Lüfte zu schwingen.

T: Das kann ich nicht glauben, bist Du Dir dessen sicher?

D: So sicher, wie ich hier vor Dir sitze. Denn es gibt keinen Religionsstifter, der uns dies nicht vorgelebt hätte. Krishna flog schneller als der Wind, Buddha entschwand den Blicken seiner Schüler durch die Lüfte, Jesus von Nazareth ging über das Wasser. Wieso? Weil Er die Fähigkeit hatte, die Schwerkraft der Erde aufzuheben und sogar dem Meer und den Winden zu befehlen.

Er lebte alles vor, was uns innewohnt, und rief uns auf: *"Ihr seid meine Brüder, und wir sind eins im Vater."* Jetzt, Thomas, jetzt ist es soweit, daß jeder Mensch durch die Belebung seiner inneren Werte zur Verwirklichung jenes Edlen von Nazareth kommen kann, kommen muß und kommen wird.

P: Das kann ich mir beim besten Willen nicht vorstellen. Ich habe zwar auch gelesen, daß die Leute bis zu 2 Meter hopsen können, aber das ist doch immer noch ein Hopsen. Wie soll der Mensch mit seinem schweren Körper denn ohne Flügel fliegen können?

D: Paul, mein Paul, wenn Du einen vollkommen nackten kleinen Adler in Deiner Hand hältst, der gerade aus seinem Ei ausgeschlüpft ist, dann wirst Du Dir auch kaum vorstellen können, daß dieses kleine nackte Geschöpf einmal der König der Lüfte sein wird. Bald aber hampelt und hopst er mit seinen Flügelchen im Nest, um sich auf das große Schweben in der Luft vorzubereiten.

Genauso verhält es sich mit jenen wunderbaren Menschen, die regelmäßig ihr TM-Sidhi-Programm durchführen. Sie trainieren ihren Geist und ihren Körper zu jener Einheit, die wir bereits so oft erwähnt haben.

Es ist tatsächlich so, daß jeder Mensch seine "außergewöhnlichen" Fähigkeiten beleben kann, denn sie gehören ja zu seiner eigentlichen Natur. In dem Augenblick, in dem 1% der Menschen wahrhaftig Verbindung zu Gott aufgenommen haben, werden diese Fähigkeiten konkret gelebt werden, wie Jesus von Nazareth schon vor 2000 Jahren zum Ausdruck gebracht hat: *"Wenn Ihr Glauben hättet wie ein Senfkorn, so würdet Ihr zu diesem Maulbeerfeigenbaum sagen: 'Entwurzle dich und pflanze dich ins Meer,' und er würde Euch gehorchen."* Du siehst, der ehrbare Meister von Nazareth lehrte damals bereits den heutigen Maharishi-Effekt.

In dem Augenblick, wo uns die Fähigkeit des Fliegens zueigen wird, wird das meiste auf dieser Welt, was die Negativität anbelangt, geschafft sein. Denn die Verwirklichung der Sidhis ist ein reelles Zeichen der vollkommenen Gesundheit des Menschen, die nicht darin besteht, schmerz- und symptomfrei zu vegetieren, sondern all die Fähigkeiten, die der Herr in jedem von uns in Samenform angelegt hat und die uns durch alle Meister der Weisheit vorgelebt wurden, zu verwirklichen und zu leben.

T: Unfaßbar! Und doch glaube ich es Dir.

D: Glücklicherweise ist all das, worüber wir sprachen, sogar elektronisch festgehalten worden. Im Zusammenhang mit diesen Phänomenen wurden nämlich die Gehirnwellen von Ausübenden des TM-Sidhi-Programms beobachtet und gemessen, wobei man eine enorme Zunahme der Ordnung in der Funktion ihres gesamten Gehirns feststellte.

Daraus ergab sich auch die Hoffnung, daß die Welt sich durch diese Kräfte noch schneller der Negativität entledigen wird. Denn aufgrund der erhöhten Gehirnwellenkohärenz ist sogar nur die Quadratwurzel aus 1%

der Bevölkerung notwendig, die dieses Programm gemeinsam am selben Ort praktiziert, um die gleichen positiven Phänomene hervorzurufen wie beim eben erwähnten Maharishi-Effekt.

P: Das ist ja großartig! Wenn das so ist, dann ist Deine Aussage wirklich realistisch, daß es schnell gehen kann. Denn für die ganze Welt bedeutet das über den Daumen gepeilt nur etwa 7 000 – 10 000 Praktizierende dieses TM-Sidhi-Programms.

T: Eigentlich sehr beruhigend! Dann braucht man also nur zu warten, bis irgendwelche 7 000 irgendwo zusammenkommen, und dann wird alles schon von alleine laufen.

D: Wann die 7 000 aber zusammenkommen, Thomas, bestimmen ich, Du, er, sie, wir alle. Denn die Verantwortung trägt jeder einzelne.

Deshalb ist es gefährlich, zu warten, daß der andere und nicht ich beginne, daß der andere und nicht ich TM verbreite. Denn dann wird es eine Ewigkeit dauern. TM und das wunderbare Wissen sollten ein Anreiz für jeden einzelnen sein, seine eigene Erfahrung vom Himmel auf dieser Erde zu machen.

Oder schwebt es Dir vielleicht vor, daß die 7 000 die Früchte des Himmels ernten und Du als Beobachter abseits stehst? Willst Du nur wegen einer angeblichen Bequemlichkeit oder eines Phlegmas auf die wertvollen Früchte verzichten, die TM in Dir erzeugen wird?

Nein, Thomas, gehen wir mit der Gesinnung durch die Gegenwart des Lebens, daß jeder, jeder einzelne in sich dieses wunderbare Phänomen erfahren soll.

Eins sage ich Dir: der Friede auf dieser Erde wird kommen, bewirkt durch die Entfaltung des Himmels auf ihr. Doch vergiß nicht, daß der Himmel nie von außen, sondern immer nur in Dir selber erfahrbar ist. Und das gilt für jeden einzelnen auf dieser Erde, denn *das Himmelreich ist inwendig in Euch*.

Denke daran, daß ein Sturm einen einzelnen Tropfen leicht verwehen kann, daß er auf einem kleinen See sogar eine Turbulenz bis zum Innersten hervorrufen kann, daß aber die Tropfen, die sich in einem Ozean vereinigt haben, unerschütterlich sind. Ein altes Sprichwort besagt: *Steter Tropfen höhlt den Stein*. Doch vereinigte Tropfen erzeugen eine Flut, die ihn im Nu hinwegreißt. Diese Flut, bis hin zu einer Sintflut, bekommt ihre Stärke nur durch die Vereinigung von einzelnen Tropfen.

Zögern wir also keine Sekunde, warten wir nicht auf den anderen, denn es wird eine beglückende Überraschung für uns sein, wenn wir ihn schon in der Vereinigung der Tropfen vorfinden werden, die die Unwissenheit von dieser Erde fortspülen wird.

Hier endet das fünfte Kapitel des ersten Buches des Ayodhya-Veda, des Gesangs des ewigen Lebens, der alle Wesen mit seinen herrlichen und unvergänglichen Klängen daran erinnert, wo der Sitz des Himmels ist.

Die unendliche Vielfalt des Lebens vermittelt uns eine leise Ahnung, wie kostbar es ist, einen menschlichen Körper bekommen zu haben.

Versäumen wir daher keine einzige Sekunde, solange er in unserem Besitz ist, das Ziel des Lebens zu verwirklichen; geben wir die Suche nie auf, wenn wir es noch nicht gefunden haben; fragen wir, wenn wir nicht wissen, wo es ist; klopfen wir an das Innere unseres Herzens, und der Himmel wird sich mit seiner Allherrlichkeit in uns selbst auftun; benützen wir unseren wunderbaren Körper als jene stabile Brücke, die die zwei Ufer verbindet, das Ufer der Unwissenheit im Relativen und das Ufer der unendlichen Weisheit und Reinheit im Gefilde des Schöpfers.

Er und nur er bietet uns die Möglichkeit, sicher hinüberzuschreiten in das Land der ewigen Freiheit.

Epilog: Rückkehr nach Ayodhya

Es gibt unendlich viele Wege, verworrene, beschwerliche, dornen- und leiderfüllte. Sie alle sind kaum begehbar und halten uns vom Ziel fern. Sie können sogar bewirken, daß das Ziel vor lauter Hindernissen in Vergessenheit gerät.

Wenden wir aber unseren Blick, dann werden wir am anderen Ende des Tunnels das Licht erblicken. So winzig es auch erscheinen mag, es wird uns mit Sicherheit aus den Katakomben unserer Verirrung herausführen.

Drehen wir also um, lassen wir uns zu der Weisheit um das Leben führen. Das ist der einzig richtige Weg, der Weg nach Hause.

Sanft berührte Duschane den Arm von Paul, der anscheinend einen unruhigen Traum gehabt hatte. Er öffnete die Augen, schaute ihn befremdet an, und es dauerte eine ganze Weile, bis er die Situation begriff, in der er sich befand.

Duschane gab ihm zu verstehen, daß er leise sein sollte.

D: Wir wollen meditieren, bevor Thomas wach wird.

P: Mensch, hatte ich einen Traum!

flüsterte Paul kaum hörbar zurück. Dann setzte er sich auf, lehnte sich bequem gegen die Wand, hüllte sich in seine Decke ein und schloß die Augen.

Duschane ging in sein Bett zurück, setzte sich dort ebenfalls zum Meditieren, und die Stille der Nacht dauerte fort.

Nach einer Weile reckte sich Thomas und bemerkte, daß die beiden meditierten. Man sah ihren Gesichtern förmlich an, daß sie ganz in sich gegangen waren. Es war eine sehr erhebende Atmosphäre, und so schloß er voller Ehrfurcht wieder die Augen, um sie durch nichts zu stören.

Nach einigen Minuten hörte er Duschane leise flüstern:

D: Jai Guru Dev*, wir beenden die Meditation, Paul.

Thomas sah, wie sich beide hinlegten.

Kurze Zeit später standen sie wieder auf, und Paul begann mit einer merkwürdig verklärten Stimme:

P: Wirklich, alles ist durch das Sieb des Lebens hindurchgefallen, das bißchen aber, was noch zurückgeblieben ist, ist zwar nicht viel, für mich jedoch das reinste Gold.

Ich habe einen Traum gehabt, sage ich Euch! Ich war mit meiner Frau in den Bergen der Anden, und sie erhob mich vor ihrem Volk zum Häuptling. Dabei bat sie mich inständig, ihrem Volk zu helfen.

Mann, ich Idiot! Das hat sie die ganzen 26 Jahre wirklich getan! Immer wenn sie von ihrer Heimat erzählte, hatte ich wie eine Ahnung das Gefühl, eigentlich dorthin zu gehören. Doch das Gefängnis, in dem ich mich selber gefangen hielt, war zu stark. Ich war wie besessen davon, Erfolg für mein Leben zu haben und nicht für die anderen.

Jetzt aber steht es für mich fest, daß ich alles verkaufen werde und alles tun werde, was mir möglich ist, um die Bitte meiner Frau nachträglich zu erfüllen und dem kleinen Volk endlich zu helfen, das ich so lange vernachlässigt habe. Ich kann es kaum erwarten, ihre bescheidenen, aber vollkommen gesunden Behausungen aus Lehm und Palmenblättern mit ihnen zu teilen.

Danach schwieg er, doch man sah ihm an, daß die von ihm verursachte Trennung von seiner Frau wie ein großer Felsbrocken auf seinem erwachten Herzen lastete. Er schluckte schwer, als ob er damit der Flut der Tränen Einhalt gebieten wollte, die merklich aus seinen Augen quollen.

T: Paul,

sagte Thomas zaghaft, ergriffen von der gegenwärtigen Situation, und drückte seine Hand voller Anteilnahme.

Duschane war unterdessen fast zum Aufbruch gerüstet.

D: Auf Freunde! Wir haben einen langen und beschwerlichen Weg vor uns.

Während sie ruhig ihre Sachen einpackten, begann die Sonne, die Bergwelt mit ihren ersten Strahlen zu überfluten.

---

* »Jai« sprich: »dschäi«, mit »dsch« wie in engl. »joy«

P: Schade, daß ich Dein Wissen nicht aufgeschrieben habe. Es wäre eine große Stütze für mich und für mein Volk,

fing Paul plötzlich an.

Bei diesen Worten schaute Thomas unvermittelt auf, als ob er sich angesprochen fühlte.

D: Paul, mein Meister hat mich gelehrt, daß das Wissen im Bewußtsein strukturiert ist. Und ich bin der lebende Beweis seiner wunderbaren Lehre. Bis auf einige Bücher, die ich gelesen habe, besteht meine ganze Schulbildung lediglich aus vier Klassen Volksschule.

P: Was? Das war also ernst gemeint?

D: Ja, ich sagte bereits, ich bin der lebende Beweis dafür, daß Maharishi recht hat mit seiner Aussage, daß das Wissen im Bewußtsein strukturiert ist, in meinem, Deinem, seinem, ihrem und unserem. Das ist die Wahrheit.

Klammere Dich deshalb nicht an Bücher, denn das Wissen in Büchern wird in den Büchern bleiben, sie sind nur Papier und Tinte. Die wirkliche, unverfälschte Weisheit des Lebens ist von Gott im Bewußtsein jedes einzelnen Menschen strukturiert worden.

P: Ja! Das ist wunderbar, was Du sagst, und ich streite diese Wahrheit auch nicht ab. Aber wenn ich an mein schwaches Gedächtnis denke, ... !

Es wird schon noch einige Zeit dauern, bis ich auch so weit bin. Bis dahin wären all die Punkte, die ich hier erfahren habe und die mein Leben verändert haben, sehr hilfreich. Dabei denke ich vor allem auch an andere.

T: Paul, ich glaube, ich kann Dir da helfen.

P: Wie denn? Ja, Du hast sicherlich ein viel besseres Gedächtnis als ich.

T: Nun ja, so könnte man es ausdrücken.
Gestattet, daß ich Euch meine Katze im Säckchen präsentiere.

Paul und Duschane beobachteten verdutzt, wie er seinen Pullover lüftete und aus einem kleinen Säckchen, das um seinen Hals hing, ein Diktiergerät herausholte.

T: Ich habe heimlich jedes Wort unserer Gespräche auf diesem Gerät festgehalten. Eigentlich kam ich nämlich hierher, um seltene Tier- und Vogelstimmen aufzunehmen, doch das Schicksal wollte wohl etwas anderes.

P: Thomas, hast Du wirklich alles aufgenommen?

Paul stürzte auf ihn zu und drückte ihn an seine Brust, als ob er sein eigener Sohn wäre.

T: Ihr seid mir nicht böse, daß ich das einfach so ohne Euer Wissen getan habe? Für mich war es von Anfang an klar, daß etwas Außergewöhnliches auf mich zukommen würde. Hunderte Male habe ich mich in diesen Tagen bei meinem Freund bedankt, der mir dieses kleine Gerät zum Geburtstag geschenkt hat.

Ja Paul, alles, was in der Heimlichkeit möglich war, ist hier auf diesen Bändern festgehalten.

P: Duschane, hättest Du etwas dagegen, wenn man das veröffentlichen würde?

D: Nein, um Gottes willen, es ist ja nicht mein Wissen, sondern das Wissen des Lebens, das Wissen des Ayodhya-Veda und letzten Endes das Wissen von Maharishi, das jedem gehört.

Ich bin nur überrascht. Wie ist es Dir bloß gelungen, uns nichts merken zu lassen? Das ist wirklich ein Meisterstück. Mir ist wohl aufgefallen, daß Du Dich des öfteren an der Brust und am Bauch gekratzt hast. Dabei dachte ich aber eher an einen ständigen Juckreiz, der Dich plagte, als an so etwas.

Alle drei lachten herzlich.

T: Aber im Ernst, Paul, Deine Idee klingt wirklich großartig. Eigentlich habe ich das nur für mich aufgenommen, an eine Veröffentlichung hatte ich dabei überhaupt nicht gedacht. Doch warum eigentlich nicht? Denn so wie wir davon profitiert haben, werden sicherlich alle Menschen Nutzen daraus ziehen können.

Dazu wird es aber notwendig sein, daß ich es mit Dir, Duschane, zusammen mache.

Dabei blickte er halb fragend, halb auffordernd zu Duschane hinüber, erfreut, einen Grund zu haben, noch einige Zeit mit ihm Kontakt pflegen zu können.

D: Alles klar!

erwiderte Duschane, und dabei schulterte er seinen Rucksack und brach auf. Thomas und Paul griffen ihrerseits rasch nach ihren Sachen und eilten ihm nach. Draußen wurden sie von einem herrlichen, sonnenerfüllten Morgen empfangen.

P: Ich hätte nie gedacht, daß ein Tag auch ohne Kaffee so erfüllend beginnen kann. Frisch aus eigener Kraft!

T: Was macht eigentlich Dein Herz?

P: Ja, tatsächlich! Ich habe schon fast gar nicht mehr daran gedacht. Mein Herzstechen ist wirklich weg.
Kann das nur von dem bißchen Meditieren herrühren?

D: Ja, Paul, die Kraft, die durch TM in den Alltag geholt wird, bewirkt an allererster Stelle die Reparaturen lebenswichtiger Organe, in Deinem Fall des Herzens, das in Deinem bisherigen Leben ja genügend strapaziert worden ist.
Und wenn noch dazu der Schlaf tief, regenerierend und erfrischend und vor allem ungestört und natürlich ist, was er heute nacht war, dann brauchen wir keine künstlichen Mittel, um gesund zu werden.

Sie drehten sich noch einmal um und betrachteten die Hütte, in der sie vor dem Unwetter Zuflucht gefunden hatten.

T: Seht nur!

Thomas zeigte mit dem Finger auf ein Brett unter dem Giebel, auf dem in breiten Buchstaben eingeschnitzt stand: *Schicksalshütte*.

P: Das kann doch kein Zufall sein! Und wenn es einer war, dann ein gewollter.

Erfreut und verwundert über diese Worte, die er sich selber sagen hörte, legte Paul seinen Arm um die Schulter von Thomas, der genauso groß war wie er, und ein Gefühl der Zusammengehörigkeit durchflutete sie. In diesen letzten gemeinsam verbrachten Tagen hatte sich bei beiden so viel getan, wie sonst nicht einmal in Jahren. Sie spürten förmlich den glücklichen Hauch des Schicksals, der sie hier gestreift hatte.

Mit diesen Gedanken standen sie schweigend da und bemerkten erst nach geraumer Zeit, daß Duschane bereits vorausgegangen war und auf einem großen Felsvorsprung auf sie wartete.

Unbeweglich schaute er weit in die Ferne, und sein ganzes Wesen drückte Sehnsucht aus, eine Sehnsucht, die er schon seit langem in seinem Herzen trug, und die in ihm die Vision von der Urheimat der Menschheit immer deutlicher werden ließ.

D: Ayodhya,

kam es kaum hörbar über seine Lippen, und dieser Name erzeugte eine Flut von Gefühlen in seinem Herzen, Glück, Liebe, Sehnsucht, Erinnerung, Zuversicht und die Hoffnung, daß die Menschheit einmal in ihre Heimat zurückfinden wird.

D: Ayodhya,

wiederholte er still in sich, und seine unglaubliche Verzückung verband sich mit den Strahlen der Morgensonne zu einer goldenen Flut, die seine Freunde förmlich einzuweben schien.

Die beiden waren wie gebannt von diesem Bild, das sich ihnen, umrahmt von der leuchtenden Unendlichkeit des Horizonts, darbot. Wer war dieser Mann, der eher als ein harmloser Wanderer gelten konnte als jemand, der solch präzises Wissen um die Naturgesetze hatte?

Als er die beiden nahen sah, sprang Duschane behend von dem Felsen herunter und setzte mit ihnen zusammen den Weg ins Tal fort.

T: Hast Du nicht vorhin einen Namen ausgesprochen, ich glaube, es war »Ayodhya«? Was ist Ayodhya?

D: Thomas, Ayodhya ist die eigentliche Heimat der Menschen, es ist die Heimat in der Geborgenheit in sich selbst, es ist die unmittelbare Verbindung unserer Seele mit Rama, dem unumstrittenen König dieses Reiches.

Er ist die höchste Instanz des Schöpfers und gleichzeitig der Schöpfer persönlich, Er ist das sagenhafte Himmelreich in uns. Egal, wie man den Herrgott in anderen Sprachen und Kulturen nennt, im Zusammenhang mit der Urheimat der Menschheit Ayodhya trägt Er den Namen »Raja* Ram«.

T: Das klingt wie die Verwirklichung einer idealen Gesellschaft oder die Rückkehr ins Paradies, oder wie auch immer man diese Utopien nennt.

D: Mit einem kleinen Unterschied, Thomas.

In den Naturwissenschaften orientiert sich die Menschheit heute nach vorhandenen Modellen, nach Modellen, die man gefunden hat. Das ist auch richtig so. Doch was das gesellschaftliche Leben betrifft, so versuchen die Menschen immer noch auf fragwürdige Weise, etwas Neues zu erschaffen. Sie versuchten es mit dem Feudalismus, mit Kommunismus,

* »Raja« sprich: »Radscha«, mit »dsch« wie in engl. »joy«

Kapitalismus, Demokratie, Diktaturen verwoben mit religiösen Dynastien, alles ein vom Menschen erschaffenes Wirrwarr.

Doch so wie man das Atommodell weder erfinden noch erschaffen muß, sondern nur zu finden braucht, weil Atome eine Realität sind, so ist es auch mit Ayodhya, dem Königreich von Rama. Es verkörpert die einzig richtige Gesellschaftsform, die durch einen vollkommenen und erleuchteten Monarchen aufrechterhalten wird. Die bisher vom Menschen erfundenen Modelle haben bewiesen, daß sie der Natur des Lebens entgegengerichtet sind, gerade auch die bisherigen Monarchien, die von Herrschern geführt wurden, die mit so vielen Unzulänglichkeiten behaftet waren, daß sie die ihnen von Gott anvertrauten Menschen immer weiter in Unheil verstrickten.

Daher ist es grundfalsch, immer weiter in Richtung des groben Endes der Gedanken zu suchen. Es ist auch vollkommen unnötig, denn am anderen Ende der Gedanken, tief in uns selbst, in Verbindung mit dem Herzen, existiert wie das Atom bereits seit Ewigkeiten ein Modell als endgültige und einzige Realität der Existenz: Ramas Reich, das Himmelreich in uns, Ayodhya, die Heimat der Menschen.

T: Kann man das überhaupt verwirklichen?

D: Ja, Thomas, es ist das einzige, was verwirklicht werden kann, denn es ist die Wirklichkeit. Alles andere ist nichts als eine schon oft genug bewiesene Illusion. Raja Ram hat Ayodhya erbaut und vorgelebt, also ist dieses Modell etwas Reelles. Wir brauchen uns dessen nur bewußt zu werden, und dann wird der Schleier des Unwirklichen zerreißen, der uns vom eigentlichen Ayodhya trennt.

T: Ayodhya hat wirklich existiert?

D: Damals war die ganze Welt Ayodhya, alle Menschen waren darin eingeschlossen. Es war jenes Paradies, von dem die Menschen auch heute noch träumen, das sie jedoch nur im Märchen vorzufinden glauben.

Es gibt aber genügend Beweise in allen Kulturen aller Zeiten, daß das Rama-Reich, jenes verlorene Modell, jenes Paradies auf dieser Erde, überall existiert hat. Bruchstückweise ist es in den Namen vieler Herrscher oder Dynastien vorzufinden, zum Teil sogar – wie in Thailand – bis auf den heutigen Tag. So trugen elf ägyptische Pharaonen den Namen »*Ram*-ses«; der Ahnherr des Volkes Israel war »Ab-*raham*«; *Rom* erhielt seinen Namen vom ersten römischen König »*Rom*-ulus«; fünf Herrscher der Omajjaden-Dynastie, unter denen die Blütezeit des arabischen Spaniens stattfand, trugen den Namen »Abd ar-*Rahma*-n«; der germanische Feldherr, der den Römern im Teutoburger Wald eine so verheerende Niederlage zufügte, daß sie jegliche Herrschaftsansprüche auf Germanien aufgeben mußten, hieß »*Arm*-in«. Auch darin ist der Name »Rama« enthalten, denn in den indogermanischen Sprachen kommt häufig die sogenannte Liquida-Metathese vor, bei der aus irgendeinem Grund das »r« mit einem Selbstlaut vertauscht wird. So heißt zum Beispiel »*ar*beiten« auf Russisch »*ra*botatch« und »du*r*ch« auf Englisch »th*rough*«. Somit ist »*Arm*-in« eigentlich »*Ram*-in«.

Auf gleiche Weise finden wir den Namen »Rama« ebenso in »*Arm*-enien« – *Ram*-enien und in »*Aram*-äa« – *Ram*-äa. Also erscheint dieser wunderbare Name auch im Zusammenhang mit anderen gesellschaftlichen Aspekten und Verhaltensweisen, wofür wir weitere Beispiele in den jugoslawischen Wörtern »h-*ram*« – Tempel und »raj« – Himmelreich finden, das von »Ram Raj*«, der Herrschaft Ramas, abgeleitet ist. Auch der islamische Fastenmonat »*Ram*-adan« enthält diesen Namen, obwohl die Sprachwissenschaftler dieses Wort als »Hitzemonat« übersetzen. Doch wo hat die Hitze ihren Ursprung? Sicherlich beim Sonnengott, der im alten Ägypten den Namen »*Ra*« trug. Somit ist dieser Monat tatsächlich der Monat der Reinigung für den Herrn Rama.

Am präzisesten und der Wirklichkeit am nächsten wird Ayodhya jedoch im Ramayana besungen, einem unvergleichlichen Epos der indischen Literatur. Es ist das Ideal der Heimat des Menschen. Es war das Reich des vollkommenen Lebens, wo keine Krankheiten, kein Leid, keine Gebrechen und nicht einmal Unglück vorhanden waren. Alle lebten in einer wunderbaren Harmonie, dem Herrn in der Tiefe ihrer Herzen verbunden, wo das höchste Gefühl der Liebe die Grundlage ihres Zusammenlebens war — Ayodhya.

P: Dieser Name ist so schön.

D: Ja, Paul, für mich ist er wie ein Ruf aus der Ferne oder ein Aufschrei in mir selbst nach einer vermeintlichen Vergangenheit, die eigentlich die Wirklichkeit ist.

Als Maharishi kam, gab er der Welt die Transzendentale Meditation und alles, was er für uns hatte. Doch leider haben ihn nur wenige verstanden. So gab er uns 1975 die Idee von Ayodhya, er nannte es damals »Sidhaland«, wo das physische Ayodhya aufgebaut werden sollte. Wie dringend

* »Raj« sprich: »radsch«, mit »dsch« wie in engl. »joy«

er uns bat, uns in Sidhaländern zu vereinigen, um der Welt die Erfahrung von einem glücklichen, harmonischen Leben zu liefern! Doch die Unwissenheit in den Köpfen der Ignoranten ist zu mächtig, so daß Ayodhya bis auf den heutigen Tag auf seine Verwirklichung wartet.

Die Menschen sind intellektuell zu sehr in ihrem Ego verfangen, das es ihnen nicht erlaubt, untereinander so sozial zu leben, wie Maharishi es uns lehrt. Daß sie ihr Ego nicht aufgeben wollen, zeugt von ihrer Unfähigkeit zu geben. Denn wenn man geben will, muß man zuerst das Ego, das winzige, kleine Ego aufgeben. Und wem? Der Hingabe für die Einheit der Gemeinschaft.

Indem man sein Ego der Gemeinschaft gibt, erweitert man die Gemeinschaft und bereichert man sich selber um die Gemeinschaft. Das war das Höchste, was uns Maharishi gab, die höchste Technik, Ayodhya.

T: Das verstehe ich nicht ganz.

Du hast uns von dem Maharishi-Effekt erzählt, nach dem es doch ausreichen müßte, daß ein paar Tausend Menschen zusammen ihre Meditation und ihr Sidhi-Programm ausführen. Wozu braucht man denn dann eine Gemeinschaft?

D: Um die eigentliche Grundlage des Lebens zu verwirklichen: Liebe, die Liebe unter den Menschen.

Der Maharishi-Effekt ist nur der Anfang für den Frieden auf dieser Welt, für ein friedliches Verhalten; damit ist die Liebe jedoch noch immer nicht verwirklicht. Friede unter den Menschen ist noch kein vollkommen verwirklichtes Leben, es ist nur der Humus, den man zur Verwirklichung braucht. Man kann in Frieden weiter isoliert voneinander leben, fern von Ayodhya, der Heimat des Menschen. In dem Augenblick aber, wo man die Liebe in sich selber erfährt, fließt man zu den anderen, genau wie ein Fluß, der mit der Ahnung vom Ozean von Anfang an nicht aufhört zu fließen, bis er sich in ihn ergießt.

Deshalb gab Maharishi uns in seiner Güte die Idee von Ayodhya, die Idee vom Sidhaland. Denn das ist jene Lebensform, die unserer Entwicklung die beste und schnellste Grundlage bietet. Es ist die konkreteste Art, Liebe auf schnellste Weise zu entwickeln. Leben beispielsweise zehn Familien zusammen, dann haben ihre Kinder die zehnfache Anzahl von Geschwistern. Muß ein Ehepaar aus irgendeinem Grund für einige Zeit verreisen, dann haben die Kinder von ihnen trotzdem neun Mütter und neun Väter, durch deren Liebe sie sich weiter ungestört zu ihrem vollkommenen Dasein entwickeln können. Außerdem multiplizieren sich jedes Gefühl der Güte und der Harmonie und bilden so in der Gemeinschaft die Voraussetzungen, unter denen keine Verwicklung mehr möglich sein wird.

So wird die Gemeinschaft zu einer Oase im Chaos der heutigen Welt, geschützt vor vielen negativen Einflüssen, die die Entwicklung zur Vollkommenheit stören und aufhalten. Je mehr Menschen dazukommen, desto größer wird die Oase, und umso kleiner wird das Chaos.

Das ist die wunderbare Technik vom gemeinschaftlichen Wachstum, die uns Maharishi gab. Wenn man so lebt, geschützt in der Oase der Gemeinschaft, dann wächst man rasch in das Verhalten im Einklang mit der Natur und ihren Gesetzen und entfaltet in seinem Bewußtsein sehr schnell das kostbare Wissen um das Leben.

T: Gibt es solche Gemeinschaften irgendwo in der Welt?

D: Ja, einige, aber die Leute dort leben weiterhin isoliert voneinander, eingesperrt in ihren vier Wänden, manche sogar in Großstädten, in Betonbunkern, in der irren Einbildung, sie hätten ein Sidhaland im Sinne Maharishis zustande gebracht.

In Wirklichkeit jedoch schlagen sie sich weiter mit den allherkömmlichen Plagen eines Lebens in einem Hochhaus in einer Großstadt herum, vorbei an der Herrlichkeit von Ayodhya, erdrückt von den Stressen und dem Schmutz einer Stadt im Dunst. Um in dem Dunst dieser Negativität zu überleben, wird leider die ganze Kraft aus ihrer Meditation aufgebraucht, und wenig oder gar nichts bleibt für die eigene Entwicklung übrig.

Besser hätten sie daran getan, Maharishis wunderbarem Ratschlag zu folgen, Land in 1 000 Meter Höhe zu suchen, umgeben von Wald, mit eigenen Quellen, und dort eine Oase der Energie aufzubauen, die nicht nur ihre eigene Entwicklung optimal fördern, sondern sogar die entferntesten Stellen dieser Erde von Schmutz und Streß reinigen würde. Doch stattdessen vergeuden sie ihre Zeit in der Einbildung, sie täten das Richtige.

Wozu hat solch ein Fehlverhalten geführt? Zu einem traurigen Nachklang; denn alles, was von Maharishi seither kam, ist ein Nachschieben, um uns doch noch so weit zu bringen, Ayodhya zu verwirklichen. Der Meister gab uns das Höchste, die wunderbarste Grundlage, in der Gemeinschaft das All-Wissen zum Erblühen zu bringen. Doch da wir ihn bis auf wenige ignoriert haben, muß er uns jetzt wegen unseres trägen Geistes mit zusätzlichen Hilfsmethoden und Hilfsmitteln nachhelfen.

T: Dann gibt es also noch mehr als TM und das TM-Sidhi-Programm? Das ist ja faszinierend!

D: Ja, Thomas, das Wissen um das Leben ist unendlich faszinierend, doch am faszinierendsten sind der Gedanke und die Erfahrung, daß alles im Bewußtsein strukturiert ist. Dort heißt es, durch die regelmäßige Ausübung der Transzendentalen Meditation und des TM-Sidhi-Programms für Belebung zu sorgen. Denn im Ursprung sind alle Naturgesetze vorhanden.

Das, was Maharishi uns jetzt nachliefert, ist nur das Kennenlernen der Naturgesetze außerhalb des Bereichs ihres Ursprungs. Das ist so, wie wenn wir in ein unbekanntes Land kommen und erst alle Landknechte, alle Bauern, alle Gesellen, alle Handwerker, alle Ortsverwalter, alle Gebietsverwalter und alle Minister kennenlernen, bevor wir dem Präsidenten dieses Landes die Hand schütteln. Ich denke, es ist besser und schneller, gleich zum Präsidenten zu gehen. Er hat nämlich die gesamte Information über das ganze Land und kann uns nötigenfalls direkt an die richtige Stelle verweisen.

T: Könntest Du trotzdem ein bißchen erzählen, was es da sonst noch gibt?

D: Ja natürlich, Thomas. Die Naturgesetze funktionieren seit ihrer Entstehung unverfälscht und regieren alles im Universum. Entsprechend ihrer Funktionsbereiche hat Maharishi das Wissen seiner Vedischen Wissenschaft in mehrere Bereiche unterteilt.

Grundlage für alles ist das schon besprochene Yoga, oder genauer »*Maharishi Yog*«, die Weisheit um die Einheit aller Dinge, zu der uns die Transzendentale Meditation und das TM-Sidhi-Programm entwickeln.

Als der Schöpfer bei der Schöpfung alle Dinge bei ihrem Namen rief und sie so zur Existenz erweckte, bekam alles einen Namen von Ihm, dessen Schwingung exakt im Einklang mit den Naturgesetzen steht, der jedoch schon seit langen Zeiten in Vergessenheit geraten und noch dazu von den Menschen in ihrer Unwissenheit verändert worden ist. Diesen grundlegenden Aspekt hat Maharishi neu ausgelotet und gab so allen Dingen ihren eigentlichen Namen zurück, damit das gesamte Leben wieder im Einklang mit dem Schöpfer schwingt.

Aus dieser Neubelebung des Wissens ergibt sich auch die Bezeichnung »Maharishi Yog«. Das heutige Yoga wird im Sanskrit nämlich eigentlich »Yog« geschrieben, und schon daran erkennt man, wie wenig man das Wissen bisher in seiner vollkommenen Genauigkeit verstanden hat. Maharishi aber belebte es der Menschen und der Wahrheit zuliebe von neuem, und darum verwenden wir genau die Namen und Worte, die er im Einklang mit den Naturgesetzen gesehen hat. Weil er auch das reine Bewußtsein, das allen Aspekten der Existenz zugrunde liegt, der Welt wieder zugänglich gemacht hat, setzen wir außerdem vor alle von ihm gesehenen Bereiche des Wissens seinen Namen, als Zeichen dafür, daß das reine Bewußtsein in ihnen als Grundlage zur Anwendung kommt.

Somit sagen wir »*Maharishi Ayurved*« statt »Ayurveda«. Über dieses kostbare Wissen von der Grundordnung des Lebens haben wir ja bereits gesprochen. Es ist jener Bereich der Naturgesetze, der die Gesundheit wieder in vollkommene Harmonie versetzt, wenn man sein persönliches Leben mit ihm in Einklang bringt. Maharishi Ayurved ist das vollständige Wissen um die Wiederherstellung des Einklangs von Körper, Geist und Umgebung.

*Maharishi Jyotish** ist die ursprüngliche und vollkommene Astrologie des Universums. Es ist die Wissenschaft von der Allwissenheit mit einer Präzision, die selbst die legendären drei Weisen aus dem Morgenland in den Schatten stellt, die seinerzeit aus großer Entfernung die Geburtsstätte von Jesus von Nazareth berechnet und gefunden haben. Es beinhaltet das gesamte erhabene Wissen über die geometrische Konstruktion des unendlichen Universums sowie des vollkommenen Netzwerks der Naturgesetze und ihrer Funktion und liefert uns sämtliche Informationen über alles, was im grenzenlosen Kosmos geschieht. So vermittelt Maharishi Jyotish, die Vedische Astrologie, auf einfache Weise die Voraussicht, um Gefahren vorherzusehen, bevor sie überhaupt entstehen können.

Maharishi Yagya ist vollkommene Handlung, Handlung im Einklang mit den Naturgesetzen, und gleichzeitig das Wissen um sie. Dieses Wissen um die Beziehungen zwischen universellem und individuellem Leben und um alle Zusammenhänge, die sich innerhalb des Relativen als Handlung offenbaren, ist der Schlüssel zu vollkommenem Verhalten, das allen Lebensprinzipien gerecht wird. Aus diesem Grund ist es durch Maharishi Yagya möglich, in das Leben wieder vollkommene Ordnung und Harmonie einzuschwingen und durch Anwendung des Gesetzes von Ursache und Wirkung unerwünschte Folgen vergangener Handlungen zu löschen. Zusammen mit Maharishi Jyotish ist es daher in dieser Zeit die notwendigste Hilfe, durch die es möglich ist, das aus den Fugen Geratene wieder ins Lot zu bringen, vor allem auf der Ebene des individuellen Lebens.

* »Jyotish« sprich: »Dschüotisch«, mit »dsch« wie in engl. »joy«

Maharishi Sthapatya-Ved – auch darüber haben wir bereits kurz gesprochen. Die Menschen leben und wohnen irgendwo und irgendwie, und genauso ergeht es ihnen auch. In dem Augenblick aber, in dem sie das herrliche Wissen um das richtige Verweilen auf dieser Erde umgesetzt haben, werden sie in himmlischen Wohnstätten wohnen, deren Verwirklichung nur durch Maharishi Sthapatya-Ved möglich ist. Es ist das vollkommene Wissen um Wohnstätten, Stätten der Freude, Stätten der Feste, Stätten der Hingabe und Stätten der Einheit. Es ist das Wissen, wie man der Materie wieder ihre heile Natur gibt, auf daß sie im Einklang mit dem Menschen vollkommen dem Vollkommenen diene.

Maharishi Gandharva-Ved – Wie unendlich gütig der Schöpfer des Universums ist, erfaßt man, wenn man die himmliche Musik des Maharishi Gandharva-Ved einmal vernommen hat. Von der ersten bis zur letzten Schwingung ersann sie der Herr zur Freude des Menschen, zur Freude des Gesamten und zur Freude der Verbindung zwischen der Schöpfung und Ihm. Wir können sie überall wahrnehmen, im sanften Hauch des Windes, in den wärmenden Strahlen der Sonne und im Strömen des Saftes im Frühling, der dem Menschen die Erinnerung gibt, einen neuen Anfang zu machen. Letztlich ist sie immer wieder eine sanfte und ermahnende Erinnerung, wohin der Mensch lauschen sollte, nicht auf den groben Ton, sondern auf sein anderes Ende, wo er aus der vollkommenen Stille des Schöpfers entspringt.

Maharishi Dhanur-Ved ist die herrliche Kunst, mit der Energie, mit der Kraft geschickt umzugehen. Man führte und führt Kriege, welch unsinniger Mißbrauch aller Kräfte, die man dabei anwendet! Daher Maharishi Dhanur-Ved, das vollkommene Wissen, die Kräfte so anzuwenden, daß der Feind nicht einmal entstehen kann. Er ist jene Ordnung in unserem Geist, die eine Unordnung unmöglich macht. Er ist jene Gewalt in ihm, die Gewaltlosigkeit verursacht. Er ist jener vollkommene Krieger in ihm, der nie einen Krieg zuläßt. Maharishi Dhanur-Ved ist somit die vollkommenste Kriegskunst, ein vollkommener Hüter und Verwalter der Harmonie im gesamten Universum.

Maharishi Vedische Mathematik – Die Mathematik ist heute die einzige Wissenschaft, die nahe an ihre Vollkommenheit heranreicht. Leider wird sie jedoch vor allem zu niedrigen Aspekten des Lebens benützt und fast gar nicht im Zusammenhang mit dem vollkommenen Wissen. Sie ist aber jene Grundlage, die dem Maharishi Jyotish, der Vedischen Astrologie, den Zugang zu allen Kombinationen der Unendlichkeit ermöglicht. Sie ist der Schlüssel für den Geist zur Lösung aller Probleme. Nimmt die heutige Mathematik wieder Verbindung mit der Vedischen auf, die aus dem Bereich des vollkommenen Wissens kommt und es sogar als Grundlage hat, dann wird sie ihren eigentlichen Zweck in unserem Leben erfüllen und keinen Irrtum im Bereich des Denkens mehr zulassen. Denn rein mathematisch ist Irrtum nicht möglich, da die Mathematik vollkommen ist. Sie wird dem Geist alles entschlüsseln, was ihn bis jetzt verwirrt hat.

Maharishi Vedische Ökonomie ist ein Wissen, das der Welt immer gefehlt hat. Sie ist das Wissen, durch das die Armut aufhört, weil die Güter auf dieser Erde, die von vorneherein allen gehören, auch dementsprechend verteilt werden. Was vor allem in der Vedischen Ökonomie vorhanden ist, ist die Erweiterung des Bewußtseins, um rechtschaffen zu denken, rechtschaffen zu teilen, rechtschaffen zu sein. Sie ist jenes wunderbare Wissen, das alle irdische Materie im Einklang mit dem Menschen hält. Sie ist das Wissen, das den Menschen aus der Beengung zur Großzügigkeit führt, aus der Kleinherzigkeit zum voll entfalteten Herzen, das nichts anderes kann als nur geben.

Maharishi Vedische Landwirtschaft – Durch die Verwirklichung dieses vollkommenen Wissens um unsere Mutter Erde, um das Land, das uns nährt, und um die Früchte, die auf ihm wachsen, wird der entsetzliche Raubbau endlich aufhören. Die Jahreszeiten werden in Harmonie mit dem Wachstum auf dieser Erde kommen und gehen, und es werden sogar Früchte, die bisher durch das schreckliche Benehmen des Menschen nicht auf ihr wachsen konnten, gedeihen, um allen den Beweis zu erbringen, daß sie ein wunderbares Paradies ist. Denn so hat der Herr sie erschaffen.

Maharishi Vedisches Management – Das Organisieren bereitet dem Menschen aus dem Bewußtsein, das er gegenwärtig hat, offenbar große Schwierigkeiten, und daher ist alles chaotisch geworden. Doch die Kunst der Vedischen Organisation entspringt jener Intelligenz, die vom Ursprung her das gesamte Universum im Einklang mit dem Willen des Schöpfers und dem Funktionieren der von Ihm erschaffenen Naturgesetze regiert, ohne einen einzigen Fehler zu machen. Dies ist nichts anderes als die Intelligenz des Saftes in einem Baum, der von Grund auf vollkommene Ordnung und vollkommenes Wachstum bewirkt, hin bis zum letzten Blatt, bis zur letzten Blüte und zur letzten Frucht.

Maharishi Vedische Politikwissenschaft – Wie das bisherige Management so ist auch die Politik des Menschen, die ebenfalls in Unwissenheit abläuft, ein unheilbringender, aggressiver, unzähmbarer dunkler Knoten, der bis jetzt der Welt nur Unheil und Kriege gebracht hat. Deshalb hat Maharishi weltweit die *Naturgesetz-Partei* ins Leben gerufen. Sie beruht auf der Grundlage des vollkommenen Wissens um die Naturgesetze und wird so der Welt politisch wieder ihre Ordnung geben, Ordnung und Frieden für alle Kulturen, alle Völker, alle Menschen, egal, wohin sie gehen oder wohin sie gehören. Sie bringt das vollkommene Wissen für die Harmonie in den zwischenmenschlichen Beziehungen.

P: Ist das eine richtige Partei? Kann man da Mitglied werden?

D: Natürlich kann jeder Mitglied werden, vor allem sollte aber jeder sie wählen. Denn sie ist mehr als nur irgendeine Partei in der Parteienlandschaft, sie ist die Grundlage, um allen Parteien auf dieser Erde das Wissen zu vermitteln, damit sie endlich das verwirklichen können, was zwar alle angestrebt haben, woran jedoch bisher alle aus Unwissenheit gescheitert sind.

T: Das ist ja wirklich fantastisch, aber umso unverständlicher ist es mir, daß die Politiker und Regierenden in der Welt so etwas nicht aufgreifen, wo es doch offensichtlich ein vollkommener Schlüssel ist, um alle Probleme dieser Welt zu lösen.

D: Natürlich ist es unverständlich. Es ist jedoch genauso unverständlich, daß man im 20. Jahrhundert noch Kriege führt, daß man die kompliziertesten und gewaltigsten Waffen erfindet, um sich gegenseitig zu vernichten. Es ist unverständlich, aber es ist so.

Darum muß die Bevölkerung von Grund auf in eine andere, lebensbejahende Richtung gehen wollen, dann wird auch die Verworrenheit ihrer Regierungen ein Ende nehmen. Sie werden sich auf die Harmonie für das Leben besinnen, und das Negative wird ihnen zum Wohle ihres eigenen Volkes fremd sein.

Wir sehen hier deutlich, daß alles im Bewußtsein strukturiert ist, selbst die Fähigkeit zu erkennen, wie wertvoll diese Hilfsmethoden sind. Maharishi tut alles Erdenkliche, um die Menschheit wenigstens zu dieser Erkenntnis zu führen. Er hat allen Regierungen dieser Welt dieses wunderbare Wissen angeboten. In ihrer Blindheit aber, in ihrer maßlosen Blindheit haben sie wegen ihres selbstsüchtigen Gebarens so eine herrliche

Hilfe für ihre Bevölkerung und für die gesamte Welt abgelehnt. Wenn sie es wenigstens einmal versucht hätten!

Wollen wir deshalb der Welt Harmonie geben, dann dürfen wir uns auf niemanden mehr verlassen außer auf uns selbst. Jeder einzelne, Thomas, sollte jetzt die Transzendentale Meditation und das TM-Sidhi-Programm ausüben und somit die Negativität, die durch das Versagen der bisherigen Führer verursacht worden ist, im Keime ersticken. Dies wird der Beginn eines natürlichen Verhaltens sein, das Wiederbeleben der Großfamilie und des Lebens in Gemeinschaften, wie ich sie vorhin bereits beschrieben habe.

P: Verzeih mir bitte, aber wenn ich das Wort »Gemeinschaft« höre, dann denke ich unweigerlich an irgendwelche Kommunen, Hippies oder ähnliches.

D: Nein, Paul, das sollte Dich an Dein Volk, an Deinen Stamm erinnern, der wie eine wunderbare Großfamilie irgendwo in den Bergen, den Anden, ohne Dich lebt, obwohl er Deiner so notwendig bedürfte.

Paul schwieg und ging nachdenklich weiter. Diese Worte von Duschane zerrissen endgültig den Schleier in ihm, der eine alte Erfahrung verhüllt hatte, und erweckten eine in seinem Leben noch nie dagewesene Sehnsucht nach jenem kleinen Bergvolk, das sich ohne seine Hilfe sicherlich schwertat, dem Leben gerecht zu werden; nach jenen herrlichen braunen Menschen, denen das Lachen trotz ihrer Lage nicht verlorengegangen war; nach jenen süßen, sorglos in der Geborgenheit ihres Stammes aufwachsenden Kindern, bei denen die kleinen Zähnchen wie aneinandergereihte Perlen leuchteten. Wie gerne würde er die Zeit bis zum Wiedersehen verkürzen!

Doch plötzlich schob sich der Schatten der Trennung von seiner Frau wie ein Vorhang vor diese Gefühle.

Duschane sah ihn an und ahnte, was in ihm vorging.

D: Siehst Du, mein Freund, Dein Volk lebt in einer gesunden, richtigen und verantwortungsvollen Verbindung untereinander. Es hat schon einige Voraussetzungen, um das physische Ayodhya zu verwirklichen, es hat die Natur, es hat reines Wasser, es hat wunderbare Lehmhütten. Was ihnen noch fehlt, ist nur die gesunde Ernährung und das unersetzliche Wissen von Maharishi, das ihrem Geist die Erfahrung von Ayodhya an der Quelle des reinen Bewußtseins vermitteln wird. Dann werden sie Ayodhya wirklich leben, innerlich und äußerlich.

Lange Zeit stiegen sie schweigend, jeder in seine Gedanken versunken, den steilen Berg hinab. Paul war von seiner Sehnsucht wie betäubt und gleichzeitig von schrecklichem Leid geplagt. Wie hatte er sich das bloß antun können! Und noch schlimmer: welches Leid hatte er seiner Frau, seiner kleinen Indianerin, zugefügt! Was er auch zu denken begann, es lief nur in Ohnmacht zusammen. Hoffentlich konnte er das alles wiedergutmachen! Man sah ihm an, wie sehr ihn dieser Gedanke peinigte. Des öfteren schüttelte er den Kopf, als ob er sich mit Gewalt dieser Qual entledigen wollte.

Thomas träumte währenddessen von Ayodhya, denn sein wacher Geist hatte nicht lange gebraucht, um zu erkennen, wie wahr das alles war. In seinem Herzen glaubte er, eine Erinnerung, eine vage, ferne Erinnerung wie ein sanftes Gefühl zu spüren. Es war eine ungeheure Vorstellung, dachte er, daß man nirgends anders den Himmel suchen muß, als in sich selbst. Diese TM konnte nichts anderes als der größte Segen des Höchsten sein. So wie Duschane es beschrieben hatte, mußte einfach alles stimmen. Die Sache war so logisch: ein Gedanke hat zwei Enden, eins, das zum Groben, und eins, das zum Feinsten führt, zur Quelle, wo der Gedanke entspringt. Ja, das mußte er lernen, und zwar so schnell wie möglich. Daher nahm er sich vor, sich in den nächsten Zug zu setzen und das nächste TM-Center aufzusuchen, um sich dort einführen zu lassen.

Duschane war wie immer voller Dankbarkeit, daß ihm das Schicksal solche wunderbaren Menschen anvertraut hatte, denen er von TM und von Maharishi hatte erzählen dürfen, und denen er die Idee von der tatsächlichen Wirklichkeit des Himmels in uns selbst und vor allem von der Wirklichkeit von Ayodhya, der eigentlichen Heimat der Menschheit, vermitteln konnte. Dort werden die Menschen unter dem Schutz aller Naturgesetze leben, fern von Leid und Chaos, das ewig in die Vergessenheit verbannt und höchstens hier und dort als eine Legende von der einst verirrten Menschheit vielleicht verständnislose Zuhörer finden wird. In tiefster Demut faltete er die Hände und verbeugte sich in seinem Herzen vor dem Leben und vor den Gedanken an dieses wunderbare Ziel.

D: Jai Guru Dev,

kam es ihm leise über die Lippen.
Thomas und Paul horchten auf.

T: Das habe ich doch schon einmal von Dir gehört. Was bedeutet das?

Duschane schwieg einige Sekunden. In ihm formierten sich die Gedanken zu einer Vision, die die unendliche Kette der wahren Meister sichtbar werden ließ, der Weisheitsträger der Welt.

D: Thomas, was ich Dir jetzt erkläre, ist nur das, was mir möglich ist, die von mir gesehenen Dinge des Lebens.

Guru Dev ist Maharishis Meister, und doch ist er mehr, als unsere Vorstellung uns enthüllen kann. Er war jener Knabe, der mit neun Jahren sein Elternhaus verließ, um die Wahrheit um das Leben zu suchen, und der nicht zufälligerweise den Jugendnamen »Raja Ram« trug. Er wurde zum Sucher für die Menschheit, der in fünfzig Jahren in der Einsamkeit der Bergwelt die wunderbare Weisheit des Lebens fand und sie wieder vollkommen in sich verwirklichte. Er ist der Punkt, in dem die Weisheiten aller Meister davor, egal wo und wann sie gelebt hatten, zusammenliefen. Er selbst wurde das Wissen.

»Jai Guru Dev« bedeutet nichts anderes als den höchsten Segensspruch, der gleichzeitig in sich die tiefste Dankbarkeit und Demut dem Leben und dem Höchsten gegenüber zum Ausdruck bringt.

Eine vollkommene Lichtquelle entsendet Lichtstrahlen, die alles durchdringen und ewig fortdauern. So ist es auch mit den Meistern der Weisheit, die seit undenklichen Zeiten ihren Sitz an der Quelle des vollkommenen Wissens haben und somit die Träger und Bereiter einer wunderbaren Zukunft für die Menschheit sind. Sie sind wie ein Edelstein, in dem die Weisheit des Lebens ihre vollkommene Einheit findet, und der einer Krone als kostbarer Schmuck ihren schönsten und erhabensten Ausdruck verleiht.

Das gesamte Wissen der wahren Meister der Vergangenheit vereinigte Guru Dev zu einer strahlenden Krone der Weisheit, die er mit einem Edelstein von unvergleichlicher Reinheit verzierte, Maharishi, der durch die Kraft der Meister alle Dunkelheit bis in die verborgensten Ecken des menschlichen Daseins durchdringt und damit der Krone ihre höchste Würde verleiht.

Darum »Jai Guru Dev«, nicht weil es eine neue Religion ist, sondern weil es bitter not tut, daß die Wahrheit für die Menschen wiederbelebt wird, die Wahrheit um das wirkliche Leben.

Paul war sehr nachdenklich geworden. Er schaute fast wehmütig zu Duschane hinüber.

P: Du hast uns so viel Wunderbares über Christus offenbart. Es tut mir ein bißchen weh, daß Er, den Du auf die höchste Stelle der Existenz gestellt hast, nicht in solch einem wunderbaren Segensspruch enthalten ist.

D: Oh Paul, mein Freund, es wäre unwürdig für Christus, irgendwo enthalten zu sein. Er **ist** alles.

Da Er die Grundlage des Lebens ist, ist Er gleichzeitig die Grundlage aller Existenz. Er ist die Weisheit der Meister, Er ist die wirkliche geistige Krone auf dem Haupt von Guru Dev, Er ist der Diamant und seine Strahlen, die die Unwissenheit von den Menschen hinwegnehmen, und Er ist gleichzeitig das Licht, das die Welt zum höchsten Leben erleuchtet.

P: Mein Gott, bin ich kleingläubig!

Seine Bedrückung verließ ihn so rasch, wie Nebel von den warmen Strahlen der Sonne aufgelöst wird, und machte einem tiefen Gefühl der Ehrfurcht Platz.

Schweigend gingen sie weiter und erfreuten sich an der herrlichen Natur, den mächtigen Bäumen, der klaren Luft und den vielen kleinen, verspielt plätschernden Gebirgsbächen.

Nach einiger Zeit öffnete sich das Tal mit den ersten Häusern ihren Blikken. Sie sahen rauchende Schlote und Dunst, der wie eine Glocke schwer über den Dächern schwebte: die Zivilisation.

Thomas erinnerte sich, daß er ähnliche Erlebnisse schon oft gehabt hatte: aus der Zivilisation heraus und dann wieder zu ihr zurück. Doch anders als früher fühlte er sich jetzt angesichts dieses Schocks nicht bedrückt, sondern eher gestärkt und aufgerufen, die Situation zu verändern. Er hatte eine neue, eine wirkliche Hoffnung gewonnen, daß nämlich die Natur und nicht die fehlentwickelte Zivilisation siegen würde. Daß die Menschen Zivilisation brauchten, war ihm schon längst klar gewesen, doch richtige Zivilisation, die im Einklang mit der Natur die Natur veredelt und nicht zerstört.

T: Wie geht es weiter, wie soll es weiter gehen? Wie können wir Ayodhya verwirklichen?

D: Im ersten Augenblick scheint uns ein großer Berg uneinnehmbar zu sein, aber nur weil wir uns für klein halten. Wenn wir jedoch auf seinem Gipfel stehen, dann sind wir mit dem Berg zusammen groß.

Das Wissen und der Himmel sind immer mißverstanden worden. Man zerstört andere Kulturen und Kulturdenkmäler in der irren Meinung, man vernichte die Religion des anderen und trage zur Verbreitung der eigenen bei. Der aber, der vernichtet, hat nicht einmal Achtung vor seiner eigenen Religion, denn jede Religion lehrt Liebe, Einheit und Harmonie. Und wenn sich jemand an dem, der vernichtet hat, rächt, so entwürdigt er wiederum seine eigene Religion. Das ist der Kreislauf der nicht verwirklichten Religionen auf dieser Welt, der die Notwendigkeit, das Himmelreich inwendig in uns zu verwirklichen, förmlich heraufbeschworen hat.

Ayodhya, Thomas, ist nicht da, wo Rama angeblich oder wirklich geboren ist, Ayodhya ist der Zustand des Geläutertseins, der Zustand eines reinen Herzens, dem nur das Lieben möglich ist. Wo und auf welchem Punkt der Erde die Menschen dies auch verwirklichen, sie sind Bewohner von Ayodhya, dem Himmelreich in uns selbst.

Zerstört man eine Moschee im Namen von Rama, dann sicher nicht in seinem Auftrag. Er würde nämlich zweifelsohne sagen: "Habt Achtung vor der Kultur des anderen, denn auch sie hat ihren Ursprung im Höchsten. Einigt Euch in Liebe und Achtung voreinander, und diese Kraft wird einen Tempel bauen, in dem alle Religionen ihre Erfüllung finden."

Weiter kann es nur gehen, wenn wir wie besprochen leben und damit die inneren Werte zu erhabener Würde entfalten, und vor allem vollständig auf Gott vertrauen.

T: Gibt es Ayodhya schon irgendwo?

D: Irgendwo in der Welt gibt es eine Stadt wie jede andere, die »Ayodhya« heißt, voll von Smog, Chaos und ähnlichem. Es gibt in der Welt irgendwo ein Jerusalem, das demselben Schicksal verfallen ist. Irgendwo in der Welt gibt es Mekka usw., usf.

Doch das ist es nicht, Thomas. Wie bei den Gedanken gibt es tief in uns am Ursprung der Schöpfung ein inneres Ayodhya, ein inneres Jerusalem, ein inneres Mekka, einen inneren Buddhismus, einen inneren Hinduismus, einen inneren Islam, ein inneres Judentum, ein inneres Christentum, eine innere Religion. Am anderen Ende existiert das alles auch außen, doch dort herrscht Chaos, weil das verbindende Element zum inneren Ende fehlt.

Das wirkliche Ayodhya, das wirkliche Jerusalem, das wirkliche Mekka, wirkliche Tempel, wirkliche Moscheen, wirkliche Synagogen, wirkliche Kirchen aufzubauen setzt voraus, daß all das, was außen aufgebaut werden soll, zuerst im Inneren stattfindet. Denn der Bauplan aller Dinge ist auf der Ebene des reinen Bewußtseins im Original vorhanden. Er muß im Inneren erfahren und dann über die vollkommene Verbindung nach außen naturgetreu verwirklicht werden. Dann wird alles im Einklang mit den Naturgesetzen sein, während andernfalls selbst bei bestem Willen und größter Anstrengung Chaos und Probleme vorherrschen werden.

T: Ist es nicht fast unmöglich, in solch einer verworrenen Welt Zugang zum inneren Ayodhya zu bekommen?

D: Nein, Thomas, wir gehen es nur falsch an.

Wenn wir ein Haus bauen, dann beginnen wir beim Fundament. Die Transzendentale Meditation erschließt in uns das Fundament, auf dem das äußere Ayodhya Hand in Hand, Schritt für Schritt verwirklicht werden sollte. Das Fundament ist aber nur die Grundlage für die erste Ziegelreihe, die wiederum für die nächste Ziegelreihe ein Fundament auf höherer Ebene darstellt und so die Entwicklung des Gebäudes wachsen läßt. Bleiben wir bei einer Reihe stehen und warten wir, daß das Gebäude durch ein Wunder auf einmal fertig wird, dann werden wir lange warten. Wie wir begonnen haben, so müssen wir fortfahren: Reihe für Reihe für Reihe, bis das Haus tatsächlich vollständig ist.

Wenn die Meditierenden nicht parallel zu ihren wunderbaren Erfahrungen gleichzeitig das Äußere Wirklichkeit werden lassen, dann bleibt die eigentliche Verwirklichung von Ayodhya innen wie außen wegen der fehlenden Verbindung der beiden Aspekte auf der Strecke. Die Erfahrung des inneren Ayodhya durch die Meditation ist bisher nämlich nur eine Erfrischung, aber kein Zustand. Leben wir weiter so wie bisher, dann ist es kein Wunder, daß die Frische von all dem Chaos und der Negativität rasch gänzlich aufgebraucht wird, und daß es lediglich bei einer Wiederholung der Erfahrung bleibt. Hier sehen wir, wie notwendig es ist, das äußere Ayodhya parallel aufzubauen. Es ist der notwendige Schutz, damit die innere Erfahrung stabilisiert werden kann und so zum vollkommenen Zustand des inneren Ayodhya führt.

Wir müssen also, wie erwähnt, zurück zu der wunderbaren Einrichtung der Großfamilie, wo jeder Schutz in Geborgenheit hat. Wir müssen die wunderbare Idee von Maharishi verwirklichen und Sidhaländer mit unseren eigenen Händen, geführt vom erleuchteten Geist, aufbauen und Ziegel für Ziegel segnen, damit auch die Materie durch die zarte Idee der auf uns zukommenden Wirklichkeit geheiligt wird. Denn die Häuser, in denen wir bis jetzt leben, leben nicht, sie sind nur Gemäuer, in die sich unser Leben verirrt hat. Alle Menschen, die in sich den Funken des wahren inneren Lebens tragen, sollten sich schleunigst zusammentun und neue Dörfer und Städte aus dieser Gesinnung und der Verbindung zu Gott heraus entstehen lassen. Das wird die wirksamste Waffe gegen das Chaos sein.

Die Dörfer und Städte, die Gott geweiht sind, wo schützende Harmonie tatsächlich gelebt wird, innerlich und äußerlich, sind die Grundlage des wirklichen Ayodhya, des wirklichen Jerusalem, des wirklichen Mekka. Die Menschen sollten nicht nach Jerusalem, nach Mekka, nach irgendeinem heiligen Ort pilgern, sondern ihn zur Ehre des allmächtigen Gottes an der Stelle aufbauen, wo sie leben.

P: Mein Gott, ich kann es wirklich kaum erwarten! Wäre ich bloß ein Kondor, dann würde ich mich in die Lüfte schwingen, zu jenem Völkchen in den Anden ...

T: Da ist ja schon der Bahnhof!

P: Das äußere Ende der Wirklichkeit!

entfuhr es Paul, aus seinem Traum aufgeschreckt.

T: Paul, wir haben doch alle drei Sachen, das Äußere, die Verbindung und das Innere.

Beziehungsweise Du hast es, bei mir ist es ja bisher nur eine Idee ohne wirkliche Erfahrung. Damit es nicht dabei bleibt, brauche ich den Bahnhof, das Äußere. Ich möchte gleich irgendwohin fahren, wo ich TM beginnen kann, am besten dahin, wo meine Schwester wohnt, denn da gibt es ein TM-Center.

P: Was! Du willst schon weg? Nein, Thomas, das kannst Du uns doch nicht antun! Ich wohne hier in einem wunderschönen Hotel, und ich wäre glücklich, Dich verwöhnen zu dürfen. Wir haben doch den ganzen Tag noch nichts gegessen!

Thomas schaute die hagere Gestalt an: nichts, nicht die kleinste Spur von jenem Professor, den er vor einer knappen Woche in der Sturmnacht kennengelernt hatte. Ihm kam es so vor, als ob der wirkliche Paul vor ihm stand, der Professor aber in den Bergen zurückgeblieben war.

T: Das ist unheimlich lieb von Dir, doch da wir in einem Boot sitzen, egal wo wir sind, werden wir sicherlich irgendwann wieder einmal gemeinsam die Ruder in der Hand halten.

Jetzt aber möchte ich keinen Tag länger warten, um TM zu erlernen. Immerhin bist Du für mich das wunderbarste und beeindruckendste Beispiel. Außerdem habe ich eigentlich gar keinen Hunger.

P: Schade! Wirklich schade, aber Du hast recht, ich würde an Deiner Stelle wohl auch so handeln.

Paul mußte schlucken, denn der Abschied fiel ihm bei Gott schwer. Doch tief in seinem Inneren erfuhr er zum ersten Mal die Gefühle der Liebe, für die das Glück des anderen die Erfüllung ist.

Er ging zwei Schritte auf Thomas zu und umarmte ihn.

P: Es wäre wunderschön, wenn Du mich in den Anden besuchen würdest.

D: Vaya con Dios, Thomas. Wir hören bald voneinander.

T: Vaya con Dios, macht's gut.

Thomas rannte rasch über die Straße zum Bahnhof. Auf der anderen Straßenseite blieb er noch einmal stehen, drehte sich kurz um und rief den beiden zu:

T: Bis bald in Ayodhya!

Für ihn hatte sich eine Welt eröffnet, eine Welt der Erkenntnis und der Einsicht, die ihn so zuversichtlich machte, daß er diesen Abschied gar nicht schwernahm. Er betrachtete ein spielendes Kind, das auf einem Rasen vor seiner Mutter saß. Eigentlich gibt es gar keine Abschiede, da die Menschen eine große Familie sind.

P: Zum Glück bleibst Du, Duschane, ja noch drei, vier Tage bei mir, vielleicht auch länger. Gehen wir zu meinem Hotel! Da werde ich für Dich ein Zimmer nehmen.

Der Tag ging zur Neige. Ohne daß es ihnen bewußt geworden war, war die Sonne bereits hinter den Bergen verschwunden. Gemütlich gingen sie durch die Gassen der kleinen Stadt und näherten sich dem Hotel, das etwas außerhalb in einer wunderschönen Parkanlage gelegen war.

Plötzlich blieb Paul wie angewurzelt stehen und hielt sich an Duschane fest. Wie erstarrt blickte er auf eine Gestalt, die auf der Hotelterrasse an der Brüstung stand und in die Berge schaute.

P: Nein, das kann doch nicht sein! Ich glaube, ich träume.

Duschane hielt ihn an seinem verkrampften Arm fest und blickte ebenfalls in die Richtung. Dort sah er eine zierliche Frauengestalt, bei der es sich nach Pauls Reaktion nur um seine kleine Indianerin handeln konnte.

P: Wie kommt sie denn hierher?

Paul war fassungslos. Unzählige Gedanken flogen in einem wilden Durcheinander in seinem Geist umher. Trotz der größten Mühe konnte er das alles nirgends einordnen.

Dann gab er sich einen Ruck und ging eiligen Schrittes zum Hoteleingang, wo er jedoch plötzlich Rufe hörte:

"Papa, Papa!"

Im Nu sah er sich von seinen Kindern umringt.

"Gott sei Dank, Du lebst!" wiederholten sie mehrmals mit hörbarer Freude und Erleichterung.

"Wie kommt Ihr denn hierher?" fragte Paul überrascht.

"Uns wurde berichtet, daß Du in den Bergen verunglückt seist."

Daran hatte er tatsächlich noch nicht gedacht. Er war ja eine ganze Woche lang verschollen gewesen, und das auch noch bei diesem Unwetter. Da lag eine solche Schlußfolgerung wirklich nicht fern.

"Und deswegen seid Ihr extra hierher gekommen?"

Erst jetzt wurde ihm bewußt, welches wunderbare Schicksal da im Spiel war. Mit Tränen in den Augen umarmte er sie und tastete jeden mehrmals ab, als ob er sich vergewissern wollte, ob alles Wirklichkeit war.

Überrascht über diese Reaktion ihres Vaters schauten die drei einander an.

"Gott sei Dank ist Dir nichts passiert!"

"Und ob mir etwas passiert ist! Aber etwas Wunderbares."

Er machte sie mit einer Geste auf Duschane aufmerksam.

"Darf ich Euch meinen Freund vorstellen: Duschane. Ihm verdanke ich unendlich viel, er hat mir zu einem neuen Leben verholfen."

"Durch TM," ergänzte Duschane.

"Ja, durch TM," wiederholte Paul.

"Was, Papa, Du meditierst!? Das ist ja Wahnsinn!"

"Langsam, langsam, ich habe gestern wieder begonnen, es fehlen mir aber noch drei Tage des Kurses. Duschane hat sich bereit erklärt, solange bei mir zu bleiben, um den Kurs mit mir zu Ende zu machen."

Da ging der Sohn unvermittelt auf Duschane zu und gab ihm voller Achtung die Hand.

"Jai Guru Dev, Sie haben da etwas vollbracht, auf das ich schon fast nicht mehr zu hoffen gewagt hatte. Vor zwei Monaten bin ich selbst TM-Lehrer geworden, in der Hoffnung, meinem Vater einmal die Augen öffnen zu können."

"Jai Guru Dev," kam es von Duschane zurück, "Du hast einen wunderbaren Vater, und ich glaube, es wird gut sein, daß Du ihm TM vollständig lehrst."

"Was höre ich da?" rief Paul überrascht, "Du bist TM-Lehrer geworden? Oh Junge, das ist ja wunderbar! Warum hast Du mir das nicht schon früher gesagt?"

Die Kinder waren fassungslos.

Zu Duschane gewandt fuhr er fort: “Aber Du bleibst doch trotzdem noch ein paar Tage hier!?”

“Paul, Du solltest mit Deiner wunderbaren Familie erst einmal alleine sein. Es wird noch so viel Intimes zu besprechen geben. Und ich glaube, da ist noch jemand, der Deiner dringend bedarf.”

“Oh Gott, ja! Danke.”

Und schon eilte er durch die Eingangshalle zur Terrasse. Dort blieb er wie verzaubert stehen.

Vor den vom rotgoldenen Licht der Dämmerung beleuchteten Bergen zeichneten sich die Umrisse seiner Frau wie ein Schattenbild ab. Was mochte sie jetzt wohl denken und fühlen? Wie lange hatte er sie nicht gesehen, und welches Unrecht hatte er ihr angetan!

Solchen Gedanken an die gemeinsame Vergangenheit ging auch die zarte Gestalt vor seinen Augen nach. Wie entsetzt war sie gewesen, als er seine Familie einfach verließ, und das nur wegen einer geradezu kindlichen Verbohrtheit in irgendwelche Vorurteile, über die er nicht einmal mit sich reden ließ! Wie sehr hatte sie gehofft, daß er irgendwann durch ihre Liebe zur Einsicht kommen würde, und sie dann gemeinsam mit dem Häuptling ihres Herzens einer herrlichen Zukunft entgegenschreiten könnte!

Und jetzt sollte er irgendwo in den Bergen umgekommen sein? Er war doch noch gar nicht fertig in seiner Erkenntnis, er hatte doch seinen Weg noch nicht gefunden! Nein, das konnte nicht sein! Tief in ihrem Herzen hatte sie ein gutes, ein sicheres Gefühl. Er war nicht tot, er hatte die Erde noch nicht verlassen! Sie würde ihn finden, irgendwie.

Deshalb war sie auch hierher gekommen. Ihre Ahnen glaubten daran, daß etwas, das man in tiefer Achtung und Demut von den Bergen erbittet, sich auch erfüllen wird. So betete sie inbrünstig, daß sie ihren Mann wiedersehen möge, um ihre Aufgabe an ihm zu erfüllen, ihn zu Gott oder dem Großen Geist ihrer Ahnen zu führen.

Sie wollte nichts für sich, sie hatte kein persönliches Bedürfnis an ihn, doch sie liebte ihn noch immer mit ihrem ganzen Herzen. Eine Flut von gemeinsamen Erlebnissen mit ihm drängte sich in ihr Bewußtsein, und ihre Sehnsucht steigerte sich fast ins Unerträgliche.

In diesem Augenblick spürte sie, wie zwei Hände sanft ihre Schultern berührten. Erschrocken drehte sie sich um.

“Paul, Du lebst!”

“Ja, die Berge ...”

Doch da versagte seine Stimme. Mit Tränen in den Augen stand er hilflos da.

"Ich habe Dich so vermißt!"

Sie umarmten sich innig, und das letzte Tageslicht machte in Ergebenheit Platz für die Nacht, die die beiden wie eine schützende Mutter in ihren sanften Schleier einhüllte.

Hier endet das erste Buch des Ayodhya-Veda, des Beginns des wunderbaren Weges nach Ayodhya in unserem eigenen Herzen. Würdigen wir dieses Wissen durch den Segen für die gesamte Menschheit

Jai Guru Dev

Ayodhya

Vor vielen Tausenden oder Millionen Jahren gab es ein wunderbares Reich. Oder war es gestern, oder vielleicht heute?

In diesem Reich lebten die Menschen ausnahmslos glücklich und zufrieden, ohne Leid oder Krankheiten, ohne Sorgen und Kummer und bar jeglicher Unwissenheit. Ein vollkommener Regent, Raja Ram, Meister und Verwirklichung des wahren Lebens, war mit seinem ganzen Wesen für alles in seinem Reich verantwortlich. Aus ihm strahlte noch nie dagewesene Harmonie, die alle Herzen erfaßte und zum höchsten Fühlen belebte, so daß allumfassende Liebe zur Grundlage des Lebens wurde.

Heute leben die Menschen leider in Chaos und Unwissenheit und ignorieren das vollkommene Leben in sich selbst, anstatt zuzulassen, daß es sich zur höchsten Blüte entfalten kann. Verwickelt in vergängliche Dinge vergeuden sie ihre kostbare Zeit, indem sie falschem Wissen und falschen Systemen frönen und außen suchen, anstatt in sich zu gehen.

Doch das Modell des vollkommenen Lebens, Ayodhya, existierte und existiert, unbeeinflußt und unantastbar. Es wird ewig und in Vollkommenheit existieren, weil es im Bewußtsein der Menschen strukturiert ist und durch das einzigartige und erhabene Wissen des Ayodhya-Veda wiederbelebt werden kann.

Graben wir also nicht nach sinnlosen vergänglichen Dingen, sondern gehen wir auf Entdeckungsreise in uns selbst nach der wunderbaren Wirklichkeit von Ayodhya, wo weder Sinnlosigkeit noch Leid existieren.

Ayodhya ist keine Utopie, es ist die einzige Realität. Dieses Reich existiert seit Anbeginn aller Dinge im Herzen der Menschen, wo die Geburtstätte der Sehnsucht nach Gott liegt. Auch wenn es sich im menschlichen Bewußtsein verwischt hat, so ist es doch da.

Heute scheint die Zeit reif dafür zu sein, daß Ayodhya auf allen Ebenen des Daseins wiederbelebt wird. Doch immer, wenn der Keim des Guten sich neu zu entfalten beginnt, bedient sich das Negative aller erdenklicher Mittel, um ihn zu ersticken, und schreckt nicht einmal davor zurück, diejenigen zu verwirren, die eigentlich auf dem Weg des Guten sind.

Das Schicksal aber webte im Verborgenen und brachte auf eigenartige Weise eine Handvoll Menschen zusammen, die für sich Ayodhya als Erfüllung ihres Lebens anstrebten. Gestärkt durch ihren Zusammenhalt und ihre Gemeinsamkeit in allen Bereichen des Lebens, äußeren und inneren, in großen wie in kleinen Dingen, waren sie in ihrem Ziel jeglicher Negativität gewachsen. So gründeten sie mit dieser gemeinsamen Idee vor Augen Ende des Jahres 1990 feierlich die **Vedische Union - Maharishis Ayodhya** *und besiegelten damit den Neubeginn dieses wunderbaren Modells.*

Getragen von der unendlichen Kraft der ewigen Verfassung des Universums und behütet von Ram Raj, der Regierung der Natur, begann sich bei ihnen das wirkliche Leben wieder zu entfalten. Inmitten der Negativität in dieser Welt fühlten sich die vom Schicksal Zusammengewürfelten wie in einer Oase in der Wüste, geborgen von der Kraft des Zusammenseins und der Liebe.

Um allen Menschen das wirkliche, das vollkommene Leben zu vermitteln, war es an der Zeit, das von ihnen bereits erfahrene Wissen um Ayodhya niederzuschreiben. So verfaßten zwei ihrer Mitbegründer, **Dr. Thomas Herb** *und* **Dusan Damjanovic**, *mit der größten Unterstützung von allen und getragen von der ewigen Natur, dieses erste Buch des Ayodhya-Veda, Risse im Tempel der Seele.*

Verzeichnis der Geschichten

Register

B

C

D

E

F

G

H

I

J

K

L

M

N

Q

R

S

V

W

Y

Z

Produktdeklaration

Vorbemerkung

In dem vorliegenden Buch wird deutlich gemacht, wo die eigentliche Grundlage für wirklichen Umweltschutz liegt, nämlich im Bewußtsein jedes einzelnen. Ist dieses Ökologiebewußtsein gewachsen, so sind jedoch in der Anfangsphase immer noch gewisse Informationen nötig, damit wir nicht auf z. T. fragwürdige Auszeichnungen mit schwer nachvollziehbaren Auswahlkriterien, wie z. B. den *Umweltengel*, angewiesen bleiben, oder gar auf Augenwischerei hereinfallen, wie z. B. beim *Grünen Punkt*, der nur ein bis jetzt sehr erfolgreicher Versuch ist, mit Unterstützung der Politik Gewinn aus dem Müllproblem zu schlagen und wirklich ökologische Lösungen zu blockieren. Jeder muß für sich entscheiden können, ob die Produkte, die er kaufen oder benutzen möchte, mit seinem Gewissen vereinbar sind, oder ob er sich lieber nach Alternativen umsehen sollte. Aus diesem Grund ist zu wünschen, daß sämtliche auf dem Markt befindlichen Waren mit einer exakten und vollständigen Produktdeklaration versehen werden, aus der für jedermann ersichtlich ist, welche Stoffe in welcher Menge in dem jeweiligen Artikel enthalten sind, bzw. bei seiner Herstellung verwendet wurden. Um dieser Idee konkret Nachdruck zu verleihen, beginnen wir bei dem vorliegenden Buch selbst – wenigstens so gut es uns bei der heute noch üblichen Informationspolitik möglich ist.

Der mengenmäßig bedeutendste Inhaltsstoff ist selbstverständlich Papier, und diesbezüglich ist die Umweltfrage für die meisten Verbraucher auch einfach dadurch beantwortet, daß man auf die Verwendung von Recyclingpapier achtet. Aber so klar ist die Sachlage keineswegs. Zwar macht es tatsächlich einen erheblichen Unterschied, ob die für diese Auflage benötigten ca. 20 Tonnen Papier durch Abholzen von Bäumen oder durch Wiederverwertung von Altpapier gewonnen werden, doch ist andererseits auch der Papierrecyclingprozeß nicht ganz unproblematisch, und außerdem kann Papier nur drei- bis fünfmal wiederverwendet werden, so daß es auch bei optimaler Altpapierverwertung unabdingbar ist, immer wieder Neupapier zu verwenden. Als zusätzlicher Faktor ist zu bedenken, daß Recyclingpapier für einige Anwendungsbereiche mit sehr hohen Qualitätsanforderungen gar nicht in Frage kommt.

Das Hauptproblem des Papierrecyclings ist das sogenannte De-inking, die Entfernung der Druckfarben aus dem Altpapier und ihre anschließende Entsorgung. Hier geht es darum, mit all den Schadstoffen in den Druckfarben, in den Füllstoffen und den Streichmitteln fertig zu werden, die aus dem Altpapier im wesentlichen unter Verwendung von Seifenschaum ausgeschwemmt werden. Das De-inking selbst ist demnach gar nicht der heikle Punkt, sondern all das, was dem Neupapier als Zusatzstoffe zugefügt worden war. Dabei sind vor allem Schwermetalle und Dioxin in den Druckfarben und in den Streichmitteln zu nennen. Trotz der bekannten Umweltproblematik dieser Substanzen werden De-inking-Rückstände immer noch als Bodenlockerungsmittel an die Landwirtschaft verkauft! Von dieser Praxis rät u. a. auch das Umweltbundesamt ab, und zwar mit der ausdrücklichen Begründung, daß aufgrund **fehlender Angaben der chemischen Industrie** nicht bekannt oder abzuschätzen sei, welche Stoffe in diesen Rückständen überhaupt enthalten sind!

Aus diesen Gründen ist es umweltpolitisch dringend erforderlich, daß nur noch sauberes Neupapier verwendet wird, um so die allgemeine Schadstoffbelastung des Alt- und Recyclingpapiers zu vermindern. Ein weiterer wichtiger Gesichtspunkt ist dabei jedoch, woher das Holz für die Neupapierherstellung kommt. Denn immer, wenn zu diesem Zweck Urwälder kahlgeschlagen werden, ist das ein schwerwiegender, unverzeihlicher und nicht wiedergutzumachender Eingriff in das ökologische Gleichgewicht, gleichgültig, ob es sich dabei um tropische Regenwälder in Brasilien oder boreale Urwälder in Skandinavien, in Kanada oder in Sibirien handelt. Auch wenn sie danach wieder aufgeforstet werden, oder wenn das Holz aus Monokulturen speziell dafür angebauter schnellwachsender Bäume stammt, ist das ursprüngliche Ökosystem doch zerstört, und durch die notwendige künstliche Düngung, Bewässerung und Schädlingsbekämpfung wird ein wahrer Teufelskreis der Naturzerstörung eingeleitet. Wie verbreitet solche Praktiken sind, läßt die Tatsache vermuten, daß die heutigen Papierpreise auf dem Weltmarkt weit unter denen von vor 20 Jahren liegen! Besonders in den US-amerikanischen Rocky Mountains und in Chile werden zur Zeit große Mengen z. T. sehr wertvoller Hölzer für die Papierherstellung geschlagen.

Die deutschen Papierhersteller behaupten zwar, daß sie nur Durchforstungs- und Sägerestholz zur Papierherstellung verwenden, und daß eine Erhöhung des Recyclingpapieranteils somit sogar schädlich für unseren Wald sei, da das bei der Waldpflege anfallende Holz dann keinen Absatz mehr finde. Das ist jedoch eine gezielte Fehlinformation, die sich nur auf das aus Deutschland selbst stammende Papierholz bezieht. 80% der Holzfasern für deutsche Papiere kommen aber aus dem Ausland, ein Anteil, der alle anderen Länder der Welt weit übersteigt. Und wenn die Forstwirtschaft tatsächlich auf ihrem Durchforstungsholz sitzen bleibt, dann könnte man es doch statt Kohle oder Öl wieder als Brennstoff einsetzen und somit der Atmosphäre nur die Menge an Kohlendioxid zumuten, die ihr zuvor beim Wachstum der Bäume entzogen wurde.

Gerade beim Papier erkennt man, wieweit der Umweltschutz tatsächlich im eigenen Bewußtsein beginnt. Denn welchen Wert müssen die Menschen auf die strahlend weiße oder zumindest gleichmäßig helle Farbe von Verpackungspapier, Toilettenpapier, Papiertaschentüchern, Notizpapier, Adressbüchern etc. legen, daß sie dafür sogar eine graue, vergiftete Natur in Kauf nehmen! Was nützt die beste Altpapierwiederverwertung, wenn man durch den sinnlosen Einsatz von hochgiftiger Chlorbleiche und den Zusatz von optischen Aufhellern die Umwelt noch mehr belastet als bei der Herstellung von Neupapier?

Zusammenfassend sollte Neupapier nur noch da zur Anwendung gelangen, wo die Qualitätsanforderungen es verlangen, dann aber wirklich aus Durchforstungsholz und ohne Verwendung von Chlorbleiche, optischen Aufhellern, problematischen Bestandteilen von Druckfarben, Streichmitteln und Füllstoffen. Für alle anderen Zwecke, bei denen Papier unersetzlich ist, sollte ausschließlich Recyclingpapier verwendet werden, denn nach einer Studie der Umweltorganisation Earth Care wird dafür nur die Hälfte an Energie und Wasser verbraucht wie bei der Herstellung von Neupapier, die Luft wird um 74% und das Wasser um 35% weniger verschmutzt. Darüberhinaus werden unsere Müllhalden entlastet, und was die De-inking-Rückstände angeht, so gelangen durch sie doch fast nur Stoffe auf die Müllhalden, die sowieso dort gelandet wären, da sie zum größten Teil aus dem Altpapier stammen.

Bis auf den Einband wurde nun für das vorliegende Buch ausschließlich ungebleichtes Recyclingpapier ohne optische Aufheller verwendet, das seine helle Farbe und die gute Wiedergabequalität auch der vierfarbigen Zeichnungen durch eine angemessene Vorauswahl von holzfreiem Altpapier aus Büro-, Verwaltungs- und Druckereiabfällen erhalten hat. Es wurde in Dänemark hergestellt, ist in Deutschland mit dem blauen Engel ausgezeichnet, und die De-inking-Rückstände werden endgelagert und somit nicht als Bodenlockerungsmittel verwendet, wofür wir jedoch leider keine schriftliche Bestätigung erhalten konnten.

Für den Einband des Buches, bei dem es auf die optimale Wiedergabe und Brillanz der Farben ankam, haben wir ein mattgestrichenes, chlorfrei gebleichtes Neupapier ohne optische Aufheller verwendet, für das jedoch keine Angaben über die Herkunftsländer der Rohstoffe zu bekommen waren. Als Streichmittel wurde wie üblich Bariumsulfat verwendet, als Füllstoff vorwiegend Kaolin, zu dem es angeblich keine Alternative gibt, das jedoch eine erhebliche Quelle von Schwermetallen, vor allem von Blei und Chrom, darstellt.

Über die Fragen der Papierherstellung und -verwendung waren gute und umfangreiche Informationen und Beratungen von Greenpeace, vom Umweltbundesamt und auch von den Herstellern erhältlich. Was jedoch die Druckfarben betrifft, so stießen wir bei unseren Recherchen geradezu auf ein schwarzes Informationsloch. Greenpeace mußte völlig passen, das Umweltbundesamt konnte uns neben einigen wenig aussagefähigen oder nur für Fachleute zugänglichen Veröffentlichungen lediglich die Information geben, daß die Druckfarbenhersteller aufgrund einer Eigenverpflichtung kein Cadmium, Blei oder Quecksilber mehr als farbgebende Bestandteile verwenden. Andere Bestandteile aber vielleicht doch? Die Hersteller selbst zeigten sich über unsere Anfragen eher überrascht und wollten nicht mehr als ein relativ nichtssagendes Merkblatt herausgeben. Es wurde uns zwar bestätigt, daß die Druckfarben weder FCKW noch Chloranil enthalten, dann wurde diese Aussage jedoch dahingehend eingeschränkt, daß Chloranil-Pigmente nur in solch geringer Menge verwendet würden, daß der Dioxin-Wert unter der *gesetzlichen* Grenze liegt – was auch immer das für unsere Gesundheit bedeuten möge.

Da wir das Buch weder mit einer Schutzfolie kaschieren noch in Plastik einschweißen wollten, mußten wir zum Schutz der Einbandoberfläche bei der Herstellung einen matten Schutzlack verwenden. Er ist eine flüchtige Wasser-Ammoniak-Dispersion mit einem Festanteil von 30 - 40%, der auf dem Buch zurückbleibt. Dieser Festanteil ist ein synthetisches Acrylharz mit einer Zellulosebeimischung, die den Matteffekt ergibt.

Über die beim Binden verwendeten Leime konnten wir leider keine Informationen erhalten. Das Kapital- und das Lesebändchen bestehen aus 100% ungefärbter Baumwolle.

Abschließend ist zu sagen, daß die von den Herstellern geübte Informationspolitik sehr zu wünschen übrig läßt. Selbst mit den besten Bemühungen war es uns nicht möglich, mehr Angaben zu erhalten. Dadurch müssen natürlich auch sämtliche Eigenverpflichtungen der Hersteller mit einem großen Fragezeichen versehen werden. Deshalb möchten wir allen Verbrauchern dringend nahelegen, unermüdlich immer wieder nachzufragen und den Herstellern solange auf den Leib zu rücken, bzw. ihre Produkte nicht zu kaufen, bis diese eine vollständige und genaue Produktdeklaration abgeben.

Produktdeklaration

Papier: innen: ungestrichenes, ungebleichtes Recyclingpapier ohne optische Aufheller, 110 g/m², Marke: Resaprint, Herstellungsland: Dänemark

Einband: mattgestrichenes, chlorfrei gebleichtes Neupapier ohne optische Aufheller, 135 g/m², Streichmittel: Bariumsulfat, Füllstoff: Kaolin, Hersteller: München-Dachauer Papierfabrik, Herkunftsland der Rohstoffe: keine Angaben

Einbanddeckel: unbehandelte Buchbindergraupappe, zu 100% aus Altpapier

Druckfarben: Hersteller: Fa. Hostmann/Steinberg, Inhaltsstoffe: keine Angaben

Schutzlack: synthetisches Acrylharz mit Zellulosebeimischung als Wasser-Ammoniak-Dispersion, Festanteil 30 - 40%. Keine Folienkaschierung, kein Einschweißen in Plastik.

Leime für Klebebindung: keine Angaben der Buchbinderei

Kapital- und Lesebändchen: 100% Baumwolle, ungefärbt

Auerkiel, im Mai 1993 VUMA-Verlag

Vorschau

Ayodhya-Lila

Lila ist die erhabenste Information, die den Sinnesorganen zuteil werden kann, es ist die Offenbarung des Höchsten auf allen Ebenen des Relativen. Durch dieses Spiel der Transzendenz, das für uns als Handlungen und Ereignisse sichtbar und erfahrbar wird, lehrt uns das Leben auf einfachste und direkteste Weise das Sein im Einklang mit dem Schöpfer.

Somit bildet diese Reihe mit ihren wahren Geschichten aus Ayodhya ein Lehr- und Anschauungsmaterial für das richtige, naturgemäße Leben und gleichzeitig ein Geschichtsbuch der Entwicklung von Ayodhya.

Band I: Der TM-Lehrer

Schon seit undenklichen Zeiten stöhnt die Menschheit unter der Last des Leidens und der Sinnlosigkeit des Lebens. Für niemanden schien es mehr ein Entkommen aus dem Netzwerk der Verworrenheit zu geben.

Doch da sandte die Natur eine Seele auf die Welt, die im unwegsamsten Sumpf der Unwissenheit und unter den ungünstigsten Verhältnissen geboren wurde. Diese Seele, die aus der tiefsten Tiefe zu ungeahnten Höhen emporstieg, lieferte den Beweis, daß es möglich ist, sich aus der Unwissenheit zu befreien.

Ayodhya-Veda II

Im direkten Kontakt mit den Naturgesetzen bekamen wir das Wissen zugeflüstert, das wir im vorliegenden Buch I des Ayodhya-Veda dargelegt haben. Doch wir sind erst am Anfang der breiten Straße der Entwicklung, die uns mit atemberaubender Geschwindigkeit von Erfahrung zu Erfahrung, von Einsicht zu Einsicht führt. Alles, was sich unserem Bewußtsein bereits geöffnet hat und was weiter auf uns zukommen wird, werden wir in den folgenden Büchern der Reihe niederschreiben und der Welt zum Wohle aller vermitteln.

Lieber Leser, jetzt dürfte klar sein, worum es geht. Es ist höchste Zeit, nicht mehr nur über die Probleme zu reden, nicht mehr nur über mögliche Veränderungen oder Alternativen nachzudenken, nicht mehr nur kleine Schönheitsreparaturen durchzuführen, nicht mehr nur Beschlüsse für irgendeine Zukunft zu fassen, sondern konkret und sofort alle Kräfte zu vereinen, um Ayodhya überall auf dieser Erde wieder Wirklichkeit werden zu lassen. Das Positive muß sich zusammenfinden, um der Negativität auf allen Ebenen Einhalt zu gebieten.

Aus diesem Grund geht der gesamte Erlös unserer Bücher und unserer anderen Produkte in den physischen Wiederaufbau von Ayodhya in allen Ländern der Welt. Alle, die verstanden haben, worum es geht, und die diese große und großartige Aufgabe, die vor uns steht, auf irgendeine Weise unterstützen möchten, sind herzlichst willkommen, sich mit uns in Verbindung zu setzen.

VUMA